Schriften zum Strafvollzug, Jugendstrafrecht und zur Kriminologie

Herausgegeben von Prof. Dr. Frieder Dünkel
Lehrstuhl für Kriminologie an der
Ernst-Moritz-Arndt-Universität Greifswald

Band 64

Bastian Dorenburg

Untersuchungshaft und Untersuchungshaftvermeidung bei Jugendlichen und Heranwachsenden in Deutschland und Europa

MG 2017
Forum Verlag Godesberg

Bibliographische Information der Deutschen Nationalbibliothek

Die Deutsche Nationalbibliothek verzeichnet diese Publikation in der Deutschen Nationalbibliografie; detaillierte bibliografische Daten sind im Internet über http://dnb.d-nb.de abrufbar.

© Forum Verlag Godesberg GmbH, Mönchengladbach
Alle Rechte vorbehalten.
Mönchengladbach 2017
DTP-Satz, Layout, Tabellen: Kornelia Hohn
Institutslogo: Bernd Geng, M.A., Lehrstuhl für Kriminologie
Gesamtherstellung: Books on Demand GmbH, Norderstedt
Printed in Germany

ISBN 978-3-942865-79-1
ISSN 0949-8354

Inhaltsverzeichnis

Vorwort

Die Untersuchungshaft ist das eingriffsintensivste prozessuale Zwangsmittel des Strafverfahrensrechts. Seit jeher betonen alle jugendstrafverfahrensrechtlichen Normierungen in Europa den Ausnahmecharakter der Untersuchungshaft und den Vorrang von haftvermeidenden Maßnahmen. In Deutschland hat das 1. JGG-ÄndG von 1990 den Gedanken der ultima ratio der Untersuchungshaft gestärkt und in §§ 72, 72a JGG weitergehende Restriktionen zur U-Haftanordnung bei Jugendlichen normiert.

Das Jugendstraf- und Jugendstrafverfahrensrecht befinden sich nicht nur in Deutschland in einem ständigen Umbruch. Die tiefgreifenden gesellschaftlichen und politischen Umwälzungen in Osteuropa, die neuen Erscheinungsformen der Jugenddelinquenz und nicht zuletzt die Bestrebungen auf europäischer Ebene, einheitliche Menschenrechtstandards durchzusetzen bis hin zur Harmonisierung des Jugend(straf)rechts haben zu vielfältigen Reformgesetzen geführt. Der Verfasser hat sich den Bereich der Untersuchungshaft und Untersuchungshaftvermeidung aus einem thematisch auf das gesamte Jugendstrafrecht ausgelegten, von der Europäischen Union sowie dem Land Mecklenburg-Vorpommern geförderten Projekt herausgegriffen (vgl. *Dünkel/Grzywa/Horsfield/Pruin* 2011) und eine umfassende rechtsvergleichende Bestandsaufnahme vorgelegt.

In der *Einleitung* stellt der Verf. den Kontext des Projekts vor, an dem er bereits mit einem zusammenfassenden Kapitel zur Untersuchungshaft und Untersuchungshaftvermeidung im europäischen Vergleich mitgewirkt hat (vgl. *Dünkel/Dorenburg/Grzywa* 2011). Zu Recht hebt er in diesem Zusammenhang hervor, dass es nicht nur um einen legislativen Rechtsvergleich, sondern auch um eine rechtstatsächliche Bestandsaufnahme vor dem Hintergrund menschenrechtlicher Standards wie insbesondere der Empfehlungen betreffend die Anwendung von Untersuchungshaft von 2006 (Rec (2006) 13) und die European Rules for juvenile offenders subject to sanctions or measures (ERJOSSM) von 2008 (Rec (2008) 11) geht, die als Prüfungsmaßstab dienen sollen.

Im *zweiten Kapitel* geht der Verf. auf die genannten internationalen Standards detaillierter ein. Daran schließt sich die Frage der Verbindlichkeit derartiger als „soft law" bezeichneter Normierungen an. Die zunehmende Bedeutung bei der Interpretation i. S. einer „empfehlungskonformen" Auslegung nationaler Regelungen durch die Rspr. ist zweifellos eine nicht zu übersehende und positiv zu bewertende Entwicklung (vgl. hierzu auch *Dünkel* 2017). Das BVerfG sieht im Falle der Unterschreitung derartiger internationaler Standards eine „Indizwirkung" der Verfassungswidrigkeit, was einer „Verbindlichkeit" ziemlich nahekommt.

Im *dritten Kapitel* gibt der Verf. einen Überblick zur Entwicklung des Jugendstrafrechts in europäischen Ländern. Bemerkenswert erscheint, dass sich teilweise verschärfende Tendenzen der Jugendkriminalpolitik, beispielsweise in England und Wales seit Anfang der 2000er Jahre doch deutlich relativiert haben und die Inhaftiertenzahlen bzgl. Jugendlicher fast um die Hälfte zurückgegangen sind (vgl. hierzu insbes. *Horsfield* 2015; *Dünkel* 2015).

Im *Abschnitt 3.2* fasst der Verf. die Entwicklung einzelner europäischer Länder nach Regionen zusammen. Dies macht Sinn insbesondere für die skandinavischen Länder ebenso wie die mittel- und osteuropäischen Länder, die eine gemeinsame Tradition aufweisen und einer gemeinsamen „Rechtsfamilie" zugeordnet werden können. Auch erscheint die gemeinsame Behandlung der Common-Law-Länder England/Wales und Irland unter dem Aspekt gemeinsamer Grundstrukturen gut vertretbar.

Hauptfragestellung ist jeweils, ob die Länder über ein eigenständiges Jugendstrafrecht i. S. eines eigenständigen Sondergesetzes (z. B. JGG) verfügen und ob die jeweilige Orientierung eher am Wohlfahrts- oder dem Justizmodell erfolgt. Die Modelle – ebenso wie das „minimum intervention-", das „restorative justice-" oder das „neo-correctionalist model" werden kurz unter Bezugnahme auf *Cavadino/Dignan* (2006) beschrieben.

Im *Abschnitt 3.2.3* finden sich Ausführungen zu südeuropäischen Ländern mit unterschiedlichen Rechtstraditionen. Einige neuere Entwicklungen, wie beispielsweise die Anhebung der Strafmündigkeit von 13 auf 15 Jahre in Griechenland sind in diesem Zusammenhang hervorzuheben (vgl. zusammenfassend *Dünkel* 2015; 2017).

Im *Abschnitt 3.2.4* werden die mittel- und osteuropäischen Länder ausführlicher auf der Basis der Länderberichte in der eingangs erwähnten Publikation des Greifswalder Lehrstuhls beschrieben.

In *Kapitel 3.3* geht der Verf. auf die Altersgrenze strafrechtlicher Verantwortlichkeit unter den Aspekten des Mindestalters (*3.3.1*), der Behandlung Heranwachsender (*3.3.2*) und der Anwendungsmöglichkeit von Untersuchungshaft ein (*3.3.3*). Hinsichtlich der Heranwachsenden sind inzwischen gleichfalls neuere Entwicklungen beispielsweise in den Niederlanden (Anhebung des Anwendungsbereichs von jugendstrafrechtlichen Sanktionen bis zum Alter von 23 Jahren) zu erwähnen, die auf der Rezeption neurowissenschaftlicher Erkenntnisse zur Gehirnreifung basieren (*Dünkel/Geng* 2013; 2014; *Pruin/Dünkel* 2015). In England/ Wales wurden im Rahmen der Strafzumessungsregelungen Strafmilderungsvorschriften für Heranwachsende eingeführt (vgl. *Horsfield* 2015).

Wichtig im Kontext der vorliegenden Arbeit ist die genauere Betrachtung der Altersgrenze zur Verhängung von Untersuchungshaft. Dieses Mindestalter ist nicht immer identisch mit dem Alter der Strafmündigkeit, wie das Beispiel der Schweiz (strafrechtliche Verantwortlichkeit mit 10 Jahren; Altersgrenze für Jugendstrafe und U-Haft: 15 Jahre) belegt. *Tabelle 1* am Ende des Kapitels macht diese Unterschiede deutlich.

Im *vierten Kapitel* geht der Verf. zunächst detailliert auf die Voraussetzungen der Untersuchungshaft in Deutschland ein. Hierbei werden auch die jüngsten

Regelungen zur notwendigen Verteidigung und Einbeziehung der JGH bei Heranwachsenden (vgl. *Kapitel 4.8* und *4.9*), die von §§ 68 Nr. 5, 72a JGG a. F. noch nicht erfasst worden waren, berücksichtigt. Zu kritisieren ist jedoch, dass sowohl Verteidiger wie JGH erst nach Erlass eines Haftbefehls und nicht schon bei der Vorführung zum Haftrichter obligatorisch beizuziehen sind.

Im *5. Kapitel* werden die entsprechenden Normierungen im europäischen Ausland behandelt. In alphabetischer Reihenfolge werden in *Kapitel 5.1* die Länder von Belgien bis zur Ukraine nach einem ähnlichen Aufbauschema behandelt. Grundlage bilden die Landesberichte des Sammelwerks von *Dünkel/Grzywa/Horsfield/Pruin* (2011; zu ergänzenden Informationen bzgl. England/Wales vgl. *Horsfield* 2015; zu Rumänien *Păroşanu* 2016).

In *Kapitel 5.2* folgt dann der eigentliche Rechtsvergleich, der jeweils mit übersichtlichen Tabellen zu den Einzelpunkten des Grades eines erforderlichen Tatverdachts und der Haftgründe abgeschlossen wird. Dabei wird deutlich, dass manche Länder ohne den (in Deutschland umstrittenen) Haftgrund der Wiederholungsgefahr oder der Tatschwere auskommen. Ferner finden sich interessante Lösungswege mit Blick auf den Verhältnismäßigkeitsgedanken (vgl. *Kapitel 5.2.5*), wie etwa die Einschränkung der U-Haft auf Verbrechen (Griechenland) oder auf Delikte mit einer erhöhten Mindeststrafandrohung bei Erwachsenen (Italien 4, Türkei 5 Jahre Freiheitsstrafe). Die niederländische Regelung, U-Haft wegen Fluchtgefahr nur bei mit mindestens 12 Jahren Freiheitsstrafe bedrohten Verbrechen anordnen zu können, erscheint kaum glaublich und es drängt sich natürlich die Frage auf, ob und wie die Praxis hier Umgehungsstrategien entwickelt hat. Gelegentlich wird auch auf eine konkrete Straferwartung abgestellt. Während in Deutschland noch immer vergeblich darum gestritten wird, dass U-Haft nur als verhältnismäßig anzusehen ist, wenn eine unbedingte Freiheitsstrafe zu erwarten ist, sind einzelne andere Länder nach dem Gesetz jedenfalls restriktiver (vgl. *Kap. 5.2* und *5.3*).

In *Kapitel 5.3* geht es um die gesetzlichen Sonderregelungen für Jugendliche und Heranwachsende. Ähnlich wie in Deutschland haben auch die meisten anderen Länder die U-Haftanordnung für Jugendliche wegen des besonderen Schutzbedarfs und der besonderen Verletzbarkeit restriktiver als bei Erwachsenen ausgestaltet. Das betrifft zum einen ausgeprägte Subsidiaritätsklauseln in Bezug auf weniger einschneidende, erzieherische bzw. jugendwohlfahrts- oder familienrechtliche Maßnahmen (vgl. §§ 71, 72 JGG in Deutschland).

Einschränkungen zumindest in der Dauer der U-Haftanordnung können über festgelegte Höchstdauergrenzen oder regelmäßige Haftprüfungen erreicht werden. Auch insoweit gibt es europaweit interessante und „fortschrittliche" Regelungen, hinter denen das deutsche Recht teilweise zurückbleibt. Allerdings sehen Länder mit strikten Fristenregelungen häufig Ausnahme- bzw. Verlängerungsmöglichkeiten gesetzlich vor, sodass von den Fristenregelungen nicht immer ein allzu großer Beschleunigungsdruck ausgeht. Immerhin scheint die regelmäßige Haftprüfung in kurzen Intervallen wie in Finnland, Österreich und Schweden mit sehr niedrigen U-Haftzahlen zu korrelieren (vgl. *Kapitel 5.4.2*). Auch die Regelungen zur Haftprüfung/-beschwerde werden übersichtlich in *Tabelle 4* zusammengefasst.

Im letzten rechtsvergleichenden Abschnitt (*Kapitel 5.5*) geht es um sonstige Verfahrensaspekte wie die Einbeziehung Sozialer Dienste der Justiz (in Deutschland die Jugendgerichtshilfe) oder die (notwendige) anwaltliche Verteidigung. Die Einbeziehung Sozialer Dienste gehört – in unterschiedlichen Formen – zum Standard in Europa, ebenso eine regelmäßige Einbeziehung von Verteidigern. Gern hätte man gewusst, wie diese Regelungen in der Praxis umgesetzt werden, jedoch gibt es insoweit leider keine Informationen, was schlicht daran liegt, dass in den meisten der einbezogenen europäischen Länder keine empirische und rechtstatsächliche Forschung zu diesem Bereich existiert. Erneut sehr informativ und übersichtlich werden die gesetzlichen Sonderregelungen für Jugendliche zur U-Haft in *Tabelle 5* dargestellt.

Insgesamt ergibt der rechtsvergleichende Teil eine Fülle von Anregungen für die deutsche Gesetzgebung, die im abschließenden *11. Kapitel* nochmals aufgegriffen werden (vgl. insbesondere *Kapitel 11.3*).

Im *6. Kapitel* geht der Verf. zunächst allgemein auf Untersuchungshaftalternativen im deutschen Strafverfahren, d. h. auf § 116 StPO ein (*Kapitel 6.1*), der auch für Jugendliche und Heranwachsende zu beachten ist. Anschließend folgt eine Darstellung der jugendstrafverfahrensrechtlichen Besonderheiten (*Kapitel 6.2*). Seit dem Gesetz zur Änderung des Untersuchungshaftrechts von 2009 gilt § 72a JGG (Haftentscheidungshilfe durch die JGH) gem. § 109 Abs. 1 S. 1 auch für Heranwachsende. Andererseits gelten die besonderen Einschränkungen und Haftalternativen gem. §§ 71 und 72 JGG für Heranwachsende nach wie vor nicht. Die Haftalternativen der §§ 71, 72 werden ausführlich behandelt und auch die unterschiedlichen Kostentragungsregelungen herausgearbeitet. Je nachdem, ob eine Unterbringungsanordnung (Justiz) oder eine Haftverschonung mit einstweiliger Unterbringung gem. § 116 StPO i. V. m. § 34 SGB VIII oder §§ 67 ff. SGB XII (Jugendamt) erfolgt, ergeben sich unterschiedliche Konsequenzen, die verdeutlichen, warum die Justiz selten von §§ 71, 72 JGG, häufig aber von § 116 StPO Gebrauch macht. Klar wird hinsichtlich der flankierenden Regelungen zur U-Haftvermeidung, dass diese im Jugendstrafrecht nur auf der Grundlage der Mitwirkung der Jugendgerichtshilfe gem. §§ 72a, 72b JGG funktioniert.

Im *7. Kapitel* untersucht der Verf. die Haftvermeidung im europäischen Ausland, zunächst die allgemeinen Haftalternativen (*Kapitel 7.1*), danach die jugendspezifischen Regelungen (*Kapitel 7.2*). Zu den allgemeinen Formen der Haftvermeidung gehört zunehmend die elektronische Überwachung. Dass diese Form der Haftvermeidung rechtsdogmatisch und -praktisch allenfalls eine untergeordnete Rolle spielen kann (besteht Fluchtgefahr, kann ihr durch die elektronische Überwachung nur bedingt entgegengewirkt werden, besteht sie nicht, liegt kein Haftgrund vor) haben sowohl *Harders* (2014) wie auch zusammenfassend anhand eines ebenfalls umfassenden europäischen Vergleichs *Dünkel/Thiele/Treig* (2017) deutlich gemacht. Zutreffend greift auch der Verf. die Kritik an der elektronischen Überwachung als Haftalternative auf.

Es folgt dann ein Überblick über die Vielfalt ausländischer, spezifisch auf Jugendliche bezogenen Haftalternativen, die in *Tabelle 7* anschaulich zusammengefasst werden. Demgemäß werden Gemeinsamkeiten und Unterschiede in den europäischen Ländern erkennbar.

Im *8. Kapitel* widmet sich der Verf. der Situation in der Untersuchungshaft. Dieses Thema hätte eine eigenständige Dissertation gerechtfertigt, denn das von *Habermas* (1985) geprägte Wort von der „neuen Unübersichtlichkeit" trifft auf die gesetzliche Lage in Deutschland uneingeschränkt zu. Die Föderalismusreform von 2006 mit der Übertragung der Gesetzgebungskompetenz für den Strafvollzug (und gleichermaßen den Untersuchungshaftvollzug) auf die Länder hat zu einem Flickenteppich auch in diesem Bereich geführt.

Im Einzelnen werden die Regelungen der einzelnen Bundesländer zum Trennungsgrundsatz, zur Unterbringung in Einzelhafträumen und im Wohngruppenvollzug, zur Haftraumgröße, zur erzieherischen Gestaltung, Arbeit, Schule und Ausbildung, Freizeitgestaltung, zu Besuchszeiten, zum Verkehr mit Betreuungspersonen (insbesondere der JGH), zum unmittelbaren Zwang, zur Kleidung, Hygiene, zu erzieherischen und Disziplinarmaßnahmen und schließlich zur Entlassungsvorbereitung dargestellt.

Immer wieder wird – wie in den vorangegangenen Kapiteln – auf die europäischen Menschenrechtsstandards hingewiesen und ggf. ihre Nicht-Umsetzung in einzelnen landesgesetzlichen Regelungen kritisiert. Der rechtliche Ländervergleich wird auf die in *Tabelle 9* ausgewiesenen Dimensionen beschränkt. Insgesamt wird deutlich, dass alle Ländergesetze in Teilbereichen hinter den Standards des Europarats (ERJOSSM) zurückbleiben.

Zutreffend geht der der Verf. in rechtstatsächlicher Hinsicht auf die Untersuchungen von *Villmow/Savinsky* (2013) sowie *Villmow/Savinsky/Woldmann* (2011) ein, die neben den (bekannt) defizitären Strukturen eine beachtliche Vielfalt der Untersuchungshaftgestaltung im Bundesländervergleich verdeutlicht haben.

Im *9. Kapitel* folgt die vergleichende Darstellung des U-Haftvollzugs im europäischen Ausland. Der Trennungsgrundsatz beinhaltet zum einen die getrennte Unterbringung von Straf- und Untersuchungsgefangenen, zum anderen die getrennte Unterbringung jugendlicher und erwachsener U-Gefangener. Beides scheint in den betrachteten Ländern nicht durchwegs realisiert zu werden. Angesichts der geringen Zahl junger U-Gefangener werden insoweit Aufweichungen des Trennungsgrundsatzes auch in den ERJOSSM dann akzeptiert, wenn andernfalls eine Isolation die Folge wäre (z. B. bei weiblichen Jugendlichen), oder um

die Teilnahme an Ausbildungsmaßnahmen zu ermöglichen. Leider gibt das ausgewertete Material nur vereinzelt Auskunft darüber, ob es eine § 89c JGG vergleichbare Regelung gibt, die Heranwachsenden gemeinsam mit Jugendlichen unterzubringen (zu nennen ist z. B. Bulgarien, wo diese Altersgruppe allerdings offenbar
den Erwachsenen zugeschlagen wird).

Eine Einzelunterbringung ist nur in wenigen Ländern gesetzlich vorgesehen,
jedoch sieht die Praxis auch hier häufig anders aus. Die (bei Mehrfachbelegung)
garantierte Mindestwohnfläche pro Gefangener bezeichnet der Verf. zu Recht als
skandalös, wenn man an die minimale Fläche von 2,5-3,5 qm in zahlreichen
osteuropäischen Ländern denkt. Das *CPT* sieht weniger als 6 qm als zu klein und
weniger als 4 qm als definitive Menschenrechtsverletzung an. In diesem Zusammenhang ist auf die zahlreichen Verurteilungen Russlands durch den EGMR
sowie die entsprechenden CPT-Standards hinzuweisen.

Dass die Lebensbedingungen in U-Haft oft schlechter ausfallen als in Strafhaft, ist keine neue Erkenntnis (vgl. bereits *van Zyl Smit/Dünkel* 2001; *Dün-
kel/Vagg* 1994). Dass aber anscheinend in zahlreichen Ländern entgegen der geforderten erzieherischen Gestaltung junge U-Häftlinge häufig nur eine Stunde pro
Tag ihre Zelle verlassen dürfen, kann und muss man erneut als schwere Menschenrechtsverletzung bezeichnen.

Von einem breiten Spektrum an sinnvollen Aktivitäten (vgl. Nr. 113.1
ERJOSSM) kann – soweit ersichtlich – in keinem Land gesprochen werden, auch
wenn dies gelegentlich als Anspruch formuliert wird. Besuche und andere Kontakte zur Außenwelt (Briefverkehr, Telefonkontakte) sind in den einzelnen Ländern sehr unterschiedlich geregelt. Allerdings fällt auf, dass der Verf. in den
Länderberichten, die er auswerten konnte, häufiger keine Information vorfand.
Bedrückend erscheint, dass es in 5 Ländern keine gesetzlich vorgegebene Mindestbesuchszeit gibt, während in anderen Ländern ein bis zwei Besuche pro
Monat oder pro Woche bis hin zu „jederzeit" bzw. „täglich" möglich sind (vgl.
i. E. *Tabelle 10*). Mit Blick auf das Prinzip der Kontinuität der Betreuung bzw.
das sog. Übergangsmanagement ist von besonderer Bedeutung, inwiefern eine
Einbeziehung Sozialer Dienste oder der Bewährungshilfeorganisationen vorgesehen wird. Zwar ist es schwer, eine Entlassungsvorbereitung zu organisieren,
wenn der Entlassungszeitpunkt unsicher ist, jedoch verweist der Verf. zu Recht
darauf, dass ähnlich wie in Deutschland in vielen Ländern U-Gefangene häufig
nicht zu einer unbedingten Freiheitsstrafe verurteilt werden, eine möglichst frühzeitige Entlassungsvorbereitung demnach „unentbehrlich" ist. Eine Einbeziehung
der Jugendgerichtshilfe, Bewährungshilfe oder von Familien- bzw. Sozialbehörden ist wohl in zahlreichen Ländern vorgesehen, das ausgewertete Material war
aber relativ wenig ergiebig. Dies gilt auch für die Frage, ob junge U-Gefangene
Privatkleidung tragen dürfen, was ganz überwiegend vorgesehen ist, überra-
schenderweise in Schweden und der Slowakei jedoch nicht.

Die auf einer Erhebung des Europarats von 2006 basierenden Zahlen zu den
Haftkosten pro Tag sind inzwischen zwar teilweise veraltet und nur von bedingter

Aussagekraft, weil nicht klar ist, ob immer vergleichbare Kostenfaktoren von den jeweiligen Ministerien zugrunde gelegt wurden. Immerhin wird deutlich, dass es ganz erhebliche Unterschiede gibt, die auch etwas mit der Qualität des Vollzugs zu tun haben dürften. Dass hier die Schweiz oder die skandinavischen Länder „vorne" liegen, war zu erwarten, nicht so sehr aber, dass auch England/Wales und Irland erhebliche Kosten im Untersuchungshaftvollzug für junge Häftlinge aufwenden (vgl. i. E. *Tabelle 11*).

Die zusammenfassende Einschätzung, dass etliche Länder mit ihren bestehenden Regelungen den internationalen Mindeststandards weitgehend entsprechen, andererseits ebenso viele Länder selbst die internationalen Mindeststandards oder grundlegende rechtsstaatliche Anforderungen nicht gewährleisten, wirft ein teilweise bedrückendes Bild auf die Gesetzgebung und Rechtswirklichkeit der Untersuchungshaft bei jungen Beschuldigten.

Die kritisch gemeinte Aussage, dass sich die Lebensbedingungen in der U-Haft für Jugendliche in den „meisten Ländern" kaum von denen im Erwachsenenvollzug oder Strafvollzug unterscheidet, ist wohl teilweise eher untertrieben. Tatsächlich ist der U-Haftvollzug nach der vorliegenden Analyse deutlich schlechter zu bewerten als der Strafvollzug.

Das Kapitel endet mit der anschaulich gestalteten *Tabelle 11*, die einen Überblick zu einigen Merkmalen des U-Haftvollzugs bei jungen Gefangenen gibt, leider jedoch taucht häufiger das Kürzel „k. A." für „keine Angaben" auf, was natürlich nicht dem Autor, sondern allenfalls den jeweiligen Justizverwaltungen anzulasten ist.

In *Kapitel 10* geht der Verf. auf die „Anwendung der Untersuchungshaft" in Deutschland ein (*Kapitel 10.1*). Die Analyse bezieht sich insbesondere auf die Untersuchungsgefangenenzahlen und -raten. Die einleitenden Bemerkungen, dass U-Gefangene wegen der kurzen Aufenthaltszeiten bei Stichtagserhebungen „untererfasst" sind, verdeutlichen, dass der (statistisch nicht ausgewiesene) jährliche Durchlauf um ein Vielfaches über den Stichtagszahlen liegt. In den Strafverfolgungsstatistiken gibt es Angaben zur Anordnungspraxis bzgl. der U-Haft, die vom Verf. auch ausgewertet werden, indem er über Haftgründe, die Dauer der Untersuchungshaft und den Verfahrensausgang bezogen auf die in der Strafverfolgungsstatistik ausgewiesenen Personen mit Untersuchungshaft berichtet. Leider unterscheiden die Daten der Strafverfolgungsstatistik nicht zwischen Jugendlichen und Erwachsenen, sind also für den vorliegenden Untersuchungsschwerpunkt nur bedingt verwendbar. Hinsichtlich der Haftgründe gelangt der Verf. darüber hinausgehend anhand einzelner Studien zur bekannten Feststellung, dass auch bei Jugendlichen der Haftgrund der Fluchtgefahr eindeutig dominiert. In der Untersuchung von *Kowalzyck* (2008) für Mecklenburg-Vorpommern ergab sich allerdings eine Abweichung bzgl. des Haftgrunds der Wiederholungsgefahr, der dort überproportional häufig angewendet wurde.

Auch zur Dauer der U-Haft beziehen sich die Daten auf alle Personen mit U-Haft. Auffällig ist, dass der Anteil sehr kurzer Inhaftierungszeiten von bis zu einem Monat stark gesunken ist, möglicherweise ein Hinweis darauf, dass apokryphe Haftgründe eines *short-sharp-shock* an Bedeutung angesichts der inzwischen auch bei Heranwachsenden gesetzlich vorgesehenen unmittelbar bei Erlass des Haftbefehls Beiordnung eines Rechtsbeistands verloren haben (so auch die plausible Vermutung des Verf.).

Zum Verfahrensausgang liegen Erhebungen von *Heinz* vor, die belegen, dass jeweils mit leichten Schwankungen nur etwa die Hälfte aller nach JGG Verurteilten eine unbedingte Jugendstrafe erhält (vgl. *Heinz* 2010; zuletzt *Heinz* 2014).

Ferner wird die Entwicklung der Untersuchungshaftzahlen im Zeitraum 1970 bzw. 1980 bis zur Gegenwart anhand der Daten des Greifswalder Lehrstuhls dargestellt (vgl. *Tabelle 12* und *Abbildung 1*). Der drastische Rückgang seit 1994 dürfte durch ein komplexes Ursachenbündel erklärbar sein, einige Interpretationsansätze liefert der Verf. in Anlehnung an *Morgenstern* (2009), jedoch sind die Indizien nicht immer eindeutig (vgl. jetzt auch aktuell *Morgenstern* 2017).

Die Zahlen jugendlicher Untersuchungshäftlinge sind seit 2001 auf etwa ein Drittel gesunken. Da die in *Tabelle 13* ausgewiesenen absoluten Zahlen den demographischen Rückgang nicht berücksichtigen, werden sinnvollerweise in *Tabelle 14* auch die relativen Zahlen pro 100.000 der Altersgruppe dargestellt. Der „echte" Rückgang beträgt bei Jugendlichen seit 1995 41%, bei Heranwachsenden sogar 57% (berechnet nach *Tabelle 14*).

Bemerkenswert sind die länderspezifischen Unterschiede der U-Gefangenenraten, die der Verf. anhand der am Greifswalder Lehrstuhl für Kriminologie vorgenommenen Auswertungen darstellt.

Dass erhebliche unausgeschöpfte Potenziale der U-Haftvermeidung bestehen, schließt der Verf. aus den regional unterschiedlichen U-Haftraten der *Abbildung 4* (bezogen auf 2016 und Veränderungen gegenüber 1995, 2000 und 2005) und den o. g. einschlägigen empirischen Studien.

In *Kapitel 10.2* folgt die international vergleichende Bestandsaufnahme zur U-Haftentwicklung in Zahlen. Zu Recht verweist der Verf. zunächst auf definitorische Problem und die Unterschiede, was i. E. als „U-Haft" gezählt wird (vgl. *Kapitel 10.2.1*). Im europäischen Querschnittsvergleich (vgl. *Tabellen 17* und *18*) werden sehr unterschiedliche U-Haftanteile an der gesamten Vollzugspopulation ebenso wie -raten pro 100.000 der Wohnbevölkerung deutlich, die 2014 zwischen 13 in Irland bzw. Slowenien und 46 in Estland, 47 in Ungarn, 55 in Russland bzw. 60 in Lettland schwankten (*Tabelle 18*). Anteilsmäßig spielte die U-Haft mit 39% in Dänemark und der Schweiz, 32% in Italien, 43% in den Niederlanden und 30% in Nordirland bzw. Schottland eine besondere Rolle, während in Polen, Tschechien und Rumänien nur 8-12% der Inhaftierten U-Gefangene waren (vgl. *Tabelle 18*; zu vergleichbaren Anteilen im Jahr 2016 vgl. *Tabelle 17*). Interpretationen müssen mangels detaillierterer Untersuchungen notgedrungen spekulativ bleiben. Jedoch liefert der Verf. unter Bezugnahme im Wesentlichen auf *Morgenstern* (2011) interessante Ansatzpunkte hinsichtlich der Bedeutung der U-Haftrate auf die Entwicklung der Gefangenenrate insgesamt (vgl. *Kapitel 10.2.3*; dazu nunmehr umfassend *Morgenstern* 2017). Im Ergebnis kann man festhalten, dass es sowohl kongruente Verläufe eines Anstiegs (Spanien, England/Wales, Italien) oder Rückgangs (Litauen, Estland) von U-Haft- wie Strafhaftzahlen gibt, wie auch gegenläufige Entwicklungen (z. B. Deutschland, Frankreich, Polen, vgl. *Abbildungen 5-7*), wobei man durchaus plausible Erklärungen für einzelne Verläufe finden kann (vgl. dazu *Dünkel u. a.* 2010; *Dünkel/Geng/Harrendorf* 2016 m. jew. w. N.). Auch hier zeigt sich, dass es keine monokausalen Erklärungen gibt und für jeweils unterschiedliche Epochen in den einzelnen Ländern spezifische Erklärungen gefunden werden können.

Im *Abschnitt 10.2.4* geht der Verf. auf die Entwicklung von U-Haftzahlen bei Jugendlichen ein. Hier bleibt die Datenlage dürftig, der Verf. kann sich nur auf die Angaben des *International Centre for Prison Studies* beziehen (ICPS, London). Die dort ausgewiesenen Anteile Minderjähriger an der Gesamtvollzugspopulation (*Tabelle 19*) sind mit Vorsicht zu betrachten, weil Länder wie Belgien oder Polen, die ein wohlfahrtsstaatliches Jugendrecht aufweisen, Jugendliche in Heimen der Wohlfahrtspflege, nicht in Strafanstalten unterbringen. Gleiches gilt für Schweden, worauf der Verf. auch zutreffend hinweist.

Auch die Daten in *Tabelle 20* mit dem Nachweis von jugendlichen U-Gefangenen bezogen auf alle U-Gefangenen sind problematisch, weil der einzige „Ausreißer" Schottland mit einem überhöhten Anteil von 17% einzig mit der hier verwendeten Altersgruppe 16-21-Jähriger erklärbar ist, während ansonsten immer nur die unter 18-Jährigen in die Statistik eingingen.

Ergiebiger ist der in *Tabelle 21* vorgenommene Vergleich der jugendlichen U-Gefangenen bezogen auf jugendliche Inhaftierte insgesamt. Hier konnte sich der Verf. immerhin auf einige der Landesberichte bei *Dünkel u. a.* (2011) beziehen. Die Unterschiede sind noch akzentuierter als bei der Analyse der Gefangenenzahlen und U-Haftanteile insgesamt (vgl. *Tabelle 17* und oben). So waren in Deutschland 41% der stichtagsbezogen inhaftierten Jugendlichen U-Gefangene, in Österreich 45%, in Frankreich sogar 65% und in Italien nicht weniger als 85%. Der Verf. zitiert hier aus weiteren Einzeluntersuchungen in den europäischen Ländern, die ein sehr heterogenes Bild vermitteln und teilweise weitere Indizien für eine problematische Anordnungspraxis liefern, häufig aber auch belegen, dass die U-Haft bei Jugendlichen eher vorsichtig praktiziert wird und nur ausnahmsweise zur Anwendung gelangt. Auch hier wird man den allgemein passenden Satz für berechtigt halten, dass weitere Forschung notwendig ist.

Schön ist, dass der Verf. in diesem Kapitel nochmals einen expliziten rechtstatsächlichen Vergleich mit Deutschland vornimmt (vgl. *Kapitel 10.2.5*). Zutreffend werden einige Defizite der deutschen Praxis anhand der statistischen Daten indiziert. Dass die Situation in Österreich, Frankreich und Italien noch besorgniserregender erscheint, vermag nur wenig zu trösten. *Kapitel 10.3* widmet sich der Praxis bzgl. U-Haftalternativen. In diesem Abschnitt werden einschlägige Forschungen in Deutschland ausgewertet bzw. referiert, darunter auch ausführlich die Studie von *Kowalzyck* bzgl. Mecklenburg-Vorpommern. In diesem Zusammenhang machen interessante Ausführungen und Auswertungen im Bundesländervergleich (vgl. Bt-Drs. 16/13142, S. 323) deutlich, dass der U-Haftvermeidung bzw. entsprechenden Programmen quantitativ nur ein geringer Stellenwert zukommt. Dafür sind die erwähnten Studien von *Villmow/Savinsky* (2013), *Villmow/Savinky/Woldmann* (2011) sowie von *Eberitzsch* (2011; 2013 bzgl. NRW) aktuelle Belege.

Die Datenlage bzgl. ausländischer Erfahrungen fällt bescheiden aus. Soweit überhaupt Informationen vorlagen, wurde (mit Ausnahme von Bulgarien) eine zumeist sehr zurückhaltende Haftvermeidungspraxis erkennbar. Insbesondere hinsichtlich des Hausarrests scheint die Praxis eher zurückhaltend. In der Tat muss man dazu sagen, dass selbst in Verbindung mit einer elektronischen Überwachung eine wirksame Fluchtverhinderung nicht möglich ist (s. o.). Interessant in diesem Kontext ist, dass man in den Niederlanden den elektronisch überwachten Hausarrest durch die sog. Nachthaft ersetzt hat, bei der sich die jugendlichen während der Nachtzeit und an Wochenenden in einer geschlossenen Einrichtung einzufinden haben. Allerdings scheint auch diese Alternative nicht zu einer Reduzierung der Untersuchungshaftanordnungen beigetragen zu haben. Zu Recht bedauert der Verf. zusammenfassend in *Kap. 10.5*, dass die Haftalternativen insgesamt keine nennenswerte Bedeutung entwickelt haben, was z. T. daran liegt, dass die Kosten für Heimplätze in geschlossenen Einrichtungen der Jugendhilfe teilweise um ein Vielfaches über den Haftkosten des U-Haftvollzugs liegen. Die Bewährungs- und/oder Jugendgerichtshilfeorganisationen sind durch ihre allgemeinen Fälle bereits überlastet, sodass auch von dieser Seite kein besonderes Interesse besteht, ein misslicher Zustand, denn die Praxis zeigt, dass mit der Anwendung von Haftvermeidungsalternativen die Chance steigt, nicht zu einer Jugendstrafe verurteilt zu werden, sondern in jugendhilferechtlichen Maßnahmen zu verbleiben.

Im *11. Kapitel* fasst der Verf. die wesentlichen Ergebnisse der Untersuchung zusammen und verdeutlicht das Hauptanliegen, die erfassten Länder in Gesetzgebung und Praxis im Hinblick auf die Einhaltung europäischer Menschenrechtsstandards zu überprüfen (vgl. *Kapitel 11.1*). Dieses Kapitel ist insbesondere für Kriminalpolitiker (hoffentlich) nutzbringend, weil der Verf. aus dem reichen Erfahrungsschatz seines Rechtsvergleichs die wesentlichen Erkenntnisse nochmals prägnant zusammenfasst.

In der Kritik an der Möglichkeit Untersuchungshaft in einzelnen Ländern wie England/Wales oder Nordirland bereits bei 10-Jährigen anordnen zu können, wird man dem Verf. ebenso zustimmen wie man umgekehrt die besonderen gesetzlichen Restriktionen bei Jugendlichen im Vergleich zu Erwachsenen positiv würdigen muss. Die teilweise vorhandenen vielfältigen Haftalternativen bedeuten noch nicht, dass die U-Haftpraxis besonders restriktiv ist. Die U-Haftpraxis scheint jedenfalls heterogen und von spezifischen Besonderheiten des Landesrechts und einer entsprechenden Justizkultur geprägt.

Zutreffend konstatiert der Verf. einige positive Veränderungen der letzten Jahre und Jahrzehnte hinsichtlich der Gesetzgebung im Jugendstrafverfahrensrecht (dazu zusammenfassend auch *Gensing* 2014), aber auch den Handlungsbedarf mit Blick auf deren Implementation. Bei aller nationalen Vielfalt im Detail wird immerhin so etwas wie ein europäischer Grundkonsens hinsichtlich der möglichst weiten Zurückdrängung von Untersuchungshaft gegenüber jungen Beschuldigten erkennbar, der in Zeiten, in denen zumeist nur über wirtschaftliche Probleme des vereinten Europas gesprochen wird, von erheblicher kultureller Bedeutung erscheint.

Die vorliegende Arbeit wurde im Sommersemester 2015 als Dissertation an der Rechts- und Staatswissenschaftlichen Fakultät angenommen. Dem leider allzu früh verstorbenen Kollegen *Prof. Dr. Wolfgang Joecks* gilt der Dank für die zügige Anfertigung des Zweitgutachtens.

Die vielfältigen Dimensionen des U-Haftrechts, der U-Haftvermeidung sowie der Ausgestaltung des Untersuchungshaftvollzugs werden im Rahmen der vorliegenden Analyse umfassend dargestellt. Das ist ein erheblicher Erkenntnisfortschritt, zumal selbst in dem vierbändigen Werk „*Juvenile Justice Systems in Europe*", an dem der Verf. mitgewirkt hat, nur ein Teil der Informationen, noch dazu lediglich in englischer Sprache enthalten sind. Der Verf. hat die Arbeit in wesentlichen Teilen während der Zeit seines Landesgraduiertenstipendiums im Zeitraum 2009-2011 erarbeitet und dann nach seinem Referendariat grundlegend aktualisiert und überarbeitet. Für die Veröffentlichung wurden Anfang 2016 nochmals einige Aktualisierungen vorgenommen, allerdings gab es unvorhersehbare Verzögerungen bei den Formatierungsarbeiten, weshalb die im vorliegenden Vorwort enthaltenen ergänzenden Literaturhinweise zu beachten sind. Das Verdienst der Arbeit als ein umfassender Rechtsvergleich der Untersuchungshaft bei Jugendlichen mit zahlreichen rechtspolitischen Optionen, die daraus gewonnen werden können, bleibt jedoch ungeschmälert.

Greifswald, im April 2017

Frieder Dünkel

Danksagung

Die vorliegende Arbeit wurde im Sommersemester 2015 von der Rechts- und Staatswissenschaftlichen Fakultät der Ernst-Moritz-Arndt-Universität Greifswald als Dissertation angenommen.

Mit der Veröffentlichung der Arbeit geht nun eine lange und schwere Zeit zu Ende. Private Schicksalsschläge führten zu einer ungewollten Verzögerung der Fertigstellung. Entsprechend lang ist die Liste der Personen, denen ich für ihre Geduld, ihr Verständnis und ihre Unterstützung sehr herzlich danken möchte.

Zunächst möchte ich meinem Doktorvater Prof. em. Dr. *Frieder Dünkel* für seine unermüdliche Geduld und seine Unterstützung danken. Ohne seine stetige Hilfe und Korrektur wäre die Arbeit nicht fertig geworden. Ich möchte mich für die wunderbare, lustige, lehrreiche, sympathische und vor allem menschliche Unterstützung während der gesamten Promotionszeit bedanken

Ein ganz besonderer Dank gilt Dr. *Joanna Grzywa-Holten*, der ich mit der abschließenden Formatierung der Arbeit und der Erstellung der Druckfahne Einiges zugemutet habe.

Prof. Dr. *Wolfgang Joecks*, der viel zu früh verstorben ist, danke ich für die zügige Erstellung des Zweitgutachtens.

Prof. Dr. *Joachim Lege* danke ich für seine interessierte Teilnahme an meiner Verteidigung.

Ein großer Dank gilt auch PD Dr. jur. habil. *Christine Morgenstern*, Universität Greifswald, und Prof. Dr. *Kirstin Drenkhahn*, Freie Universität Berlin, für die vielen Anregungen und Hilfestellungen.

All meinen ehemaligen Kolleginnen und Kollegen vom Lehrstuhl für Kriminologie an der Ernst-Moritz-Arndt-Universität in Greifswald möchte ich für die wunderbare Zeit danken.

Ich danke meinen Eltern, die mich in all meinen Vorhaben unterstützt haben.

Schließlich gilt mein größter Dank *Lieske-Marie Grunwald* für ihre Geduld und Liebe und meinem Sohn *Jaron Leander*, der im Jahr 2011 geboren wurde, und unser Glück perfekt gemacht hat.

Berlin, im April 2017

Bastian Dorenburg

Abkürzungsverzeichnis

Abs.	Absatz
Abb.	Abbildung
a. F	alte Fassung
a. M	andere Meinung
Art.	Artikel
Aufl.	Auflage
Begr.	Begründung
Beschl.	Beschluss
BGB	Bürgerliches Gesetzbuch
BGE	Bundesgerichtsentscheidung (des Schweizer Bundesgerichts)
BGH	Bundesgerichtshof
Bln	Berlin
Brb	Brandenburg
BSHG	Bundessozialhilfegesetz
BT-Drucks.	Bundestagsdrucksache
BtMG	Betäubungsmittelgesetz
Buchst.	Buchstabe
bulgStPO	bulgarische Strafprozessordnung
BVerfG	Bundesverfassungsgericht
B-W	Baden-Württemberg
bzgl.	bezüglich
bzw.	beziehungsweise
ca.	circa
CDPC	Committee on Crime Problems (Ministerkomitee für Kriminalitätsprobleme des Europarates)
CJPOA	Criminal Justice and Public Order Act
CPT	(European) Committee for the Prevention of Torture and Inhuman or Degrading Treatment or Punishment (Antifolterkommission des Europarats)
diesbez.	diesbezüglich

DVJJ	Deutsche Vereinigung für Jugendgerichte und Jugendgerichtshilfen e. V.
EGMR	Europäischer Gerichtshof für Menschenrechte
EMRK	Europäische Menschenrechtskonvention
EPR	European Prison Rules (Europäische Strafvollzugsgrundsätze)
ERJOSSM	Europäische Empfehlung für inhaftierte und ambulant sanktionierte jugendliche Straftäter („European Rules for Juvenile Offenders Subject to Sanctions or Measures)
estStPO	Estnische Strafprozessordnung
estStVollzG	Estnisches Strafvollzugsgesetz
EuGH	Europäischer Gerichtshof
EuGRZ	Europäische Grundrechtszeitschrift
f.	und folgende Seite
ff.	und folgende Seiten
frStPO	Französische Strafprozessordnung
FS	Forum Strafvollzug (Zeitschrift für Strafvollzug und Straffälligenhilfe)
GA	Goltdammer's Archiv für Strafrecht
GG	Grundgesetz
Grdl	Grundlagen
grStPO	Griechische Strafprozessordnung
GVUVS NRW	Gesetz zur Regelung des Vollzuges der Untersuchungshaft und zur Verbesserung der Sicherheit in Justizvollzugsanstalten in Nordrhein-Westfalen
HbStrV	Handbuch zum Strafverfahren (vgl. Literaturverzeichnis)
HK	Heidelberger Kommentar zur Strafprozessordnung (vgl. Literaturverzeichnis)
h. M.	herrschende Meinung
Hrsg.	Herausgeber
i. d. F.	in der Fassung
insbes.	insbesondere
i. S. d.	im Sinn des

italStPO	Italienische Strafprozessordnung
IPbpr	Internationaler Pakt über die bürgerlichen und politischen Rechte
JDA	Juvenile Delinquency Act (Bulgarien)
jew.	Jeweils/jeweiligen
JGG	Jugendgerichtsgesetz
JGGÄndG	Änderungsgesetz zum Jugendgerichtsgesetz
JGH	Jugendgerichtshilfe
JGH Wien	Jugendgerichtshof Wien
JStG	Jugendstrafgesetz (Schweiz)
JVG	Gesetz über das Verfahren in Jugendsachen (Polen)
JVollzG	Justizvollzugsgesetz (Brandenburg)
k. A.	keine Angaben
KG	Kammergericht (Berlin)
KJHG	Kinder- und Jugendhilfegesetz (SGB VIII)
KK	Karlsruher Kommentar zur StPO (vgl. Literaturverzeichnis)
KMR	Kleinknecht/Müller/Reitberger Kommentar zur StPO (vgl. Literaturverzeichnis)
KRK	Kinderrechtskonvention
kroatStPO	Kroatische Strafprozessordnung
LJVollzG	Landesjustizvollzugsgesetz (Rheinland-Pfalz)
LG	Landgericht
lettStPO	Lettische Strafprozessordnung
litStPO	Litauische Strafprozessordnung
LR	Löwe/Rosenberg, Die Strafprozessordnung und das Gerichtsverfassungsgesetz, Großkommentar (vgl. Literaturverzeichnis)
LSA	Land Sachsen-Anhalt
MschrKrim	Monatsschrift für Kriminologie und Strafrechtsreform
MRK	Menschenrechtskonvention
M-V	Mecklenburg-Vorpommern

m. w. N.	Mit weiteren Nachweisen
n. F.	neue Fassung
niedStPO	Niederländische Strafprozessordnung
NJVollzG	Niedersächsisches Justizvollzugsgesetz
NJW	Neue Juristische Wochenschrift
NRW	Nordrhein-Westfalen
NStZ	Neue Zeitschrift für Strafrecht
OLG	Oberlandesgericht
östJGG	Österreichisches Jugendgerichtsgesetz
östStPO	Österreichische Strafprozessordnung
polnJVG	Polnisches Gesetz über das Verfahren in Jugendsachen
polnStGB	Polnisches Strafgesetzbuch
PKS	Polizeiliche Kriminalstatistik
portStPO	Portugiesische Strafprozessordnung
RdJB	Recht der Jugend und des Bildungswesens
Rec.	Recommendation (Empfehlung)
RegE	Regierungsentwurf
Rn.	Randnummer
RSFSR	Russisch Sozialistische Föderative Sowjetrepublik
ruStPO	Rumänische Strafprozessordnung
russStPO	Russische Strafprozessordnung
russVerf	Russische Verfassung
S.	Satz/Seite
s.	Section (Abschnitt im Englischen Gesetz)
schwJStG	Schweizer Jugendstrafgesetzbuch
schwJStPO	Schweizerische Jugendstrafprozessordnung
schwStPO	Schweizer Strafprozessordnung
schwedStPO	Schwedische Strafprozessordnung
serbStPO	Serbische Strafprozessordnung
SGB VIII	Sozialgesetzbuch Band VIII
SGB XII	Sozialgesetzbuch Band XII

skStPO	Slowakische Strafprozessordnung
slowStPO	Slowenische Strafprozessordnung
spanStPO	Spanische Strafprozessordnung
StA	Staatsanwaltschaft
StGB	Strafgesetzbuch
STK	Sozialer Trainingskurs
StPO	Strafprozessordnung
StV	Strafverteidiger (Zeitschrift)
Tab.	Tabelle
tschStPO	Tschechische Strafprozessordnung
TOA	Täter-Opfer-Ausgleich
türkStPO	Türkische Strafprozessordnung
u. a.	und andere/unter anderem
UHaftrÄndG	Gesetz zur Änderung des Untersuchungshaftrechts
UVollzG	Untersuchungshaftvollzugsgesetz
UN	United Nations (Vereinte Nationen)
UNO	United Nations Organisation
ungarStPO	Ungarische Strafprozessordnung
ukrStPO	Ukrainische Strafprozessordnung
ukrUHG	Ukrainisches Untersuchungshaftgesetz
usw.	und so weiter
vgl.	vergleiche
WK	Wiener Kommentar zur Strafprozessordnung (vgl. Literaturverzeichnis)
z.	zu
z. B.	zum Beispiel
Ziff.	Ziffer
ZJJ	Zeitschrift für Jugendkriminalrecht und Jugendhilfe
ZRP	Zeitschrift für Rechtspolitik
ZStW	Zeitschrift für die gesamte Strafrechtswissenschaft
z. T.	zum Teil

zypStPO	Zyprische Strafprozessordnung
zzgl.	Zuzüglich

Untersuchungshaft und Untersuchungshaftvermeidung bei Jugendlichen und Heranwachsenden in Deutschland und Europa

1. Einleitung

„Jede Person, die einer Straftat angeklagt ist, gilt bis zum gesetzlichen Beweis ihrer Schuld als unschuldig." So formuliert es die Europäische Menschenrechtskonvention in ihrem Art. 6 Abs. 2. Bei der Untersuchungshaft handelt es sich also strenggenommen um eine Inhaftierung eines Unschuldigen. Die Untersuchungshaft stellt somit den einschneidendsten staatlichen Eingriff in die Grundrechte eines Beschuldigten dar. Die Untersuchungshaft wird daher auch als Sonderopfer des als unschuldig geltenden Verdächtigen, welche der Staat diesem abverlangt, angesehen.[1]

Umso besorgniserregender ist es, dass sich die Untersuchungshaft in vielen Ländern durch katastrophale Zustände auszeichnet. Nicht selten wird von starker Überbelegung und sogar von Misshandlungen im Untersuchungshaftvollzug berichtet.[2] In der jugendkriminalpolitischen Diskussion hat die Untersuchungshaft einen nicht unerheblichen Stellenwert. Nicht nur in Deutschland, sondern auch in anderen europäischen Ländern ist die Untersuchungshaft bei jungen Menschen ein wichtiges kriminalpolitisches Thema.[3]

---

[1] So formulierte es der ehemalige deutsche Bundesverfassungsrichter *Winfried Hassemer*, siehe StV 1984, S. 40.

[2] Siehe hierzu den Jahresbericht von Amnesty International; Amnesty International Report 2013.

[3] Siehe für Deutschland z. B. die Arbeiten von *Hotter* 2004, *El Zaher u. a.* 2004, *Bussmann/ England* 2004, *Kowalzyck* 2008. Für die europäischen Länder siehe die Länderberichte und die weiteren Nachweise der jeweiligen Autoren in *Dünkel u. a.* 2011.

Da jugendliche und heranwachsende Straftäter[4] oder Beschuldigte sich in einer noch prägenden Entwicklungsphase ihres Lebens befinden, stellen Haftaufenthalt, und insbesondere die Untersuchungshaft, gerade für junge Menschen eine enorme Belastung dar. So spielt nicht nur die Ausgestaltung der Untersuchungshaft bei Jugendlichen eine bedeutende Rolle. Zwar muss das Ziel der staatlichen Institutionen sein, die in der Untersuchungshaft zwangsläufig entstehende Beeinträchtigung der persönlichen Entwicklung nach Möglichkeit auszugleichen. Umso wichtiger ist jedoch, dass die Länder gerade wegen dieser besonderen Belastungen die Untersuchungshaft auf ein Mindestmaß reduzieren und dementsprechend bereits die Anordnung einer solchen bei Jugendlichen besonders restriktiv regeln und darüber hinaus ausreichende Haftalternativen vorsehen.

Aus diesem Grund setzte das Ministerkomitee für Kriminalitätsprobleme (*Committee on Crime Problems*, CDPC)[5] des Europarates eine Expertenkommission ein, die Mindestgrundsätze für inhaftierte Jugendliche und Jugendliche, die von ambulanten Maßnahmen betroffen sind, erarbeiten sollte. Im November 2008 wurden die *European Rules for Juvenile Offenders Subject to Sanctions or Measures*, ERJOSSM verabschiedet.[6] Der Arbeitsauftrag bezog sich ausdrücklich auf den stationären und ambulanten Bereich und ging schon insofern über die nur für Erwachsene geltenden Europäischen Strafvollzugsgrundsätze (*EPR, European Prison Rules)* hinaus, die bereits im Januar 2006 vom Ministerkomitee des Europarats verabschiedet wurden.[7]

Die vorliegende Arbeit untersucht die Regelungen zur Untersuchungshaft und Untersuchungshaftvermeidung bei jungen Menschen in Deutschland und den jeweiligen europäischen Ländern. Das Ziel der vorliegenden Arbeit ist eine kritische Darstellung und Analyse der vorhandenen Regelungen zur Untersuchungshaft beziehungsweise Untersuchungshaftvermeidung und deren Praxis. Anhand dieser Darstellung soll untersucht werden, inwieweit in den europäischen Ländern

---

4   Soweit in dieser Arbeit ausschließlich männliche Endungen verwendet werden, geschieht dies ausschließlich aus Lesbarkeitsgründen.

5   Das CDPC wurde im Jahr 1958 vom Ministerkomitee gebildet und mit der Aufgabe betraut die Europaratsangelegenheiten im Bereich der Kriminalprävention und Kriminalitätskontrolle zu überwachen und zu koordinieren. Das CDPC macht dem Ministerkomitee u. a. Vorschläge über Aktivitäten in den Bereichen Strafrecht, Strafprozessrecht und der Kriminologie und implementiert diese Aktivitäten. Die CDPC erarbeitet Abkommen, Vereinbarungen, Empfehlungen und Berichte. Er organisiert kriminologische Konferenzen und Kolloquien; siehe ausführlich: www.coe.int/t/DGHL/STANDARDSETTING/CDPC/default_en.asp.

6   Europäische Grundsätze für die von Sanktionen und Maßnahmen betroffenen Jugendlichen Straftäter und Straftäterinnen (*European Rules for Juvenile Offenders Subject to Sanctions or Measures* (ERJOSSM, Rec (2008) 11), Council of Europe 2009.

7   Rec (2006) 2; abrufbar unter: https://wcd.coe.int/ViewDoc.jsp?id=955747.

des Europarates vergleichbare normative und tatsächliche Standards für die Untersuchungshaft bei jungen Menschen vorhanden sind. Neben den Voraussetzungen zur Anordnung bei Jugendlichen und einer vergleichenden Darstellung, soll auch unter kriminologischen Aspekten untersucht werden, ob die Untersuchungshaft ihrem Verfahrenssicherungszweck gerecht wird. So soll auch untersucht werden, ob ihr faktisch auch eine andere Funktion zukommt. Daneben werden auch vollzugsrechtliche Besonderheiten durchleuchtet.

Dabei werden internationale Standards, wie zum Beispiel die bereits erwähnten *European Rules für Juvenile Offenders Subject to Sanctions or Measures* aus dem Jahr 2008, als Prüfungsmaßstab herangezogen.

Das erklärte Ziel der Mitgliedstaaten muss es sein, gerade im Bereich des Jugendkriminalrechts einen europäischen Grundkonsens zu schaffen. Inwieweit dies der Fall ist und die europäischen Länder damit der Forderung nach einem humanen Jugendkriminalrecht gerecht werden, soll durch die vorliegende Arbeit aufgezeigt werden.

Bei der Darstellung und der inhaltlichen Auseinandersetzung konnte überwiegend nur auf Sekundärliteratur zurückgegriffen wurden. Dies gilt insbesondere für die nichtdeutschsprachigen Länder. So basiert die vorliegende Arbeit hauptsächlich auf Länderberichten, die dem Verfasser im Rahmen seiner wissenschaftlichen Tätigkeit am Lehrstuhl für Kriminologie an der Universität Greifswald im Zusammenhang mit seiner Bearbeitung des Kapitels „*Juvenile offenders in preliminary or pre-trail detention*" zur Verfügung standen.[8] Dieses Kapitel ist Teil der vierbändigen Veröffentlichung "Juvenile Justice Systems in Europe".[9] Daraus ergibt sich auch die Auswahl von 34 Länderberichten, die im Rahmen dieser Veröffentlichung untersucht wurden und daher auch dem Verfasser im Rahmen seiner Dissertation zur Verfügung standen. Diesbezüglich ist jedoch anzumerken, dass sich die Länderberichte in ihrem Umfang qualitativ und quantitativ unterscheiden und somit auch dem Verfasser nicht zu jedem Land die gleichen Informationen bzw. Daten zur Verfügung standen.

Weitere Informationen basieren auf einem Fragebogen, der durch den Europarat anlässlich der Vorarbeiten für die Europäischen Regeln für jugendliche Straftäter (ERJOSSM) an die jeweiligen Mitgliedstaaten gesandt wurde.[10] Auch die Studie von *van Kalmthout/Knapen/Morgenstern* aus dem Jahre 2009 wurde

---

8   *Dünkel/Dorenburg/Grzywa* 2011, S. 1747 ff.

9   *Dünkel u. a.* 2011.

10 Im Rahmen der Vorarbeiten der für die *European rules for juvenile offenders subject to sanctions or measures* wurde Mitte des Jahres 2006 an alle (derzeit) 47 Mitgliedstaaten des Europarats ein Fragebogen verschickt, der letztlich von 35 Ländern beantwortet wurde. Die anstehende Auswertung wurde dem Greifswalder Lehrstuhl für Kriminologie übertragen; siehe hierzu *Dünkel/Pruin* 2009.

vom Verfasser zur Datensammlung herangezogen.[11] Jedoch bezieht sich diese Studie in erster Linie auf erwachsene Untersuchungshäftlinge.

Neben der Schwierigkeit im Zusammenhang mit der Datenbeschaffung steht eine international vergleichende Analyse des Untersuchungshaftrechts und des Untersuchungshaftvollzuges im Bereich des Jugendstrafrechts auch vor der Schwierigkeit von Definitionsproblemen, die durch die unterschiedlich herrschenden Jugendstrafrechtssysteme hervortreten. So wird beispielsweise in den wohlfahrtsorientierten Systemen die Untersuchungshaft überwiegend in Heimen oder anderen Einrichtungen und nicht in „klassischen" Gefängnissen vollzogen. Dennoch erfüllen diese Einrichtungen häufig den gleichen Zweck wie stationäre Untersuchungshaftanstalten.

Auch im Rahmen einer statistischen Darstellung spielen Definitionsprobleme eine bedeutende Rolle. So müssen die Untersuchungshaftzahlen vor allem unter dem Gesichtspunkt unterschiedlicher gesetzlicher Rahmenbedingungen gesehen werden. Aber auch unterschiedliche Indikatoren und Definitionen können zu einer unterschiedlichen Bewertung führen. So werden in einigen Ländern beispielsweise Jugendliche in Haftanstalten als Teil der Gefängnispopulation angesehen, während diese Gruppe in anderen Ländern ausgenommen und gesondert aufgeführt ist. Ein Ländervergleich ist darüber hinaus auch schwierig, da auf unterschiedliche Quellen und Daten Bezug genommen werden musste.[12]

Die Arbeit gliedert sich in elf Kapitel. Im nachfolgenden zweiten Kapitel wird zunächst auf die vorhandenen internationalen Standards und Empfehlungen, die das Jugendkriminalrecht betreffen, eingegangen. Dabei soll ein Überblick über den Inhalt der bis heute wichtigen und existierenden Mindeststandards geschaffen und deren Bedeutung für die Praxis erläutert werden.

Anschließend folgt im dritten Kapitel ein grober Überblick über die bestehenden Jugendstrafrechtssysteme in den europäischen Ländern. Neben einer Darstellung der Besonderheiten der jeweiligen Jugendstrafrechtssysteme wird auf die verschiedenen Altersgrenzen der strafrechtlichen Verantwortlichkeit eingegangen, insbesondere ab welchem Alter eine Untersuchungshaft möglich ist.

Im vierten Kapitel beginnt die theoretische Einführung über die Untersuchungshaft im deutschen Jugendstrafrechtssystem. Im sich anschließenden fünften Kapitel wird auf die Untersuchungshaft im europäischen Ausland eingegangen. Dabei wird zunächst jedes Land einzeln mit seinen Besonderheiten in Bezug auf die Regelungen zur Untersuchungshaft überblicksartig dargestellt (siehe *Kap. 5.1*). Anschließend folgt eine vergleichende Darstellung zu den gesetzlichen Grundlagen und den jugendspezifischen Sonderregelungen.

---

11 Vgl. *van Kalmthout/Knapen/Morgenstern* 2009.

12 Zu den Problemen der Vergleichbarkeit siehe *Kap. 10.2.1.*

Im sechsten und siebten Kapitel werden die Regelungen und gesetzlichen Möglichkeiten zur Untersuchungshaftvermeidung in Deutschland und den europäischen Ländern dargestellt.

Es folgt in den Kapiteln acht und neun eine Darstellung über die Unterbringung und den Untersuchungshaftvollzug in Deutschland (*Kap. 8*) und den europäischen Ländern (*Kap. 9*). In Bezug auf die Darstellung Deutschlands wurde hier zunächst auf die gesetzlichen Grundlagen eingegangen, die sich nach der Föderalismusreform im Jahr 2006 verschoben haben. Anschließend folgt eine Darstellung bezüglich der konkreten Ausgestaltung des Vollzuges bei jungen Menschen. Dabei wurden die jeweiligen Landesgesetze auf ihre Sonderregelungen bezüglich junger Untersuchungshaftgefangener analysiert und verglichen.

Das zehnte Kapitel beschreibt die justizielle Praxis der Untersuchungshaft und der Untersuchungshaftvermeidung in Deutschland und den europäischen Ländern. In diesem Kapitel werden die verschiedenen statistischen Quellen betrachtet und ausgewertet.

Im elften und letzten Kapitel erfolgt eine Zusammenfassung und Schlussbetrachtung.

2. Internationale Standards zum Jugendkriminalrecht, insbesondere zur Untersuchungshaft und vorläufigen Unterbringung

Nach dem Zweiten Weltkrieg haben sowohl die Vereinten Nationen als auch der Europarat die Achtung der Menschenrechte besonders hervorgehoben.[13] So haben die Vereinten Nationen 1955 als Vorreiter auf das Instrument von Mindeststandards in Bezug auf Gefangene zurückgegriffen. Mit ihren *Mindestgrundsätzen für die Behandlung von Gefangenen*[14] haben die Vereinten Nationen als erstes ihre Vorstellung von der Behandlung und Stellung von Gefangenen verdeutlicht.[15] Darauf folgten 1973 die Europäischen Strafvollzugsgrundsätze des Europarates (EPR), die die Forderungen der Vereinten Nationen in kaum veränderter Form übernahmen.[16]

Mitte der 1980er Jahre haben sich die Vereinten Nationen mit ihren *Mindestgrundsätzen für die Jugendgerichtsbarkeit* auch vornehmlich dem Jugendkrimi-

---

13 Siehe hierzu Art. 1 Nr. 3 Charta der Vereinten Nationen vom 26.06.1945 und Art. 1 (b) der Satzung des Europarates vom 05.05.1949.

14 Standard Minimum Rules for the Treatment of Offenders vom 30.08.1955.

15 *Neubacher* 2009, S. 278.

16 European Prison Rules, Rec (73) 5. Diese wurden 1987 überarbeitet und 2006 durch die Europäischen Strafvollzugsgrundsätze Rec (2006) 2 abgelöst, vgl. hierzu *Dünkel/Morgenstern/Zolondek* 2006.

nalrecht zugewandt. So haben die *Mindestgrundsätze für die Jugendgerichtsbarkeit*[17] von 1985 Bezug auf die Mindestgrundsätze von 1955 genommen und erstmals die Position von Jugendlichen ausgebaut. Sie liefern zusätzliche Aussagen zum Jugendvollzug (Schutz und Resozialisierung als Ziele des Vollzuges, Trennung von Erwachsenen usw.) und stellen auch Jugendliche in Untersuchungshaft unter den Schutz der Regelung. So heißt es in Nr. 27. 1 der Regelungen: *„Die Mindestnormen für die Behandlung von Gefangenen und die entsprechenden Empfehlungen gelten, soweit relevant, für die Behandlung von jugendlichen Straftätern in Einrichtungen, einschließlich der in Untersuchungshaft Inhaftierten."* Weiter heißt es in Nr. 27. 2, dass gerade im Hinblick auf die konkreten Bedürfnisse eines Jugendlichen besondere Anstrengungen unternommen werden sollen die einschlägigen Grundsätze der Mindestanforderungen zu erfüllen.[18]

Dem erklärten Ziel, die Rechtsstellung junger Menschen in Haft weiter auszubauen, kam die UNO 1990 mit den Mindestgrundsätzen zum Schutz inhaftierter Jugendlicher[19] näher. Diese stellen praktisch die Spezialregelungen zu den Mindestgrundsätzen von 1955 dar und enthalten in der Hauptsache detaillierte Bestimmungen über Gestaltung und Führung von Haftanstalten für Jugendliche (z. B. Klassifikation, Unterbringung, Ausbildung und Arbeit, Religion, Gesundheitsfürsorge, Außenkontakte etc.). Auch hier wurde im einleitenden Teil erneut hervorgehoben, dass die Inhaftierung von Jugendlichen nur ein letzter Ausweg (*last resort*) sein kann und auch nur auf ein Minimum beschränkt werden darf.[20] Auf Seiten des Europarates entstanden in den weiteren Jahren mehrere Empfehlungen, die sich auch mit der Untersuchungshaft auseinandersetzten. So empfiehlt beispielsweise die Empfehlung Rec (99) 22 vom 30.11.1999,[21] dass die Anwendung und Dauer der Untersuchungshaft auf ein Minimum reduziert werden muss (Nr. 11/12). Im Jahr 2006 wurde dann die Rec (2006) 13 verabschiedet, die sich ausschließlich mit der Untersuchungshaft befasst.[22] Empfehlungen, die sich alleinig mit der Gruppe der Jugendlichen und Heranwachsenden befassten, wurden im Jahr 2003 und 2008 verabschiedet.[23] Dabei kommt der Empfehlung für inhaftierte

---

17 UN Minimum Rules fort the Administration of Juvenile Justice vom 29.11.1985 (sog. *Beijing-Rules*); siehe hierzu auch *Schüler-Springorum* 1987.

18 Siehe Regel 27 der *Beijing-Rules*.

19 UN Rules for the Protection of Juveniles Deprived of their Liberty; vgl. zur Entwicklung der Mindestgrundsätze der Vereinten Nationen *Dünkel* 1988, S. 361 ff.

20 *Neubacher* 2009, S. 279.

21 Rec (99) 22 concerning prison overcrowding and prison population inflation.

22 Siehe *Kap. 2.2.2.*

23 Empfehlung Rec (2003) 20 des Ministerkomitees an die Mitgliedstaaten zu *„neuen Wegen im Umgang mit Jugenddelinquenz und der Rolle der Jugendgerichtsbarkeit"*; Europäische Grundsätze für die von Sanktionen und Maßnahmen betroffenen Jugendlichen

und ambulant sanktionierte jugendliche Straftäter (ERJOSSM) eine besondere Bedeutung zu, da diese nicht nur für straffällig gewordene Jugendliche gilt, sondern auch für Jugendliche, die sich in einer Einrichtung der Jugendhilfe oder im Rahmen des Strafverfahrens in Untersuchungshaft oder einer alternativen Einrichtung befinden. Zusammenfassend lassen sich folgende Forderungen des Europarates als allgemeinen Konsens festhalten: Es sind stets Diversion,[24] ambulante Maßnahmen und Haftvermeidung stationären Interventionen und somit einem Freiheitsentzug vorzuziehen.[25] Eine Inhaftierung und folglich auch die Untersuchungshaft darf nur als letztes Mittel *ultima ratio* angesehen werden. Es ist zunächst zu prüfen, ob eine alternative Maßnahme in Betracht kommt (*Subsidiarität der Untersuchungshaft*). Wenn allerdings eine Inhaftierung unumgänglich ist, sind Jugendliche getrennt von Erwachsenen unterzubringen. Für die Untersuchungshaft gilt, dass diese niemals als eine vorweggenommene Freiheitsstrafe verstanden werden darf.

2.1 Zweck und Arbeitsauftrag der Empfehlungen des Europarats im Hinblick auf das Jugendstrafrecht

Nach und nach hat in Europa der Europarat die Führungsrolle in Sachen einer rationalen Jugendkriminalpolitik übernommen.[26] Besonders bedeutsam ist dabei die Empfehlung über die gesellschaftlichen Reaktionen auf Jugendkriminalität von 1987.[27] Aber auch die Empfehlungen von 2003[28] und besonders die Empfehlung von 2008[29] fordern eindringlich einen rationalen Umgang mit dem Jugendkriminalrecht.[30] Die Leitideen der Empfehlungen sind zunächst die Erziehung und die gesellschaftliche Wiedereingliederung der Jugendlichen. Dadurch wird dem Umstand Rechnung getragen, dass sich junge Menschen noch in ihrer

---

Straftäter und Straftäterinnen (European Rules for Juvenile Offenders Subject to Sanctions or Measures (ERJOSSM, Rec (2008) 11); siehe *Kap. 2.2.1, Kap. 2.2.3.*

24 Unter Diversion versteht man im Allgemeinen die Einstellungsmöglichkeiten im Jugendstrafverfahren also die „Ablenkung" von der formellen Strafkontrolle.

25 Siehe auch *Dünkel* 1988.

26 *Neubacher* 2009, S. 279.

27 *Recommendation on Social Reactions to Juvenile Delinquency* Rec (87) 20.

28 *Empfehlung über neue Wege im Umgang mit Jugendkriminalität und die Rolle der Jugendgerichtsbarkeit* Rec (2003) 20.

29 *European Rules for Juvenile Offenders Subject to Sanctions or Measures/Europäische Grundsätze für die von Sanktionen und Maßnahmen betroffenen Straftäter und Straftäterinnen*, ERJOSSM Rec (2008) 11.

30 Hierzu siehe *Kap. 2.2.1* und *Kap. 2.2.3.*

Entwicklung befinden. Insbesondere wurde den Mitgliedsstaaten empfohlen, Programme in Form ambulanter Maßnahmen anzubieten. Dabei sollten Schulen und Jugendorganisationen eingebunden werden. Besonders hervorgehoben werden eine konsequente Beachtung des Beschleunigungsgrundsatzes, die Trennung der Jugendlichen von Erwachsenen im Justizvollzug, die Beachtung der Unschuldsvermutung und im Besonderen die Vermeidung von Untersuchungshaft. Diesbezüglich wird insbesondere erwähnt, dass gerade den schulpflichtigen Jugendlichen trotz eines Strafverfahrens und einer möglichen Untersuchungshaft eine angemessene Aus- und Weiterbildung erhalten bleiben muss.[31] Es geht somit speziell darum der Prävention den Vorrang vor der Repression einzuräumen. Es wird immer wieder betont, dass die Inhaftierung bzw. der Freiheitsentzug junger Menschen nur als ein letzter Ausweg verstanden werden soll und auch nur auf ein Minimum begrenzt werden darf.[32]

2.2 Inhalt der Empfehlungen

2.2.1 Empfehlungen des Ministerkomitees des Europarats vom 24.09.2003 über neue Wege im Umgang mit Jugendkriminalität und die Rolle der Jugendgerichtsbarkeit (Rec (2003) 20)

Die Empfehlungen des Europarates von 2003[33] machen deutlich, dass der Europarat trotz einer Strafschärfungstendenz in einigen europäischen Ländern an einer bedachten Jugendkriminalpolitik festhält.[34] Schon in der Präambel der Empfehlung macht der Europarat deutlich, dass es trotz der weitgehenden Stabilität der globalen Jugendkriminalitätsraten neue Methoden geben muss und das bisherige System nicht ausreichend ist. Die Verhütung von Straftaten und die Wiedereingliederung junger Straftäter werden als Hauptziele genannt (Nr. 1). Zudem fordert die Empfehlung, dass die Behandlung jugendlicher Straftäter auf wissenschaftliche Erkenntnisse zu stützen ist (Nr. 5).

Deutlich wird auch die Forderung nach einer Weiterentwicklung bzw. einem Ausbau innovativer ambulanter Maßnahmen (Nr. 7). Diese sollen dabei nicht nur den jugendlichen Straftätern vorbehalten werden, die leichte bis mittelschwere Delikte begangen haben. Auch im Hinblick auf schwere Taten, die von Jugendlichen begangen wurden, sollen innovative Sanktionen und Maßnahmen entwickelt werden (Nr. 8). Dieser Grundsatz wird inhaltlich durch Nr. 17 bekräftigt. Dort heißt es: *„Nach Möglichkeit sollten für jugendliche Tatverdächtige alternative*

---

31 Siehe hierzu ausführlich *Kap. 2.2.1, 2.2.2, 2.2.3.*

32 Vgl. *Dünkel* 1988, S. 361 ff.

33 Rec (2003) 20.

34 Zu diesen Tendenzen vgl. *Dünkel* 2008, S. 103; *Horsfield* 2006, S. 42 und unten *Kap. 3.1.*

Lösungen zur Untersuchungshaft gewählt werden, wie beispielsweise die Unterbringung bei Angehörigen, in Pflegefamilien oder andere betreute Unterbringung. Die Untersuchungshaft sollte nie als Sanktion oder eine Form der Einschüchterung oder als Ersatz für Maßnahmen zum Schutz von Kindern oder hinsichtlich der psychischen Gesundheit benutzt werden."

Dies ist ein deutlicher Appell auch bei schwereren Delikten äußerst besonnen mit der Untersuchungshaft umzugehen und eine deutliche Absage an die sog. apokryphen Haftgründe.[35] Als Kern der Grundsätze kann festgehalten werden, dass ambulante Maßnahmen und Haftvermeidung jeglichen stationären Maßnahmen vorzuziehen sind.

2.2.2 Empfehlung des Ministerkomitees vom 27.09.2006 betreffend die Anwendung von Untersuchungshaft, die Bedingungen, unter denen sie vollzogen wird und Schutzmaßnahmen gegen Missbrauch (Rec (2006) 13)

Im Jahre 2006 wurden die Europäischen Strafvollzugsgrundsätze als Empfehlung Rec (2006) 2 in überarbeiteter Fassung vom Ministerkomitee des Europarates verabschiedet. Im selben Jahr wurde auch eine weitere Empfehlung, diesmal speziell zur Untersuchungshaft, verabschiedet. Diese Empfehlung betreffend die *Anwendung von Untersuchungshaft, den Bedingungen unter denen sie vollzogen wird und Schutzmaßnahmen gegen Missbrauch* (Rec (2006) 13) widmet sich einer Insassengruppe, die einer besonderen Aufmerksamkeit bedarf. In der Präambel dieser Empfehlung wird wiederum der *ultima ratio*-Grundsatz der Untersuchungshaft hervorgehoben. So gilt es, strenge Beschränkungen im Hinblick auf die Anwendung der Untersuchungshaft festzulegen und die Anwendung alternativer Maßnahmen soweit als möglich zu fördern. Die Empfehlung Rec (2006) 13 ist in drei Hauptabschnitte unterteilt. Zunächst geht es in Abschnitt I um allgemeine Grundsätze und Begriffsbestimmungen (Nr. 1 bis Nr. 6). Es folgen in Abschnitt II Empfehlungen zur Anwendung der Untersuchungshaft (Nr. 6 bis Nr. 34). Im letzten Teil (III) der Empfehlung geht es um Regeln zum Vollzug der Untersuchungshaft (Nr. 35 bis Nr. 44).

Die Grundsätze dieser Empfehlung finden auf alle Personen Anwendung, die verdächtigt werden eine Straftat begangen zu haben. Jedoch enthält die Empfehlung auch besondere Vorschriften für Minderjährige. So wird beispielsweise hervorgehoben, dass bezüglich der Anwendung von Untersuchungshaft dem Alter,

---

35 Als *apokryphe Haftgründe* bezeichnet man die Gründe, die das Gericht oder auch die Staatsanwaltschaft tatsächlich zur Verhängung bzw. zur Beantragung der Untersuchungshaft bewogen haben, die aber hinter den rechtlich normierten Haftgründen „versteckt" werden. Diese verdeckten Haftgründe können sein: kurzer Schock, Eröffnung der Chance für eine spätere Bewährungsstrafe oder Zwangsentziehungskur, siehe hierzu *Dünkel* 1994a, S. 613; *Dünkel* 1990, S. 373.

der Persönlichkeit und den sozialen Verhältnissen des Betroffenen besondere Aufmerksamkeit zu widmen ist (Nr. 9).

2.2.3 Europäische Grundsätze für die von Sanktionen und Maßnahmen betroffenen jugendlichen Straftäter und Straftäterinnen (Rec (2008) 11)

Die aktuellste Empfehlung, die *europäischen Grundsätze für die von Sanktionen und Maßnahmen betroffenen jugendlichen Straftäter und Straftäterinnen* (ER-JOSSM),[36] bekräftigt den bis dato geltenden Konsens. Das Novum dieser Empfehlung liegt darin, dass diese sich speziell auf Jugendliche bezieht, was bei den Europäischen Strafvollzugsgrundsätzen nicht der Fall ist. Aber auch, was den Freiheitsentzug gegenüber Jugendlichen anbelangt, gehen die neuen Regeln weiter als die EPR. Es wird nämlich jegliche Form des Freiheitsentzugs erfasst.[37] Das bedeutet neben dem Jugendstrafvollzug die Unterbringung in (ggf. geschlossenen) Erziehungsheimen und in psychiatrischen Anstalten (bzw. anderen Einrichtungen des Maßregelvollzugs) sowie nicht zuletzt allen Formen des vorläufigen Freiheitsentzugs in Heimen und eben auch in der Untersuchungshaft. So haben die ERJOSSM auch einen breiteren Anwendungsbereich, da diese für alle im Jugendstrafvollzug Untergebrachten gilt und somit gegebenenfalls auch über 21-Jährige erfasst sind. Zudem erweitern die ERJOSSM die Empfehlung Rec (2003) 20 *über neue Wege im Umgang mit Jugendkriminalität und die Rolle der Jugendgerichtsbarkeit*, da diese sich nicht speziell mit dem Freiheitsentzug bei Jugendlichen auseinandersetzt.

Die ERJOSSM sind in acht Hauptteile gegliedert. Zunächst werden wie bei den EPR die allgemeinen Grundsätze (*Basic Principles*) vorangestellt. Diese gelten für ambulante- und für alle Formen stationärer Sanktionen. Im zweiten Hauptteil geht es dann dezidiert um ambulante Sanktionen. Der dritte Hauptteil beschäftigt sich mit jeglichen stationären Maßnahmen. Die weiteren Teile beinhalten Fragen des Zugangs zu Rechtsbeiständen u. ä. (*Legal advice and assistance*). Des Weiteren geht es um Beschwerden, Rechtsmittel, Inspektionen und das Monitoring (Teil V). Teil VI umfasst Empfehlungen zum Personal. Es folgen Regeln zur Begleitforschung (Evaluation) und zur Zusammenarbeit mit der Öffentlichkeit. Was den Umfang angeht, lässt sich feststellen, dass die Hauptteile II und III am stärksten untergliedert sind. Die besondere Untergliederung im dritten Teil lässt

---

36 Empfehlung vom 05.11.2008, Rec (2008) 11 (ERJOSSM). Wegen des Entstehungsortes gelegentlich auch als *Greifswald-Rules* bezeichnet, was aber eher scherzhaft gemeint war, siehe ausführlich *Dünkel* 2009a; 2011.

37 So heißt es im Anhang I der Rec (2008) 11: „*Ziel dieser Grundsätze ist es, die Rechte und die Sicherheit der von Sanktionen oder Maßnahmen betroffenen jugendlichen Straftäter/Straftäterinnen zu gewährleisten und ihre körperliche und geistige Gesundheit sowie ihr soziales Wohlergehen zu fördern, wenn gegen sie ambulante Sanktionen und Maßnahmen oder Freiheitsentzug jedweder Art verhängt wurden.*"

darauf schließen, dass dem Bereich der stationären Maßnahmen eine besondere Bedeutung beigemessen wird. So geht es u. a. um die Struktur der Einrichtung, die Art der Unterbringung innerhalb der Einrichtungen und die Aktivitäten im Vollzug.

Ziel der Empfehlung ist es, die Rechte der Jugendlichen, die von Sanktionen oder Maßnahmen betroffen sind, zu stärken, sowie ihre geistige und körperliche Gesundheit zu fördern. Als Grundprinzipien geben auch die ERJOSSM die Wiedereingliederung und Rückfallverhütung an. Ebenso sollen die Verhängung und der Vollzug der Sanktionen und Maßnahmen erzieherisch gestaltet werden (Nr. 2). So soll ein breites Spektrum an ambulanten Maßnahmen geschaffen werden und von mehreren möglichen Maßnahmen die erzieherisch sinnvollste gewählt werden (Nr. 23. 1 und 23. 2). Beachtenswert ist auch, dass Heranwachsende wie Jugendliche behandelt werden können (Nr. 17). Dies ist ein deutlicher Hinweis an die Länder, die eine Einbeziehung der Heranwachsenden in das Jugendstrafrecht nicht vorsehen beziehungsweise in der Vergangenheit abgeschafft haben (Türkei, Spanien, Tschechische Republik, Bulgarien, Zypern, Lettland, Polen, Slowakei, Ukraine, Rumänien).[38]

Die Verhängung und Durchführung etwaiger Sanktionen oder Maßnahmen muss dem Wohl des Jugendlichen dienen. So heißt es in Nr. 5 der Empfehlung: *„Die Verhängung und die Durchführung von Sanktionen oder Maßnahmen muss dem Wohl der Jugendlichen dienen, durch die Schwere der Straftat begrenzt sein (Grundsatz der Verhältnismäßigkeit) und das Alter, die körperliche und geistige Gesundheit, den Reifegrad, die Fähigkeiten und die persönliche Situation berücksichtigen (Grundsatz der Individualisierung), was gegebenenfalls anhand von psychologischen oder psychiatrischen Gutachten oder von Gutachten zum sozialen Umfeld nachzuweisen ist. "*

Ein Freiheitsentzug darf gerade bei Jugendlichen nur das letzte Mittel darstellen und, wenn nicht vermeidbar, nur für die kurzmöglichste Dauer verhängt werden (Nr. 10). Schon dieser Grundsatz kann als eine deutliche Forderung nach einer besonders restriktiven Untersuchungshaftpraxis verstanden werden. Dennoch wird die Forderung nach einer Untersuchungshaftvermeidung nochmals besonders betont. So heißt es in Nr. 10 (S. 2): *„Besondere Anstrengungen müssen unternommen werden, um Untersuchungshaft zu vermeiden. "* Die meisten Standards für die Untersuchungshaft sind inhaltsgleich mit Standards für andere Arten des Freiheitsentzuges. Allerdings finden sich in den Regeln Nr. 108-113 spezielle Regeln, die im Rahmen der Untersuchungshaft besonders zu berücksichtigen sind. Diese Regelungen machen deutlich, dass im Rahmen des Untersuchungshaftvollzuges die Unschuldsvermutung stets zu beachten ist. So darf ein Jugendlicher beispielsweise nicht zur Arbeit gezwungen werden (Nr. 112). Regel Nr. 109 macht weiterhin deutlich, dass von der Untersuchungshaft besondere Gefahren für die Entwicklung des Jugendlichen ausgehen können. So empfiehlt Regel Nr. 109,

---

38   Siehe *Kap. 5.1.*

dass die besondere Verletzbarkeit von Jugendlichen während des Freiheitsentzuges beachtet werden soll, damit sichergestellt ist, dass sie jederzeit mit voller Achtung ihrer Würde und persönlichen Unversehrtheit behandelt werden. Dazu gehört auch, dass der inhaftierte Jugendliche jederzeit durch Institutionen zu unterstützen ist, die nach seiner Entlassung oder während der Zeit einer freiheitsentziehenden oder ambulanten Strafe oder Maßnahme zukünftig für ihn verantwortlich ist (Nr. 110). Die Regeln über die Untersuchungshaft machen des Weiteren deutlich, dass den Jugendlichen eine „Auswahl an Maßnahmen und Aktivitäten" anzubieten ist (Nr. 113. 1). Dem Jugendlichen soll somit u. a. ein gewisses Angebot an schulischen Maßnahmen angeboten werden.

2.3 Rechtsnatur der Empfehlungen des Europarats

Es stellt sich auch die Frage nach der Verbindlichkeit der Empfehlungen des Europarates. Die Empfehlungen des Europarates sind, genauso wie Grundsätze, Regeln, Richtlinien und Stellungnahmen, nicht verbindlich und somit auch kein zwingendes Recht.[39] Es handelt sich bei den Empfehlungen um sogenanntes *soft law*.[40] Die Frage ist jedoch, ob es sich bei den Empfehlungen folglich um völlig unverbindliches *soft law* handelt. Zunächst muss festgestellt werden, dass es sich bei den Empfehlungen zumindest um „Verhaltenserwartungen"[41] handelt, die den Mitgliedsstaaten zumindest eine moralische Verpflichtung abverlangt.[42] Die Empfehlungen des Europarates im Bereich des Jugendkriminalrechts und des Freiheitsentzuges weisen nämlich immer auch Menschenrechtsbezug auf.[43] So weist *Neubacher* darauf hin, dass es ein grundlegender Fehler wäre, zu meinen, „es handele sich bei den Menschenrechten oder bei dem von ihnen inspirierten *soft law* lediglich um schöne aber unverbindliche Menschenrechtslyrik."[44] Da es sich bei Menschenrechten aber um subjektive (öffentliche) Rechte handelt, die

---

39 Ausführlich hierzu siehe *Frenz* 2010, Rn. 1488 ff.

40 In Artikel 15 der Satzung des Europarates heißt es: „*Auf Empfehlung der beratenden Versammlung oder auf eigene Veranlassung prüft das Minister-Komitee die Maßnahmen, die geeignet sind, die Aufgaben des Europarats zu verwirklichen, einschließlich des Abschlusses von Abkommen und Vereinbarungen und der Annahme einer gemeinsamen Politik durch die Regierungen bei bestimmten Fragen. Seine Beschlüsse werden durch den Generalsekretär den Mitgliedern mitgeteilt.*" (Absatz a). "*Die Beschlüsse des Minister-Komitees können gegebenenfalls in die Form von Empfehlungen an die Regierungen gekleidet werden. Das Komitee kann diese ersuchen, ihm mitzuteilen, was sie auf diese Empfehlungen hin veranlasst haben.*" (Absatz b).

41 *Schwarze* 2011, S. 5.

42 *Neubacher* 2009, S. 285.

43 *Neubacher* 2001, S. 553.

44 So *Neubacher* 2001, S. 553.

auch für die nationale Normanwendung verbindlich sind, muss man sich fragen, ob das sogenannte *soft-law* tatsächlich nur eine symbolische Wirkung entfaltet.[45]

So hat es auch das BVerfG, zumindest für Deutschland, im Jahre 2006 deutlich gemacht. Im Urteil des BVerfG zur Verfassungswidrigkeit des Jugendstrafvollzuges heißt es: *„Auf eine den grundrechtlichen Anforderungen nicht genügende Berücksichtigung vorhandener Erkenntnisse oder auf eine den grundrechtlichen Anforderungen nicht entsprechende Gewichtung der Belange der Inhaftierten kann es hindeuten, wenn völkerrechtliche Vorgaben oder internationale Standards mit Menschenrechtsbezug, wie sie im Rahmen der Vereinten Nationen oder von Organen des Europarates beschlossen einschlägigen Richtlinien und Empfehlungen enthalten sind (...), nicht beachtet beziehungsweise unterschritten werden.*“[46] Auch wenn es sich hierbei um ein *obiter dictum* handelt sind Missachtungen der Empfehlungen ein Indiz für eine eventuelle Verfassungswidrigkeit.

In der Schweiz wird den Empfehlungen bereits seit dem Jahr 1992 eine besondere Bedeutung beigemessen. So sind die Empfehlungen des Europarates zwar nicht in der Weise völkerrechtlich verbindlich, dass die Missachtung der Mindestgrundsätze für sich allein als Verstoß gegen verfassungsmäßige Rechte der Bürger angefochten werden können. Insofern begründen sie keine subjektiven Rechte und Pflichten. Allerdings betont das Schweizer Bundesgericht: *„Da in den Mindestgrundsätzen aber die gemeinsame Rechtsüberzeugung der Mitgliedstaaten des Europarates zum Ausdruck kommt, werden sie vom Bundesgericht bei der Konkretisierung der Grundrechtsgewährleistungen der Bundesverfassung sowie der Europäischen Menschenrechtskonvention gleichwohl berücksichtigt.*“[47] Das Gericht betont des Weiteren, dass die Empfehlungen wichtige Richtlinien für eine moderne strafrechtliche Freiheitsentzugspraxis beinhalten und zur Wahrung des Grundrechtes der Achtung der Menschenwürde und des auch den Gefangenen zukommenden verfassungsmäßigen Mindestanspruches auf persönliche Freiheit von Bedeutung sind.[48]

Auch der EuGH sieht in den Empfehlungen mehr als nur eine völlig unverbindliche Handlungsform. So stellte der EuGH fest, dass nationale Gerichte verpflichtet seien, Empfehlungen *„bei der Entscheidung der bei ihnen anhängigen*

---

45   So *Neubacher* 2001, S. 553.

46   BVerfG NJW 2006, S. 2093.

47   Schweizerisches Bundesgericht vom 12.02.1992, BGE 118 Ia, 64, 70.

48   Vgl. BGE 111 Ia 344 f. E. 3a.

Rechtsstreitigkeiten zu berücksichtigen."[49] Es wird also eine empfehlungskonforme Auslegung verlangt. Darüber hinaus sind die Empfehlungen – und das gilt auch für alle europäischen Länder – von besonders politischer Relevanz.[50]

So bleibt – neben den Konventionen,[51] die als völkerrechtliche Verträge (soweit ratifiziert) verbindliche Wirkung[52] haben und somit auch unmittelbar einklagbar sind – auch das sog. *soft law* nicht ganz ohne jegliche Bedeutung.

Aus Sicht der Völkerrechtswissenschaft handelt es sich beim *soft law* um „unverbindliche Richtlinien und Erwartungen, die bereits einen breiten Konsens widerspiegeln und in vielen Fällen eine Vorstufe zu rechtsverbindlichen Vorschriften darstellen."[53] Somit kann sich das sogenannte *soft law* als ein bedeutendes Instrument des internationalen Menschenrechtsschutzes entwickeln.[54] *„Der Versuch der Durch - und Umsetzung von Menschenrechten ist dadurch gekennzeichnet, dass die zunächst zum Teil etwas abstrakt wirkenden Menschenrechte aus den völkerrechtlich verbindlichen Abkommen für bestimmte Politikbereiche durch detaillierte Instrumente, die selbst aber nicht rechtlich bindend sein können, konkretisiert werden.*"[55]

---

49   EuGH, Rs. C-322/88. In dieser Sache ging es um einen Rechtsstreit zwischen einem italienischen Wanderarbeiter und dem *Fonds des maladies professionnelles* in Brüssel wegen der Weigerung des Fonds, die Dupuytren-Krankheit, an der der Kläger litt, als Berufskrankheit anzuerkennen.

50   *Hobe* 2006, § 9 Rn. 297.

51   So z. B. die Europäische Menschenrechtskonvention (EMRK) oder die UN-Kinderrechtskonvention (UN-KRK).

52   Es muss diesbezüglich Beachtet werden, dass die Stellung der EMRK im Recht der Mitgliedstaaten unterschiedlich ist. In den meisten Ländern steht die EMRK zwar über den einfachen Gesetzen aber unter dem Verfassungsrecht (z. B. Belgien, Schweiz, Frankreich, Griechenland, Portugal, Spanien, Tschechische Republik, Zypern). In Österreich kommt der EMRK dagegen Verfassungsrang zu. In Deutschland, Italien und der Türkei und den skandinavischen Ländern hat die EMRK den Rang eines innerstaatlichen Gesetzes; In Deutschland hat aber das BVerfG ausdrücklich festgestellt, dass das GG völkerrechtsfreundlich auszulegen ist. Dies bedeutet, dass der Konventionstext und die Rechtsprechung des EGMR als Auslegungshilfen für die Bestimmung von Inhalt und Reichweite von Grundrechten und rechtsstaatlichen Grundsätzen des GG zu berücksichtigen sind, BVerfGE 74, 358, 370, zuletzt BVerfG, Urt. v. 4.5.2011 – 2 BvR 2365/09; siehe zu den Wirkungen der EMRK ausführlich *Grabenwarter* 2009, S. 16 m. w. N.

53   *Ipsen* 1999, § 19 Rn. 20 ff.

54   *Ipsen* 1999, § 19 Rn. 20 ff.

55   *Ipsen* 1999, § 19 Rn. 20 ff.

In Deutschland ist dieses *soft law* beispielsweise für die Auslegung des Strafvollzugsgesetzes heranzuziehen.[56] Auch der Menschenrechtsausschuss der Vereinten Nationen[57] bezieht sich bei der Interpretation des Art. 10 des Internationalen Paktes über bürgerliche und politische Rechte (es geht um die menschliche Behandlung von Gefangenen) ebenso auf die Mindestgrundsätze der Vereinten Nationen für die Behandlung von Gefangenen von 1955 als auch auf die EPR von 1987.

Eine Rechtsverbindlichkeit ist somit nicht zwingend gegeben. Die Empfehlungen und deren Umsetzung in der Rechtspraxis geben jedoch Hinweise darauf, ob eine ausreichende Grundrechtsgewährleistung berücksichtigt wird und moderne kriminalpolitische Ziele verfolgt werden.[58]

3. Jugendstrafrecht in den europäischen Ländern (Überblick)

3.1 Aktuelle Reformtendenzen der Jugendkriminalpolitik

Vergleicht man die Jugendrechtssysteme in Europa, so zeigen sich erhebliche Unterschiede. Allerdings kann der Erziehungsgedanke als eine absolute Gemeinsamkeit vorangestellt werden. Europaweit wird das jugendliche Alter als Chance der Prävention begriffen. Schließlich befinden sich junge Menschen in einer seelischen, moralischen und sozialen Entwicklungsphase, auf die in besonderem Maße prägend eingewirkt werden kann. Folglich muss gerade im Jugendkriminalrecht der Erziehungsgedanke einen herausragenden Stellenwert einnehmen. Die Ausprägungen variieren in Richtung „Erziehung statt Strafe" einerseits und „Erziehung durch Strafe" andererseits. Dennoch ist der Erziehungsgedanke in allen nationalen Rechtssystemen Europas und in den internationalen Instrumenten zur Jugendgerichtsbarkeit enthalten. Der Vorrang alternativer Maßnahmen zum Freiheitsentzug spielt europaweit eine wichtige Rolle. Die Kinderrechtskonvention der Vereinten Nationen aus dem Jahr 1989 betont in Art. 40 Abs. 4 KRK den Vorrang erzieherischer Maßnahmen.[59] Dieser Gedanke der Subsidiarität fand bereits in den Mindestgrundsätzen der Vereinten Nationen zur Jugendgerichtsbarkeit von 1985 (sog. *Beijing-Regeln*)[60] besonderen Ausdruck. Danach soll die Jugendgerichtsbarkeit „*gewährleisten, dass die Reaktionen gegen jugendliche Täter*

---

56 Vgl. OLG Frankfurt a. M. NStZ 1986, S. 27.

57 *Human Rights Committee*.

58 Siehe *Aebersold* 2007, S. 238.

59 Vgl. hierzu *Bethke* 1996.

60 Die Mindestgrundsätze sind abgedruckt in ZStW (99) 1987, S. 253-287; vgl. auch *Neubacher* 2001; *Dünkel* 1988.

im Hinblick auf die Umstände des Täters wie auch der Tat stets verhältnismäßig sind."

Allerdings sind in einigen Ländern auch gegenläufige Tendenzen zu erkennen. So ist es gerade in den letzten Jahren in einigen Ländern zu einer Verschärfung des Jugendstrafrechts mit einer Anhebung der Höchstdauer bei der Jugendstrafe oder der Einführung anderer Formen der sicheren Unterbringung gekommen. Als Beispiel können hier die Strafreformen in Frankreich 1996, 2002, 2007, in den Niederlanden 1995 und in England 1994, 1998 genannt werden. Das „Gesetz zur Orientierung und Programmierung der Justiz"[61] von 2002 sah beispielsweise in Frankreich eine Verschärfung der Sanktionen vor. So können Jugendliche, die beispielsweise Autoritätspersonen wie Lehrer beleidigen, mit einem halben Jahr Freiheitsstrafe oder einer empfindlichen Geldbuße bestraft werden. Auch kann den Familien des Delinquenten das Kindergeld entzogen werden.[62] Auch der ehemalige französische Präsident *Sarkozy* setzte kurz nach seiner Wahl den punitiven Stil fort. So wurden 2007 Mindeststrafen für Wiederholungstäter eingeführt. Dies bedeutet, dass dem Jugendrichter der erzieherisch nötige Entscheidungsspielraum genommen wurde.

Auch England ist ein Beispiel repressiver Entwicklung. Während noch zu Beginn der 1990er Jahre die Geeignetheit von Jugendhaft sowohl im Hinblick auf die Bekämpfung der Jugendkriminalität als auch im Hinblick auf die Entwicklung der Jugendlichen angezweifelt wurde,[63] markiert der *Criminal Justice and Public Order Act* 1994 (CJPOA) eine völlige Kehrtwende mit dem Hinweis auf den überdurchschnittlich hohen Anteil jugendlicher Straftäter am Gesamtkriminalitätsaufkommen.[64] So führte der CJPOA 1994 die Möglichkeit der Unterbringung von 12 - bis 14-Jährigen in einem sicheren Erziehungsheim, die Anhebung der Maximalstrafe in einer Jugendstrafanstalt von 12 auf 24 Monate und die Reduzierung des Mindestalters für eine Inhaftierung wegen schwerer Verbrechen von 14 auf 10 Jahre ein. Diese Politik setzt sich auch in s. 100 PCC(S)A 2000, welcher die neu eingeführte Haft - und Erziehungsanordnung für 10-17 Jährige regelt, weiter fort.[65] Diese Entwicklung, die nicht nur in diesen Ländern festzustellen ist, kann angesichts der aktuellen Empfehlung des Europarates von 2008[66] als eine negative Entwicklung bezeichnet werden. So widerspricht beispielsweise die Normierung von Mindeststrafen, von denen der Richter nicht abweichen kann, gegen die

---

61 „*Loi N°2002-1138 du 9 septembre 2002 d'orientation et de programmation pour la justice*", NOR: JUS X 0200117.

62 siehe hierzu *Dillenburg* 2003, S. 29 ff.

63 *Herz* 2002, S. 88 m. w. N.

64 Siehe zu der Kriminalitätsentwicklung *Dignan* 2010, S. 361.

65 Power and Criminal Court (Sentencing) Act 2000, Chapter II, s. 100.

66 Rec (2008) 11 (ERJOSSM). Siehe insbesondere *Kap. 2.*

Regel Nr. 5 der Rec (2008) 11. Danach müssen die Verhängung und die Durchführung von Sanktionen oder Maßnahmen dem Wohl des Jugendlichen dienen, durch die Schwere der Tat begrenzt sein und im Besonderen muss das Alter, die körperliche und geistige Gesundheit, der Reifegrad und die persönliche Situation des Jugendlichen berücksichtigt werden (Grundsatz der Individualisierung).

3.2 Besonderheiten der geltenden Jugendstrafrechtssysteme (eigenständiges Jugendstrafrecht/Justiz- oder Wohlfahrtsansatz etc.)

Man unterscheidet bei den Jugendkriminalrechtssystemen bzw. Jugendstrafrechtssystemen grundsätzlich zwischen einem wohlfahrtsstaatlichen (jugendhilferechtlichen) und einem justizmodellorientierten System. Das Wohlfahrtsmodell lässt sich beispielsweise durch ein breites Entscheidungsermessen der Jugendrichter oder anderer Entscheidungsträger charakterisieren. Auch hängen die Sanktionen vom Erziehungserfolg ab und sind so zeitlich unbestimmt. Weiterhin ist das wohlfahrtsorientierte System von informellen Verfahren geprägt, deren Anknüpfungspunkt straffälliges ebenso wie auffälliges Verhalten ist (z. B. Verwahrlosung).

Das Justizmodel knüpft demgegenüber ausschließlich an das strafbare Verhalten auf der Grundlage der geltenden Strafgesetze an. So sind die Sanktionen tatschuldproportional und somit auch zeitlich bestimmt. Das Strafverfahren ist dem des Erwachsenenstrafrechts gleich. *Cavadino* und *Dignan* haben diese Einteilung noch ein wenig präzisiert und bezeichnen neben dem *minimum intervention model* (Vorrang von informellen und ambulanten Maßnahmen) und dem *restorative justice model* (Wiedergutmachung) auch ein sog. *neo-correctionalist model*.[67] Das *neo-correctionalist model* ist durch *Law and Order* – Tendenzen gekennzeichnet. Im Mittelpunkt stehen die Tat und die Verantwortlichkeit des jugendlichen Täters für sein Verhalten. Diese Modelle werden jedoch selten konsequent in ihrer jeweiligen Form angewandt. Vielmehr finden sich überwiegend Verknüpfungen mehrerer Systeme. Hierbei werden beispielsweise auf formeller Ebene bestimmte Verfahrensgarantien aus dem Erwachsenenstrafrecht übernommen und auf der Sanktionsebene gilt der Grundsatz des Vorranges des Erziehungsgedankens bzw. ambulanter Maßnahmen. Diese Verknüpfung mehrerer Systeme wird auch in den verschiedenen Empfehlungen des Europarates deutlich. So wird in der Empfehlung über *New ways of dealing with juvenile offenders* (ERJOSSM, Rec (2003) 20)[68] auf der einen Seite ein Vorrang der Diversion betont. Zugleich fordert die Empfehlung aber auch auf der Ebene des *neo-correc-*

---

67   *Cavadino/Dignan* 2006.

68   Rec (2003) 20.

tionlist models eine stärkere Inpflichtnahme von Gewalt- und Wiederholungstätern.[69] Auf der anderen Seite fordern neue Empfehlungen klassisch rechtstaatliche Prinzipien. So wird die Begrenzung der Untersuchungshaft und polizeilicher Befugnisse gefordert.[70]

3.2.1 Westeuropäische Länder (kontinentaleuropäischer Rechtskreis)[71]

In den westeuropäischen Ländern existieren überwiegend eigenständige Jugendgerichtsgesetze (Deutschland, Österreich, Schweiz, Frankreich), die in erster Linie ein rein spezialpräventiv ausgerichtetes Erziehungsstrafrecht darstellen (Deutschland, Österreich, Schweiz).[72]

Das Schweizer Jugendstrafrecht in seiner heutigen Ausgestaltung hat jedoch noch keine besonders lange Tradition bzw. Geschichte. Es hat sich erst im späten 20. Jahrhundert herausgebildet. Zwar wurden Jugendliche auch zu früherer Zeit anders behandelt als Erwachsene. Doch erschöpfte sich diese Sonderbehandlung in Strafmilderungen oder Strafverschonungen. Diese wurden meist mit einer verminderten Schuldfähigkeit begründet. 1942 trat das Schweizer Strafgesetzbuch in Kraft. Es wurde jedoch zu diesem Zeitpunkt kein eigenständiges Jugendstrafrecht geschaffen. Das allgemeine Strafrecht regelte vielmehr das Jugendstrafrecht in den Art. 82-99 und interpretierte es als erzieherisch motiviertes „Täterstrafrecht" im Gegensatz zum „Tatstrafrecht" wie es für Erwachsene galt. Problematisch im Rahmen der Geschichte des Jugendstrafrechts in der Schweiz war, dass es zunehmend zu einer Verselbständigung der Strafverfolgungs- und Justizpraxis kam. In der deutschsprachigen Schweiz führten nahezu alle Kantone spezielle Jugendanwaltschaften und Jugendgerichte ein. So kam es auch zu einer völlig uneinheitlichen Rechtsanwendung und Sanktionspraxis. 1983 wurde eine Totalrevision des schweizerischen Strafrechts einschließlich des Jugendstrafrechts in Auftrag gegeben, in deren Folge ein Vorentwurf eines Jugendstrafgesetzbuches vorgelegt wurde.[73] Am 01.01.2007 trat in der Schweiz das neue Jugendstrafgesetz in Kraft, welches den Gedanken der Spezialprävention noch deutlicher herausstellt als bisher. Es hatte 24 Jahre gedauert bis sich alle Kantone auf dieses Gesetz geeinigt

---

69 Vgl. Nr. 3 und 8 der Rec (2003) 20.

70 Vgl. hierzu Rec (2006) 13 und Rec (2008) 11, siehe insbesondere *Kap. 2.*

71 Die Klassifizierung der Länder ist angelehnt an die grobe Einteilung der europäischen Staaten in angelsächsische, kontinentaleuropäische und in ehemals sozialistische mittel- und osteuropäische Staaten in *Dünkel* 2004.

72 So hat Österreich eine ausdrückliche gesetzliche Zielbestimmung. Es heißt in § 5 Nr. 1 östJGG: *„Die Anwendung des Jugendstrafrechts hat vor allem den Zweck, Täter von strafbaren Handlungen abzuhalten"*; deutlicher in Deutschland (§ 2 Abs. 1 JGG) und der *Schweiz* (Art. 2 JStG).

73 *Aebersold* 2007, S. 85.

hatten. Der Gedanke steht unter dem Motto „Erziehung und Strafe" und es wurde streng darauf geachtet, dass dieser den Inhalt der UNO-Kinderrechtskonvention erfüllt. Das Jugendstrafrecht unterscheidet sich erstmalig deutlich vom Erwachsenenstrafrecht durch den Schwerpunkt des Erziehungsgedankens. Der weite Rahmen des bisherigen richterlichen Ermessens wurde im Interesse der Rechtssicherheit eingeschränkt. Bei freiheitsbeschränkenden Maßnahmen ist ein regelmäßiges Prüfungsverfahren eingebaut. Die Höchststrafe beträgt bei schweren Taten vier Jahre, ansonsten ein Jahr. Zudem sind Alter, Entwicklungsstand und die Lebens- und Familienverhältnisse des Jugendlichen zu berücksichtigen.[74]

Auch Frankreich zu den Ländern mit einer spezialgesetzlichen Regelung. Das französische Jugendstrafrecht basiert dort allerdings im Wesentlichen auf einer Verordnung von 1945 (*ordonnance relative á l'enfance délinquante*).[75] Diese wurde in den letzten Jahren laufend verändert. Bemerkenswert ist die Gesetzesänderung vom 06.07.1989. Nach dieser wurde der Art. 28 (3) abgeschafft. Er sah die Möglichkeit vor, Jugendliche über 16 Jahre, bei denen wegen hartnäckiger schlechter Führung, beständiger Disziplinlosigkeit oder gefährlichen Verhaltens die angeordneten Erziehungsmaßnahmen undurchführbar erschienen, in ein Jugendgefängnis oder eine sonstige spezielle Einrichtung einzuweisen, wodurch die ursprünglich angeordnete Erziehungsmaßnahme faktisch in eine Strafe umgewandelt wurde. Damit konnte abweichend zu den in den *Beijing-Grundsätzen* vom 29.11.1985 und den Empfehlungen des Europarates aufgestellten Maximen eine Freiheitsstrafe für Jugendliche angeordnet werden, die nicht auf Tatproportionalitätsgesichtspunkte, sondern alleine auf den Misserfolg einer Erziehungsmaßnahme abstellte. Das Gesetz vom 06.07.1989 hat Art. 28 (3) deswegen abgeschafft. Eine Bestrafung des erzieherischen Misserfolges ist damit im französischen Jugendstrafrecht heutzutage grundsätzlich nicht mehr vorgesehen.[76]

Auch in der jüngeren Vergangenheit kam zu besonderen Reformen und damit einhergehend zu Strafschärfungen. Reformgesetze von 2002, 2004 und 2007 sahen verschiedene Strafverschärfungen vor, insbesondere für Wiederholungstäter. Bei minderjährigen Wiederholungstätern müssen die Richter nicht mehr begründen, warum sie keine Strafmilderungen anerkennen. Auch kann seit 2002 bei 13-Jährigen eine geschlossene Heimunterbringung angeordnet werden. Im Jahr 2004 wurde die Diversion eingeschränkt und durch eine stärkere Berücksichtigung vorangegangener Verfehlungen modifiziert.[77] Auch können nunmehr die in der

---

74 Ausführlich siehe *Hebeisen* 2007; *Hebeisen* 2011, S. 1392.

75 *Wyvekens* 2006, S. 180.

76 Siehe *Dillenburg* 2003, S. 40.

77 So kommt es zu einer längeren Berücksichtigung von Vorstrafen, was gleichzeitig auch zu einer stärkeren *Etikettierung* der Jugendlichen führt.

Vergangenheit vorgesehenen Strafmilderungen bei Jugendlichen im Alter von mindestens 16 Jahren entfallen.[78]

Im Gegensatz zu diesen Ländern hat der niederländische Gesetzgeber darauf verzichtet ein spezielles Jugendgerichts- bzw. Verfahrensrecht zu schaffen. Das Kernprinzip des niederländischen Systems ist, dass das allgemeine Straf- und Strafverfahrensrecht auch für Jugendliche gilt, soweit keine besonderen Bestimmungen formuliert sind. So befinden sich lediglich im allgemeinen Strafrecht bestimmte Sonderregelungen.[79] Besondere Verfahrensregelungen befinden sich in der Strafprozessordnung.[80] Ein wichtiger Unterschied bei der Behandlung jugendlicher Straftäter ist, dass stets ein spezieller Jugendrichter zuständig ist. Dieser kann besonders flexibel agieren. Zudem werden grundsätzlich die Eltern und Jugendhilfeeinrichtungen involviert. Soweit Sonderregelungen vorhanden sind, beruhen diese auf dem Grundsatz, dass in erster Linie die Besserung und Erziehung des Jugendlichen von Bedeutung ist. Somit wird hier der Grundsatz der Subsidiarität deutlich. Das niederländische Sanktionssystem bezüglich jugendlicher Straftäter ist somit besonders erzieherisch ausgestaltet. So gibt es alternativ zur Geldstrafe die Möglichkeit gemeinnützige Arbeit zu leisten oder eine Ausbildung zu absolvieren. Auch ist die max. Länge einer Jugendhaft bei unter 16-jährigen Jugendlichen mit maximal einer Länge von einem Jahr relativ kurz. Bei 16- bis 17-Jährigen beträgt die Höchstgrenze zwei Jahre.

In Belgien dagegen wird der Sonderrechtscharakter des Jugendstrafrechts besonders deutlich. Dieser wird auch terminologisch untermauert, da in der belgischen Rechtsprache der Begriff des Jugendstrafrechts bis heute nicht existiert. Jugendstrafrechtliche Maßnahmen gehören in Belgien dem Jugendschutzrecht an.[81] Auch nach der jüngsten Reform aus dem Jahre 2006 kann im Kern festgehalten werden, dass es bei dem Charakter eines wohlfahrtsorientierten Modells bleibt. Jedoch hat sich ein stärkerer Strafcharakter herausgebildet.[82] So muss der Jugendrichter seine Entscheidungen immer objektiv begründen. Zudem spielt die besondere Bedeutung der Tat bei der Reaktion immer mehr eine Rolle. Ein anderes Beispiel ist die immer größere Formalisierung des Verfahrens, sodass man eher von einem *Hybrid-System* als von einem reinen Wohlfahrtsmodell sprechen kann.[83]

---

78 *Castaignéde/Pignoux* 2011, S. 485.

79 Titel VIIIa des Buches I des allgemeinen Strafrechts.

80 Titel II des Buches IV der Strafprozessordnung.

81 Siehe *van Dijk/Dumortier/Eliaerts* 2006, S. 202 f.

82 *Christiaens/Dumortier/Nuytiens* 2011, S. 101 f.

83 Diese Gefahr sieht *Christiaens/Dumortier* 2006, S. 77 ff.

3.2.2   Westeuropäische Länder des Common Law

Abweichend von den kontinentaleuropäischen Jugendstrafrechtstraditionen und deren Entwicklung stellt sich die Entwicklung in England[84] als besonders gravierend dar. Nach dortiger Tradition basiert das englische Jugendjustizsystem[85] nicht auf einem einheitlichen Gesetzbuch, sondern auf zahlreichen, seit Anfang des 20. Jahrhunderts erlassenen, einander modifizierenden und ergänzenden Gesetzen. Die Wurzeln des englischen Jugendstrafrechts liegen im Wesentlichen in den *Children and Young Person Acts (CYPA)* von 1933, 1963 und 1969 und dem *Criminal Justice Acts* von 1982 und 1991 *(CJA)*. Zum gegenwärtigen Zeitpunkt sind drei in jüngerer Vergangenheit durch die Labour Partei initiierte Gesetze bestimmend: der *Crime and Disorder Act* 1998 (CDA), der *Youth Justice and Criminal Evidence Act* 1999 *(YJCEA)* und der *Power of Criminal Courts (Sentencing) Act* 2000 *(PCC(S)A)*.

Grundlage für den strafrechtlichen Umgang mit Jugendlichen ist in England das Erwachsenenstrafrecht.[86] Dieses wird im Hinblick auf die speziellen Bedürfnisse Jugendlicher aufgrund mangelnder Reife und Einsichtsfähigkeit modifiziert bzw. durch entsprechende *Codes of Practice* abgewandelt. Proportional zum Alter wird die Sonderbehandlung Jugendlicher in einem abgestuften System zugunsten des Erwachsenenstrafrechts aufgegeben. In Fällen, in denen Jugendliche ausnahmsweise vor einem Erwachsenengericht angeklagt werden, richtet sich das Verfahren nach den für erwachsene Angeklagte geltenden Vorschriften, während die Strafzumessung nach dem für Jugendliche geltenden Rechtsfolgenkatalog bestimmt wird.[87]

Die Betonung der Verantwortung *responsibility* ist in England zu einem zentralen Begriff im dortigen Jugendstrafrecht geworden.[88] Die neoklassizistische Trendwende ist in England einzigartig in Europa.[89] Durch die damalige Labour-Regierung wurde diese Trendwende weiter vollzogen, was auch durch die Bezeichnung der Gesetze deutlich wurde. So war zum Ende der 1960er Jahre von

---

84   Die zu England gemachten Ausführungen beziehen sich ebenso auf Wales; vgl. zu einem aktuellen Überblick der Entwicklung in England/Wales *Horsfield* 2015.

85   Gem. 42 (1) *Crime and Disorder Act* 1998 umfasst das *youth justice system* strafrechtliche Vorschriften, die an Kinder und Jugendliche adressiert sind. Auf die Abgrenzung im Einzelnen wird des Weiteren eingegangen.

86   Auch das Strafrecht basiert auch dem *Common Law*. Dabei handelt es sich um das geltende Recht, welches nicht auf Gesetze, sondern maßgeblich auf richterliche Entscheidungen der Vergangenheit beruht und auch entsprechend weitergebildet wird, *Creifelds* 2013.

87   Siehe hierzu auch *Huber* 1985, S. 589.

88   *Cavadino/Dignan* 2006.

89   *Graham* 1997, S. 101 ff.

„*Children in Trouble*" die Rede. Später bekamen die Gesetze Überschriften wie „*Tackling Youth Crime*" oder „*No more Excuse*". Auch das in der Kriminalpolitik bekannte Schlagwort „ *Tough on Crime*" geht auf das Parteiprogramm des New Labour-Parteiprogramms zurück.[90] So sollen beispielsweise ambulante Maßnahmen ein harte (*tough*) und glaubwürdige (*credible*) Wirkung entfalten. Auch können generalpräventive Aspekte und der Schutz der Öffentlichkeit eine Haftstrafe für Jugendliche rechtfertigen. Bei Gewalt- oder Sexualdelikten kann dies sogar zu einer an sich unverhältnismäßigen Haftdauer führen. Die primären Ziele des englischen Jugendstrafrechts können unter den Begriffen *responsibility* (Verantwortlichkeit), *retribution* (Vergeltung) und *restitution* (Wiedergutmachung) zusammengefasst werden.

In Irland gibt es, anders als in England/Wales, ein eigenständiges Jugendstrafrecht. Die ersten zaghaften Schritte in Richtung eines Gesetzes für jugendliche Straftäter wurden in Irland in der 2. Hälfte des 19. Jahrhunderts unternommen. Es wurden lokale Gerichte für Jugendliche installiert. Alternativen zur Haft wurden ebenfalls entwickelt, z. B. gewerbliche und erzieherische Schulen. Das erste umfassende Gesetz bezüglich einer Jugendgerichtsbarkeit war der sog. *Children Act* von 1908. Dieses Gesetz war ein zu dieser Zeit äußerst liberal und fortschrittliches Gesetz. Es verfolgte das Ziel, jugendliche Straftäter zu rehabilitieren und zu sozialisieren. Anstatt punitiv auf Straftaten zu reagieren sollte frühzeitig interveniert werden, um so einer potentiellen kriminellen Karriere zu begegnen. Auch eine Stigmatisierung sollte vermieden werden.[91] Der *Children Act* wurde durch eine Reihe von Änderungen geprägt. Die wichtigsten Reformen waren 1941, 1957 und 1960 und 2001.[92]

3.2.3 Südeuropäische Länder

In Südeuropa, war Italien[93] lange Zeit das einzige Land, das wie Deutschland oder Österreich ein eigenständiges JGG schon zum traditionellen Rechtsbestand zählen konnte. Inzwischen wurden auch in den anderen südeuropäischen Ländern völlig neue Gesetzeswerke geschaffen, die das Jugendstrafrecht zum Teil auf neue Gesetzesgrundlagen stellten, namentlich in Spanien und Portugal. In Spanien setzte sich in den achtziger Jahren die Idee von einem eher wohlfahrtsorientierten Jugendstrafrechtssystem durch.[94] Dieser fürsorgeorientierte Gedanke verlor je-

---

90   Siehe hierzu *Herz* 2002, S. 85.

91   *Seymour* 2006, S. 125.

92   Siehe hierzu *Walsh* 2011, S. 723.

93   Vgl. ausführlich zu Italien: *Padovani/Brutto/Ciappi* 2011, S. 765 ff.; *Gatti/Verde* 1997, S. 177.

94   Siehe *de la Cuesta u. a.* 2011, S. 1313 ff.

doch nach dem Inkrafttreten der spanischen Verfassung 1978 grundlegend an Bedeutung.[95] Eine bedeutende Novellierung des spanischen Jugendstrafrechts ergab sich schließlich aus dem Umstand, dass das alte Recht im Jahr 1991 vom Verfassungsgericht für verfassungswidrig erklärt worden war. Das Verfassungsgericht erklärte durch Beschluss 36/1991[96] den Art. 15 des Gesetzes über die Jugend- und Vormundschaftsgerichte,[97] der das Verfahren bei der gerichtlichen Anordnung von Erziehungsmaßnahmen regelt für verfassungswidrig. So wurde den Jugendrichtern die Grundlage für die Ausübung ihres Amtes entzogen. Im Zuge dessen ist mittlerweile ein ganz neues Gesetz verabschiedet worden, das die strafrechtliche Verantwortung von Minderjährigen völlig neu regelt und seit Januar 2000 in Kraft ist.[98] Es beinhaltet sowohl einen materiellen als auch einen verfahrens- und vollstreckungsrechtlichen Teil. Damit ist in Spanien jetzt ein weitreichender Systemwechsel abgeschlossen, der das Jugendstrafrecht aus dem Zivilrecht in das allgemeine strafrechtliche System eingliedert.

Vergleichbar ist die Situation in Portugal, wo seit Januar 2001 ein neues Jugenderziehungsgesetz gilt, das ebenfalls eine Abkehr vom früheren, als reines Schutzrecht konzipierten Jugendrecht darstellt. Dies ermöglicht, dass bei jugendlichen Delinquenten zwischen 12 und 16 Jahren geeignete Maßnahmen getroffen werden können.[99] Auch Zypern gehört zu den Ländern mit einem eigenständigen Jugendstrafrecht.[100]

In Griechenland dagegen gibt es bis heute kein eigenständiges Jugendstrafgesetzbuch. Dort sind alle relevanten Bestimmungen, obwohl es sich auch in Griechenland um ein von Erziehungs- und Fürsorgeprinzipien geleitetes System handelt, im allgemeinen Teil des StGB integriert.[101]

Auch die Türkei verfügt über kein eigenständiges Jugendstrafgesetzbuch. Jedoch sieht das türkische Recht vor, dass bei Jugendlichen zwischen 12 und 15 Jahren die Einsichtsfähigkeit zu prüfen ist. Wird diese bejaht, werden die allgemein gültigen Strafen lediglich halbiert, da von einer verminderten Zurechnungsfähigkeit ausgegangen wird. Wird die Einsichtsfähigkeit verneint, können bestimmte Fürsorgemaßnahmen angeordnet werden. Bei den älteren Jugendlichen

---

95   Anm.: Die spanische Verfassung von 1978 teilte Spanien in 17 Regionen auf, jeweils mit eigener Politik und Verwaltung. Die sog. *comunidades autonomas* sind vergleichbar mit den deutschen Bundesländern.

96   BOE (*Boletín Oficial del Estado* – Spanisches Gesetzblatt) vom 18.03.1991.

97   *Ley de Tribunales Tutelares de menores.*

98   Siehe hierzu *de la Cuesta u. a.* 2011, S. 1316 und *Alberola/Fernández Molina* 2006, S. 326.

99   *Rodrigues/Duarte-Fonseca* 2011, S. 1033.

100 Siehe *Kyprianou* 2011, S. 223 f.

101 Siehe hierzu *Pitsela* 2011, S. 625; zu aktuellen Entwicklungen (u. a. Anhebung des Strafmündigkeitsalters von 13 auf 15 Jahre) siehe *Dünkel* 2015; 2017.

zwischen 15 und 18 Jahren findet lediglich eine Reduzierung der Strafe statt. Jugendschutzmaßnahmen sind bei dieser Altersgruppe nicht vorgesehen.[102]

3.2.4 Mittel- und osteuropäische Länder

Die Entwicklung in den osteuropäischen Staaten ist durch das Bestreben und den politischen Anspruch geprägt, das alte sowjetische Recht zu ersetzen. Diese Reformen sind bereits mit der Verabschiedung von Reformgesetzen abgeschlossen (vgl. z. B. Estland, Litauen, Rumänien, Serbien, Slowenien und die Tschechische Republik).[103] Dabei werden jedoch unterschiedliche Wege und Tendenzen erkennbar. So verfügen Rumänien, Slowenien, Slowakei Russland, die Ukraine und Bulgarien über keine speziellen Jugendstrafgesetze, wobei in Bulgarien das sog. JDA gilt (s. u.). Auch die baltischen Staaten wie Estland, Litauen und Lettland haben keine eigenständigen Jugendstrafrechtssysteme. Tschechien, Serbien, Kroatien und Polen haben dagegen eigenständige Gesetze, die strafbares Verhalten junger Menschen regeln.

Während die Jugendgerichtsbarkeit in nahezu allen Ländern Europas überwiegend der Strafgerichtsbarkeit zugeordnet ist, sind in Polen sowohl für fürsorgerechtliche als auch strafrechtliche Entscheidungen ausschließlich die Familiengerichte zuständig.[104] Im Jahre 1982 wurde das bis dahin geltende Strafrecht bzgl. junger Rechtsbrecher durch das sog. „Gesetz über das Verfahren in Jugendsachen‚‚ (JVG) ersetzt, das noch heute gilt. Das JVG enthält bestimmte Verfahrensbestimmungen sowie besondere Behandlungsinstrumente bezogen auf jugendliche Straftäter. Auch sollen diese Maßnahmen nicht nur für Jugendliche gelten, die eine Straftat begangen haben, sondern es soll auch frühzeitig interveniert werden soweit ein Jugendlicher „demoralisierendes" Verhalten zeigt. Im Vergleich zu dem bis 1982 geltenden Bestimmungen im allg. Strafrecht stärkte der JVG das „Fürsorge-Modell". In der Regel werden gegenüber Jugendlichen die Vorschriften des Gesetzes über das Verfahren in Jugendsachen (JVG) von 1982 angewandt.[105] Dieses Gesetz, das die materiell-rechtlichen sowie die Prozess- und Vollzugsvorschriften umfasst, fällt weder in den Bereich des Strafrechts, noch in

---

102 *Sokullu-Akinci* 2011, S. 1444.

103 *Válková* 2006.

104 *Stańdo-Kawecka* 2011, S. 994 f.

105 Seit dem Inkrafttreten des JVG hat es viele Änderungsgesetze gegeben. Die Änderungsgesetze zum JVG haben keine neuen fundamentalen Grundsätze des Verfahrensmodells in Sachen Jugendlicher gebracht. Sie enthalten lediglich einige Ergänzungen, insbesondere wenn es um die Anwendung des unmittelbaren Zwangs in Erziehungs- und Besserungsanstalten und die Rechte der in solchen Anstalten untergebrachten Jugendlichen geht.

denjenigen des Familienrechts, sondern bildet ein besonderes Jugendrecht.[106] Das Verfahren in Jugendsachen wird in Familien- und Jugendabteilungen der Bezirksgerichte geführt. So kann das System in Polen als wohlfahrtsorientiert klassifiziert werden.

Auch Bulgarien verfolgt einen wohlfahrtsorientierten Weg. Bulgarien misst der Gesetzgebung gegenüber Minderjährigen in Bezug auf die Kriminalprävention eine besondere Bedeutung bei. Es gibt kein eigenständiges Jugendstrafrecht. Bulgarien versuchte 1943 ein eigenständiges Jugendstrafgesetzbuch zu schaffen. Dieses Gesetz sah die Schaffung von Jugendgerichten vor, die spezielle Maßnahmen gegenüber straffälligen Jugendlichen im Alter zwischen 12 bis 17 Jahren anordnen konnten. Auch konnten bestimmte Bildungsmaßnahmen bei Kindern unter 12 Jahren angeordnet werden. Strafen waren z. B. die Freiheitsstrafe in einem Erwachsenengefängnis, in einem Jugendgefängnis, in einer Abteilung zur „moralischen Erziehung" und die Auferlegung einer Geldstrafe. Bildungsmaßnahmen beinhalteten: Weisungen, Warnungen, Verweise, Verpflichtung sich zu entschuldigen, Verpflichtung zur Arbeit und Alkoholverbot. Das Jugendgerichtsgesetz trat 1947 formell in Kraft wurde jedoch nie implementiert. Somit kam es auch nicht zur Schaffung von speziellen Jugendgerichten. Bis heute gibt es in Bulgarien im Hinblick auf den Aufbau einer Jugendgerichtsbarkeit bzw. der Verabschiedung eines eigenständigen Jugendstrafrechts Vorbehalte. Stattdessen wird die Prävention im Rahmen eines auszubauenden Jugendhilfesystems bzw. eines zu schaffenden Jugendschutzgesetzes forciert. Nach dem Krieg wurde das Strafrechtssystem ganz im Zeichen der kommunistischen Ideologie umstrukturiert. 1958 wurde dann das geltende Gesetz durch das sog. *Combating Minors' and Adolescents Anti-Social Behavior Act*, besser bekannt als *Juvenile Delinquency Act (JDA)* ersetzt. So wurde das jugendstrafrechtliche Rechtssystem im Zeichen einer Sozialfürsorge umgestaltet. Strafrechtliches Verhalten von Jugendlichen konnte durch zwei Systeme geahndet werden. Zum einen durch das allg. Strafrecht und zum anderen durch den JDA. Das allg. Strafrecht sieht besondere Sanktionsmöglichkeiten für Jugendliche vor. Das JDA erlaubt Maßnahmen bei „sozial abweichendem Verhalten" bei Personen von 8-18 Jahren. Es wurden somit Möglichkeiten geschaffen außerhalb des gerichtlichen Verfahrens zu agieren (*Diversion*) und somit auch andere Institute außerhalb der Rechtspflege zu beteiligen. Dieses System wurde mit einigen Änderungen (2004) bis heute beibehalten. So hat nun ein Richter über den Freiheitsentzug zu entscheiden. Entscheidungen, die keinen Freiheitsentzug beinhalten, fallen weiterhin in die Kompetenz kommunaler Institutionen.[107]

---

106 Siehe auch *Stańdo-Kawecka* 2011, S. 994; *Stańdo-Kawecka/Dünkel* 1999, S. 409 ff.; *Gaberle* 2002, S. 303.

107 Siehe *Kanev u. a.* 2011, S. 134 f.

Die Tschechische Republik verfügt heutzutage über ein eigenständiges Jugendstrafrecht, das an Prinzipien der minimalen Intervention orientiert ist und Elemente der *restorative justice* aufgenommen hat.

Ein erstes Gesetz wurde 1931 verabschiedet, welches eine Sondergerichtsbarkeit bei Jugendlichen einführte. Dieses wurde infolge der kommunistischen Machtübernahme 1948 durch Einführung eines neuen Strafgesetzbuches ersatzlos gestrichen. In der Folge gab es mehr als 50 Jahre lang kein eigenständiges Jugendstrafrecht. Auch nach 1989 wurde kein eigenständiges Jugendgerichtsgesetz geschaffen. Vielmehr waren jugendstrafrechtliche Bestimmungen im allgemeinen Strafrecht integriert. Mitte der 1990er Jahre wurde durch eine Expertenkommission ein Entwurf für ein eigenständiges tschJGG erarbeitet,[108] das 2004 in Kraft trat. Neben den Bedingungen der strafrechtlichen Verantwortung der Jugendlichen sind im neuen Gesetz auch Regeln für das Verfahren und die Vorgehensweisen enthalten, die besagen, wie in den Strafsachen der Jugendlichen vor den Sondergerichten für Jugendliche vorzugehen und zu entscheiden ist. Außerdem führt das Gesetz ein System von miteinander in Wechselbeziehung stehenden Erziehungsmaßnahmen, Maßregeln und Strafmaßnahmen ein und ist somit spezialpräventiv geprägt. Anhand der in der Tschechischen Republik verhängten Sanktionen kann man von einer relativ milden Sanktionspraxis ausgehen.[109]

In Serbien hat sich nach dem Kosovokrieg und der Entstehung der Republik Serbien ein eigenständiges Jugendstrafrecht entwickelt, das stark am deutschen Jugendgerichtsgesetz orientiert ist. Das „Gesetz über straffällig gewordene Jugendliche und strafrechtlichen Schutz von Jugendlichen" (Jugendstrafgesetz) wurde in der Nationalversammlung der Republik Serbien am 29.11.2005 erstmals vollständig geregelt. Dieses Gesetz ist somit in Bezug auf das Verfahren und die Durchsetzung als *lex specialis* zum allgemeinen Strafgesetzbuch und die Strafprozessordnung zu sehen. Jugendliche werden in Serbien als eine Gruppe von Personen mit besonderen Bedürfnissen angesehen, deren physische und psychische Entwicklung einen besonderen Schutz und Betreuung erfordert. Auch führt das Gesetz eine Reihe, von bis dato, neuen Regeln auf. So ist nunmehr die Spezialisierung der Jugendrichter vorgesehen, ferner wurden neue pädagogische (ambulante) Maßnahmen eingeführt. Die Republik Serbien erfüllt damit mit ihrem

---

108 Am 25.06.2003 als Gesetz Blatt Nr. 218/2003 Sb. über die Verantwortung der Jugend für rechtswidrige Taten und über die Jugendgerichtsbarkeit (tschJGG).

109 So wurde in der Tschechischen Republik die unbedingte Jugendstrafe in 6,8% der Fälle verhängt. Im Nachbarland Slowakei lag der Anteil bei 13%. Diese strengste Jugendsanktion wurde damit von den tschechischen Jugendgerichten, verglichen mit den Urteilen der in der Slowakei wirkenden allgemeinen Strafgerichte, in nur rund der Hälfte der Fälle verhängt. Siehe hierzu *Válková/Hulmáková* 2011, S. 256 und *Válková/Hulmáková/Vráblova* 2011, S. 1248.

Gesetz die Mindeststandards der Vereinten Nationen.[110] So wird alternativ zur Haft bzw. Strafe immer eine Alternativmaßnahme in Erwägung gezogen.

Solche Alternativmaßnahmen existieren auch in Rumänien, wobei dort aktuell kein eigenständiges Jugendstrafrecht verankert ist. Lediglich ein Kapitel des ruStGB beschäftigt sich mit dem strafrechtlichen Verhalten von Jugendlichen. Die Reaktionsmöglichkeiten bestehen zum einen aus erzieherischen Maßnahmen und zum anderen aus Jugendstrafen.[111]

Ähnlich ist die Lage auch in Ungarn, wo es ebenfalls kein eigenständiges Jugendstrafgesetzbuch gibt. Auch hier ist das Jugendstrafrecht ein Teil des allgemeinen Strafrechts.[112] Die Strafen und Maßnahmen in Bezug auf den jugendlichen Täter sollen in erster Linie seine Entwicklung fördern und seine Wiedereingliederung in die Gesellschaft fördern (§ 108 Abs. 1 ungStGB).[113]

In Russland und der Ukraine gibt es ebenfalls kein eigenständiges Gesetz, welches die strafrechtliche Verantwortlichkeit von Minderjährigen regelt. Dies führt dazu, dass das Jugendstrafrecht in diesen Ländern nach wie vor stark an das allgemeine Strafrecht angelehnt ist.[114] Traditionsgemäß beinhaltet es auch Regelungen, die der strafrechtlichen Verantwortlichkeit Jugendlicher gewidmet sind.[115] Jedoch hat es auch in Russland bemerkenswerte Änderungen mit der Verabschiedung des neuen StGB gegeben. Am 24.05.1996 wurde das neue Strafgesetzbuch der Russischen Föderation verabschiedet, am 01.01.1997 ist es in Kraft getreten. Das neue StGB sah auch zum ersten Mal in der Geschichte der sowjetischen Gesetzgebung ein spezielles Kapitel (Abschnitt V, Kapitel 14) über die Besonderheiten der strafrechtlichen Verantwortlichkeit Jugendlicher vor. Die Idee, alle jugendstrafrechtlichen Vorschriften in einem Kapitel zu konzentrieren, war und ist in erster Linie von den Besonderheiten des sozialen und psychologischen Status dieser Altersgruppe ausgegangen. Das neue StGB stützt sich im Gegensatz zum sozialistischen Strafrecht, das bis zum Jahre 1997 im StGB der RSFSR von 1960 verankert war,[116] auf völlig neue Grundlagen. Die wichtigste davon ist der erhöhte Menschenrechtsschutz.[117] So wurden zum ersten Mal im Allgemeinen Teil des russischen StGB Prinzipien des Strafrechts formuliert, und zwar das Ge-

---

110   Siehe zu den *Beijing-Rules* und *Riyadh-Guidelines,* siehe auch *Schüler-Springorum* 1987, S. 253 ff.

111   ruStGB, Kapitel V.

112   *Váradi-Csema* 2011, S. 672 f.

113   Siehe ausführlich *Váradi-Csema* 2011, S. 674

114   *Pergataia* 2001, S. 84; zur *Ukraine* siehe ausführlich *Zaikina* 2011, S. 1485 ff.

115   *Pergataia* 2001, S. 84; *Shchedrin* 2011, S. 1116 f.

116   Siehe *Schroeder/Bednarz* 1998, S. 3 ff.

117   *Pergataia* 2001, S. 84.

setzlichkeitsprinzip (Art. 3), der Gleichheitsgrundsatz (Art. 4), der Schuldgrundsatz (Art. 5), das Gerechtigkeitsprinzip (Art. 6) und das Humanitätsgebot (Art. 7). In Russland gibt es demnach keine selbstständige Jugendgerichtsbarkeit. Jedoch gibt es auch hier Reformbestrebungen, die in einigen Modellregionen den Aufbau einer solchen Gerichtsbarkeit erproben.[118] In der Ukraine gibt es seit dem 01.09.2001 erstmals ein selbstständigen Abschnitt im allgemeinen Strafgesetzbuch, welcher besondere Regelungen im Hinblick auf jugendliche Straftäter enthält.[119]

Auch in den baltischen Staaten existieren bislang keine eigenständigen Jugendgerichte und es fehlen weitgehend auch die infrastrukturellen Voraussetzungen für eine Einführung moderner, sozialpädagogischer und ambulanter Konzepte im Bereich der Jugendhilfe. Stattdessen erfahren die in Westeuropa überwunden geglaubten Strategien einer „schockweisen" Inhaftierung, etwa in Form der früheren Ideologie des deutschen Jugendarrests oder des englischen *detention centre*, beispielsweise in Estland, Lettland und Litauen, eine Renaissance.[120]

3.2.5 Skandinavische Länder

In den skandinavischen Ländern gibt es traditionsgemäß auch kein eigenständiges Jugendstrafrecht. Allerdings verfügen diese Länder über ein sehr ausdifferenziertes Strafsystem, welches somit auch den jungen Tätern gerecht werden kann. In Schweden wenden Richter bei Jugendlichen (im Alter zwischen 15 und 17 Jahren) und Heranwachsenden (von 18 bis 20 Jahren) das Erwachsenenstrafrecht an.[121] Das Alter wirkt sich jedoch strafmildernd aus. In Schweden gilt bei Jugendlichen der Grundsatz der Tatproportionalität folglich nur eingeschränkt. Oft werden die Verfahren auch eingestellt und somit ein Schwerpunkt auf die Diversion gelegt.[122] Zudem sind bei Strafverfahren Sozialbehörden einbezogen. Sanktionen verhängt mitunter nicht ein Gericht, sondern die Staatsanwaltschaft.[123] Durch eine stärkere Einbeziehung der Jugendhilfe lässt sich in den skandinavischen Länder (insbes. Schweden) ein eher wohlfahrtsorientiertes System erkennen. Der Schwerpunkt strafrechtlicher Intervention liegt bei individualpräventiven Maßnahmen, die Erziehung und Resozialisierung beinhalten. Demnach sollen jugend-

---

118 Siehe *Shchedrin* 2011, S. 116; siehe insbes. *Gensing* 2011, S. 1613 f.

119 *Zaikina* 2011, S. 1486 f.

120 *Pergataia* 2001, S. 134, 213, 217, 220.

121 *Sarnecki/Estrada* 2006, S. 487.

122 Siehe ausführlich *Haverkamp* 2002, S. 337.

123 *Sarnecki/Estrada* 2006, S. 488.

liche Straftäter, soweit es geht, den zuständigen Sozialbehörden unterstehen und somit dem strafrechtlichen Sanktionssystem entzogen werden.[124]

Ein Kompromiss zwischen dem tatorientierten System und dem täterorientierten Streben nach Resozialisierung herrscht in Finnland. Im finnischen Strafrecht gibt es ebenfalls kein eigenständiges Jugendstrafgesetzbuch. Es existieren lediglich besondere Vorschriften zur Strafzumessung und zur Strafvollstreckung (*lag om unga förbbrytare*). Daneben ist insbesondere das Gesetz zur Erprobung der Jugendstrafe zu nennen, (*lag om försöksverksamhet med ungdosstraff*), das regional und zeitlich begrenzt gilt und eine Alternative zur Freiheitsstrafe auf Bewährung darstellen soll. Abgesehen von den Bestimmungen dieser Gesetze gelten für Jugendliche und Heranwachsende die allg. strafrechtlichen und strafprozessrechtlichen Vorschriften. Lediglich im Bereich der Strafvollstreckung gibt es besondere Gefängnisse für jugendliche Straftäter. Jugendliche Straftäter im Alter zwischen 15 und einschließlich 17 Jahren unterliegen sowohl den Vorschriften des Jugendstrafrechts als auch den Bestimmungen des Kinder- bzw. Jugendsozialrechts. Gemäß Kap. 3 § 1 Abs. 2 des finnischen Strafgesetzes (*strafflag*)[125] findet das Kinderschutzgesetz (*barnskyddslag*)Anwendung, wenn ein Kind im Alter unter 15 Jahren straffällig wird.[126] In diesem Fall haben die Sozialbehörden die Aufgabe das Kind außerhalb seines Zuhauses unterzubringen, sofern dies dem Kindeswohl entspricht und ambulante Unterstützungsmaßnahmen, die das Leben des Kindes in geringem Umfang verändern, nicht ausreichend sind. Demgegenüber hat das Jugendstrafrecht- neben seiner Zielsetzung der Wiedereingliederung des Kindes beziehungsweise- des Jugendlichen auch die Funktion, den Jugendlichen Straftäter wegen seiner Tat zu bestrafen und damit deren Missbilligung durch die Gesellschaft auszudrücken. Hiernach kann eine gewisse Arbeitsteilung zwischen dem Jugendrecht und dem Jugendstrafrecht beobachtet werden, der zufolge die Strafjustiz besonders sorgfältig bei der Anwendung von punitiven Maßnahmen ist und die Jugend- und Sozialbehörden dabei eine beratende und unterstützende Rolle einnehmen.[127]

Vergleichbar ist die Situation auch in Dänemark. Galt auch dort die Abschaffung der unbestimmten Freiheitsstrafe lange Zeit als sichtbarstes Zeichen wohlfahrtsorientierter Jugendkriminalpolitik, so lebt das Behandlungsziel in Gestalt einer neuen Jugendsanktion,[128] die aus einer strukturierten sozialpädagogischen Behandlung unter teilweisem Freiheitsentzug besteht, wieder auf. Diese Maßnahme zeichnet sich

---

124   Siehe ausführlich *Sarnecki/Estrada* 2006; *Haverkamp* 2002.

125   Nr. 39/1889 i. d. F. vom 16.02.2001.

126   Nr. 683/1983 i. d. F. vom 01.01.2002.

127   Siehe hierzu *Lappi-Seppälä* 1996, S. 331, 341; *Lappi-Seppälä* 2011, S. 423 f.

128   *Cornils* 2002, S. 42 ff.

zwar durch ihre variable Dauer aus. Dennoch gilt auch hier, dass es keine Aus-
schließlichkeit der Individualprävention mehr gibt, sondern bei den jugendrichterli-
chen Entscheidungen immer auch der Schutz der Gesellschaft mit zu berücksichtigen
ist. Jugendliche Straftäter werden im Prinzip genau wie erwachsene Straftäter angesehen. Jedoch gibt es besondere Ausnahmen vom allgemeinen Strafrechtssystem,
um den Bedürfnissen, Interessen und Rechten Minderjähriger gerecht zu werden.
Das bedeutet, dass in Dänemark besondere Anstrengungen unternommen werden
um jugendliche Rechtsbrecher von Gefängnissen und somit vom Freiheitsentzug
fernzuhalten und folglich die jugendlichen im sog. Jugendfürsorge-System zu behandeln. So kommen soziale Maßnahmen und Bewährungsstrafen zur Anwendung.
Bei jugendlichen Rechtsbrechern unter 18 Jahren wird dabei von besonderen Maßnahmen im Bereich der Sozialfürsorge Gebrauch gemacht. Grundsätzlich gilt jedoch
der Justizansatz. Bei Personen zwischen 15 und 18 kann aber das Jugendhilferecht
angewandt werden.[129]

Zusammenfassend kann man die europäischen Jugendstrafrechtssysteme als
Mischsysteme bezeichnen und trotz der nationalen Besonderheiten von einer gewissen Konvergenz sprechen. So existieren Elemente aus dem Jugendhilferecht
aber auch aus dem Jugendstrafrecht. Ein rein wohlfahrtsorientiertes System findet
man lediglich in Belgien, Schottland und Polen, wobei auch dort gegenteilige
Tendenzen spürbar werden.[130]

3.3   Altersgruppen strafrechtlicher Verantwortlichkeit

3.3.1   Strafrechtliche Verantwortlichkeit/Anwendung des
Jugendstrafrechts/Anwendung des Erwachsenenstrafrechts

Während bei einem Vergleich der europäischen Jugendstrafrechtssysteme weitgehend von einem Konsens über die Bedeutung von Erziehung und Resozialisierung gesprochen werden kann, deren Gedanke auch in den Empfehlungen des Europarates von 2003[131] zum Ausdruck kommt, ist bei einem europäischen Vergleich der Altersgrenzen strafrechtlicher Verantwortlichkeit eine dahingehende
Harmonisierung nicht zu erkennen. Während die volle Strafmündigkeit fast überwiegend mit der Vollendung des 18. Lebensjahres einsetzt, ist die Bandbreite hinsichtlich des Mindestalters sehr groß. So beginnt in einigen Ländern die strafrechtliche Verantwortlichkeit mit zehn Jahren (England, Nordirland, Schweiz,),
wobei in der Schweiz eine Jugendstrafe erst ab 15 Jahren zulässig ist. In den skandinavischen Ländern (Schweden, Finnland) liegt das Mindestalter dagegen bei 15

---

129 *Kyvsgaard* 2004.

130 Siehe oben *Kap. 3.2.1, 3.2.2* und *Kap. 3.2 4.*

131 *New ways of dealing with juvenile offenders*, Rec (2003) 20. Siehe hierzu oben *Kap. 2.2.*

Jahren. Dies galt bis zum Jahr 2010 auch für Dänemark. Dänemark hat seine Strafmündigkeitsgrenze jedoch von 15 auf 14 Jahre gesenkt und setzt sich damit von seinen skandinavischen Nachbarn ab.[132] Griechenland dagegen hat seine Strafmündigkeitsgrenze von 13 auf 15 Jahre heraufgesetzt und folgt damit dem guten Beispiel, die Strafmündigkeit nicht zu niedrig anzusetzen.[133]

In einigen osteuropäischen Ländern, so z. B. in der Ukraine, Slowenien, Litauen und Russland, liegt die Grenze bei besonderen Delikten sogar bei 16 Jahren. Die Altersgrenze in Belgien stellt die höchste in Europa dar. Grundsätzlich ist eine Person erst mit Vollendung des 18. Lebensjahres strafmündig. In Belgien wird somit klar, dass Jugendkriminalität als ein Ausdruck problematischer sozialer Verhältnisse angesehen wird und der Staat darauf mit fürsorgerechtlichen Maßnahmen reagiert.[134] Jedoch muss auch diese hohe Altersgrenze relativiert werden. Auch in Belgien besteht die Möglichkeit bei bestimmten Straftaten 16- und 17-Jährige vor ein allgemeines Strafgericht zu stellen.[135]

So ist es auch in Portugal. Der Geltungsbereich des neuen Jugendrechts (Jugendhilferecht) in Portugal beginnt ebenfalls mit 12 Jahren, endet aber bereits mit Vollendung des 16. Lebensjahres, mit welchem bereits die strafrechtliche Verantwortung beginnt. Bei der Altersgruppe der 16- bis 21-Jährigen kann sowohl das Erwachsenenstrafrecht als auch das spezielle Jugendstrafrecht angewandt werden.[136]

Ähnlich ist die Situation in Polen. In Polen, wo ebenfalls das Wohlfahrtsprinzip gilt, liegt das Alter der strafrechtlichen Verantwortlichkeit grundsätzlich bei 17 Jahren. Strafrechtliche Sanktionen (inklusive einer Inhaftierung) können bei Jugendlichen zwischen 15 und 16 nur in ganz bestimmten Ausnahmefällen verhängt werden. Das Gesetz spricht von „den Umständen der Tat und des Täters, seiner Reife" und der „Ineffektivität erzieherischer Maßnahmen".[137] Erzieherische Maßnahmen sind jedoch schon ab einem Alter ab 13 Jahren zulässig. Dabei handelt es sich aber nicht um eine strafrechtliche Verantwortlichkeit im engeren Sinne.

In den meisten Ländern kann man das Alter von 14 Jahren als Mindestalter feststellen. Eine Besonderheit der unteren Grenze strafrechtlicher Verantwortlichkeit weisen u. a. Deutschland, Österreich, Italien, Ungarn auf. Dort gilt neben der in allen Ländern vorgesehenen Regelungen zur Schuldunfähigkeit nach dem all-

---

132 Vgl. *Storgaard* 2011, S. 306.

133 *Pitsela* 2011, S. 625.

134 Siehe *Pruin* 2011, S. 1563.

135 Siehe *Pruin* 2011, S. 1563 ff.

136 Siehe auch *Rodriguez/Duarte-Fonseca* 2011, S. 1055 f.

137 *Stańdo-Kawecka* 2011, S. 994; *Pruin* 2011, S. 1564.

gemeinen Strafrecht, welches die Fähigkeit des 14- bis unter 18-jährigen Jugendlichen vorausgesetzt, dass er *„zur Zeit der Tat nach seiner geistigen und sittlichen Entwicklung reif genug ist, das Unrecht der Tat einzusehen und nach dieser Einsicht zu handeln"* (bedingte Strafmüdigkeit, vgl. § 3 dJGG). Auch Österreich kennt eine solche Regelung. § 4 Abs. 2 des östJGG normiert, dass ein Jugendlicher, der eine strafbare Handlung begeht, nicht bestraft wird, wenn er *„noch nicht reif genug ist, das Unrecht der Tat einzusehen und nach dieser Einsicht zu handeln"*.[138] Diese Regelung deckt sich somit mit dem § 3 dJGG, ist jedoch negativ formuliert. Ähnliche Regelungen gibt es im italienischen Jugendstrafrecht, das auf die „Einsichts- und Willensfähigkeit" bzw. „Schuldunfähigkeit" abstellt.[139] Während die Jugendstrafrechtspraxis in Deutschland § 3 JGG zumeist formelhaft begründet und damit eine strafrechtliche Verantwortlichkeit Jugendlicher in aller Regel bejaht,[140] wird in Italien häufiger die „Schuldunfähigkeit" angenommen. Vielfach soll so das strikte Legalitätsprinzip in den Fällen umgangen werden, in denen eine richterliche Sanktion oder selbst die „richterliche Verzeihung" (*perdono giudiziare*) entbehrlich erscheint.[141] Neuerdings haben auch mittel- und osteuropäische Länder wie Estland, Rumänien und die Tschechische Republik (2002 bzw. 2004) die „bedingte strafrechtliche Verantwortlichkeit" Jugendlicher eingeführt.[142] Damit werden diese Länder auch den Empfehlungen des Europarates von 2003 und 2008 gerecht. Darin wird gefordert, die strafrechtliche Verantwortlichkeit stärker an die individuelle Reifeentwicklung (anstatt an schematischen Altersgrenzen) anzuknüpfen (vgl. Nr. 9 der Rec (2003) 13 und Nr. 5 der Rec (2008) 11). In Ländern, wie dem Kosovo, Kroatien, Serbien und Slowenien, die jeweils eine Strafmündigkeit von 14 Jahren geregelt haben, gibt es darüber hinaus noch eine Differenzierung in sog. „jüngere" (14-15) und „ältere" (16-18) Jugendliche. Diese Differenzierung spielt dann u. a. bei der Länge der Untersuchungshaft eine Rolle.[143]

Einige wenige Länder bilden mit einem Mindestalter von 12 bzw. 13 Jahren das Mittelmaß in Bezug auf die strafrechtliche Verantwortlichkeit in Europa (Irland, Türkei, Niederlande, Frankreich). In Irland kommt hinzu, dass bei bestimmten schweren Straftaten, wie Mord, Totschlag und bestimmten Sexualdelikten eine Reduzierung der strafrechtlichen Verantwortlichkeit auf zehn Jahre möglich

---

138 Des Weiteren ist die strafrechtliche Verantwortlichkeit bei 14- und 15-Jährigen beschränkt (§ 4 Abs. 2 Nr. 2 östJGG), siehe hierzu *Kap. 3.3.3.*

139 Art. 97 italStGB, vgl. hierzu *Padovani/Brutto/Ciappi* 2011, S. 766; *Picotti/Merzagora* 1997, S. 223 ff.

140 *Heinz* 1997, S. 11.

141 *Picotti/Merzagora* 1997.

142 *Ginter/Sootak* 2011, S. 407; *Pǎroşanu* 2011, S. 1079; *Válková/Hulmáková* 2011, S. 257.

143 Siehe *Tab. 5.*

ist.[144] Zudem sind in manchen Ländern bestimmte erzieherische Sanktionen ab einem viel früheren Alter zulässig. So können in Frankreich ab einem Alter von 10 Jahren bei delinquenten Kindern schon früh erzieherische Mittel ergriffen werden.

In Schottland galt bis zum Jahr 2010 ein sehr niedriges Mindestalter der strafrechtlichen Verantwortlichkeit. Bereits ab dem 8. Lebensjahr war eine strafrechtliche Verfolgung möglich. Jedoch musste dieses extrem niedrige Mindestalter vor dem Hintergrund der Besonderheiten des schottischen *Children's Hearing System* gesehen werden. In der Praxis profitierten die meisten Jugendlichen zwischen 8 und 15 Jahren von diesem informellen und wohlfahrtsorientierten System.[145] Seit dem Jahr 2010 setzt die strafrechtliche Verantwortlichkeit erst mit 12 Jahren ein.[146] Die Maßnahmen im Rahmen des *Children's Hearing System* sind jedoch auch weiterhin für Kinder ab 8 Jahren anwendbar. In Schottland gilt die volle strafrechtliche Verantwortlichkeit bereits ab 16 Jahren.[147] Auch in der Schweiz muss das niedrige Alter der strafrechtlichen Verantwortlichkeit relativiert werden. So kommen z. B. Geldstrafen oder eine Inhaftierung bei unter 15-Jährigen nicht in Betracht.

Dass man aber angesichts der erheblichen Unterschiede im Rahmen der strafrechtlichen Verantwortlichkeit auch von einer grundlegend unterschiedlichen Sanktionspraxis sprechen kann, erscheint zweifelhaft. So kann beispielsweise die Unterbringung in einem Erziehungsheim einen ähnlichen intensiven Eingriff darstellen wie die Unterbringung in einer Jugendstrafanstalt.

Zudem erscheint eine zu niedrig angesetzte Altersgrenze kriminologisch höchst problematisch. Eine Altersgrenze von 10 oder 12 Jahren erscheint deutlich zu niedrig. So basiert die überwiegend geltende Grenze von 14 Jahren auf langjährigen praktischen Erfahrungen. Angesichts der Tatsache, dass Jugendliche immer länger zur Schule gehen und somit auch ein neuer Lebensabschnitt und der damit einhergehende entwicklungspsychologische Fortschritt erst später beginnt, ist auch ein Mindestalter von 14 Jahren als eher zu niedrig anzusehen.[148]

Ähnlich wie die *Beijing-Rules* von 1985 fordert auch die aktuelle Empfehlung von 2008,[149] dass das Mindestalter der strafrechtlichen Verantwortlichkeit nicht

144   *Walsh* 2011, S. 724.

145   Siehe unten *Kap. 5.1.21*; *Pruin* 2011, S. 1561.

146   Art. 52 Criminal Justice and Licensing (*Scotland*) Act 2010, www.legislation.gov.uk/-asp/2010/13/part/3?view=plain.

147   So auch in Portugal, vgl. *Pruin* 2011, S. 1564; bzgl. Schottland siehe *Burman u. a.* 2006, S. 445.

148   Vgl. hierzu auch *Ostendorf* 2016a Grdl. z. §§ 1 und 2, Rn. 10 m. w. N.

149   Rec (2008) 11.

zu niedrig bemessen wird. So heißt es in den Grundprinzipien der ERJOSSM unter Nr. 4: *„Bei der Verhängung von Sanktionen oder Maßnahmen als Reaktion auf eine Straftat soll das Mindestalter nicht zu niedrig bemessen und gesetzlich festgelegt sein."* Ebenso wie die *Beijing-Rules* bleibt die ERJOSSM eher unverbindlich, da von einer bestimmten Festlegung auf ein Mindestalter abgesehen wird. Jedoch können diese Empfehlungen als ein deutliches Signal an die Länder verstanden werden, die mit einem Mindestalter von 10 und 12 Jahren erheblich vom europäischen Durchschnitt abweichen.

3.3.2 Übersicht über den Umgang mit jungen Erwachsenen (Heranwachsenden) in den europäischen Ländern

In allen in dieser Untersuchung einbezogenen Ländern beginnt die zivilrechtliche Verantwortlichkeit mit Vollendung des 18. Lebensjahres.[150] Im Hinblick auf die uneingeschränkte volle strafrechtliche Verantwortlichkeit existieren jedoch in den europäischen Ländern zum Teil erhebliche Unterschiede, wenngleich junge Erwachsene überwiegend als eine spezielle Gruppe angesehen werden. So ist es in vielen Ländern möglich, jugendstrafrechtliche Maßnahmen auch über das 18. Lebensjahr hinaus anzuwenden, soweit die Maßnahme vor dem 18. Lebensjahr angeordnet wurde (Belgien, Dänemark, Deutschland, Frankreich, Griechenland, Italien, Kroatien, Ukraine). Weniger einheitlich ist die Behandlung von Heranwachsenden, die eine Tat nach Vollendung ihres 18. Lebensjahres begangen haben, obwohl bereits die Rec (2003) 20 diesbezüglich eine deutliche Aussage treffen.[151] So gibt es Länder, die unter bestimmten Voraussetzungen auch für diese Altersgruppe die speziellen jugendstrafrechtlichen Maßnahmen vorsehen (u. a. Kroatien, Tschechische Republik, Deutschland, Italien, Kosovo, Litauen, Niederlande, Portugal, Russland, Serbien, Slowenien).[152] In den Niederlanden wurde der Anwendungsbereich jugendstrafrechtlicher Maßnahmen 2014 auf die bis zu 22-Jährigen ausgeweitet.[153] In Österreich fallen die Heranwachsenden nur noch verfahrensrechtlich unter das Jugendstrafrecht.[154] Auch Rumänien ist dem deutschen Modell im Umgang mit der Gruppe der Heranwachsenden nicht abgeneigt.

---

150 Siehe ausführlich *Dünkel/Pruin* 2011, S. 1583; *Pruin/Dünkel* 2015.

151 So heißt es in Nr. 11 der Rec (2003) 20: „Um der Verlängerung der Übergangszeit zum Erwachsenenalter Rechnung zu tragen, sollte es möglich sein, dass junge Erwachsene unter 21 Jahren wie Jugendliche behandelt werden und die gleichen Maßnahmen auf sie angewandt werden, wenn der Richter der Meinung ist, dass sie noch nicht so reif und verantwortlich für ihre Taten sind wie wirkliche Erwachsene."

152 Siehe ausführlich hierzu die Zusammenfassungen von *Dünkel/Pruin* 2011, S. 1583 ff.; *Pruin/Dünkel* 2015.

153 Vgl. *Dünkel* 2015; 2017 m. jew. w. N.

154 Bis zum Jahr 2001 galt auch für bis zu 19-Jährige das Jugendstrafrecht.

Dort existiert zwar keine gesetzliche Sonderregelung, seit einigen Jahren hat aber die Behandlung der Heranwachsenden zumindest in der politischen Diskussion an Bedeutung gewonnen.[155] Auch in der dortigen strafrechtlichen Praxis verhängen Richter häufig milde Sanktionen gegen Heranwachsenden und begegnen so der fehlenden gesetzlichen Einbeziehung dieser Altersgruppe.[156]

In den skandinavischen Ländern, die kein eigenständiges Jugendstrafrecht kennen, finden sich Sonderregelungen im allgemeinen Strafrecht. So hat beispielsweise das Schweden besondere Strafmilderungen und Regelungen, die die Anwendung der Freiheitsstrafe zur *ultima ratio* machen, eingeführt. Dementsprechend dürfen Freiheitsstrafen bei Jugendlichen beziehungsweise Heranwachsenden nur verhängt werden, wenn „ganz besondere" beziehungsweise „besondere Gründe" vorliegen. Im Übrigen ist bei unter 21-Jährigen die Überweisung in das Jugendhilfesystem vorgesehen.[157] Die dort stattfindenden Maßnahmen entsprechen dem Gedanken des Vorrangs erzieherischer Maßnahmen.

In einigen Ländern beschränken sich die Sonderregelungen lediglich auf den Vollzug von Maßnahmen. So erfolgt die Unterbringung von jungen Erwachsenen in England/Wales, Irland und Nordirland in speziellen Einrichtungen für Heranwachsende.[158] In anderen Ländern wiederum kommt bei jungen Erwachsenen lediglich eine Strafmilderung in Betracht (u. a. Finnland, Slowakei, Polen, Zypern). Einige wenige Länder sehen dagegen gar keine Sonderbestimmungen für Heranwachsende vor (Bulgarien, Estland, Lettland, Spanien, Türkei, Ukraine).[159] In Bezug auf die Untersuchungshaft beschränken sich die Sonderregelungen überwiegend lediglich auf Jugendliche, sodass Heranwachsende diesbezüglich wie Erwachsene behandelt werden.[160]

---

155 *Neubacher* 2009, S. 287 m. w. N.

156 *Pǎroşanu* 2011, S. 1104.

157 *Dünkel* 2003.

158 So können 17- bis 21-Jährige in England/Wales in den sog. „Youth Offenders Institutions" (YOI) untergebracht werden. In Schottland besteht bei 16- bis 21-Jährigen diese Möglichkeit und in Nordirland kann bei 17- bis 21-Jährigen eine derartige Unterbringung erfolgen. Siehe *Dünkel/Pruin* 2011, S. 1596, Fn. 12 In Irland konnte diese Altersgruppe in der sog. *St. Patrick Institution* (einem speziellen Jugendgefängnis, das allerdings inzwischen geschlossen wurde) untergebracht werden, siehe hierzu auch *Kap. 7.*

159 Spanien hatte im Jahr 2000 eine solche eingeführt, allerdings im Jahr 2006 wieder abgeschafft.

160 Siehe hierzu ausführlicher *Kap. 4.2* (Deutschland) und *Kap. 5.3* für die europäischen Länder.

3.3.3 Altersgrenze zur Verhängung von Untersuchungshaft

Angesichts der Tatsache, dass ein Freiheitsentzug bei Jugendlichen bzw. jungen Erwachsenen besonders negative Folgen haben kann,[161] ist ein besonderes Augenmerk auf die Altersgrenzen zur Verhängung von Untersuchungshaft zu legen. Bereits die Empfehlung des Europarates über die gesellschaftlichen Reaktionen auf Jugendkriminalität (*on Social Reactions to Juvenile Delinquency*)[162] stellte in ihrer Präambel u. a. klar, dass im Jugendkriminalrecht angesichts des Umstandes, dass sich junge Menschen noch in ihrer Entwicklung befinden so weit wie möglich auf die Inhaftierung von Minderjährigen verzichtet werden soll. So wird es auch in Nr. 4 der ERJOSSM deutlich. Dieser Grundsatz bezieht sich grundsätzlich auf die Untergrenze des Alters strafrechtlicher Verantwortlichkeit. Jedoch heißt es, dass das Alter auch für die Auferlegung von Maßnahmen als Reaktion auf eine Straftat nicht zu niedrig bemessen sein darf.[163] Die Untersuchungshaft stellt keine „Reaktion" auf eine Straftat dar. Jedoch muss eine solche zwingend unterbleiben, wenn eine strafrechtliche Verantwortlichkeit nicht gegeben ist.

Das Mindestalter zur Verhängung von Untersuchungshaft ist in den meisten Ländern identisch mit dem Alter der allgemeinen strafrechtlichen Verantwortlichkeit. So beispielsweise in Italien, Bulgarien, Kroatien, Lettland, England/Wales, Deutschland, Österreich und den skandinavischen Ländern. In einigen Ländern gibt es zudem bei bestimmten Altersgruppen Sonderregelungen bezüglich der Anordnung von Untersuchungshaft.[164] So beispielsweise in Österreich. Dort ist das Alter der strafrechtlichen Verantwortlichkeit bei 14- und 15-jährigen Jugendlichen auf bestimmte Straftaten beschränkt. So heißt es in § 4 Abs. 2: *„Ein Jugendlicher, der eine mit Strafe bedrohte Handlung begeht, ist nicht strafbar, wenn (...) er vor Vollendung des sechzehnten Lebensjahres ein Vergehen begeht, ihn kein schweres Verschulden trifft und nicht aus besonderen Gründen die Anwendung des Jugendstrafrechts geboten ist, um den Jugendlichen von strafbaren Handlungen abzuhalten."* Folglich wird bei diesen Fällen beziehungsweise bei dieser Altersgruppe die Untersuchungshaft auch nicht angeordnet. Ähnlich ist die Situation in Frankreich, wo die Untersuchungshaft bei unter 16-jährigen Jugendlichen ausgeschlossen ist, soweit diesen ein Vergehen vorgeworfen wird.[165] Auch in

---

161 Vgl. hierzu *Kap. 4.9* m. w. N.

162 Rec (1987) 20; siehe hierzu *Schüler-Springorum* 1987, S. 809 ff.

163 Siehe auch *Kap. 2.3.1* und die Rec (2008) 11.

164 Hierzu siehe ausführlich *Kap. 5.3*.

165 Aber auch bei der Altersgruppe der 13- bis 16- Jährigen kann Untersuchungshaft angeordnet werden. Etwa bei Verletzung von Alternativmaßnahmen, ausführlich hierzu *Kap. 5.3*.

Deutschland ist die Untersuchungshaft bei den 14 bis 15-Jährigen nur unter bestimmten Voraussetzungen möglich.[166] In einigen Ländern ist die Untersuchungshaft bei Jugendlichen auch auf potentielle schwere Straftaten begrenzt. So ist beispielsweise in der Ukraine, Russland und in Slowenien die Anordnung von Untersuchungshaft bei unter 16-Jährigen Jugendlichen auf schwere und gewaltsame Straftaten begrenzt. Eine Regelung, die an die Rechtsfolge anknüpft, gibt es auch in Griechenland und der Türkei. Dort ist die Anordnung von Untersuchungshaft bei Jugendlichen nur möglich, wenn die potentielle Tat im Mindestmaß mit 10 Jahren (Griechenland) bzw. 5 Jahren (Türkei) Freiheitsstrafe bedroht ist. Nichtsdestotrotz ist in diesen Ländern eine Inhaftierung von sehr jungen Menschen möglich. So kann in der Türkei grundsätzlich ein 12-Jähriger inhaftiert werden. Auch in den Niederlanden (ab 12) und in Nordirland (ab 10) ist eine sehr frühe Inhaftierung möglich. Anders ist die Situation in Portugal. Dort kann bei einem Jugendlichen erst ab einem Alter von 16 Jahren die Untersuchungshaft angeordnet werden. Bei Jugendlichen unter 14 Jahren finden vorläufige Maßnahmen in halboffenen Erziehungseinrichtungen statt. Bei Jugendlichen ab 14 Jahren kann auch eine Unterbringung in sicheren Einrichtungen stattfinden.

In Belgien, wo das Alter der strafrechtlichen Verantwortlichkeit grundsätzlich bei 18 Jahren liegt,[167] ist somit auch die Anordnung von Untersuchungshaft ausgeschlossen. Dies ist eine Folge des dort herrschenden Wohlfahrtscharakters. Jedoch ist bei der Altersgruppe der 12-bis 17-Jährigen eine vorläufige Unterbringung in offenen oder geschlossenen (kommunalen) Einrichtungen möglich.[168]

Auch in Schottland ist die Untersuchungshaft bei unter 16-Jährigen grundsätzlich nicht möglich. Dort gibt es jedoch ebenfalls die Möglichkeit der vorläufigen Unterbringung (keine Untersuchungshaft) bei der Altersgruppe der 8 bis 16-Jährigen. Darüber hinaus kann auch bei Jugendlichen zwischen 16 und 17 Jahren, die eigentlich nicht mehr dem *Children's Hearing System* unterstehen, eine vorläufige Unterbringung angeordnet werden, obwohl bei dieser Altersgruppe bereits die Möglichkeit der Untersuchungshaftanordnung besteht.[169]

Eine weitere Besonderheit existiert in der Schweiz. Dort liegt das Mindestalter der strafrechtlichen Verantwortlichkeit bei 10 Jahren. Die Jugendstrafe ist jedoch bei unter 15-Jährigen ausgeschlossen (Art. 25 JStG der Schweiz). Dieser Grundsatz gilt in der Praxis auch bei einer Anordnung von Untersuchungshaft,

---

166 Siehe *Kap. 4.4.3.*

167 Zu den Ausnahmen siehe *Kap. 3.3.1.*

168 *Dünkel/Dorenburg/Grzywa* 2011, S. 1755; siehe ausführlich *Christeans/Dumortier/Nuytiens* 2011, S. 119.

169 Zur restriktiven Anwendung der Untersuchungshaft bei dieser Altersgruppe siehe *Kap. 4.*

auch wenn der Schweizer Gesetzgeber es bedauerlicherweise versäumt hat, besondere Schutzbestimmungen im Rahmen der Untersuchungshaft für 10 bis 15-Jährige zu regeln.[170]

In England gibt es eine solche Regelung nicht. Hier ist eine Anordnung von Untersuchungshaft auch bei 10-Jährigen möglich. Damit wird England der Forderung nicht gerecht, bei einem niedrigen Strafmündigkeitsalter die Inhaftierung aus prozessualen Gründen höher anzusetzen, wie dies beispielsweise in der Schweiz und in Schottland der Fall ist.[171]

Tabelle 1:   Altersgrenzen, Gesetze bzgl. Jugendlicher Straftäter

Land	Alter straf-rechtlicher Verantwort-lichkeit/Altersgrenze zur Verhängung von U-Haft	Hauptgesetz bzgl. jugendlicher Straftäter			
		Spezielles Jugendstrafgesetzbuch	Jugendhilfe-gesetz	Erwachsenen-strafrecht	Zivilrechtliche Regelungen für Jugendliche und/oder Heranwach-sende in „Gefahr"
A	14/14	X			
B	*16^{c/d}/18/14		X		X
BG	14/14			X	
CH	10/15	X			
CY	14/14	X			
CZ	15/15	X			
D	14/14	X			
DK	14/14			X	
E	14/14	X			
EST	14/14			X	X
E/W	10/10			X	X
F	10^{g}/13/13	X			
FIN	15/15			X	
GR	15/15			X	
HR	14/14	X			
HU	12^{d}/14			X	
I	14/14	X			
IRE	10^{d}/12/10^{i}/12	X			X
KO	14/14	X			
LT	14^{d}/14			X	X
LV	14^{d}/14			X	X
NI	10/10			X	X

---

170   Vgl. Art. 5, 6 JStG der Schweiz; *Aebersold* 2007, S. 103 f.; *Dünkel/Dorenburg/Grzywa* 2011, S. 1755.

171   Siehe hierzu Regel 4 des Kommentars zu den ERJOSSM.

Land	Alter strafrechtlicher Verantwortlichkeit/Altersgrenze zur Verhängung von U-Haft	Hauptgesetz bzgl. jugendlicher Straftäter			
		Spezielles Jugendstrafgesetzbuch	Jugendhilfegesetz	Erwachsenenstrafrecht	Zivilrechtliche Regelungen für Jugendliche und/oder Heranwachsende in „Gefahr"
NL	12/12			X	
P	12^f/16/14^h	X	X		
PL	13^f/13		X		
RO	14^b/14			X	X
RUS	14^d/14^j			X	X
SCO	8^f/12/16	X			X
SK	14/14			X	
SLO	14^d/14^j			X	
SRB	14/14	X			
SWE	15/15			X	
TR	12/12^e		X	X	
UA	14^d/14^j			X	

*   Fürsorgeeinrichtung.

a   Lediglich Milderung der Strafe.

b   14<16 nach Feststellung der Einsichtsfähigkeit.

c   Nur bei Verkehrsstraftaten.

d   Nur bei schweren Straftaten.

e   Unterbringung von unter 15-Jährigen erfolgt in speziellen Erziehungseinrichtungen. Ab dem 15. Lebensjahr erfolgt die Unterbringung dann in besonderen Abteilungen der jeweiligen Anstalten.

f   Anwendung des Jugendhilferechts (*juvenile welfare law*); keine strafrechtliche Verantwortlichkeit im engeren Sinne.

g   Nur erzieherische Strafen (*sanctions éducatives*)

h   Jugendliche zwischen 12- 14 Jahren werden in halboffene Bildungseinrichtungen geschickt, ab 14 Jahren wird die Sicherung des Strafverfahrens in sicheren Einrichtungen vollzogen.

i   Bei Jugendlichen bis 15 Jahren findet lediglich eine Unterbringung in einer sog. *Children Detention School* statt. Dort wird besonders auf Erziehungsdefizite eingegangen. Bei Jugendlichen ab 16 Jahren ist eine Unterbringung in geschlossenen Einrichtungen möglich.

j   U-Haft bei unter 16-Jährigen nur bei besonders schweren Straftaten.

A = Österreich, B = Belgien, BG = Bulgarien, CH = Schweiz, CY = Zypern, CZ = Tschechische Republik, EST = Estland, E = Spanien, D = Deutschland, E/W=England/Wales, FIN = Finnland, F = Frankreich, GR= Griechenland, HR = Kroatien, HU = Ungarn, IRL = Irland, I = Italien, KO = Kosovo, LT = Litauen, LV = Lettland, NI= Nordirland, NL = Niederlande, PL= Polen, P = Portugal, RO = Rumänien, RUS = Russland, SCO = Schottland, SK = Slowakei, SLO = Slowenien, SRB = Serbien, TR = Türkei, UA = Ukraine.

4. Untersuchungshaft in Deutschland bzw. im deutschen Jugendstrafrecht (Theoretische Einführung)

4.1 Untersuchungshaft im deutschen Strafverfahren

Die Untersuchungshaft im deutschen Strafverfahren dient der Sicherung des Strafverfahrens.[172] Der Zweck der Untersuchungshaft darf somit ausschließlich die Durchsetzung des Anspruchs der staatlichen Gemeinschaft auf vollständige Aufklärung der Tat und rasche Bestrafung des Täters sein.[173]

Die Untersuchungshaft ist die Inhaftierung eines noch nicht rechtskräftig verurteilten Beschuldigten. Drastischer formulierte es *Hassemer,* der die Untersuchungshaft als „Freiheitsberaubung an einem Unschuldigen" bezeichnete.[174]

Es kommt somit bei der Untersuchungshaft zu einem grundlegenden Problem. Wenn einem noch nicht rechtskräftig Verurteilten die Freiheit genommen wird, geraten zwei Grundpositionen unseres Rechtstaates miteinander in Konflikt. Zum einen der Freiheitsanspruch der betroffenen Person, die bis zu ihrer rechtskräftigen Verurteilung als unschuldig zu gelten hat und auf der anderen Seite das Erfordernis einer effektiven Strafverfolgung. So muss die Anwesenheit des Beschuldigten gesichert sein, eine ordnungsgemäße Tatsachenermittlung gewährleistet werden und eine eventuelle Vollstreckung gesichert werden. Die Untersuchungshaft ist somit ein vorläufiger Freiheitsentzug zur Durchführung des Strafverfahrens.[175]

Die Kritik an dem Recht und der Wirklichkeit der Untersuchungshaft reicht bis zu ihrer gesetzlichen Regelung in der Strafprozessordnung vom 01.02.1877. Das liegt an dem für das Strafverfahren typischen Interessenkonflikt zwischen dem Staat und dem einer Straftat Beschuldigten, der bei der Untersuchungshaft in seiner schärfsten Form zum Ausdruck kommt. Unbestritten ist es Aufgabe eines Staates, die Gesellschaft wirksam vor Straftaten zu schützen und somit auch den Strafanspruch durchzusetzen. Es ist selbstverständlich, dass ein Staat nicht auf eine Untersuchungshaft verzichten kann, denn sie soll ein geordnetes Strafverfahren und die spätere Strafvollstreckung sichern. Andererseits lässt die Verfassung Eingriffe in die Freiheit ihrer Bürgerinnen und Bürger nur unter besonders strengen Voraussetzungen zu, und diese sind besonders problematisch, wenn ein Tatverdächtiger, dessen Schuld (noch) nicht nachgewiesen ist, seine Freiheit im Interesse wirksamer Verbrechensbekämpfung verlieren soll.

An die Anordnung und Durchführung der Untersuchungshaft sind danach hohe Anforderungen zu stellen. Dieser Grundsatz sollte gerade bei Jugendlichen

---

172 Siehe hierzu u. a. *Meyer-Goßner* 2016, Vor § 112, Rn. 4.

173 BVerfGE 20, S. 45, 49.

174 *Hassemer* 1984, S. 38, 40.

175 *Ostendorf* 2015, S. 106 f.

gelten. Es ist zu bedenken, dass Isolation und der Zwang zur Untätigkeit sich bei jungen Menschen im Zweifel belastender auswirken können als bei Erwachsenen. So ist unbestritten, dass für Jugendliche die Folgen der Untersuchungshaft in krimineller Ansteckung sowie Identitätsverlusten bis hin zu dauernden Störungen der seelischen Entwicklung bestehen können.[176] Es wird auch auf eine erhöhte Suizidgefahr von jungen Menschen in der Untersuchungshaft hingewiesen. Je jünger der Jugendliche ist, desto näher liegt eine ernstliche Gefährdung.[177] Zudem kann es zu Beeinträchtigungen im Sozial-, Ausbildungs- und Arbeitsbereich kommen, wobei gerade dieser Bereich als eine wichtige Sozialisationsinstanz angesehen werden muss. In einer Studie von *Kury* und *Spiess* wurde festgestellt, dass die Hälfte aller Jugendlichen nach Verbüßung einer Untersuchungshaft nicht mehr in ihr bestehendes Arbeitsumfeld zurückkehren konnte.[178] Dies ist ein deutlicher Hinweis auf die stigmatisierende Wirkung der Untersuchungshaft. Nicht zu vernachlässigen ist zudem die Gefahr der Entstehung von Subkulturen in der Untersuchungshaft.[179]

4.2 Untersuchungshaft im deutschen Jugendstrafverfahren (§ 72 JGG)

Nach den Mindestgrundsätzen der Vereinten Nationen für die Jugendgerichtsbarkeit von 1985 (*Beijing-Rules*) soll die Jugendgerichtsbarkeit das Wohl der Jugendlichen in den Vordergrund stellen, gleichzeitig aber auch gewährleisten, dass die Reaktionen gegen jugendliche Täter im Hinblick auf die Umstände des Täters wie auch der Tat stets verhältnismäßig sind.[180] Daraus ergibt sich auch der Leitgedanke, dass der Freiheitsentzug nur wegen schwerer Gewaltverbrechen gegen junge Personen oder mehrfach wiederholter anderer schwerer Straftaten zulässig sein soll.

Hinsichtlich einer Verhängung von Untersuchungshaft für Jugendliche ist das Problembewusstsein stark gewachsen.[181] Aus den genannten Gründen, dass Unter-

---

176 Begründung des RegE des 1. JGGÄndG, BT-Drs.11/5829 S. 30.; vgl. auch *Brunner/Dölling* 2002, § 72 Rn. 2; *Lösel/Pomplun* 1998.

177 Siehe *Zieger* 1998, S. 123.

178 *Spiess* 1982, S. 591.

179 Siehe hierzu *Hotter* 2004, S. 42.

180 Nr. 5.1 der *Beijing-Rules*.

181 Vgl. die Publikationen u. a. von *Kowalzyck* 2008; *Hotter* 2004; *Villmow/Robertz* 2004 und die Beiträge in der Zeitschrift für Jugendkriminalrecht und Jugendhilfe von *Kindler/Permien/Hoops* 2007; *Bussmann/England* 2004; *Peterich/Fischer* 2003; *Kowalzyck* 2002; *Schäfer* 2002.

suchungshaft bei Jugendlichen und jungen Erwachsenen besondere nachteilige Folgen nach sich ziehen kann, ist die Untersuchungshaft im deutschen Jugendstrafverfahren nur beschränkt bzw. nur unter besonderen Voraussetzungen zulässig.

Durch das 1. JGGÄndG von 1990 sollte in Deutschland die Unterbringung von delinquenten Jugendlichen und Heranwachsenden in der Untersuchungshaft durch eine Unterbringung in geeigneten Einrichtungen der Jugendhilfe ersetzt werden.[182] So soll die Untersuchungshaft u. a. nur angeordnet werden, wenn ihr Zweck nicht durch eine vorläufige Anordnung über die Erziehung oder durch andere Maßnahmen ersetzt werden kann (§ 72 Abs. 1 JGG). § 72 JGG gilt in seinem Anwendungsbereich nur für Jugendliche, also für Personen zwischen dem 14. und 18. Lebensjahr. Dies gilt auch vor den für allgemeine Strafsachen zuständigen Gerichten, § 104 I Nr. 5 JGG. Folglich gelten die untersuchungshafteinschränkenden Regelungen nicht für die Gruppe der Heranwachsenden. Dies ergibt sich expressis verbis aus § 109 Abs. 1 JGG. Dies mag mit der Begründung, dass eine erzieherische Beeinflussung bei dieser Altersgruppe rechtlich nicht ganz unbedenklich ist, nachvollziehbar sein.[183] Jedoch sollte auch bei sich noch in der Entwicklung befindenden jungen Menschen die Untersuchungshaft die absolute Ausnahme darstellen. Aus diesem Grund sollte auch die Altersgruppe der Heranwachsenden in den Anwendungsbereich dieser restriktiven Vorschriften fallen.

4.3 Allgemeine Voraussetzungen

Die allgemeinen materiellen Voraussetzungen der Strafprozessordnung für die Rechtmäßigkeit der Untersuchungshaft gelten auch im Jugendstrafverfahren. Neben dem dringenden Tatverdacht muss ein Haftgrund gegeben sein.

Ein dringender Tatverdacht liegt vor, wenn eine hohe Wahrscheinlichkeit dafür besteht, dass der Beschuldigte rechtswidrig und schuldhaft eine Straftat begangen hat.[184] Prospektiv muss sich der Haftrichter des Weiteren die Frage stellen, ob eine Verurteilung bei dem gegenwärtigen Stand der Ermittlungen beziehungsweise den gegebenen Tatsachen mit großer Wahrscheinlichkeit zu erwarten ist.[185] Dies ergibt sich daraus, dass das Ermittlungs- und das Strafverfahren ausschließlich mit dem Ziel einer Verurteilung oder eines Freispruchs geführt werden und somit der dringende Tatverdacht in diesem Kontext gesehen werden

---

182 Vgl. BT-Drucks. 11/5829, S. 1.

183 Siehe auch *Kap. 8.2.5* und *Eisenberg* 2015, § 109, Rn. 6 m. w. N.

184 Vgl. KK-*Boujong* 2003, § 112, Rn. 3; *Meyer-Goßner* 2016, § 112, Rn. 5; *Roxin* 1998, S. 244; LR-*Wendisch* 1989, § 112, Rn. 17.

185 Dies ist nicht ganz unumstritten. So hat der BGH im Jahre 1980 festgestellt, dass der dringende Tatverdacht die Wahrscheinlichkeit einer Verurteilung nicht erfordere, BGH NStZ 1981, S. 94. Dies entspricht aber wohl nicht mehr der h. M. Ausführlich zu den Voraussetzungen des dringenden Tatverdacht siehe: *Meinen* 2008, S. 335 ff.

muss.[186] Auch beseitigt die Wahrscheinlichkeit, dass Rechtfertigungs-, Schuld- und Strafausschließungsgründe vorliegen einen dringenden Tatverdacht.[187] Dem Grade nach ist der dringende Tatverdacht stärker als der hinreichende, jedoch kann er ausnahmsweise bestehen, ohne dass der hinreichende Tatverdacht vorliegt. Das liegt daran, dass es beim dringenden Tatverdacht lediglich auf den gegenwärtigen Stand der Ermittlungen ankommt.[188]

Die materiellen Voraussetzungen der Untersuchungshaft sind in den §§ 112, 112a, 127b StPO geregelt. Es gelten somit auch im Jugendstrafrecht die Haftgründe aus dem Erwachsenenstrafrecht. Diese sind: Flucht (§ 112 Abs. 2 Nr. 1 StPO), Fluchtgefahr (§ 112 Abs. 1 Nr. 2 StPO), Verdunkelungsgefahr (§ 112 Abs. 2 Nr. 3 StPO), bei einigen Delikten die Wiederholungsgefahr (§ 112 a StPO)[189] und die Schwere der Tat (§ 112 Abs. 3 StPO).[190] Bemerkenswert ist bereits an dieser Stelle, dass die beiden letzten Haftgründe als „systemfremd" gelten und einen offensichtlichen Verstoß gegen den Verhältnismäßigkeitsgrundsatz darstellen.[191] Die höchstrichterliche Rechtsprechung legt den Haftgrund der Tatschwere daher verfassungskonform aus.[192] Trotz des unmissverständlichen Wortlauts des § 112 Abs. 3 StPO herrscht Einvernehmen darüber, dass die Schwere der Tat allein die Untersuchungshaft nicht rechtfertigen kann.[193] Das Übermaßverbot und der verfahrenssichernde Zweck der Untersuchungshaft verbieten es also den Haftgrund der Tatschwere bei fehlender Flucht oder Verdunkelungsgefahr anzuordnen.[194] Das BVerfG hat dazu ausgeführt: *„Weder die Schwere der Verbrechen wider das Leben noch die Schwere der Schuld rechtfertigen für sich allein die Verhaftung des Beschuldigten; noch weniger ist die Rücksicht auf eine mehr oder*

---

186 So *Meinen* 2008, S. 337.

187 *Meyer-Goßner* 2016, § 112, Rn. 5 m. w. N.

188 Siehe zum dringenden Tatverdacht und seiner Abhängigkeit vom aktuellen Ermittlungsergebnis Meinen 2008, S. 335 f.; zum hinreichenden Tatverdacht siehe ausführlich *Meinen* 2008, S. 413 ff.

189 Hierzu gehören nach § 112a StPO insbesondere gravierende Delikte wie Sexualdelikte, aber z. B. nicht der einfache Diebstahl, sondern erst der schwere Diebstahl (z. B. Einbruchsdiebstahl).

190 Z. B. bei Mord (§ 211 StGB), Totschlag (§ 212 StGB) und schwerer Körperverletzung (§ 226 StGB).

191 *Meyer-Goßner* 2016, § 112, Rn. 37.

192 Vgl. hierzu die verfassungskonforme Auslegung des Bundesverfassungsgerichts: BVerfGE 19, S. 342, 350. Ausführlich zum Haftgrund der Schwere der Tat *Schloth*, 1999; *Meyer-Goßner* 2016, § 112, Rn. 36ff.

193 *Meyer-Goßner* 2016, § 112, Rn. 37; *Freund* 1995, S. 20.

194 BVerfGE 19, S. 342 (350); *Meyer-Goßner* 2016, § 112, Rn. 37; HK-*Posthoff* 2012, § 112, Rn. 51.

minder deutlich feststellbare Erregung der Bevölkerung ausreichend, die es un-erträglich finde, dass ein Mörder frei umhergehe."[195] So hat das Bundesverfassungsgericht dem Haftgrund der Tatschwere einen vom Gesetzgeber kaum gewollten Inhalt gegeben.[196] Daher müssen als Voraussetzung der Haft Umstände vorliegen, die die Gefahr begründen, dass ohne Festnahme des Beschuldigten eine alsbaldige Aufklärung bzw. Ahndung der Tat gefährdet sein könnte.[197] Schließlich ist der Freiheitsentzug der stärkste staatliche Eingriff in die Rechte von Beschuldigten, für die immerhin noch die Unschuldsvermutung gilt. Wie nun aber der § 112 Abs. 3 StPO genau zu verstehen ist, ist zum Teil umstritten. Zum Teil wird darin eine Umkehr der Beweislast gesehen und so das strenge System des § 112 Abs. 2 StPO gelockert.[198] Denn nach dem Bundesverfassungsgericht kann schon die „zwar nicht mit bestimmten Tatsachen belegbare, doch nach den Umständen des Falles auch nicht auszuschließende Flucht- oder Verdunkelungsgefahr" oder die ernstliche Befürchtung, dass der Beschuldigte weitere ähnliche Taten begehen wird, ausreichend sein.[199] Dabei soll es sich aber weder um eine widerlegbare Vermutung noch um eine Beweislastumkehr handeln.[200] Dem Richter werde lediglich die Begründung des Haftbefehls erleichtert.[201] Vielmehr ist es in diesen Fällen ausreichend, dass eine verhältnismäßig geringe Gefahr der Flucht- oder Verdunkelungsgefahr besteht.[202] Fakt ist jedoch, dass die Anforderungen an die Feststellung des Haftgrundes deutlich herabgesetzt sind und das Vorliegen einer Flucht- oder Verdunkelungsgefahr nicht mehr positiv festgestellt werden müssen. Somit läuft es in diesen Fällen tatsächlich darauf hinaus, bei Taten der Schwerstkriminalität eine Umkehr der Beweislast zuzulassen. Auch dies stößt im Hinblick auf die Unschuldsvermutung auf rechtsstaatliche Kritik. Um dieser möglichst aus dem Weg zu gehen, sollte der Haftbefehl immer auf § 112 Abs. 2 StPO gestützt werden.[203]

Der Haftgrund der Fluchtgefahr ist nur dann anzunehmen, wenn eine Flucht naheliegt oder konkret in Betracht kommt. Aufgrund bestimmter Tatsachen muss eine größere Wahrscheinlichkeit dafür bestehen, der Beschuldigte werde sich dem

---

195 BVerfGE 19, S. 350.

196 BVerfG NJW 1966, S. 772.

197 BVerfG NJW 1991, S. 2821 mit Anm. *Paeffgen* NStZ 1992, S. 530; BVerGE 19, S. 342.

198 So LR-*Hilger* 1997, § 112, Rn. 53.

199 BVerfGE 19, S. 350.

200 HK-*Posthoff* 2012, § 112, Rn. 51.

201 *Pfeiffer* 2005, § 112, Rn. 9.

202 HK-*Posthoff* 2012, § 112, Rn. 49 f. m. w. N.

203 Siehe *Meinen* 2008, S. 352.

Verfahren entziehen, als dafür, dass er sich dem Verfahren stellen werde.[204] Dabei ist zu beachten, dass zwar das Fehlen eines festen Wohnsitzes in § 113 Abs. 2 StPO und in § 72 Abs. 2 JGG zur Konkretisierung des Haftgrundes der Fluchtgefahr genannt wird, es sich jedoch lediglich um einen Anhaltspunkt handelt, der zusätzlich zur Fluchtgefahr vorliegen muss. Im Umkehrschluss schließt ein fester Wohnsitz die Fluchtgefahr auch nicht immer aus.[205] Im Rahmen der Fluchtgefahr spielt grundsätzlich auch die zu erwartende Strafe eine Rolle. Jedoch ist hier auf den tatsächlich zu erwartenden Freiheitsentzug abzustellen.[206] Mit anderen Worten ist Fluchtgefahr nicht pauschal nach den Strafrahmen zu bestimmen. Zu prüfen ist daher beispielsweise auch, ob der Beschuldigte mit einer Strafaussetzung zur Bewährung rechnen kann.

Im Jugendstrafverfahren ist zudem zu beachten, dass die Strafrahmen des Erwachsenenstrafrecht ohnehin nicht gelten (§ 18 Abs.1 S. 3 JGG).[207] Die Straferwartung ist zudem lediglich Ausgangspunkt für die Erwägung, ob der in ihr liegende Fluchtanreiz unter Berücksichtigung aller Umstände so erheblich ist, dass der Beschuldigte flüchtig werden könnte.[208] Bei Straftaten der Schwerstkriminalität, die im Rahmen des § 112 Abs. 3 StPO genannt sind wird dem Ermittlungsrichter die Feststellung, ob bestimmte Tatsachen eine Flucht- oder Verdunkelungsgefahr begründen erlassen, um die Gefahr auszuschließen, dass sich besonders gefährliche Tatverdächtige der Bestrafung entziehen.[209] In diesen Fällen braucht daher lediglich geprüft werden, ob Umstände vorliegen, die eine aus der hohen Straferwartung herzuleitende Fluchtgefahr ausräumen können. Diese Auslegung bedeutet konkret, dass die Anforderungen an die Feststellung des Haftgrundes herabgesetzt sind.[210]

Als weiterer Haftgrund, der einer Sicherung des Strafverfahrens dienen soll kommt die Verdunkelungsgefahr in Betracht. Die Verdunkelungsgefahr liegt vor, wenn das Verhalten des Beschuldigten den dringenden Verdacht begründet, dass durch bestimmte Handlungen auf Beweismittel eingewirkt wird und dadurch die

---

204 OLG Hamm StV 1997, S. 643; KK-*Boujong* 2003, § 112, Rn. 15; *Pfeiffer* 2005, § 112, Rn. 5; *Kühne* 1999, S. 178. In der Praxis wird in 95% der Fälle Fluchtgefahr angenommen, vgl. *Jehle* 2009. In der Praxis besteht jedoch häufig die Gefahr, dass die Fluchtgefahr durch formelhafte Begründungen gerechtfertigt wird; siehe hierzu bereits *Dahs* 1982, S. 228.

205 *Meyer-Goßner* 2016, § 112, Rn. 21.

206 *Meyer-Goßner* 2016, § 112, Rn. 23.

207 *Eisenberg* 2015, § 72, Rn. 6e.

208 KG NJW 1965, S. 1390; StV 2002, S. 490.

209 BVerfG NJW 66, S. 772; *Meyer-Goßner* 2016, § 112, Rn. 25.

210 *Pfeiffer* 2005, § 112, Rn. 585.

Wahrheitsermittlung erschwert werden wird.[211] Der zu befürchtende Einwirkungsverdacht muss sich dabei auf die in § 112 Abs. 2 Nr. 3 lit. a bis c StPO abschließend genannten Handlungen beziehen.[212] Dabei müssen die Verdunkelungshandlungen mit großer Wahrscheinlichkeit erwartet werden, wenn der Beschuldigte nicht inhaftiert wird.[213] Folglich reicht die bloße Möglichkeit, dass solche Handlungen vorgenommen werden, nicht aus. Welche Verdunkelungshandlung konkret zu erwarten ist muss nicht eindeutig festgestellt werden.[214] Ferner muss die Gefahr drohen, dass dadurch die Ermittlung der Wahrheit erschwert wird (§ 112 Abs. 2 Nr. 3 HS 2 StPO). Die Erschwerung der Wahrheitsermittlung muss dabei lediglich wahrscheinlich sein.

Über den Zweck der Verfahrenssicherung hinaus kann Untersuchungshaft nur ausnahmsweise - und nur in den engen Grenzen des § 112a StPO- auch zur Verhinderung weiterer Straftaten- angeordnet werden (Wiederholungsgefahr).[215] Bei einer Inhaftierung wegen Wiederholungsgefahr handelt es sich nicht um eine Untersuchungshaft im eigentlichen Sinne, sondern um eine präventive, polizeirechtliche Sicherungshaft.[216] Hinsichtlich dieser Sicherungshaft bestehen erhebliche verfassungsrechtliche Bedenken.[217] Das BVerfG sah zunächst den lediglich Sexualdelikte erfassenden § 112 Abs. 3 a. F. (jetziger § 112a Abs. 1 S.1 Nr. 1 StPO) wegen der „Bewahrung eines besonders schutzbedürftigen Kreises der Bevölkerung vor mit hoher Wahrscheinlichkeit drohenden schweren Straftaten" als gerechtfertigt an.[218] Nach der Erweiterung des Anwendungsbereichs auf die in Abs. 1 S. 1 Nr. 2 erfassten Straftaten bestätigt das BVerfG die Vereinbarkeit mit dem Grundgesetz, wenn die Anlasstat und die zu befürchtende weitere Straftat einen erheblichen Unrechtsgehalt aufweisen und den Rechtsfrieden empfindlich stören.[219]

---

211 *Meyer-Goßner* 2016, § 112, Rn. 26.

212 *Meyer-Goßner* 2016, § 112, Rn. 36; *Meinen* 2008, S. 348.

213 *Meyer-Goßner* 2016, § 112, Rn. 27 m. w. N.

214 *Meyer-Goßner* 2016, § 112, Rn. 31.

215 Siehe ausführlich zum Haftgrund der Wiederholungsgefahr *Schloth* 1999.

216 Vgl. HK-*Posthoff* 2012, § 112a, Rn. 1; Die wegen Wiederholungsgefahr angeordnete U-Haft dient nicht der Verfahrenssicherung, sondern stellt eine vorbeugende Maßnahme zum Schutz der Rechtsgemeinschaft dar, so OLG Düsseldorf, Beschl. V. 25.2.2010-III-4 Ws 80/10.

217 Vgl. hierzu insbes. *Paeffgen* 1986.

218 BVerfGE 19, S. 342, 350.

219 BVerfGE 35, S. 185; Es gibt jedoch eine Reihe von kritischen Stimmen, die den Haftgrund für verfassungswidrig erachten. So wird vorgebracht, dass es sich bei §112a um eine Vorschrift handelt, die allein der Gefahrenabwehrrecht zuzuordnen ist und somit der

Aus diesem Grund darf Untersuchungshaft wegen Wiederholungsgefahr nur bei schweren Delikten angeordnet werden, die im Gesetz abschließend geregelt sind. Bei § 112a Abs. 1 Nr. 1 geht es zunächst um Straftaten gegen die sexuelle Selbstbestimmung. Diese brauchen nicht wiederholt oder fortgesetzt werden. Schon eine einmalige Verfehlung kann hier ausreichen um eine Weiderholungs- gefahr zu begründen.[220] Die Taten nach § 112a Abs. 1 Nr. 2 StPO müssen wie- derholt und fortgesetzt begangen worden sein. Durch die Anlasstat muss eine schwerwiegende Beeinträchtigung der Rechtsordnung eingetreten sein.[221] Es müssen bestimmte Tatsachen vorliegen, die eine starke innere Neigung des Be- schuldigten zu den einschlägigen Taten erkennen lassen, so dass die Gefahr be- steht, er werde weitere Taten vor Verurteilung begehen.[222] Somit ist es höchst erstaunlich, dass einige Bundesländer wie Bayern, Niedersachsen, Hessen und Thüringen im Jahre 2004 einen Gesetzesentwurf in den Bundesrat einbrachten, der weitgehende Veränderungen des Untersuchungshaftrechts mit sich bringen sollte. So sah der Entwurf beispielsweise vor, den Haftgrund der Wiederholungs- gefahr gem. § 112a StPO zu streichen und diesen als neuen Haftgrund in § 112 Abs. 2 Nr. 4 StPO zu regeln. Die Folge wäre eine Aufwertung des Haftgrundes, da die geltende Subsidiarität dieses Haftgrundes entfallen sollte.[223] Der Geset- zestext verlangt des Weiteren, dass bestimmte Tatsachen die Gefahr begründen, dass der Tatverdächtige „vor rechtskräftiger Aburteilung weitere, erhebliche Straftaten gleicher Art begehen oder die Tat fortsetzen werde" und „die Haft zur Abwendung der drohenden Gefahr erforderlich ist" und des Weiteren eine Frei- heitsstrafe von mehr als einem Jahr zu erwarten ist. Diese Fülle von Einschrän- kungen bei der Anordnung von Untersuchungshaft wegen Wiederholungsgefahr machen deutlich, dass es sich um einen verfassungsrechtlich bedenklichen Haft- grund handelt und dieser dementsprechend restriktiv anzuwenden ist.

Nach der Subsidiaritätsklausel des § 112a Abs. 2 StPO findet der Haftgrund der Wiederholungsgefahr keine Anwendung, soweit ein Haftgrund nach § 112 StPO vorliegt und die Voraussetzungen für die Aussetzung des Vollzugs des Haft-

---

Kompetenz des Bundes entzogen ist. Der § 112a StPO sei somit kompetenzwidrig erlas- sen worden und mithin verfassungswidrig, siehe hierzu *Gärditz* 2003, S. 355; SK-*Paeff- gen* § 112, Rn. 4; andererseits wurde von konservativer politischer Seite auch eine Ver- schärfung des Haftgrundes der Wiederholungsgefahr angeregt; siehe Initiative der CDU/CSU gegen Gewalt und Extremismus, DVJJ-Journal 2/1993, S. 103.

220 *Meyer-Goßner* 2016, § 112a, Rn. 6.

221 BverfGE 35, S. 185, 192.

222 KK-*Graf*, § 112a, Rn. 18.

223 Siehe BR-*Drucks.* 552/04. Des Weiteren sollte als zusätzlicher Haftgrund die sog. „Es- kalationsgefahr" eingeführt werden. Damit sollte den vermeintlichen terroristischen Ge- fahren begegnet werden. Der Gesetzesentwurf wurde jedoch vom Bundestag abgelehnt (am 17.02.2005).

befehls nach § 116 Abs. 1 und Abs. 2 StPO nicht gegeben sind. Liegen die Voraussetzungen des § 112 vor und kommt eine Haftverschonung nach § 116 StPO nicht in Betracht wird der Haftbefehl folglich auch dann nach § 112 StPO erlassen, wenn eine Wiederholungsgefahr besteht. Somit ist es auch ausgeschlossen einen auf § 112 StPO gestützten Haftbefehl hilfsweise auf den Haftgrund der Wiederholungsgefahr zu stützen.[224] Liegt allerdings ein Haftgrund des § 112 StPO nicht vor oder müsste eine Aussetzung nach § 116 Abs. 1 u. 2 StPO erfolgen, wird die Anwendung der Wiederholungsgefahr geprüft.[225] § 116 StPO ist Ausdruck des allgemeinen Verhältnismäßigkeitsprinzips. Danach ist der Haftbefehl außer Vollzug zu setzen, wenn der Zweck der Untersuchungshaft auch durch mildere Mittel erreicht werden kann.[226]

Wie bereits erwähnt, hält das BVerfG den Haftgrund der Wiederholungsgefahr für mit dem Grundgesetz vereinbar.[227] Anzumerken ist jedoch, dass sich das BVerfG in seiner Entscheidung nicht explizit mit der Problematik der Unschuldsvermutung auseinander gesetzt hat. Im Beschluss vom 30.05.1973 ist das Gericht nicht auf die Frage der Unschuldsvermutung eingegangen. In der Entscheidung des Ersten Senats vom 15.12.1965 war der Haftgrund der Wiederholungsgefahr nicht Gegenstand der Verfassungsbeschwerde. Lediglich in einem *obiter dictum* hat das Gericht erwähnt, dass die Wiederholungsgefahr gerechtfertigt sei, da es um die Bewahrung eines schutzwürdigen Kreises der Bevölkerung vor mit hoher Wahrscheinlichkeit drohenden schweren Straftaten gehe und es zweckmäßiger erscheine, diesen Schutz den Strafverfolgungsbehörden anzuvertrauen als der Polizei.[228]

Ein weiterer wichtiger Grundsatz, der bei einer möglichen Anordnung der Untersuchungshaft beachtet werden muss, ist der verfassungsrechtliche Verhältnismäßigkeitsgrundsatz. Dieser ist in § 112 Abs. 1 S. 2 StPO ausdrücklich vorgesehen. Danach darf Untersuchungshaft nicht verhängt werden, wenn sie zu der Bedeutung der Sache und der zu erwartenden Maßregel der Besserung und Sicherung außer Verhältnis steht. Neben dem allgemeingültigen Übermaßverbot ergibt sich, dass Untersuchungshaft nur dann angeordnet und vollzogen werden darf, wenn andere Möglichkeiten zur Aufklärung der Tat und zur Sicherung des Strafverfahrens nicht ausreichend sind.[229] § 112 Abs. 1 S. 2 StPO konkretisiert dies dahingehend, dass die Bedeutung der Sache und die Rechtsfolgenerwartung mitzuberücksichtigen sind.[230] Dadurch wird zwar eine Untersuchungshaft bei kurzen

---

224 HK-*Posthoff* 2012, § 112a, Rn. 16.

225 Oder deren Aussetzung nach § 116 Abs. 3 StPO.

226 Siehe ausführlich im *Kap. 4.4.*

227 BVerfGE 35, S. 185.

228 BVerfGE 19, S. 342, 350.

229 BVerfGE 20, S. 144, 147.

230 KK-*Graf* 2008, § 112, Rn. 46.

Freiheits- oder Bewährungsstrafen nicht gänzlich ausgeschlossen (siehe § 113 StPO).[231] Jedoch wird in diesen Fällen häufig eine Unverhältnismäßigkeit vorliegen. Schließlich sind im Rahmen des § 112 Abs. 1 S. 2 StPO insbesondere die Freiheitseinbußen beziehungsweise die Folgeeinbußen der Inhaftierung zu berücksichtigen.[232] Zu nennen sind beispielsweise die gravierenden Folgeschäden einer Inhaftierung durch Einschnitte in die familiäre oder wirtschaftliche Lebensführung.

Hinzu kommt, dass die Untersuchungshaft, soweit später lediglich eine Geld- oder Bewährungsstrafe zu erwarten ist, die einzige Freiheitsentziehung darstellt, die der Beschuldigte erlebt. Dies ist – besonders im Hinblick auf die Kritik am Untersuchungshaftvollzug und deren negativen Auswirkungen auf den Beschuldigten – als unverhältnismäßig anzusehen.

Gleichwohl die Untersuchungshaft im Allgemeinen nur gemäß den Voraussetzungen des allgemeinen Verfahrensrechts angeordnet werden darf, müssen spezifische jugendstrafrechtliche Besonderheiten bei der Anordnung beachtet werden. Dies gilt für den dringenden Tatverdacht, der auch hinsichtlich der strafrechtlichen Verantwortlichkeit gem. § 3 JGG gegeben sein muss.[233] Zudem ist bei der Prüfung der Untersuchungshaftvoraussetzungen besonderen jugendtypischen Umständen Rechnung zu tragen, die dem Vorliegen des einen oder anderen Faktors eine wesentlich andere Bedeutung verleihen können, als es bei Erwachsenen üblicherweise der Fall ist und somit bei der Beurteilung des Vorliegens eines Haftgrundes eine Rolle spielen müssen.[234] So ist bei der Prüfung der Fluchtgefahr die geringere Handlungskompetenz eines Jugendlichen im Rahmen einer Einzelfallwürdigung zu berücksichtigen.[235] Jugendliche verfügen nämlich regelmäßig über weniger finanzielle Mittel und können so rascher wieder ergriffen werden. Zudem ist die bei Erwachsenen häufig zu findende Formel „kein fester Wohnsitz = Fluchtgefahr" bei Jugendlichen nicht ohne Weiteres übertragbar. Zum einen besteht bei Jugendlichen ein Wohnanspruch bei den jeweiligen Erziehungsberechtigten[236] und zum anderen verfügt der Jugendliche häufig über enge soziale Bindungen, die einer Fluchtgefahr entgegenstehen können.[237] Auch die Höhe

---

231 § 113 StPO mach deutlich, dass auch die Erwartung einer Bewährungs- oder Geldstrafe einer Haftanordnung grundsätzlich nicht im Wege steht. Allerdings darf dies nur dann gelten, wenn die Haft das einzige Mittel darstellt um eine Verfahrensdurchführung zu sichern; vgl. *Meinen* 2008, S. 357.

232 Vgl. *Meinen* 2008, S. 102 m. w. N.

233 Vgl. *Eisenberg* 2015, § 72, Rn. 6a; *Ostendorf* 2016a, § 72, Rn. 2.

234 *Wagler* 1988, S. 111 f.

235 Diemer/Schatz/Sonnen-*Diemer* 2015, § 72, Rn. 10; OLG Hamm NStZ 1997, S. 115.

236 Siehe hierzu die einschlägigen Kommentierungen zu §§ 1626, 1626a BGB.

237 Siehe auch *Meyer-Goßner* 2016, § 112, Rn. 21.

der Straferwartung kann bei jungen Menschen nicht per se eine Fluchtgefahr begründen, da diese schon in Anbetracht des § 18 Abs. 1 S. 3, Abs. 2 JGG wegen der Individualprävention im Ermittlungsverfahren ungewiss ist.

Auch im Rahmen der Verdunkelungsgefahr gilt es die geringere Handlungskompetenz zu berücksichtigen. So wird Verdunkelungsgefahr bei Jugendlichen im Einzelnen im Vergleich zu Erwachsenen eher selten anzunehmen sein, soweit der Jugendliche nicht als Mitglied in einer strukturierten delinquenten Gruppe fungiert.[238]

Im Hinblick auf den Haftgrund der Wiederholungsgefahr ist anzumerken, dass dieser im Jugendstrafverfahren hinsichtlich der Grundsätze des Jugendstrafrechts keine Anwendung finden darf. Wegen seines polizeilich-präventiven[239] Charakters steht beim Haftgrund der Wiederholungsgefahr der Schutz der Allgemeinheit im Vordergrund.[240] Im Jugendstrafrecht dürfen generalpräventive Aspekte jedoch keine Rolle spielen. *Weber*[241] weist somit zu Recht darauf hin, dass es in diesem Fall nicht um den Schutz der Anderen gehen darf, sondern um „den Schutz des Jugendlichen vor sich selbst". Diesbezüglich ist § 71 Abs. 2 JGG allerdings als *lex specialis* anzusehen. Somit besteht hinsichtlich des Haftgrundes der Wiederholungsgefahr gemäß § 112a StPO ein Konkurrenzverhältnis zu § 71 Abs. 2 JGG.[242] Dieses Konkurrenzverhältnis muss dazu führen, dass die mildere Maßnahme der vorläufigen Anordnung über die Erziehung nach § 71 Abs. 2 JGG vom Richter zu wählen ist, wenn damit der Wiederholungsgefahr adäquat begegnet werden und auch deren Voraussetzungen vorliegen.[243] Des Weiteren wird beim Haftgrund der Wiederholungsgefahr wegen des Wortlauts „Freiheitsstrafe" in § 112a Abs. 1 StPO die Meinung vertreten, dass § 112a Abs. 1 Nr. 2 StPO bei Jugendlichen keine Anwendung findet, da die Jugendstrafe einer Freiheitsstrafe nicht gleichsteht.[244] Die herrschende Meinung vertritt die gegenteilige Auffassung, da es sich um einen Haftgrund handelt, der dem Schutz der Öffentlichkeit vor besonders gefährlichen Straftätern dient.[245] Damit wäre man jedoch wieder beim oben genannten Problem, dass generalpräventive Aspekte im Jugendstrafrecht keine Grundlage haben.

---

238 *Eisenberg* 2015, § 72, Rn. 7.

239 Siehe hierzu *Meyer-Goßner* 2016, § 112a, Rn. 1; *Meinen* 2008, S. 353.

240 Vgl. *Seebode* 1985, S. 75 ff.

241 *Weber* 1999, S. 311.

242 So auch OLG Hamm StV 2002, S. 432; *Ostendorf* 2016a, § 72, Rn.3; Diemer/Schatz/Sonnen-*Diemer* 2015, § 72, Rn. 4.; a. M. *Czerner* 2008, S. 372 ff., 505 f.

243 Diemer/Schatz/Sonnen-*Diemer* 2015, § 72, Rn. 4; OLG Hamm StV 2002, S. 432.

244 *Eisenberg* 2015, § 72, Rn. 7a.

245 Vgl. *Wiesneth* 2010, S. 81 m. w. N.

4.4 Besondere Voraussetzungen

4.4.1 Vorrang anderer Maßnahmen (Subsidiarität)

Wie § 116 StPO für das allgemeine Strafverfahren, stellt § 72 Abs. 1 JGG für das Jugendstrafverfahren klar, dass Untersuchungshaft bei Jugendlichen nur verhängt und vollstreckt werden darf, wenn ihr Zweck nicht durch eine andere Maßnahme erreicht werden kann (§ 72 Abs. S. 1 JGG). Explizit genannt ist im § 72 Abs. 1 JGG eine vorläufige Anordnung über die Erziehung. Dies entspricht dem Subsidiaritätsprinzip als Ausprägung des Verhältnismäßigkeitsprinzips. Jedoch wird dem Rechtsanwender im Jugendstrafverfahren durch § 72 Abs. 1 JGG verdeutlicht, dass dieser Subsidiaritätsgrundsatz besondere Beachtung finden muss.[246] Der Zweck der Untersuchungshaft ist ausschließlich die Sicherung des Strafverfahrens und die Vermeidung der Wiederholungsgefahr in den Fällen des § 112a StPO. Die Untersuchungshaft ist gemäß § 72 JGG als letzte Möglichkeit in Betracht zu ziehen. So dürfen mit ihr auch keine erzieherischen Zwecke verfolgt werden. Die insoweit geltende Norm des § 71 JGG stellt vorprozessuale Mittel zur Verfügung, die frühzeitig erzieherisch wirken sollen. Kann also der Zweck der Untersuchungshaft mit diesen Mittel erreicht werden, ist Untersuchungshaft gemäß § 72 Abs. 1 S. 1 unzulässig.

Zu diesen vorläufigen Anordnungen über die Erziehung gemäß § 71 JGG gehören in erster Linie die Weisungen des § 10 JGG (ausführlich unter *Kap. 6.2.1*). Diese müssen dann geeignet sein, die Zeit bis zur Rechtskraft des Urteils zu überbrücken. Solche sind beispielsweise Weisungen, die sich auf den Aufenthaltsort beziehen, sich einem Betreuungshelfer zu unterstellen, eine Ausbildungs- oder Arbeitsstelle aufzunehmen oder bestimmte Personen zu meiden.[247] Somit verbieten sich Weisungen, die eine Arbeitsleistung zum Inhalt haben, soziale Trainingskurse oder auch ein Täter-Opfer-Ausgleich, da dies dem Zweck der Untersuchungshaft zuwiderläuft. Die Unschuldsvermutung verbietet auch Zuchtmittel, da es sich dabei um Reaktionen mit Sanktionscharakter handelt.[248] Der Richter hat folglich ein breites Spektrum an ambulanten Alternativen. Zudem ergibt sich die Möglichkeit ambulanter Maßnahmen zur Haftverschonung gerade aus dem Zweck der Untersuchungshaft. So kann beispielsweise der Wiederholungsgefahr bei Jugendlichen durch Betreuung oder sozialer Kontrolle wirkungsvoll begegnet

---

246 *Eisenberg* 2015, § 72, Rn. 3ff. *Ostendorf* 2016a, § 72, Rn. 5.

247 Diemer/Schatz/Sonnen-*Diemer* 2015, § 71, Rn. 6.

248 *Eisenberg* 2015, § 71, Rn. 3.

werden.[249] Dabei ist jedoch auch zu beachten, dass es sich bei ambulanten Maßnahmen um Eingriffe handelt und auch diesbezüglich die Unschuldsvermutung gilt.

Gemäß § 71 Abs. 2 JGG ist die einstweilige Unterbringung in einem geeigneten Heim der Jugendhilfe möglich. Zu den „anderen Maßnahmen" i. S. d. § 72 Abs. 1 S. 1 JGG gehören vor allem die Maßnahmen nach § 116 StPO.[250]

4.4.2 Verhältnismäßigkeit (§ 72 Abs. 1 S. 2 und 3 JGG)

Der Verhältnismäßigkeitsgrundsatz ist Ausfluss des Rechtsstaatsprinzips aus Art. 20 Abs. 3 GG und ist bereits im allgemeinen Untersuchungshaftrecht verankert, § 112 Abs. 1 S. 2 StPO.[251] Die Verhältnismäßigkeit hat wegen des besonderen Eingriffs der Untersuchungshaft eine Erinnerungsfunktion, in dem sie verdeutlicht, welche Größen zueinander ins Verhältnis zu setzen sind.[252] Abzuwägen sind somit die Rechtsfolgenerwartung zur durch die Haft bewirkten Freiheits- und Folgeeinbußen.[253] Bei der Rechtsfolgenerwartung ist hier zu beachten, dass sich diese nach dem Jugendstrafrecht bemisst und somit die Strafrahmen des allgemeinen Strafrechts nicht gelten (§ 18 Abs. 1 S. 3 JGG). Im Rahmen der allgemeinen Verhältnismäßigkeitsprüfung sind im Jugendstrafverfahren auch die besonderen Belastungen des Vollzuges für Jugendliche zu berücksichtigen, § 72 Abs. 1 S. 2 JGG. Diese gesetzliche Vorgabe beruht in erster Linie auf der gesetzgeberischen Erkenntnis, dass die Untersuchungshaft erzieherische Defizite aufweist und somit besonders negative Folgen für den Jugendlichen hat.[254] Belastungen des Vollzuges bestehen vor allem in den negativen Folgen für die Persönlichkeitsentwicklung für junge Beschuldigte.[255] Dieser ausdrückliche Hinweis auf die besonderen Belastungen des Untersuchungshaftvollzuges zwingt zu einer jugendspezifischen Prüfung der Haftvoraussetzungen. Untersuchungshaft darf somit gerade bei Jugendlichen nur angeordnet werden, wenn sie im Hinblick auf die Bedeutung der Sache und der zu erwartenden Rechtsfolge nicht außer Verhältnis steht.[256] Unter-

---

249 *Kowalzyck* 2008, S. 10; für eine gänzliche Streichung des Haftgrundes des § 112a StPO siehe *Zender* 1998, S. 235.

250 Siehe hierzu *Kap. 5.1.1.*

251 *Meyer-Goßner* 2016, § 112, Rn. 8, siehe hierzu auch die Regelungen der §§ 113, 116 StPO.

252 *Meinen* 2008, S. 356.

253 LR-*Hilger* 1997, § 112, Rn. 57.

254 BT-Drucks. 11/5829, S. 30.

255 Vgl. hierzu BT-Drucks. 11/5829, S. 30; *Swientek* 1982.

256 LG Zweibrücken StV 1996, S. 158.

suchungshaft wird somit allenfalls dann vertretbar sein, wenn eine unbedingte Jugendstrafe zu erwarten ist.[257] Aus diesem Grund ist ebenfalls zu berücksichtigen, dass auch die Feststellung schädlicher Neigungen oder der Schwere der Schuld gemäß § 17 Abs. 2 JGG wahrscheinlich sein muss. Bei der Erstellung der Strafprognose ist zu berücksichtigen, dass die Ermittlungen der Jugendgerichtshilfe (§ 38 Abs.2 S. 2 JGG) bezüglich der Persönlichkeitserforschung noch nicht abgeschlossen sind.[258] Andererseits genüge die Vorführung wegen Fernbleibens in der Hauptver-handlung gem. § 230 Abs. 2 StPO.[259]

§ 72 Abs. 1 S. 3 JGG bestimmt, zusätzlich zu den Mindestanforderungen (§ 114 Abs. 2 StPO),[260] dass im Haftbefehl die Gründe anzugeben sind, aus denen sich ergibt, dass andere Maßnahmen nicht ausreichen und die Untersuchungshaft nicht unverhältnismäßig ist. Anders als in § 114 Abs. 3 StPO ist eine derartige Begründung stets vorgeschrieben, obgleich sich der Jugendliche auf die Unverhältnismäßigkeit beruft oder nicht. Im Rahmen des Haftbefehls sind auch Pauschalierungen und formelhafte Begründungen unzulässig.[261] Es wird vielmehr eine sorgfältige Einzelfallabwägung verlangt, um so vorschnelle Untersuchungshaftanordnungen zu vermeiden.[262]

4.4.3 Sonderregelungen für 14- und 15-Jährige (§ 72 Abs. 2 JGG)

Bei Jugendlichen, die das 16. Lebensjahr noch nicht vollendet haben, werden die bereits vorhandenen strengen Anforderungen an die Verhängung von Untersuchungshaft durch § 72 Abs. 2 JGG noch weiter erhöht. Bei diesen Jugendlichen ist eine Anordnung der Untersuchungshaft wegen Fluchtgefahr nur zulässig, wenn sich der Beschuldigte „dem Verfahren bereits entzogen hatte oder Anstalten zu Flucht getroffen hat" oder wenn er „keinen festen Wohnsitz oder Aufenthalt hat". Dies bezieht sich jeweils auf das konkrete Ermittlungsverfahren. So reicht eine Entziehung aus vergangenen Verfahren nicht.[263] In Bezug auf eventuell bereits getroffene Anstalten zur Flucht müssen konkrete Anhaltspunkte vorliegen.[264]

---

257 Sind also Weisungen oder Zuchtmittel zu erwarten scheidet U-Haft aus. So auch *Eisenberg* 2015, § 72, Rn. 5; Diemer/Schatz/Sonnen-*Diemer* 2015, § 72, Rn. 7; *Ostendorf* 2016a, § 72, Rn. 8, *Hotter* 2004, S. 317; *Dünkel* 1994, S. 71. OLG Zweibrücken StV 1999, S. 161. Zur Praxis siehe *Kap. 10*.

258 *Kowalzyck* 2008, S. 10.

259 *Ostendorf* 2016a, § 72, Rn. 8.

260 § 114 StPO gilt wegen § 2 Abs. 2 JGG auch im Jugendstrafverfahren.

261 BT-*Drucks.* 11/ 5829, S. 31.

262 Diemer/Schatz/Sonnen-*Diemer* 2015, § 72, Rn. 8; *Dünkel* 1990, S. 373.

263 Diemer/Schatz/Sonnen-*Diemer* 2015, § 72, Rn. 10.

264 Diemer/Schatz/Sonnen-*Diemer* 2015, § 72, Rn. 10.

Weiterhin ist gemäß § 72 Abs. 2 Nr. 2 JGG eine Anordnung wegen Fluchtgefahr bei dieser Altersgruppe möglich, soweit der Jugendliche keinen festen Wohnsitz oder Aufenthalt hat. Der Wohnsitz ist der Ort, wo sich der Beschuldigte für eine gewisse Zeit niedergelassen hat, Aufenthalt ist der Ort, wo der Beschuldigte wenigstens für eine gewisse Zeit erreichbar ist.[265] Die Nr. 2 kommt dabei in erster Linie bei wohnsitzlosen und umherreisenden Banden- oder Serientätern in Betracht.[266] Bei dieser Tätergruppe dürfte auch eine Unterbringung in einem Erziehungsheim nur wenig Aussicht auf Erfolg haben. Mehrtägiges nächtliches Herumtreiben reicht grundsätzlich nicht zur Annahme, der Jugendliche hätte keinen festen Wohnsitz.[267]

Im Gegensatz zu dem wortgleichen § 113 Abs. 2 Nr. 1 und 2 StPO, der lediglich bei leichten Straftaten Anwendung findet, gilt § 72 Abs. 2 JGG jedoch auch für schwerste Straftaten. So hat es auch der Gesetzgeber in seiner Begründung vorgesehen. In der Begründung heißt es, dass Untersuchungshaft grundsätzlich auch bei 14- und 15-Jährigen nicht geboten erscheint, „die sich eines Tötungsdeliktes schuldig gemacht haben und in der Öffentlichkeit als besonders gefährlich angesehen werden".[268] Somit geht die Regelung des § 72 Abs. 2 JGG aber auch nicht weit genug. Vielmehr sollte die Untersuchungshaft bei unter 16- Jährigen gänzlich ausgeschlossen werden.

4.5 Verfahren

4.5.1 Beschleunigungsgebot

Eine zentrale Schwäche der jugendstrafrechtlichen Praxis liegt in der Zeitspanne, die zwischen Tat und Urteil sowie zwischen Urteil und dessen Vollstreckung liegt. In dieser, meist mehrere Monate dauernden Spanne, können sich Rechtfertigungs- und Bagatellisierungsmuster entwickeln und verfestigen. Abgesehen davon ist eine allzu lange Dauer des Verfahrens auch ein erheblicher Belastungsfaktor für den betroffenen Jugendlichen. In den Beijing - Rules heißt es daher in Ziff. 20.1: *„Jeder Fall ist von Anfang an zügig und ohne jede unnötige Verzögerung zu behandeln."*

Dies gilt natürlich im Besonderen für eine junge Person, die sich in Untersuchungshaft befindet. Wie im allgemeinen Strafverfahren hat der in Untersuchungshaft befindliche Beschuldigte einen Anspruch auf beschleunigte Aburteilung. Dies ergibt sich schon aus Art. 5 Abs. 3 S. 2 EMRK und auf Grund des aus

---

265 *Meyer-Goßner* 2016, § 113, Rn. 6.

266 OLG Hamm StV 1996, S. 275.

267 OLG Hamm NStZ 1997, S. 115.

268 BT-Drucks. 11/5829, S. 33.

Art. 2 Abs. 2 S. 2 GG herzuleitenden verfassungsmäßigen Grundsatzes der Verhältnismäßigkeit.[269] Die in § 72 Abs. 5 JGG besonders angesprochene Pflicht zur Beschleunigung geht jedoch über das ohnehin geltende Beschleunigungsgebot noch hinaus. Auch dies ist wieder mit den negativen Folgen der Untersuchungshaft zu begründen. Beachtenswert ist diesbezüglich die Richtlinie RL1 zu § 72 JGG. Darin heißt es: „Das Verfahren gegen verhaftete Jugendliche soll durch Ermittlungen gegen Mitbeschuldigte oder durch kommissarische Zeugenvernehmungen nach Möglichkeit nicht verzögert werden. Erforderlichenfalls ist das Verfahren abzutrennen".[270] So kann beispielsweise eine verzögerte Gutachtenerstattung zur Aufhebung des Haftbefehls im jeweiligen Verfahren nach §§ 121, 122 StPO führen.[271] Daraus folgt des Weiteren, dass Haftsachen vorrangig zu terminieren sind und Termine in Nichthaftsachen gegebenenfalls verlegt werden müssen.[272] Dennoch ist ein erheblicher Teil der Zeitspanne zwischen Tat und Hauptverhandlung auf die justizinterne Bearbeitungszeit zurückzuführen, die in erster Instanz etwa zwischen einem viertel und einem halben Jahr beträgt.[273]

4.5.2 Zuständigkeit

Die Zuständigkeit im Rahmen des Verfahrens richtet sich grundsätzlich nach den Vorschriften des allgemeinen Strafverfahrensrechts (§§ 112 ff. StPO). Dies ergibt sich aus § 2 Abs. 2 JGG, der auf die allgemeinen Vorschriften verweist, soweit das JGG keine Besonderheiten vorsieht.

Das JGG sieht bezüglich der Untersuchungshaft allerdings einzelne Besonderheiten vor. So ist für den Erlass eines Haftbefehls der örtlich zuständige[274]

---

269 BT-*Drucks* 11/5829, S. 33.

270 Die Landesjustizverwaltungen haben 1955 Richtlinien zum JGG vereinbart und erlassen. Dem weisungsgebundenen StA, an die sich die RL vornehmlich wenden, geben sie Anleitungen und Orientierungshilfen, von denen wegen der Besonderheiten des Einzelfalles abgewichen werden kann. Die Richtlinien wurden 1994 überarbeitet und gelten in der vom Strafrechtsausschuss der Justizministerkonferenz vom 14./15.4.1994 gebilligten Fassung seit 01.08.1994. Nachzulesen bei *Eisenberg* 2015.

271 *Ernesti/Lorenzen* 1981, S. 93.

272 OLG Köln NJW 1997, S. 2252; OLG Hamburg NStZ 1983, S. 450.

273 So ergab eine Untersuchung für das Jahr 1995 folgende Durchschnittswerte für die Zeit vom Tag des Eingangs bis zur Erledigung: 3,7 Monate bei Verfahren vor dem Jugendrichter, an den Jugendschöffengerichten 4,1 Monate und an den Jugendkammern 5,5 Monate, BT-*Drucks.* 13/7992, S. 45.

274 Die örtliche Zuständigkeit richtet sich zunächst nach den allgemeinen Vorschriften (§§ 7 ff. StPO). Zuständig sind danach vor allem die Gerichte des Tatorts, des Wohnortes und des Ergreifungsortes. Für das Verfahren gegen Jugendliche und Heranwachsende gelten darüber hinaus drei weitere Gerichtsstände (§§ 42, 108 Abs. 1 JGG). Beachtenswert ist hier der Gerichtsstand des Aufenthaltsortes (§ 42 Abs. 1 Nr. 2 JGG).

Jugendrichter zuständig (§§ 34, 42 JGG, § 125 StPO), der auch zugleich über die Vollstreckung und über die Maßnahmen zur Abwendung der Vollstreckung zu entscheiden hat. Eine Ausnahme besteht jedoch in dringenden Fällen. In diesen ist der Jugendrichter zuständig ist, in dessen Bezirk die Untersuchungshaft vollzogen werden müsste (§ 72 Abs. 3 JGG).

Nach § 72 Abs. 6 JGG kann der zuständige Richter die Entscheidungskompetenz, die die Untersuchungshaft betreffen, übertragen. In Betracht kommt hier beispielsweise die Übertragung an den Richter des Haftortes. Da eine solche Übertragung lediglich bei Vorliegen wichtiger Gründe in Betracht kommt, ist diese die Ausnahme. § 72 Abs. 6 JGG soll der Verfahrensbeschleunigung dienen und kommt in Betracht, wenn die Untersuchungshaft überwiegend zentral vollzogen wird.[275] Es handelt sich bei § 72 Abs. 6 JGG um eine Ermessensvorschrift. Demgemäß hat der abgebende Richter eine pflichtgemäße Ermessensentscheidung zu treffen. Diese muss unter besonderer Beachtung des Beschleunigungsgebotes stattfinden. Problematisch und umstritten ist, ob der andere Jugendrichter an den Übertragungsbeschluss gebunden ist. Gegen eine bindende Wirkung könnte eine entsprechende Anwendung des § 42 Abs. 3 S. 2 JGG sprechen. Dieser sieht vor, dass im Rahmen der örtlichen Zuständigkeit das Verfahren bei einem Aufenthaltswechsel an einen anderen Richter abgegeben werden kann. Hat dieser Richter Bedenken, so entscheidet das gemeinschaftliche obere Gericht.[276] Jedoch ist anzumerken, dass eine Verweisung in § 72 Abs. 6 JGG auf § 42 Abs. 3 S. 2 JGG gerade nicht erfolgt ist. Zudem geht es in § 42 Abs. 3 S. 2 JGG um die Übertragung des gesamten Verfahrens, wohingegen § 72 Abs. 6 JGG nur eine einzelne Entscheidung bezüglich der Untersuchungshaft regelt. Viel wichtiger ist jedoch, dass es bei einer Ablehnungskompetenz des Jugendrichters zu einem Zuständigkeitsstreit kommen kann und dieser wiederum dem Beschleunigungsgrundsatz gemäß § 72 Abs. 5 JGG zuwiderlaufen würde.[277] Man wird somit von einer Bindungswirkung ausgehen müssen.

4.6 Maximale Dauer der Untersuchungshaft

Das deutsche Strafverfahrensrecht kennt grundsätzlich keine festen zeitlichen Obergrenzen für die Dauer der Untersuchungshaft.[278] Lediglich bei Anordnung von Untersuchungshaft wegen Wiederholungsgefahr (§ 112a StPO) ist eine gesetzliche Höchstgrenze von einem Jahr vorgesehen (§ 122a StPO). Die StPO fordert lediglich ab einer Dauer der Untersuchungshaft von über sechs Monaten eine

---

275 *Ostendorf* 2016a, § 72, Rn. 12.

276 So *Eisenberg* 2015, § 72, Rn. 11; *Brunner/Dölling* 2002, § 72, Rn. 11.

277 Diemer/Schatz/Sonnen-*Diemer* 2015, § 72, Rn. 18; vgl. *Ostendorf* 2016a, § 72, Rn. 12.

278 Zur Diskussion über allgemeine Höchstfristen siehe den Entwurf des Arbeitskreises Strafprozeßreform, vgl. *Arbeitskreis Strafprozeßreform* 1983, S. 109.

Überprüfung durch das OLG. Dieses kann wegen einer besonderen Schwierigkeit oder des besonderen Umfangs der Ermittlungen oder aus einem anderen wichtigen Grund eine Fortdauer anordnen (§§ 121 Abs. 1, 122 Abs. 1, 2 StPO). Ordnet das OLG die Fortdauer der Untersuchungshaft an, bedarf es grundsätzlich keiner weiteren Fristsetzung. Jedoch ist nach spätestens drei Monaten die besondere Haftprüfung zu wiederholen (§ 122 Abs. 4 S. 2 StPO). Wenn das OLG allerdings eine kürzere Frist setzen will, muss dies in die Entscheidung aufgenommen werden.[279] Eine solche Fristsetzung kann u. U. aufgrund des Beschleunigungsgrundsatzes erforderlich sein. Des Weiteren ist zu beachten, dass eine Untersuchungshaft von mehr als einem Jahr bis zum Beginn der Hauptverhandlung nur in ganz bestimmten Ausnahmefällen gerechtfertigt werden kann.[280] Eine absolute Höchstgrenze enthält die StPO somit aber nicht.

Auch die Europäische Menschenrechtskonvention (EMRK) enthält eine solche Höchstgrenze nicht.[281] Jedoch hat der Europäische Gerichtshof für Menschenrechte (EGMR) verlangt, dass eine zwei Jahre übersteigende Untersuchungshaft nur durch sehr zwingende Gründe zu rechtfertigen sei.[282] Abgesehen von der Vorschrift des § 122a StPO kann die Untersuchungshaft somit bis zum Abschluss des Strafverfahrens vollzogen werden kann. Es sei denn, dass die Voraussetzungen der Untersuchungshaft nicht mehr vorliegen und der Haftbefehl deshalb aufzuheben ist (§ 120 Abs. 1 S. 1 StPO). Dies ist selbstverständlich und entspricht somit auch der Empfehlung Rec (2006) 13. Dort heißt es in Nr. 22: *„Die Untersuchungshaft darf stets nur so lange dauern wie alle in den Grundsätzen 6 und 7[283] aufgeführten Voraussetzungen erfüllt sind."* Dabei ist jedoch anzumerken, dass schon eine lange Untersuchungshaftdauer dazu führen kann, dass ein etwaiger Haftbefehl aufzuheben ist. So beispielsweise, wenn durch die Zeit eine Abschwächung des Tatverdachts stattfindet oder aber dass durch nach § 52a JGG anzurechnende Untersuchungshaft die noch zu erwartende Jugendstrafe keinen Fluchtanreiz mehr bietet.

Angesichts des Fehlens zeitlicher Höchstgrenzen der Untersuchungshaft kann eine unangemessen lange Haftdauer nur durch eine konsequente Beachtung des

---

279 KK-*Boujong* 2003, § 122, Rn. 13.

280 BVerfG StV 2006, S. 72, 78.

281 EuGRZ 1993, S. 384.

282 EGMR NJW 2001, S. 2694.

283 Nr. 6: *„Untersuchungshaft darf grundsätzlich nur gegen Personen verhängt werden, die verdächtigt werden, eine mit Freiheitsstrafe bedrohte strafbare Handlung begangen zu haben"*; Nr. 7 führt vier Voraussetzungen auf, die erfüllt sein müssen um Untersuchungshaft anzuordnen: hinreichender Tatverdacht, Haftgründe, keine alternativen Maßnahmen in Betracht kommen und wenn es sich um eine im Rahmen eines Strafverfahrens getroffene Maßnahme handelt.

Beschleunigungsgrundsatzes (im Jugendstrafrecht siehe § 72 Abs. 5 JGG) verhindert werden.[284]

4.7 Rechtsbehelfe, insbesondere Haftprüfung

Im Bereich des Jugendstrafverfahrens gelten bezüglich der Beschwerdemöglichkeiten die allgemeinen Vorschriften der Strafprozessordnung (§ 2 Abs. 2 JGG). Die Strafprozessordnung stellt dem in Untersuchungshaft befindlichen Beschuldigten ein umfangreiches Repertoire zur Verfügung. Im Jugendstrafverfahren ist jedoch zu beachten, dass neben dem Beschuldigten auch den Erziehungsberechtigten oder dem gesetzlichen Vertreter die Beschwerdemöglichkeiten zustehen (§ 67 Abs. 1 JGG, §§ 118b, 298 StPO). Ziel der Beschwerdemöglichkeiten soll die Aufhebung oder Außervollzugsetzung des Haftbefehls sein. Der Beschuldigten hat neben der Haftprüfung (§ 117 StPO) auch die Möglichkeit die Aufhebung oder Außervollzugsetzung des Haftbefehls mit der Haftbeschwerde (§§ 304, 310 StPO) zu verfolgen.[285]

Zunächst kann der Beschuldigte, beziehungsweise dessen Verteidiger, jederzeit einen Antrag auf Aufhebung oder Außervollzugsetzung des Haftbefehls stellen. Das Haftprüfungsverfahren (§§ 117 bis 118b StPO) kann folglich während der gesamten Untersuchungshaftdauer, die vom Tag der Ergreifung bis zur Aufhebung des Haftbefehls oder zum Übergang in die Strafhaft andauert, durchgeführt werden. Die mündliche Haftprüfung gemäß § 117 Abs. 1 i. V. m. § 118 Abs. 1 StPO bietet dabei am ehesten die Möglichkeit alle erheblichen Tatsachen zu erörtern. Besteht gemäß § 118 Abs. 4 StPO kein Anspruch auf eine Haftprüfung mit mündlicher Verhandlung, kann der Beschuldigte einen Antrag im Rahmen des schriftlichen Haftprüfungsverfahrens stellen.[286] Es ist dabei zu beachten, dass neben dem Antrag auf Haftprüfung die Beschwerde unzulässig ist (§ 117 Abs. 2 S.1 StPO). Zur Durchführung der Haftprüfung ist im Gegensatz zur Haftbeschwerde nicht das nächst höhere Gericht berufen, sondern der (erst-) zuständige Ermittlungsrichter Richter. Durch die Regelung des § 117 Abs. 2 StPO soll folglich verhindert werden, dass sich mehrere Instanzen gleichzeitig mit der Haftfrage befassen müssen und möglicherweise sogar zu unterschiedlichen Ergebnissen kommen.[287] Diese Regelung gilt unabhängig davon, ob die Rechtsbehelfe von verschiedenen Berechtigten eingelegt worden sind. So kann beispielsweise der

---

284 Siehe hierzu auch *Kap. 4.5.1.*

285 Diesbezüglich ist aber § 117 Abs. 2 StPO zu beachten.

286 Zu § 118 Abs. 4 StPO wird auf die einschlägige Kommentarliteratur verwiesen, so z. B. auf *Meyer-Goßner* 2016, § 118, Rn. 3.

287 OLG Oldenburg MDR 1986, S. 163.

gesetzliche Vertreter durch seinen Antrag dem Beschuldigten die Beschwerde-möglichkeit entziehen.[288] Gegen die auf die Haftprüfung ergangene Entscheidung finden die gleichen Rechtsmittel wie gegen den Haftbefehl statt (§ 117 Abs. 2 S. 2 StPO).

Eine Haftprüfung kann gemäß § 117 Abs. 1 StPO grundsätzlich jederzeit beantragt werden.[289] Über den Antrag des Beschuldigten wird dann nach mündlicher Verhandlung entschieden (§ 118 Abs. 1 StPO). Diesbezüglich ist allerdings § 118 Abs. 3 StPO zu berücksichtigen, der für den Fall eines wiederholten Haftprüfungsantrages Wartefristen für eine erneute mündliche Verhandlung bestimmt. In diesem Fall ist ein erneuter Haftprüfungsantrag nicht unzulässig, sondern lediglich schriftlich zu bescheiden.[290]

Eine Haftprüfung von Amts wegen findet lediglich nach sechs Monaten durch das Oberlandesgericht statt, §§ 121, 122 StPO. Mit dieser Regelung wird klargestellt, dass die Untersuchungshaft grundsätzlich nicht länger als sechs Monate dauern soll.[291] Auch im Jugendstrafverfahren gilt die Regelung der besonderen Haftprüfung durch das Oberlandesgericht bei Untersuchungshaft von sechs Monaten Dauer (§§ 121, 122, 126 Abs. 4 StPO). Dabei unterliegt der Prüfung auch die Anwendung des § 72 JGG betreffend der Subsidiarität.[292] Eine einstweilige Unterbringung eines Jugendlichen in einem Heim der Jugendhilfe wird bei der Sechsmonatsfrist und somit bei der Fristberechnung berücksichtigt, soweit sie inhaltlich nach § 72 Abs. 4 JGG erfolgt ist.[293]

Neben diesen Beschwerdemöglichkeiten des Beschuldigten haben selbstverständlich das Gericht und die Staatsanwaltschaft das Vorliegen der Voraussetzungen der Untersuchungshaft, ob beispielsweise der Haftgrund oder der dringende Tatverdacht obsolet geworden sind, ständig rechtsbehelfsunabhängig zu überprüfen. So wird diesbezüglich häufig von einer stillschweigenden Haftprüfung gesprochen.[294]

---

288 KK-*Graf* 2008, § 117, Rn. 7.

289 Nach § 117 Abs. 5 StPO a. F. fand nach spätestens 3 Monaten eine Haftprüfung von Amts wegen statt. Diese Fristvorgabe ist mit der Ausweitung der notwendigen Verteidigung (§ 140 Abs. 1 Nr. 4 StPO) weggefallen; siehe auch KMR-*Wankel* 2010, § 117, Rn. 30.

290 Das Gericht kann aber auch in diesem Fall nach mündlicher Verhandlung entscheiden, wenn dies geboten erscheint, *Meyer-Goßner* 2016, § 118, Rn. 2.

291 Siehe *Kap. 4.7.*

292 OLG Hamm ZJJ 2004, S. 435.

293 *Eisenberg* 2015, § 72, Rn. 13. Auch der Zeitraum einer zwischenzeitlichen Unterbringung nach § 73 JGG und 81 StPO wird bei der Berechnung der Sechsmonatsfrist berücksichtigt, *Brunner/Dölling* 2002, § 72, Rn. 16; wird während dieser Zeit keine U-Haft vollstreckt, entfällt auch die Anrechnung; siehe auch *Kap. 6.2.2.*

294 LR-*Hilger* 1997, § 117, Rn. 1.

Auch ist gegen den nicht notwendigerweise vollstreckten Haftbefehl die Beschwerde nach § 304 StPO möglich. Mit der Haftbeschwerde kann nicht nur die Aufhebung des Haftbefehls oder die Außervollzugsetzung nach § 116 StPO erreicht werden, sondern auch die Beseitigung einzelner Tatvorwürfe oder Haftgründe.[295] Dabei wird in der Regel nach Aktenlage entschieden, sofern nicht auf Antrag des Beschuldigten oder von Amts wegen nach mündlicher Verhandlung zu entscheiden ist (§ 118 Abs. 2 StPO).

Diese Möglichkeiten sollten den Beschuldigten *„nicht darüber hinwegtäuschen, dass es sich hier vielmals um stumpfe Waffen handelt".*[296] Gescheiterte Rechtbehelfe sind für den Beschuldigten in aller Regel mit erheblichen Nachteilen verbunden. Zunächst tritt durch Haftprüfungsanträge und Haftbeschwerden eine erhebliche zeitliche Verzögerung des Verfahrens ein, die bei Erfolglosigkeit zu einer (im Ergebnis überflüssigen) Verlängerung der Inhaftierung führt. Der Verteidiger muss zur Vorbereitung seiner prozessualen Maßnahmen noch einmal Akteneinsicht nehmen, damit er auf dem aktuellen Verfahrensstand ist. Das gilt erst recht für die Zeit, die zur Durchführung des Haftprüfungs- oder Haftbeschwerdeverfahrens benötigt wird.

4.8 Einbeziehung der Jugendgerichtshilfe (JGH)

Die Institution der Jugendgerichtshilfe ist auf die erzieherische Funktion des deutschen Jugendstrafrechts zurückzuführen. Die Jugendgerichtshilfe ist als ein Vertreter der erzieherischen und sozialen Gesichtspunkte im Jugendstrafverfahren anzusehen. Die zentrale Vorschrift des JGG zur Bestimmung der Aufgaben der Jugendgerichtshilfe ist § 38 Abs. 2 JGG. Sie ist im Verfahren gegen Jugendliche und unter den Voraussetzungen des § 105 JGG gegen Heranwachsende (§ 107 JGG) sowohl vor den Jugendgerichten als auch vor den für allgemeine Strafsachen zuständigen Gerichten (mit der Einschränkung des § 104 Abs. 3 JGG) anzuwenden.[297] Die Jugendgerichtshilfe soll gem. § 38 JGG das Gericht und die Ermittlungsbehörden unterstützen (Abs. 2 S. 1, 2), den Beschuldigten überwachen (Abs. 2 S. 5, 6) und ihm zugleich helfen (Abs. 2 S. 1, 8, 9).[298]

Im Bereich der Untersuchungshaft ist eine Einbeziehung der Jugendgerichtshilfe gesondert geregelt. Gemäß § 72a JGG ist die Jugendgerichtshilfe unverzüglich von der Vollstreckung eines Haftbefehls zu unterrichten (§ 72a HS 1 JGG).

---

295 *Meyer-Goßner* 2016, § 117, Rn. 10.

296 So *Schlothauer/Weider* 2001, S. 289; Nach einer Untersuchung *Gebauers* ist festzustellen, dass nahezu 90% der Haftbeschwerden erfolglos blieben, *Gebauer* 1987, S. 284; siehe auch *Dahs* 2005, Rn. 321.

297 Diemer/Schatz/Sonnen-*Sonnen* 2015, § 38, Rn. 1.

298 Über einen möglichen Rollenkonflikt der Jugendgerichtshilfe siehe: *Schlink* 1991; *Ostendorf* 1991.

Ihr soll schon bereits der Erlass des Haftbefehls mitgeteilt werden (§ 72a HS 2 JGG). Durch diese frühzeitige Einbeziehung soll der Jugendgerichtshilfe die Stellung einer Haftentscheidungshilfe bzw. Haftvermeidungshilfe zukommen. So wird in diesem Bereich der interdisziplinäre Ansatz *multi-agency* deutlich, der in dem Grundsatz Nr. 15 der ERJOSSM gefordert wird. Danach sollen Juristen, Sozialarbeiter, Psychologen und entsprechende Institutionen im Rahmen des Jugendstrafverfahrens zusammenarbeiten. Die Jugendgerichtshilfe hat darüber hinaus besondere Besuchsrechte.[299]

Bis zum 01.01.2010 galt der § 72a JGG ausdrücklich nicht für Heranwachsende und bis heute auch nicht bei Verfahren gegen Jugendliche vor den allgemeinen Strafgerichten. So war § 72a JGG nämlich weder in § 109 JGG (Verfahren gegen Heranwachsende) noch ist dieser heute in § 104 JGG (Verfahren gegen Jugendliche vor den allgemeinen Strafgerichten) aufgeführt, sodass diesbezüglich § 104 Abs.2 JGG gilt, der die Anwendung bei Verfahren vor den allgemeinen Strafgerichten in das Ermessen des Richters legt.

Bei der fehlenden Erwähnung in § 109 JGG aber auch in § 104 JGG wurde überwiegend ein redaktionelles Versehen angenommen.[300] Denn für die Anwendung des § 72a JGG auch bei Heranwachsenden sprach, dass gemäß § 38 Abs. 2 S. 3 die Jugendgerichtshilfe in Haftsachen beschleunigt über das Ergebnis ihrer Nachforschungen zwecks Haftentscheidungshilfen zu berichten hat und diese Vorschrift auch bei Heranwachsenden gilt (§ 107 JGG, § 104 Abs. 1 Nr. 2 JGG). Dies setzte aber eine frühzeitige Informierung voraus. § 72a JGG entspricht somit der Verpflichtung die Jugendgerichtshilfe verstärkt in Haftsachen heranzuziehen und ist damit als eine speziellere Norm gegenüber der Unterrichtungspflicht gemäß § 109 Abs. 1 S. 2 JGG anzusehen. Zudem galten die Argumente des Gesetzgebers bezüglich der Einführung des § 72a JGG ebenso für Heranwachsende.[301]

Dieses „redaktionelle Versehen" wurde zumindest für die Heranwachsenden am 01.01.2010 beseitigt. In § 109 JGG wurde ein Verweis auf § 72a JGG eingefügt. Aus Sicht der Jugendhilfe ist diese Änderung ausdrücklich zu begrüßen, denn junge Volljährige gehören ebenfalls zu ihrer Zielgruppe. Formelle Hilfen für junge Volljährige nach § 41 SGB VIII können und sollen auch im Zusammenhang mit Jugendstrafverfahren gewährt werden. Durch Leistungen der Jugendhilfe, und dies ist auch mittelbares Ziel der Vorschrift, kann eine Vermeidung bzw. eine Verkürzung von Untersuchungshaft erreicht werden. So sollen zum einen Gründe für die Annahme von Haftgründen überprüft werden und zum anderen Alternativen zur

---

299 Siehe hierzu ausführlich *Kap. 8.2.9.*

300 Diemer/Schatz/Sonnen-*Sonnen* 2015, § 72a, Rn. 1; vgl. auch *Eisenberg* 2015, § 72a, Rn. 2; *Ostendorf* 2016a, § 72a, Rn. 1.

301 BT-*Drucks.* 11/5829, S. 44; *Laubenthal* 1993, S. 153; Diemer/Schatz/Sonnen-*Sonnen* 2015, § 72a, Rn. 2.

Anordnung und Vollstreckung gefunden werden.[302] Konsequenterweise hätte in § 109 JGG auch auf die §§ 71 und 72 JGG verwiesen werden müssen, wonach der Richter die Gewährung von Leistungen nach dem SGB VIII anregen oder die einstweilige Unterbringung in einer Einrichtung der Jugendhilfe als Alternative zur Untersuchungshaft anordnen kann. Dies ist jedoch unterbleiben.

4.9 Sonstige Verfahrensaspekte, insbesondere notwendige Verteidigung

Auch im Jugendstrafverfahren ist eine Pflichtverteidigerbestellung gesetzlich vorgesehen. Eine solche kommt in Fällen der notwendigen Verteidigung in Betracht. Notwendige Verteidigung bezeichnet dabei eine Verfahrenslage, in der der Gesetzgeber davon ausgeht, dass der Beschuldigte sich nicht selbst verteidigen kann. Liegt ein Fall der notwendigen Verteidigung vor, so muss ein Pflichtverteidiger bestellt werden, wenn der Beschuldigte über keinen eigenen Verteidiger verfügt.

Nach § 68 Nr. 1 JGG bestellt der Vorsitzende dem Beschuldigten auch einen Verteidiger, wenn einem Erwachsenen ein Verteidiger zu bestellen wäre. In § 140 StPO ist geregelt, unter welchen Voraussetzungen eine solche notwenige Verteidigung bei Erwachsenen vorliegt. Seit der StPO-Reform ist dies gemäß § 140 Abs. 1 Nr. 4 StPO auch dann der Fall, wenn gegen einen Beschuldigten Untersuchungshaft vollstreckt wird.

Zwar konnte bereits vor der StPO-Reform gemäß § 141 Abs. 3 StPO während des Ermittlungsverfahrens ein Pflichtverteidiger bestellt werden, wenn nach Auffassung der Staatsanwaltschaft die Mitwirkung eines Verteidigers geboten erschien. Leider wurde in der Praxis aber nur selten ein entsprechender Antrag durch die Staatsanwaltschaft gestellt. Dies hat oft dazu geführt, dass die Bestellung frühestens erst nach Ablauf der dreimonatigen Frist des im Zuge der StPO-Reform weggefallenen § 117 Abs. 4 StPO vorgenommen wurde. Diese Problematik ist aufgrund der Gesetzesänderung zumindest in Haftsachen weggefallen, da der Pflichtverteidiger gemäß § 141 Abs. 3 StPO unverzüglich beizuordnen ist.

Durch die StPO-Reform ist nun erfreulicherweise auch eine notwendige Verteidigung bei Heranwachsenden in Untersuchungshaft verbindlich geworden, da nach § 109 Abs. 1 JGG die Nr. 1 und Nr. 4 des § 68 JGG auf Heranwachsende anwendbar sind. Dies war bei § 68 Nr. 5 JGG nicht der Fall. Dieser sieht explizit nur eine notwendige Verteidigung bei Beschuldigten unter 18 Jahren vor. § 68 Nr. 5 JGG ist im Zuge der StPO-Reform obsolet geworden, da eine unverzügliche Bestellung eines Verteidigers in Haftsachen nun von § 68 Nr. 1 JGG i. V. m. § 140 Abs. 1 Nr. 4 StPO umfasst wird. § 68 Nr. 1 JGG gilt auch vor den für allgemeine Strafsachen zuständigen Gerichten (§§ 104 Abs. 1 Nr. 10, 112 S. 1, 2 JGG).

---

302 Zum Erfolg der Einführung von sog. Haftentscheidungs- und Haftverkürzungshilfen siehe *Dünkel* 1990, S. 390 ff.

Zu kritisieren ist jedoch, dass eine Bestellung des Verteidigers erst bei Vollstreckung der Untersuchungshaft verbindlich ist. Die Vorschrift des § 68 Nr. 5 JGG und nun auch die des § 68 Nr. 1 i. V. m. § 140 Abs. 1 Nr. 4 StPO soll dazu beitragen eine Außervollzugsetzung oder sogar eine Abwendung des Erlasses eines Haftbefehls zu erwirken. Dies ist allerdings nur effektiv zu erreichen, wenn bereits bei der Anordnung von Untersuchungshaft bzw. bei Vorführung vor den Haftrichter eine notwendige Verteidigung verbindlich ist.[303]

Im Rahmen der Rechtsfolgen ist weiterhin eine Berücksichtigung von bereits abgesessener Untersuchungshaft möglich. Wird beispielsweise in einem Urteil auf Jugendarrest erkannt, kann der Richter wegen bereits erlittenem Freiheitsentzug in der Untersuchungshaft von der Vollstreckung des Arrestes absehen (§ 52 JGG). Dies steht jedoch unter dem Vorbehalt, dass der „erzieherische" Zweck des Jugendarrests bereits durch die Untersuchungshaft erreicht wurde. Grundsätzlich wird auch die verbüßte Untersuchungshaft auf eine mögliche verhängte Jugendstrafe angerechnet (§ 52a S. 1 JGG). Diesbezüglich ist jedoch die Besonderheit zu beachten, dass der Jugendrichter davon eine Ausnahme machen kann, soweit er der Meinung ist, dass dies aus erzieherischen Gründen nicht gerechtfertigt ist oder das Verhalten des Angeklagten nach der Tat eine solche Anrechnung nicht rechtfertigt (§ 52a S. 2 JGG). Ob erzieherische Gründe eine Nichtanrechnung rechtfertigen erscheint angesichts der negativen Einflüsse des Jugendstrafvollzugs äußerst fraglich.[304]

Für die Mitteilungspflichten gelten §§ 70, 72a JGG sowie die allgemeinen Vorschriften der §§ 114b, 114c StPO (i. V. m. § 2 Abs. 2 JGG). Auch sind die Erziehungsberechtigten bzw. die gesetzlichen Vertreter, soweit diese nicht selbst beteiligt sind, zu benachrichtigen (§ 67 Abs. 1, 2 JGG).[305]

Ein Jugendlicher hat ebenfalls Anspruch auf eine Entschädigung bei zu Unrecht erlittener Unterbringung oder Untersuchungshaft nach § 2 Abs.1, 2 Nr. 1 StrEG.

---

303 Vgl. hierzu auch die Kölner Richtlinien zur notwendigen Verteidigung NJW 1989, S. 1027; Arbeitskreis II/5 des 23. Dt. Juristentages, DVJJ-Journal 1995, S. 263.

304 Zu den negativen Einflüssen siehe Diemer/Schatz/Sonnen-*Sonnen* 2015 § 17, Rn. 5 m. w. N.; zum Streit siehe: *Ostendorf* 2016a, § 52a, Rn. 7; siehe auch Diemer/Schatz/Sonnen-*Schatz* 2015, § 52a, Rn. 19.

305 Bei Kindern und Jugendlichen ergibt sich dies bereits aus Art. 6 Abs. 2 GG, *Jarass/Pieroth* 2011, Art. 104, Rn. 21.

5. Untersuchungshaft im europäischen Ausland

5.1 Grundlagen zur Untersuchungshaft im europäischen Ausland (Überblick)

Im Folgenden soll zunächst durch eine getrennte Darstellung ein Überblick über die gesetzlichen Regelungen zur Untersuchungshaft in den einzelnen Ländern geschaffen werden. Eine vergleichende und zusammenfassende Darstellung folgt in *Kap. 5. 2.*

5.1.1 Belgien

In Belgien dient die Untersuchungshaft der Sicherung des Strafverfahrens. Die Voraussetzungen zur Anordnung der Untersuchungshaft gegen Jugendliche sind den nach dem allgemeinen Strafverfahrensrecht im Wesentlichen gleich. Zunächst muss ein Tatverdacht gegeben sein. Dieser liegt vor, wenn erhebliche Hinweise für die Schuld vorliegen.[306]

Des Weiteren muss mindestens einer von drei Haftgründen erfüllt sein. Als solche kommen die Flucht bzw. Fluchtgefahr, die Verdunkelungsgefahr oder die Wiederholungsgefahr in Betracht.[307] Untersuchungshaft darf nur verhängt werden, soweit dies in Anbetracht der öffentlichen Sicherheit absolut notwendig erscheint. Im allgemeinen Strafverfahrensrecht muss der Beschuldigte im Verdacht stehen eine Tat begangen zu haben, die im Mindestmaß mit einem Jahr Freiheitsstrafe bedroht ist (Art. 16 Untersuchungshaftgesetz).[308] Bei einer Androhung von über 15 Jahren kann der Richter die Haft alleine wegen eines besonderen Sicherheitsbedürfnisses begründen.[309] Dabei handelt es sich um einen versteckten Haftgrund der Schwere der Tat, der in Belgien nicht explizit geregelt ist.

Bei jugendlichen Tatverdächtigen sind bestimmte Sonderregelungen zu beachten. So unterscheidet man zwei Arten der Unterbringung von Jugendlichen während des Ermittlungsverfahrens.[310] Zum einen sind dies die wohlfahrtsorientierten *Community Institutions*, in denen Jugendliche im Rahmen der Untersuchungshaft oder eben nach ihrer Verurteilung untergebracht werden können. Dabei kann es sich um offene oder geschlossene Einrichtungen handeln.

Sie erfüllen dabei zwei Aufgaben. Zum einen sichern sie die Beaufsichtigung des Jugendlichen während des Ermittlungsverfahrens und zum anderen geht es

---

306 van *Kalmthout u. a.* 2009, S. 64.

307 *Dünkel/Dorenburg/Grzywa* 2011, S. 1756.

308 Gesetz über die Untersuchungshaft vom 20.07.1990.

309 *van Kalmthout u. a.* 2009, S. 167.

310 Zuständig zur vorläufigen Anordnung bestimmter Maßnahmen ist der Jugendrichter.

um die Erziehung und Besserung des jugendlichen Delinquenten und damit um den Schutz des Jugendlichen vor sich und der Gesellschaft.[311]

Für die Einweisung in eine offene Einrichtung muss der Jugendliche mindestens 12 Jahre alt und verdächtigt sein eine Straftat begangen zu haben, die mit mindestens drei Jahren Freiheitsstrafe bedroht ist. Soll der Jugendliche in eine geschlossene Wohlfahrtseinrichtung eingewiesen werden, sind die Voraussetzungen etwas strenger. So muss der Jugendliche mindestens 14 Jahre alt sein und beschuldigt werden eine Straftat begangen zu haben, die mit einer Freiheitsstrafe von mindestens fünf Jahren bedroht ist.[312]

Zum anderen besteht die Möglichkeit der Unterbringung in einer geschlossenen Einrichtung (*Federal Centre*). Diese kommt nur bei Jugendlichen über 14 Jahre in Betracht, die im Verdacht stehen eine Straftat von besonderer Schwere begangen zu haben (Strafandrohung von mindestens fünf Jahren).[313]

Der Jugendrichter konnte bis zum Jahre 2002 den Jugendlichen in einem Gefängnis unterbringen, wenn es nicht möglich war, eine Privatperson oder öffentliche Einrichtung zu finden, die den Jugendlichen unverzüglich aufnehmen konnte. Solche Maßnahmen während des Ermittlungsverfahrens waren in einem Verfahren für Jugendliche ab 14 Jahren, die in Verdacht standen, eine schwerwiegende Straftat begangen zu haben, nur jeweils einmal erlaubt. In den Gefängnissen (*house of custody*) musste der Jugendliche von den inhaftierten Erwachsenen getrennt untergebracht werden (Art. 53 JuschG a. F.). Diese Möglichkeit der Unterbringung wurde jedoch vielfach als eine *short sharp shock- Strafe* problematisiert und vor allem letztlich durch den Europäischen Gerichtshof für Menschenrechte kritisiert.[314]

Am 01.01.2002 schaffte das Parlament diese Möglichkeit teilweise ab. Unmittelbar danach ergaben sich weitreichende Probleme bezüglich der vorläufigen Maßnahmen, die dem jugendlichen Delinquenten, der vor einen Jugendrichter gebracht wurde, auferlegt werden sollten. Maßnahmen zur Erhöhung der Anzahl von Plätzen in den Jugendhilfeeinrichtungen erwiesen sich als erfolglos.[315] So

---

311 Vgl. *Christiaens/Dumortier/Nuytiens* 2011, S. 119.

312 *Christiaens/Dumortier/Nuytiens* 2011, S. 119; *Put* 2002, S. 10; siehe auch *Kap. 7*.

313 *Christeans/Dumortier/Nuytiens* 2011, S. 122.

314 Bei der Entscheidung des EGMR handelt es sich um den Fall „*Bouamar*" aus dem Jahr 1988 (*Bouamar v. Belgien*, Serie A, Nr. 129, Beschwerde-Nr. 9106/80). Bei der Entscheidung ging es um von einem Jugendgericht mehrfach wiederholt angeordnete kurzfristige Einweisungen in eine Haftanstalt gegenüber dem Beschwerdeführer – einem schwererziehbaren Minderjährigen – dessen richterliche Anhörung ohne anwaltliche Unterstützung erfolgte. Der EGMR stellte fest, unter den gegebenen Umständen sei damit das Recht auf Schutz vor willkürlicher Inhaftierung verletzt worden.

315 *Put* 2002, S. 10.

entwickelte die Bundesregierung nach einigen Aufsehen erregenden Entlassungen und zahlreichen „Alarmrufen" der Jugendrichter eine Alternative, indem sie eine Bundeseinrichtung für den Kurzarrest (vollständig: Kurzarrestanstalt zur Unterbringung von Jugendlichen, die eine Straftat begangen haben) in Everberg[316] gründete. Dies ging einher mit einem erhöhten Verlangen nach öffentlicher Sicherheit. Dies führte unweigerlich dazu, dass das *Everberg-Zentrum* hoch gesichert war und einem Gefängnis in nichts nachstand.[317]

Das Gesetz vom 01.03.2002[318] wurde in nur zwei Tagen von beiden Kammern des Parlaments diskutiert und verabschiedet. Es sieht vor, dass Jugendliche in dieser Anstalt für maximal zwei Monate und fünf Tage untergebracht werden dürfen.[319] Dazu müssen einige Voraussetzungen kumulativ vorliegen: Der Jugendliche muss zum Zeitpunkt der Tat mindestens 14 Jahre alt sein. Weiterhin müssen genügend schwerwiegende Hinweise auf die Schuld des Jugendlichen vorliegen und ein Haftgrund vorliegen. Darüber hinaus muss sich um relativ schwere Straftaten handeln, die für Erwachsene hohe Strafen vorsehen (Haftstrafe von mind. fünf Jahren). Es müssen außergewöhnliche Umstände vorliegen, die die öffentliche Sicherheit tangieren.

Die Unterbringung in einer von den Gemeinden geleiteten (geschlossenen) öffentlichen Einrichtung muss unmöglich sein (z. B. wegen Platzmangels).[320] Auch darf die Unterbringung im *Everberg-Zentrum* keinen Strafcharakter aufweisen. Damit sollen apokryphe Haftgründe ausgeschlossen werden.[321] Schließlich soll eine pädagogische Betreuung der jungen Inhaftierten gewährleistet sein.[322] Nach den ersten fünf Tagen findet eine Überprüfung statt, ob die Gründe für eine derartige Unterbringung noch gegeben sind.

5.1.2 Bulgarien

In Bulgarien wird die Untersuchungshaft auch als Vorbeugehaft bezeichnet, obwohl sie in erster Linie das Strafverfahren sichern soll.[323] Als Vorbedingung einer Verhängung von Untersuchungshaft muss zunächst eine *begründete Annahme*

---

316 *Everberg* befindet sich in der Nähe der Hauptstadt *Brüssel*.

317 *Christeans/Dumortier/Nuytiens* 2011, S. 122.

318 Das Gesetz vom 01.03.2002 befasst sich mit dem Unterbindungsgewahrsam von Minderjährigen, die eine Straftat begangen haben, *Belgisch* Staatsblad [Belgisches Mitteilungsblatt über Gesetze, Beschlüsse und Dekrete] 01.03.2002.

319 *Christiaens/Dumortier/Nuytiens* 2011, S. 122.

320 *Put* 2002, S. 10 f.

321 *Put* 2002, S. 9 f.; *Christiaens/Dumortier/Nuytiens* 2011, S. 118 ff.

322 Siehe hierzu *Kap. 9.2.4.*

323 *Dünkel/Dorenburg/Grzywa* 2011, S. 1751 f.; *van Kalmthout u. a.* 2009, S. 13.

bestehen, dass der Verdächtige die potentielle Tat begangen hat.[324] Weiterhin muss ein Haftgrund vorliegen. Als solcher kommen die Flucht oder Fluchtgefahr, Verdunkelungsgefahr, Wiederholungsgefahr oder die Schwere der Tat in Betracht. Auch eine potentielle Gefahr für die Allgemeinheit kann eine Untersuchungshaft rechtfertigen.

Untersuchungshaft sollte gemäß Art. 386 I Nr. 4, II bulgStPO nur ausnahmsweise angeordnet werden. Somit ist die Anordnung von Untersuchungshaft grundsätzlich auch gegenüber Jugendlichen möglich, jedoch in deutlich stärker eingeschränkter Weise als gegenüber Erwachsenen sowie mit dem Vorrang alternativer Aufsichtsunterstellung. Mit dieser Restriktion will man Freiheitsentzug vermeiden und den Zwang für den Jugendlichen in dieser Situation verringern, ihn also schützen.[325] Daher ist Untersuchungshaft laut Rechtsprechung nur anzuordnen, wenn vom Jugendlichen eine schwere öffentliche Gefahr ausgeht oder allgemeine Zwecke der Untersuchungshaft sonst nicht, d. h. durch eine andere Maßnahme, erreichbar sind.[326] Es gilt somit die Ziele der Prozesssicherung und des Schutzes des Jugendlichen abzuwägen.[327] Die Untersuchungshaft darf grundsätzlich nicht mehr als zwei Monate betragen. In den zwei in Art. 152 Abs. 4 bulgStPO normierten Ausnahmegründen kann die Untersuchungshaft jedoch bis zu einem oder sogar bis zu zwei Jahre betragen. Bei einer Untersuchungshaft von einem Jahr muss es sich um eine schwere Tat handeln. Zwei Jahre kann die Untersuchungshaft dauern, wenn der Beschuldigte im Verdacht steht eine Tat begangen zu haben, die mit mindestens 15 Jahren Freiheitsstrafe bedroht ist (Art. 152 Abs. 2 bulgStPO).

5.1.3 Dänemark

Die Untersuchungshaft in Dänemark soll das Strafverfahren sichern. Grundsätzlich müssen zwei kumulative Voraussetzungen erfüllt sein, damit Untersuchungshaft angeordnet werden kann. In Dänemark besteht die Besonderheit, dass das Gesetz von zwei Arten der Schwere des Tatverdachtes ausgeht. Welcher Verdachtsgrad notwendig ist, hängt von der Schwere der potentiellen Tat ab. Bei einer Strafandrohung von mindestens einem Jahr und sechs Monaten werden „schwere Verdachtsgründe" gefordert. Bei einer Strafandrohung von mindestens sechs Jahren reicht ein „begründeter Verdacht" aus. Zudem muss ein Haftgrund vorliegen. Neben der Flucht und Fluchtgefahr können dies die Verdunkelungsgefahr, Wiederholungsgefahr und die Schwere der Tat sein.

---

324   *van Kalmthout u. a.* 2009, S. 64.

325   Vgl. *Kanev u. a.* 2011, S. 167 f.

326   Vgl. *Kanev u. a.* 2011, S. 168.

327   *Margaritova* 1997, S. 364.

Bei 14- bis unter 18-Jährigen werden besondere Anstrengungen unternommen, um einen Freiheitsentzug zu verhindern. Dies gilt natürlich auch für die Untersuchungshaft. Überwiegend wird von der „Ersatzhaft" (*surrogatfaengsling*) Gebrauch gemacht.[328] Gemäß § 765 Abs. 2 des Gesetzes über das Zivil- und Strafverfahren kommt in erster Linie ein Hausarrest im Elternhaus oder in einem Heim in Betracht. Tatsächlich ist die Altersgruppe der Minderjährigen sehr gering im Untersuchungshaftvollzug vertreten.[329]

Seit dem 01.07.2008 sind im dänischen Strafverfahrensrecht Zeitgrenzen bezüglich der Untersuchungshaft geregelt. Die Untersuchungshaft darf nicht länger als sechs Monate dauern, wenn nicht mehr als sechs Jahre Freiheitsstrafe zu erwarten sind.[330] Bei einer erwarteten Haftstrafe von mehr als sechs Jahren darf die Untersuchungshaft nicht länger als ein Jahr dauern. Bei Jugendlichen unter 18 Jahren liegt die Grenze bei vier und acht Monaten, wobei unter besonderen Voraussetzungen eine Verlängerung bei Jugendlichen möglich ist.[331] Die maximale Dauer von einem Jahr darf jedoch nicht überschritten werden.[332] Darüber hinaus besteht die Möglichkeit einer völligen Einzelhaft bzw. Isolierung von Personen, abgesehen vom Verteidiger und Vollzugspersonal. Eine solche Isolierung darf jedoch allenfalls im Ausnahmefall und für maximal acht Wochen, bei Jugendlichen vier bzw. zwei Wochen, wenn lediglich eine Freiheitsstrafe unter vier Jahren zu erwarten ist, angeordnet werden.[333]

5.1.4 England/Wales

Für strafmündige Jugendliche gelten grundsätzlich dieselben gesetzlichen Ermächtigungsgrundlagen wie für Erwachsene.[334] Insofern ist insbesondere der *Police and Criminal Evidence Act* von 1984 maßgeblich. Dieses Gesetz wurde jedoch 1990 durch *Codes of Practices* (Richtlinien) ergänzt, die spezielle Schutzmaßnahmen für Jugendliche beinhalten. Diese betreffen v.a. die Möglichkeit polizeilicher Zwangsmaßnahmen, polizeilicher Befragungen und Verwarnungen Jugendlicher in Abwesenheit des/der Erziehungsberechtigten und die Möglichkeit

---

328   *Cornils* 2002, S. 30.

329   Vgl. dazu *Kap. 10*.

330   *Storgaard* 2007.

331   *Storgaard* 2011, S. 332.

332   *Storgaard* 2011, S. 350.

333   Vgl. *Storgaard* 2011, S. 349 m. w. N.; *Cornils* 2002, S. 33; *Kyvsgaard* 2004, S. 369. Zur Einzelhaft siehe Art. 768a dänStPO und die Entscheidung des *dänischen* Obersten Gerichts aus dem Jahr 1999 (U1999.1415H), abgedruckt in *Ugeskrift for Retsvaesen* 1999, S. 1415.

334   *Ward* 2001, S. 31.

polizeilicher Befragungen Jugendlicher in der Schule. Hierbei ist entscheidend, dass diese Richtlinie entgegen der sonstigen gesetzlichen Bestimmungen 17-Jährige nicht mehr als Jugendliche behandeln, sondern hier die normalen für Erwachsene geltenden Regeln anwenden. Die *Codes of Practices* verpflichten die Polizei zu besonderer „Umsicht" im Umgang mit auf die Polizeistation verbrachten Jugendlichen, ohne dies näher zu spezifizieren. Bei Festnahmen gilt, dass ein Jugendlicher nach Möglichkeit nicht in der Schule festgenommen werden soll. Ein sog. *custody officer*[335] ist für eine den Richtlinien entsprechende Behandlung des Jugendlichen verantwortlich. Die Anwesenheit eines Erziehungsberechtigten wird empfohlen, ist jedoch nicht zwingend.

Regelungen über die Untersuchungshaft sind kompliziert und vom Alter des Delinquenten abhängig. Im Allgemeinen gelten spezielle Regeln für Jugendliche unter 17 Jahren. Ansonsten gelten überwiegend die gleichen Regelungen wie für Erwachsene. In jedem Fall muss aber ein Tatverdacht bestehen. Dieser liegt vor, wenn „beachtliche Gründe" vorliegen, die auf eine Tat hinweisen.[336] Früher war Untersuchungshaft nur bei Jugendlichen möglich, die mindestens 15 Jahre alt waren. Eine Änderung in der Kriminalpolitik führte dazu, dass nun auch 10 und 12-Jährige inhaftiert werden können.[337]

Nach dem *Bail Act* von 1976 kann ein Gericht ausnahmsweise Untersuchungshaft für jugendliche Tatverdächtige anordnen, wenn die Voraussetzungen für eine Kaution (*bail*) nicht vorliegen. Unter *bail* ist nicht die Zahlung eines Geldbetrages zu verstehen. Vielmehr hat ein Tatverdächtiger das Recht auf Freilassung gegen Kaution (*bail*), es sei denn es gibt hinreichenden Grund eine Freilassung nicht zu gewähren. Um zu gewährleisten, dass die verdächtige Person zur Hauptverhandlung erscheint, können Forderungen (Auflagen) gestellt werden, wie z. B. die Wohnsitznahme an einer bestimmten Adresse oder die Benennung eines Bürgen. Die Freilassung gegen Kaution (*bail*) erfolgt häufiger durch die Polizei, als durch die Gerichte und wird deshalb Polizei-Kaution genannt. Personen, die nicht auf Kaution freigelassen werden, werden in Untersuchungshaft genommen. Es gilt somit grundsätzlich die Vermutung für ein Ausreichen alternativer Maßnahmen.

In Fällen der Schwerstkriminalität ist eine Anordnung von Untersuchungshaft dennoch möglich. Dies ist beispielsweise der Fall bei schweren Straftaten wie Mord, Totschlag oder Vergewaltigung. In diesen Fällen muss das Gericht sogar positiv begründen, warum eine Kaution trotzdem zu gewähren ist. Eine Kautionsgewährung ist auch zu versagen, wenn der Verdacht besteht, der Delinquent

---

335 *Der custody officer* ist z. B. für die Kontaktaufnahme mit einem Erziehungsberechtigten verantwortlich.

336 *van Kalmthout u. a.* 2009, S. 64 f.

337 *Crime and Public Disorder Act* von 1998; vgl. hierzu zusammenfassend *Horsfield* 2015.

werde in dieser Zeit Zeugen beeinflussen. Als weitere Haftgründe kommen die Flucht oder Fluchtgefahr und die Wiederholungsgefahr in Betracht.

Es gilt im Übrigen die Vermutung zugunsten einer Untersuchungshaftverschonung, die bei Jugendlichen in besonderer Weise betont wird. Der *CJPOA 1994* schränkt jedoch die Möglichkeit der Untersuchungshaftverschonung für Jugendliche ein und fügt sich damit den bereits beschriebenen Trends zu einem punitiven Umgang mit jugendlichen Straftätern.[338] Im Falle der Verweigerung der Haftverschonung wird der jugendliche Straftäter entweder in Einrichtungen auf kommunaler Ebene oder in einem Gefängnis untergebracht. Seit der Modifizierung von *S. 23 CYPA 1969* gelten für unter 17-Jährige Besonderheiten hinsichtlich der Unterbringung während der Untersuchungshaft geordnet nach bestimmten Altersgruppen und Geschlecht. 17-Jährige sind Erwachsenen gleichgestellt und damit von der Regelung ausgenommen. Für diese Altersgruppe sind inzwischen jedoch in vielen Gerichtsbezirken Projekte aufgrund der Haftentscheidungshilfen des Innenministeriums entwickelt worden.[339]

Gemäß der Neuregelung hat die Unterbringung der unter 17-Jährigen grundsätzlich in kommunalen Einrichtungen zu erfolgen. In besonders gravierenden Ausnahmen (Anklage wegen einer Straftat, die eine Mindeststrafe von 14 Jahren vorsieht, wegen eines Gewalt- oder Sexualverbrechens, bei Flucht- oder Wiederholungsgefahr oder zum Schutz der Öffentlichkeit (*S. 23 (5) CYPA 1969*) müssen diese gesichert sein. Über das Vorliegen eines besonders gravierenden Falles entscheidet das Gericht nach Anhörung eines Bewährungshelfers, eines Sozialarbeiters oder eines Mitgliedes eines lokalen Kriminalitätsbekämpfungsteams (S. *23 (4) CYPA 1969*). Schon vor Verabschiedung des *CDA 1998* war es wegen Ressourcenknappheit ein Anliegen der Polizei, die Unterbringung jugendlicher Tatverdächtiger in regulären Untersuchungshaftanstalten oder in Erwachsenengefängnissen zu vermeiden. Ein erster Schritt ist die Einführung von *S. 98 CDA 1998*, der die gesicherte Unterbringung jugendlicher Straftäter in Erwachseneneinrichtungen künftig nur noch in der Altersgruppe der 15- bis 16 -jährigen Jungen bei Vorliegen der oben genannten gravierenden Fällen ermöglicht (*S. 98 CDA*, welcher *S. 23 (4)(5)* modifiziert). Dabei bleibt die Möglichkeit erhalten bei dieser Altersgruppe wegen psychischer oder physischer Unreife trotzdem die Unterbringung auf kommunaler Ebene anzuordnen (*S. 23 (4)(5a)*). Eine Person darf grundsätzlich nicht länger als 170 Tage bis zum Beginn der Hauptverhandlung in Untersuchungshaft sitzen. Bei Entscheidung in einem Schnellverfahren beträgt die Höchstdauer 56 Tage. Bei Verhandlungen vor dem *Crown Court* muss diese innerhalb von 112 Tagen beginnen. Nach Ablauf der Höchstdauer hat der Beschuldigte ein absolutes Recht auf Kautionsgewährung. Diese Entscheidung ist

---

338 Vgl. *Herz* 2002, S. 82 f., 95 f.; *Horsfield* 2015, S. 167 ff.

339 *Herz* 2002, S. 82 ff.

abhängig von Bedingungen (diese betreffen Wohnort, Meldeauflagen, Aufenthaltsverbot). Eine Haftprüfung findet nach 28 Tagen von Amts wegen statt. Auch besteht die Möglichkeit die Höchstdauer in Ausnahmefällen zu erweitern. Dies muss vor dem regulären Ablauf vom Staatsanwalt beantragt werden. Ausnahmefälle sind z. B. die Krankheit des Richters, eines Zeugen oder des Beschuldigten, Verhandlungen über mehrere Taten oder bei mehreren Angeklagten oder anderweitige schwerwiegende Gründe.

5.1.5 Estland

Das estnische Strafverfahrensrecht enthält keine speziellen Regelungen für Jugendliche.[340] Somit gibt es auch keine Sonderbestimmungen bzgl. der Untersuchungshaft. Während des Ermittlungsverfahrens können alle vorbeugenden Maßnahmen der estStPO auch gegenüber Jugendlichen verhängt werden. Diese sind: Aufenthaltsbestimmungen (§ 128), Verhaftung (§§ 130-134) und Kaution (§ 135). Die Untersuchungshaft kann angeordnet werden, wenn eine Fluchtgefahr oder Wiederholungsgefahr gegeben ist. Ein Verdächtiger kann wegen eines hinlänglichen Verdachts der Begehung einer strafbaren Handlung inhaftiert werden.[341] Grundsätzlich gibt es keine Sonderregelungen bzgl. Anordnung und Vollzug. Jedoch soll einem jugendlichen Häftling die Möglichkeit der Schulbildung gegeben werden, soweit er über einen Monat inhaftiert ist. Auch gelten Sonderbestimmungen bzgl. disziplinarischer Maßnahmen. Wird ein in Untersuchungshaft befindlicher Jugendlicher in einer Art Bestrafungszelle untergebracht, was als Disziplinarmaßnahme möglich ist, so darf die dortige Unterbringung höchstens für 15 Tage, statt gegenüber Erwachsenen für 30 Tage, angeordnet werden (§ 100 Abs. 2 estStVollzG).[342] Bestimmte Alternativen zur Untersuchungshaft, die sich besonders an Jugendliche richten, gibt es nicht. Das estnische Recht sieht lediglich allgemeine Alternativen zur Untersuchungshaft vor, die gleichermaßen für Jugendliche und Erwachsene gelten. Dies sind z. B. Aufenthaltsbestimmungen und die Kautionsgewährung.

Die maximale Länge der Untersuchungshaft beträgt sechs Monate und unterscheidet sich somit nicht von der maximalen Länge bei erwachsenen Untersuchungshäftlingen.

---

340 Vgl. *Ginter/Sootak* 2011, S. 414.

341 *van Kalmthout u. a.* 2009, S. 64.

342 Vgl. *Ginter/Sootak* 2011, S. 414 f.

5.1.6 Finnland

Jugendliche unter 18 Jahren sollen im Rahmen des Ermittlungsverfahrens auf eine Weise behandelt werden, die ihr Alter und den Stand ihrer Entwicklung berücksichtigen. Dabei soll insbesondere sichergestellt werden, dass für sie auch durch die Ermittlungen keine Probleme in der Schule, am Arbeitsplatz oder an vergleichbaren Orten entstehen. Zudem sollen Ermittlungsmaßnahmen gegen Jugendliche unter 18 Jahren nach Möglichkeit von hierfür speziell ausgebildeten Polizisten vorgenommen werden (vgl. § 11 der Verordnung über Ermittlungen und Zwangsmittel). Des Weiteren muss bei der Vernehmung eines Jugendlichen unter 18 Jahren als Tatverdächtigem dem Sozialamt die Gelegenheit gegeben werden, einen Vertreter dieser Behörde zu der Vernehmung zu schicken, sofern dies nicht als unnötig anzusehen ist. Zudem ist diesem Amt das Vernehmungsprotokoll zu übermitteln.[343]

In Finnland richtet sich die Anordnung von Untersuchungshaft grundsätzlich nach den allgemeinen Vorschriften. Untersuchungshaft kann angeordnet werden, wenn der „mutmaßliche Verdacht" besteht, dass eine Straftat begangen wurde, die im Mindestmaß mit zwei Jahren Freiheitsstrafe bedroht ist. Wenn die angedrohte Strafe unter zwei Jahren, aber mindestens bei einem Jahr Freiheitsstrafe liegt, kann Untersuchungshaft bei einer Flucht-, Verdunkelungs- und Wiederholungsgefahr angeordnet werden.[344] Die Voraussetzungen der Untersuchungshaft sind in einem Untersuchungshaftgesetz geregelt (*Pre-Investigation Act*), der Vollzug in einem Untersuchungshaftvollzugsgesetz (*Remand Act*). Sonderregelungen für Jugendliche bestehen dahingehend, dass bei Jugendlichen unter 21 Jahren besondere Rücksicht auf die möglichen negativen Folgen des Vollzugs genommen werden soll,[345] was eine Sonderregelung bzgl. der Haftlänge darstellt, denn dazu gibt es keine gesetzliche Höchstfrist.[346] Allerdings muss das Gericht eine Höchstfrist festsetzen. Nach dieser Zeit muss die Haft ausgesetzt werden, soweit der Staatsanwalt keine weiteren Beweise bzw. Haftgründe vorträgt. Nach spätestens zwei Wochen findet von Amts wegen eine Haftprüfung statt.

5.1.7 Frankreich

Die Haftgründe in Frankreich bezüglich der Untersuchungshaft bei Jugendlichen unterscheiden sich nicht von denen des allgemeinen Strafverfahrensrechts. Zunächst muss ein erheblicher Hinweis (*indices graves*) vorliegen, dass der Beschul-

---

343 Vgl. *Nemitz* 2002, S. 143.

344 *Lappi-Seppälä* 2011, S. 468 f.

345 Vgl. hierzu auch *Kap. 9.*

346 *Dünkel/Dorenburg/Grzywa* 2011, S. 1758.

digte eine strafbare Handlung begangen hat. Auch in Frankreich soll die Untersuchungshaft das Strafverfahren sichern und eine Rückfälligkeit verhindern. Als Haftgründe kommen somit die Flucht/Fluchtgefahr, Verdunkelungs- und die Wiederholungsgefahr in Betracht. Aber auch die potentielle Gefahr für die Allgemeinheit kann eine Untersuchungshaft rechtfertigen (Art. 144 frStPO). Es muss sich dabei um eine außergewöhnliche und andauernde Störung der öffentlichen Ordnung durch die Schwere der Tat, die Umstände ihrer Begehung oder die Bedeutung des angerichteten Schadens handeln.

Bezüglich der Fluchtgefahr hat der Europäische Gerichtshof für Menschenrechte in einer Entscheidung festgestellt, dass die Fluchtgefahr nicht alleine aus der Schwere der Tat hergeleitet werden kann. Bezüglich der Gefahr für die Allgemeinheit müssen offensichtliche Gründe bzw. Hinweise vorliegen, dass eine Entlassung des Beschuldigten eine wirkliche Gefahr für die Allgemeinheit darstellt.[347]

Art. 11 der Regierungsverordnung vom 02.02.1945 regelt verschiedene Voraussetzungen der Untersuchungshaft gegenüber Minderjährigen unterschiedlicher Altersstufen.[348] Durch ein Gesetz vom 30.12.1987 wurde die in Art. 11 vorgesehene Möglichkeit der Verhängung von Untersuchungshaft im Jugendstrafrecht erheblich eingeschränkt. Art. 11 a. F. sah noch vor, dass gegenüber Jugendlichen unter 16 Jahren bei Vorliegen der allgemeinen Voraussetzungen im Verbrechens- und Vergehensbereich Untersuchungshaft angeordnet werden konnte. Das Gesetz vom 30.12.1987 hat die Untersuchungshaft im Vergehensbereich bei unter 16-Jährigen nunmehr abgeschafft. Jugendliche, die zur Tatzeit zwar 13 Jahre alt aber noch nicht 16 Jahre alt waren, dürfen wegen des Verdachts von Vergehen zunächst nicht in Untersuchungshaft genommen werden.[349] Jedoch gibt es diesbezüglich einige Einschränkungen. So darf bei einem 13-Jährigen die Untersuchungshaft bei einem Vergehen angeordnet werden, wenn zuvor vorläufige ambulante Maßnahmen versagt haben.[350] Für alle Jugendlichen ab 13 Jahren ist Untersuchungshaft nur als *ultima ratio* zulässig. Die Untersuchungshaft kann allerdings auch gegenüber 13-Jährigen verhängt werden, wenn sie im Verdacht

---

347 Urteil des EGMR *Letellier v. France* vom 26.06.1991, Serie A, Band 207.

348 Für Erwachsene wurde das Recht der Untersuchungshaft durch die große Strafprozessreform, die am 01.01.2001 in Kraft getreten ist, in vielerlei Hinsicht neu geregelt. Unter anderem wurden die Voraussetzungen eingeengt und die Dauer verkürzt, was teilweise zu einer Annäherung an die bereits bis dahin geltenden Regelungen für Jugendliche geführt hat, vgl. Art. 143 ff. CPP. i. d. F. des Gesetzes vom 15.06.2000.

349 Vgl. *Dünkel/Dorenburg/Grzywa* 2011, S. 1755; *Maguer/Müller* 2002.

350 *Castaignède/Pignoux* 2011, S. 536; zu den Haftalternativen siehe *Kap. 7.*

stehen ein Verbrechen begangen zu haben.[351] Bei Minderjährigen im Alter von über 16 Jahren findet weitgehend eine Angleichung zum allgemeinen Strafverfahrensrecht statt.[352]

Komplexe Unterschiede ergeben sich allerdings bei der Länge der Untersuchungshaft. Diese ist zum einen vom Alter des Beschuldigten bei der Tat und zum anderen von der Tat bzw. der angedrohten Strafe abhängig. Handelt es sich um ein Vergehen eines 13- bis einschließlich 15-Jährigen kann ihm gegenüber Untersuchungshaft nur angeordnet werden, wenn zuvor die vorläufigen ambulanten Maßnahmen widerrufen wurden.[353] Die Untersuchungshaft darf in diesem Fall lediglich 15 Tage betragen, wobei ausnahmsweise eine Verlängerung auf einen Monat möglich ist. In besonderen Ausnahmefällen kann diese Frist auch auf maximal zwei Monate verlängert werden. Bei besonders schweren Straftaten darf bei dieser Altersgruppe die Untersuchungshaft maximal sechs Monate betragen, wobei auch hier eine Verlängerung um weitere sechs Monate möglich ist.

Bei der Altersgruppe der über 16-Jährigen kommt es auf die konkrete Strafandrohung an. Bei einem Vergehen und einer Strafandrohung von unter sieben Jahren beträgt die maximale Dauer einen Monat bzw. nach Verlängerung um maximal einen Monat, insgesamt zwei Monate. Sind mehr als sieben Jahre angedroht, kann die Untersuchungshaft für insgesamt ein Jahr angeordnet werden, wobei zunächst nur vier Monate und zwei Mal eine Verlängerung um jeweils vier Monate möglich sind. Handelt es sich um ein Verbrechen, so kann die Untersuchungshaft für höchstens ein Jahr sowie zwei Mal eine Verlängerung um jeweils sechs Monate (maximal zwei Jahre) angeordnet werden.[354]

Der jugendliche Untersuchungshäftling kann jederzeit seine Entlassung aus der Untersuchungshaft beim Ermittlungsrichter beantragen. Im Falle einer frühzeitigen Entlassung können ihm jedoch Erziehungs- oder Aufsichtsmaßnahmen auferlegt werden.[355]

5.1.8 Griechenland

Untersuchungshaft darf in Griechenland anstelle von Auflagen und Weisungen angeordnet werden, wenn die Voraussetzungen für die Anordnung der Auflagen und Weisungen vorliegen und der Beschuldigte wegen eines Verbrechens verfolgt wird.

---

351 Das französische Strafrecht unterscheidet zwischen Verbrechen (*crimes*), Vergehen (*délits*) und Übertretungen (*contraventions*), um ein Vergehen handelt es sich nach dem *Code Pénal*, wenn die Tat mit maximal fünf Jahren Freiheitsstrafe bedroht ist.

352 Vgl. *Knapen/van der Linden* 2009, S. 380; *Maguer/Müller* 2002; *Castaignede/Pignoux* 2011, S. 536.

353 *Castaignede/Pignoux* 2011, S. 537.

354 Vgl. *Castaignede/Pignoux* 2011, S. 537 f.; *Dünkel/Dorenburg/Grzywa* 2011, S. 1768.

355 *Castaignede/Pignoux* 2011, S. 538; zu den Alternativmaßnahmen siehe *Kap. 7*.

Zunächst muss ein konkreter Hinweis darauf bestehen, dass der Beschuldigte eine strafbare Handlung begangen hat (*schwerwiegende Schuldindizien*).[356] Zusätzlich müssen besondere Haftgründe vorliegen. Als solche kommen in Betracht:

Der Beschuldigte hat

a) keinen bekannten Aufenthalt im Inland,
b) Vorbereitungshandlungen ausgeführt, um seine Flucht zu ermöglichen,
c) die Flucht vor der Gerichtsverhandlung oder nach dem Strafausspruch bereits in der Vergangenheit ergriffen wurde,
d) in der Vergangenheit wegen des Entweichens aus dem Gefängnis oder der Verletzung der Aufenthaltsbeschränkungen verurteilt oder es wird
e) begründet dargelegt, dass er, wenn er freigelassen wird, sehr wahrscheinlich auch andere Straftaten begehen wird, was sich anhand besonders erwähnter Vorkommnisse aus seinem bisherigen Leben oder anhand konkreter besonderer Merkmale der begangenen Tat ergibt.[357]

In Griechenland gibt es folglich keinen Haftgrund der Verdunkelungsgefahr.

Die Schwere der Tat allein genügt zur Anordnung der Untersuchungshaft nicht (Art. 282 Abs. 3 grStPO),[358] so dass im griechischen System auch der Haftgrund der *Tatschwere* unbekannt ist.

Die dem Beschuldigten auferlegten Auflagen und Weisungen können auch später durch eine vorläufige Haft ersetzt werden. Dies ist möglich, wenn er, obgleich er gesetzmäßig geladen wurde, nicht beim Ermittlungsrichter oder vor Gericht erscheint, ohne dass plausible Hindernisse vorliegen, welche sein Erscheinen unmöglich machen, wenn er die Flucht ergreift oder Anstalten zur Flucht trifft, wenn er gegen die auferlegten Auflagen und Weisungen verstößt oder den Wechsel seines Wohnsitzes nicht meldet oder zu seinen Lasten schwerwiegende Verdachtsmomente wegen eines anderen Verbrechens vorliegen (Art. 282 AbS. 4 i. V. m. Art. 298 grStPO).

Der vorläufige Freiheitsentzug kann gegenüber Beschuldigten eines Verbrechens verhängt und vollstreckt werden, wenn sein Zweck nicht durch Auflagen und Weisungen erreicht werden kann (Grundsatz der Subsidiarität der vorläufigen Haft).

Untersuchungshaft darf gegen den jugendlichen Beschuldigten (15 bis 18-Jährige) unter denselben Grundvoraussetzungen (Tatverdacht und besondere Haftgründe) wie bei Erwachsenen verhängt werden. Jedoch ist die Möglichkeit

---

356 *van Kalmthout u. a.* 2009, S. 66; *Pitsela* 2011, S. 653.

357 Es handelt sich hierbei um die „klassischen" Haftgründe der Flucht/Fluchtgefahr und Wiederholungsgefahr.

358 *Pitsela* 2011, S. 654.

der Anordnung von Untersuchungshaft gegen Jugendlichen erheblich strikter geregelt. Gegen einen Erwachsenen darf Untersuchungshaft angeordnet werden,
wenn er eines Verbrechens dringend verdächtig ist. Demgegenüber darf Untersu-
chungshaft gegen einen Jugendlichen nur dann angeordnet werden, wenn er einer
Tat dringend verdächtig ist, die im Gesetz mit Zuchthausstrafe von mehr als zehn
Jahren bedroht ist, unabhängig von der Dauer der in *concreto* zu verhängenden
Sanktionen. Wenn der Jugendliche nicht in der Lage ist, eine Sicherheitsleistung
zu erbringen, darf dies allein nicht zur Anordnung der Untersuchungshaft führen
(Art. 282 Abs. 3 und 5 grStPO).[359] Der Ermittlungsrichter kann unter denselben
Voraussetzungen, unter denen ein Haftbefehl erlassen werden kann, als Alterna-
tive zur Untersuchungshaft auch Auflagen und Weisungen anordnen.[360] Ab dem
Alter von 15 Jahren erfolgt dann die Unterbringung in einer Straferziehungsan-
stalt. Dabei handelt es sich um spezielle Abteilungen in den Jugendstrafanstalten.[361] In der Praxis wird die Untersuchungshaft an Jugendlichen jedoch nicht in
einem Erziehungsheim, sondern in den Einrichtungen bzw. Abteilungen für junge
Gefangene in *Avlona Attikis*, in *Kassabeteia* (bei *Volos*), in der Stadt *Volos* selbst
(ausschließlich für junge Ausländer) und in *Thessaloniki* (kleine Jugendabteilung
einer Erwachsenenstrafanstalt) vollzogen.[362]

In Übereinstimmung mit Art. 6 Abs. 4 der griechischen Verfassung ist durch
ein Gesetz (*Gesetz Nr. 1128/1981*) die Höchstdauer der Untersuchungshaft festgelegt, die bei Verbrechen ein Jahr und bei Vergehen sechs Monate nicht überschreiten darf. In ganz außerordentlichen Fällen kann die Höchstdauer um jeweils
sechs bzw. drei Monate durch eine Entscheidung des zuständigen sog. beschließenden Gerichts verlängert werden. Da selbst die schwerwiegendste Tat, die einem jugendlichen Beschuldigten zur Last gelegt wird, nach dem Gesetze ein Vergehen darstellt, darf die Höchstdauer der Untersuchungshaft gegen den Jugendlichen neun Monate nicht überschreiten.[363] Die Zeit einer erlittenen Untersuchungshaft wird gemäß der allgemeinen Vorschrift des Art. 87 Abs. 1 grStGB
stets auf die (später) festgesetzte Jugendstrafe bzw. Freiheitsstrafe angerechnet.

5.1.9 Irland

Besteht der begründete Verdacht, dass der jugendliche Beschuldigte eine Straftat
begangen hat, wird dieser vor das zuständige Jugendgericht gebracht. Das Gericht
hat dann zu entscheiden, ob es den jugendlichen Beschuldigten inhaftiert oder ihn

---

359 Vgl. *Chaidou* 1994; *Pitsela* 2011, S. 654 f.

360 Ausführlicher siehe *Kap. 7.*

361 *Pitsela* 2011, S. 655.

362 *Pitsela* 2011, S. 655; ausführlicher siehe *Kap. 9.*

363 *Bahtiyar* 2009, S. 456; *Pitsela* 2004, S. 357-359.

gegen eine Kaution (*bail*) auf freien Fuß setzt.[364] Darunter ist nicht immer die Zahlung eines Geldbetrages zu verstehen. Diesbezüglich unterscheidet sich das Prozedere nicht vom allgemeinen Strafverfahrensrecht. Einzige Ausnahme ist insofern, dass Kindern beziehungsweise Jugendlichen nicht die Hinterlegung eines Geldbetrages zur Absicherung aufgegeben werden darf. Allerdings können ihnen gegenüber andere Anordnungen, wie etwa das Wohnen bei den Eltern oder die Teilnahme an einem bestimmten Trainingskurs, getroffen werden.[365] Als Haftgründe kommen die Fluchtgefahr und die Verdunkelungsgefahr in Betracht.[366] In den meisten Fällen wird die Inhaftierung als letztes Mittel zur Sicherung des Strafverfahrens angewandt. Bestehen Anhaltspunkte, dass der jugendliche Beschuldigte hilfsbedürftig ist und spezielle Schutzmaßnahmen in Frage kommen, so muss der zuständige Polizeibeamte nach der Festnahme die einschlägigen bzw. in Betracht kommenden Institutionen benachrichtigen und eine Intervention anregen.[367]

Meist erfolgt eine Kautionsgewährung. Erwähnenswert ist diesbezüglich, dass auch ein Polizeibeamter nach der vorläufigen Festnahme die Befugnis hat, den Jugendlichen auf Kaution zu entlassen. Dies kann er tun, wenn er der Auffassung ist, der Jugendliche werde zur ersten Anhörung des Jugendgerichts kommen.[368]

Der *Children Act* aus dem Jahre 2001 hat einige Zuständigkeiten in Bezug auf die Untersuchungshaft bei Jugendlichen neu geregelt. Hat das Gericht Untersuchungshaft angeordnet, kann die Unterbringung in einer beliebigen Einrichtung vollzogen werden, die nach Ansicht des Justizministers geeignet ist eine sichere und angemessene Unterbringung darzustellen (*Junior Remand Centre*).[369] Jugendliche über 16 Jahre konnten in der *St. Patrick's Institution* untergebracht werden.[370] Dabei handelte es sich um eine geschlossene Einrichtung für 16- bis 17-jährige männliche Häftlinge. Diese einem Gefängnis vergleichbare Einrichtung wurde inzwischen aber geschlossen und die Jugendlichen werden nunmehr auf kleine dezentrale Einrichtungen des Landes verteilt.

In Irland ist eine zeitliche Begrenzung der maximalen Dauer der Untersuchungshaft nicht gesetzlich geregelt. Jedoch können unangemessene Verzögerungen im Strafverfahren zu einer Gewährung der *habeas corpus* Anordnung gem.

---

364 Vgl. *Walsh* 2011, S. 751.

365 Children Act, 2001, S. 90; *Walsh* 2011, S. 751; ausführlich *Kap. 7*.

366 *van Kalmthout u. a.* 2009, S. 71; *Dünkel/Dorenburg/Grzywa* 2011, S. 1756.

367 *Seymour* 2006, S. 125.

368 Children Act, 2001, S. 68.

369 Children Act, 2001, S. 88 (2); *Walsh* 2011, S. 752.

370 Children Act, 2001, S. 88 (12).

Art. 40. 4 der Verfassung führen.[371] Die maximale Länge der Zeit zwischen der Festnahme und dem Beginn der Gerichtsverhandlung darf sechs Monate betragen und gilt für die meisten Delikte, die vor dem Amtsgericht verhandelt werden.[372] Das Amtsgericht ist ein Gericht mit lokaler Zuständigkeit und bildet die untere Ebene des Gerichtsaufbaus in Irland. Die speziellen Jugendgerichte sind dort angesiedelt.[373]

5.1.10 Italien

Die Untersuchungshaft darf in Italien verhängt werden, soweit ein Tatverdacht und ein Haftgrund bestehen. Ein Tatverdacht liegt nach italienischem Recht vor, soweit gravierende Anzeichen auf die Schuld des Beschuldigten hinweisen.[374] Als Haftgründe kommen die Flucht/Fluchtgefahr, die Verdunkelungs-, die Wiederholungsgefahr und eine Gefahr für die Allgemeinheit in Betracht.

Untersuchungshaft soll, soweit es geht, vermieden werden. Sie soll lediglich zur Anwendung kommen, wenn Straftaten wie gefährliche Körperverletzung, Raub, Totschlag, Vergewaltigung oder Erpressung in Verdacht stehen. Darüber hinaus darf Untersuchungshaft nur angeordnet werden, wenn eine lebenslängliche Freiheitsstrafe droht oder die Tat mit mindestens vier Jahren Freiheitsentzug bedroht ist.[375] Bei Jugendlichen muss die potentielle Tat mit mindestens neun Jahren Freiheitsstrafe bedroht sein.[376]

Die Untersuchungshaft wird bei Jugendlichen und auch Heranwachsenden in speziellen Einrichtungen vollzogen, in den sog. IPMs.[377] In diesen IPMs sind

---

371 Bei dem sog. Habeas-Corpus-Act handelt es sich um ein englisches Gesetz aus dem Jahre 1679, das den Bürgern Schutz vor willkürlicher Verhaftung gewährleistete; es bestimmte, dass kein Bürger ohne gerichtliche Untersuchung willkürlich in Haft gehalten werden darf. Es bildet seitdem ein grundlegendes Freiheitsrecht in den *angelsächsischen* Ländern. Auch in Deutschland ist dieser Grundsatz verfassungsrechtlich gewährleistet, vgl. Art. 104 GG.

372 *Knapen* 2009, S. 519.

373 Vgl. ausführlich hierzu *Walsh* 2011, S. 738.

374 *van Kalmthout u. a.* 2009, S. 67.

375 Art. 23 (1) (Anordnung des Präsidenten vom 22. September 1988 (Nr. 448/1988) i. V. m. Art. 380 (1) italStPO; *Padovani/Brutto/Ciappi* 2011, S. 780, 791; vgl. auch *Morgante* 2002, S. 209. Diese relativ restriktiven Voraussetzungen werden jedoch durch eine massive Anhebung der Strafrahmen in den letzten Jahren relativiert, siehe hierzu *Picotti u. a.* 2010, S. 528; siehe auch *Kap. 5.2.5.*

376 *Lambertina* 2009, S. 560.

377 IPM (*Istituti Penali per Minorenni*); Dabei handelt es sich um spezielle Jugendstrafanstalten für Jugendliche und Heranwachsende bis zum 21. Lebensjahr; ausführlicher siehe unten *Kap. 9.*

Personen zwischen 14-21 Jahren untergebracht. Dort gibt es offene und geschlossene Sektionen und eine besondere Abteilung für weibliche Inhaftierte.

In Italien besteht ein komplexes System in Bezug auf die maximale Länge der Untersuchungshaft. Es existieren gesetzlich verankerte Höchstgrenzen. Diese sind jedoch von der jeweiligen Phase des Strafverfahrens und der angedrohten Strafe abhängig.[378] Um die maximale Länge der Untersuchungshaft bei Jugendlichen zu untersuchen, muss zunächst auf die allgemeinen Grundlagen eingegangen werden.

Man unterscheidet in Italien grundsätzlich vier Phasen des Strafverfahrens. Es beginnt mit dem Ermittlungsverfahren und dem Verfahren in der ersten Instanz. Im Anschluss besteht grundsätzlich die Möglichkeit des Rechtsmittelverfahrens und des Verfahrens vor dem Kassationshof.[379] Im Ermittlungsverfahren darf die Untersuchungshaft maximal drei Monate dauern, soweit die Tat mit nicht mehr als sechs Jahren Freiheitsstrafe bedroht ist (Art. 303 (1) (a) (1) italStPO). Ist die Tat mit mindestens sechs Jahren, aber weniger als 20 Jahren Freiheitsstrafe bedroht, kann die Untersuchungshaft maximal sechs Monate dauern (Art. 303 (1) (a) (2). Bei Taten, die mit mindestens 20 Jahren oder lebenslanger Haft bedroht sind, kann die Untersuchungshaft auch maximal ein Jahr betragen.[380]

Im Verfahren der ersten Instanz gelten andere Höchstfristen. So darf die Untersuchungshaft in dieser Phase des Strafverfahrens maximal sechs Monate dauern, wenn die Tat mit einer Freiheitsstrafe von bis zu sechs Jahren bedroht ist (Art. 301 (1) (b) (1) italStPO). Bei einer Strafandrohung von mindestens sechs Jahren und weniger als 20 Jahren beträgt die Höchstdauer ein Jahr (Art. 303 (1) (b) (2) italStPO). Ist die Tat mit mindestens 20 Jahren Freiheitsstrafe bedroht, beträgt die Höchstfrist 18 Monate (Art. 303 (1) (b) (3) italStPO).

Im Rechtsmittelverfahren gelten wiederum andere Höchstfristen. Bei einer Verurteilung zu einer Freiheitsstrafe von maximal drei Jahren beträgt die maximale Dauer neun Monate (Art. 303 (1) (c) (1) italStPO), bei Verurteilung zu maximal 10 Jahren ein Jahr und bei Verurteilung zu mindestens zehn Jahren oder lebenslänglich maximal 18 Monate (Art. 301 (1) (c) (2) (3) italStPO).

Im Verfahren vor dem Kassationshof gelten die gleichen Höchstfristen wie im Rechtsmittelverfahren.[381] Eine Verlängerung ist grundsätzlich bei Komplexität des Verfahrens oder beispielsweise komplexen Gutachten möglich. Zu beachten ist jedoch, dass Art. 303 (4) italStPO absolute Höchstgrenzen festlegt, die alle Phasen inkludieren. Diese betragen maximal zwei Jahre bei Taten, die im Maximum mit bis zu sechs Jahren Freiheitsstrafe bedroht sind. Maximal vier Jahre sind

---

378 Art. 303 (1) italStPO; *Lambertina* 2009, S. 554 f.

379 *Lambertina* 2009, S. 554.

380 Darüber hinaus kann die Untersuchungshaft maximal ein Jahr dauern, wenn die potentielle Tat in Art. 407 (2) (a) italStPO aufgezählt ist.

381 *Lambertina* 2009, S. 555.

es bei Taten, die mit mindestens sechs Jahren und maximal 20 Jahren Freiheitsstrafe bedroht sind und maximal sechs Jahre bei Taten, die mit mindestens 20 Jahren oder lebenslänglicher Freiheitsstrafe bedroht sind.

Bei Jugendlichen sind die Höchstfristen der Untersuchungshaft wesentlich kürzer als bei Erwachsenen. Art. 23 (3) des für jugendliche Straftäter geltenden Gesetzes (Nr. 488/ 1988) regelt, dass die allgemein geltenden Höchstgrenzen bei unter 18-Jährigen halbiert werden müssen.[382] Bei unter 16-Jährigen darf die Höchstgrenze lediglich zwei Drittel der in Art. 303 italStPO festgelegten Dauer betragen. So kommt man bei unter 16-Jährigen zu einer maximalen Dauer von sechs Monaten und bei den 16- bis 18-Jährigen zu einer Höchstgrenze von neun Monaten.[383] In bestimmten Fällen darf die Untersuchungshaft bei Jugendlichen aber nicht länger als einen Monat dauern, etwa, wenn die Tat mit nicht mehr als fünf Jahren bedroht ist.[384]

5.1.11 Kroatien

Nach einer Festnahme ist der Jugendliche alsbald dem Jugendrichter vorzuführen (Art. 67 kroatJGG). Der Jugendrichter kann auch gegenüber Jugendlichen Untersuchungshaft[385] verhängen. Die Anordnungsvoraussetzungen, vor allem die Haftgründe, unterscheiden sich grundsätzlich nicht vom allgemeinen Strafverfahrensrecht.[386] Erforderlich ist eine Flucht-, Verdunkelungs- oder Wiederholungsgefahr. Zudem kann Untersuchungshaft auch bei besonders schweren, im Gesetz genannten Straftaten, für die regelmäßig mindestens acht oder mehr Jahre Freiheitsstrafe zu erwarten sind, angeordnet werden (Haftgrund der Schwere der Tat).[387] Bei der Anordnung gelten der Verhältnismäßigkeitsgrundsatz und das *ultima-ratio*-Prinzip. So muss die Haft im Verhältnis zu der Schwere der Straftat stehen. Insbesondere sind andere vorbeugende Maßnahmen, wie etwa die Unterbringung in einer Erziehungsanstalt, vorrangig (Art. 73 (1) kroatJGG).[388]

Die Untersuchungshaft bei Jugendlichen sollte so kurz wie möglich sein und darf maximal drei Monate dauern. Die erste Anordnung des Jugendrichters darf

---

382 D.P.R 22. September 1988, Nr. 448 („Approvazione delle disposizioni sul processo penale a carico di imputati minorenni"). Es handelt sich um ein eigenständiges Gesetz, welches durch ein weiteres ergänzt wurde (D.P.R. 28. Juli 1989, Nr. 272 „Norme d'attuazione, di coordinamento e transitorie" D.P.R. Nr. 272/1989).

383 Vgl. auch *Dünkel/Dorenburg/Grzywa* 2011, S. 1777.

384 *Lambertina* 2009, S. 561; *Dünkel/Dorenburg/Grzywa* 2011, S. 1758; siehe auch *Kap. 5.3.*

385 „pritvor u pripremnom postupku".

386 *Bojanić* 2011, S. 214.

387 *Bojanić* 2011, S. 214; *Dünkel/Dorenburg/Grzywa* 2011, S. 1752.

388 *Bojanić* 2011, S. 214; vgl. auch *Kap. 7.*

zunächst nur für einen Monat ergehen. Dieselbe Kammer kann dann diese Frist um einen weiteren Monat verlängern. In besonderen Ausnahmefällen können diese zwei Monate um nochmals einen Monat verlängert werden (Art. 73 (4) kroatJGG).[389] Die Unterbringung erfolgt getrennt von den erwachsenen Inhaftierten.[390]

5.1.12 Lettland

Die gesetzlichen Voraussetzungen der Untersuchungshaft unterscheiden sich nicht vom allgemeinen Strafverfahrensrecht. Zuständig ist der Ermittlungsrichter. Notwendig ist ein *begründeter Tatverdacht*, wobei die konkrete Tat mit einer Freiheitsstrafe bedroht sein muss.[391] Des Weiteren muss ein Haftgrund vorliegen. Als solcher kommen die Flucht/Fluchtgefahr, Verdunkelungs-, Wiederholungsgefahr und die Schwere der Tat in Betracht. Zudem muss zunächst eine andere vorläufige Maßnahme geprüft werden. Soweit diese im konkreten Fall nicht in Betracht kommt, darf Untersuchungshaft angeordnet werden.[392]

Bei Jugendlichen gelten bei der Anordnung ein paar Besonderheiten. Handelt es sich um ein weniger schweres Verbrechen, so kommt Untersuchungshaft gegen einen Jugendlichen erst in Betracht, wenn er gegen eine vorherige Sicherheitsmaßnahme verstoßen hat. Bei Fahrlässigkeitsdelikten ist eine Untersuchungshaft unzulässig.[393] Bis zum Jahre 2005 war die Anordnung von Untersuchungshaft bei Jugendlichen auch unzulässig, soweit der Jugendliche beschuldigt wurde ein Vergehen begangen zu haben.[394] Seit 2005 ist Untersuchungshaft auch bei einem Vergehen möglich, jedoch findet eine Differenzierung bei der Höchstdauer der Untersuchungshaft statt.

Die maximale Dauer der Untersuchungshaft darf bei Jugendlichen im Falle eines Vergehens höchstens 1½ Monaten betragen. Diese Frist kann jedoch auf maximal 4½ Monate verlängert werden. Bei schweren Verbrechen beträgt die Höchstdauer sechs Monate und bei besonders schweren Verbrechen kann die Höchstdauer bis zu 12 Monate betragen (Art. 278 lettStPO).[395]

---

389 *Bojanić* 2011, S. 214; *Dünkel/Dorenburg/Grzywa* 2011, S. 1776.

390 Art. 74 (4) koratJGG; siehe auch *Kap. 9*.

391 *van Kalmthout u. a.* 2009, S. 66; *Judins* 2011, S. 857.

392 Ausführlich dazu *Kap. 5.3*.

393 Art. 273 (2) lettStPO; *Judins* 2011, S. 857, *Morgenstern* 2009, S. 595.

394 Vgl. *Judins* 2011, S. 857.

395 *Judins* 2011, S. 857; *Dünkel/Dorenburg/Grzywa* 2011, S. 1767.

Das lettische Recht kennt zwei besondere Alternativmaßnahmen zur Anordnung der Untersuchungshaft.[396] Zunächst besteht die Möglichkeit der Aufsicht
durch die Eltern bzw. durch den gesetzlichen Vertreter. Die Unterbringung in einer Erziehungsanstalt richtet sich grundsätzlich nach den gleichen Voraussetzungen wie bei der Untersuchungshaft, da auch diese Unterbringung in einer geschlossenen Einrichtung stattfindet und somit einen Freiheitsentzug darstellt.[397]
Auch bezüglich der Dauer gelten die gleichen Regelungen.[398]

Seit dem Jahr 2003 gibt es zwei erste Pilotprojekte, initiiert durch das *Centre
for Public PROVIDUS*, die vorläufig sichernde Supervisionsdienste erproben, um
so Alternativen zu den allgemeinen Sicherungsmaßnahmen für Jugendliche zu
schaffen.[399]

In Lettland existieren fünf Institutionen für minderjährige Häftlinge, zwei Un-
tersuchungsgefängnisse (*Daugavpils, Liepaja*) und drei Untersuchungshaftabtei-
lungen in den Gefängnissen in *Matisa* und *Ilguciems* und in der Erziehungsanstalt
in *Cesis*. So erfolgt eine separate Unterbringung von Jugendlichen und Erwachsenen.[400]

5.1.13 Litauen

In Litauen kann gegenüber Jugendlichen ebenfalls Untersuchungshaft angeordnet
werden. Es existieren kaum Sonderregelungen für Jugendliche. Lediglich einige
Verfahrensaspekte sind im Bereich des Jugendstrafverfahrens modifiziert. So ist
die Anwesenheit eines Rechtsanwaltes obligatorisch (Art. 51 (1) (1) litStPO). Die
gesetzlichen Vertreter (Eltern, Fürsorger, Betreuer) sind am Verfahren zu beteiligen, soweit dies im Interesse des Jugendlichen ist.[401]

Für die Anordnung bedarf es zunächst eines *begründeten Verdachts*, dass der
Beschuldigte eine strafbare Handlung begangen hat. Auch ist ein Haftgrund nötig.
Neben der Flucht/Fluchtgefahr kommen die Verdunkelungs-, die Wiederholungs-
gefahr und die Schwere der Tat in Betracht. Wird die Untersuchungshaft mit der
Fluchtgefahr begründet, reicht auch ein lediglich *mutmaßlicher Tatverdacht*
aus.[402]

---

396 Ausführlicher siehe *Kap. 7.*

397 *Morgenstern* 2009, S. 595; *Judins* 2011, S. 857 f.

398 *Judins* 2011, S. 857 f.; *Morgenstern* 2009, S. 595.

399 Ausführlicher siehe *Kap. 7.*

400 Zum Vollzug der Untersuchungshaft und deren Probleme in Lettland siehe ausführlich
Kap. 8.

401 Diese Beteiligung gilt für das ganze Verfahren und besonders bei Anordnung der Untersuchungshaft.

402 *van Kalmthout u. a.* 2009, S. 67.

In Litauen gibt es noch keine kriminalpolitische Diskussion über mögliche Alternativen zur Untersuchungshaft.[403] Die litStPO enthält nur sehr vereinzelt spezielle ambulante Alternativen, die im Wesentlichen auf Erwachsene zugeschnitten sind. Als eine solche spezielle Maßnahme kennt die litStPO die Übergabe zur Beaufsichtigung an die Eltern, Betreuer oder andere natürliche oder juristische Personen, die mit der Betreuung des Jugendlichen betraut sind (§§ 120, 138 litStPO).[404]

Die maximale Dauer der Untersuchungshaft beträgt 12 Monate. Die erste Anordnung darf dabei zunächst nur für drei Monate ergehen. Bei Erwachsenen beträgt die Höchstdauer dagegen 18 Monate.

Der Vollzug der Untersuchungshaft ist in Litauen durch ein spezielles Untersuchungshaftgesetz geregelt (UGH).[405]

5.1.14 Niederlande

Das Strafverfahrensrecht in Bezug auf minderjährige Beschuldigte unterscheidet sich nur unwesentlich vom allgemeinen Strafverfahrensrecht. Die Artikel 483-505 niedStPO enthalten jedoch einige Besonderheiten im Bereich des Jugendstrafverfahrens. Ein Unterschied ist die Zuständigkeit des Jugendrichters, der als Ermittlungsrichter tätig wird, soweit der Beschuldigte minderjährig ist. Zu den Aufgaben des Ermittlungsrichters gehören auch die Anordnung vorläufiger Maßnahmen oder die Anordnung von Untersuchungshaft. Auch ist die Jugendschutzbehörde im Falle einer Inhaftierung zu benachrichtigen (Art. 490-492 niedStPO).[406]

Eine Anordnung kommt zunächst nur in Betracht, wenn eine *gravierende Vermutung* besteht, dass der Verdächtige eine strafbare Handlung begangen hat, die im Mindestmaß mit sechs Jahren Freiheitsstrafe bedroht ist.[407] Des Weiteren muss ein Haftgrund vorliegen. Als Haftgründe kommen die Flucht/Fluchtgefahr, Verdunkelungs- und Wiederholungsgefahr in Betracht. Auch die mögliche Gefahr für die Allgemeinheit stellt in den Niederlanden einen gesonderten Haftgrund dar (Art. 67, 67a niedStPO). Wie und wo die Untersuchungshaft zu vollstrecken ist, legt der Ermittlungsrichter fest. Im Gesetz ist die Rede von *„jedem Ort, der für diesen Zweck geeignet ist"*. Regelmäßig werden die Jugendlichen in speziellen Anstalten untergebracht. Sofern dort Kapazitätsprobleme bestehen, können 16-

---

403 *Sakalauskas* 2011, S. 900.

404 *Sakalauskas* 2011, S. 892 f.; *Morgenstern* 2009, S. 632.

405 „Lietuvos Respublikos suemimo vykdymo istatymas" (Untersuchungshaftgesetz der Republik *Litauen* vom 18.01.1996 in der Fassung vom 01.07.2008; ausführlich siehe *Kap. 9.*

406 *van Kalmthout* 2009, S. 711; *van Kalmthout/Bahtiyar* 2011, S. 930 f.

407 Bei terroristischen Straftaten kann dieser Grad des Tatverdachts abgeschwächt werden; *van Kalmthout u. a.* 2009, S. 68; *Dünkel/Dorenburg/Grzywa* 2011, S. 1753 f.

bis 17-Jährige für maximal zehn Tage und Jüngere für maximal drei Tage in einer Polizei- bzw. Arrestzelle untergebracht werden.[408]

Der Jugendrichter verfügt in diesem Zusammenhang allerdings über mehrere Möglichkeiten, um dem jugendlichen Beschuldigten die Aufnahme in eine Strafanstalt zu ersparen. Anders als bei Erwachsenen bestimmt das niederländische Recht bei Jugendlichen, dass das Gericht bei der Verhängung von Untersuchungshaft stets prüfen muss, ob die Vollstreckung unmittelbar erfolgen muss oder auf einen späteren Zeitpunkt verschoben werden kann.[409] Diesen Haftaufschub kann der Jugendrichter mit bestimmten Auflagen verknüpfen. Gleichfalls kann er eine Jugendeinrichtung beauftragen, dem Jugendlichen bei der Einhaltung dieser Auflagen Hilfe und Unterstützung zuteilwerden zu lassen.

Das Gesetz stellt keine Voraussetzungen bezüglich der Art und des Charakters dieser besonderen Auflagen. In der Praxis geht es beispielsweise um Aufenthalts- oder Stadionverbote, Schadensersatzleistungen an das Opfer, freiwillige Aufnahme zur Behandlung und Hausarrest. Der Hausarrest kann auch in Kombination mit elektronischer Aufsicht erfolgen, einer Möglichkeit, die landesweit erprobt wurde bzw. wird.[410] Zudem gab es in der Vergangenheit Projekte, die inhaltlich mit Maßnahmen der gemeinnützigen Arbeit als Arbeitsstrafe viele Gemeinsamkeiten aufweist.[411] Sie unterscheiden sich nur darin, dass diese besonderen Projekte mit einer zeitlichen Dauer versehen sind, die der Untersuchungshaft gleichgestellt sind. Diese Projekte sind in juristischer Hinsicht nicht unumstritten, da die Auflagen auf die Verwirklichung des Ziels der Untersuchungshaft gerichtet sein müssen und dies in vielen Fällen gerade nicht der Fall ist.[412]

Als Untersuchungshaftalternative in den Niederlanden gewinnt die neuerdings eingeführte „Nachthaft" (*night-detention*) immer größere Bedeutung. Die „Nachthaft" hat den elektronischen Hausarrest in seiner Bedeutung überholt. Wird „Nachthaft" angeordnet, geht der Jugendliche tagsüber in die Schule oder zur Arbeit und muss sich am Abend in der jeweiligen Anstalt einfinden und die Nacht und das Wochenende dort verbringen. Um für dieses Programm berechtigt zu sein, muss der Jugendliche jedoch schon zuvor einen strukturierten Tagesablauf gehabt haben, d. h., dass der Jugendliche schulpflichtig sein muss oder bereits einer Arbeit nachgeht. Zudem muss vor Antritt ein Vertrag unterzeichnet werden,

---

408   Jedenfalls ist eine getrennte Unterbringung von Erwachsenen nötig; vgl. *Kap. 9*; *van Kalmthout/Bahtiyar* 2011, S. 941.

409   So *van Kalmthout* 2009, S. 711.

410   Dies wird z. B. seit dem Jahr 2000 in *Rotterdam* erprobt; siehe *van Kalmthout/Bahtiyar* 2011, S. 941.

411   Vgl. *Kap. 7*.

412   *van Kalmthout* 2002, S. 245.

indem sich der Jugendliche verpflichtet die Bestimmungen zu erfüllen. Jugendliche, die eine besonders hohe Strafe erwarten oder keine gesetzliche Aufenthaltserlaubnis besitzen, kommen für diese Maßnahme nicht in Betracht. Wenn der Ermittlungsrichter die Untersuchungshaft nicht aufschiebt, bedeutet dies nicht automatisch, dass der Jugendliche in eine Haftanstalt überstellt wird. Eine besondere Bestimmung der niederländischen StPO bietet die Möglichkeit, dass der polizeiliche Gewahrsam oder die Untersuchungshaft an jedem dazu geeigneten Ort erfolgen kann. Dies kann die elterliche Wohnung oder eine Jugendeinrichtung sein.[413]

Die maximale Länge der Haft beträgt 104 Tage. Der erste Anordnungszeitraum sind 14 Tage. Nach dieser Zeit sind auf Antrag der Staatsanwaltschaft Haftverlängerungen um jeweils 30 Tage möglich. Diese Verlängerung darf dann aber 90 Tage nicht überschreiten. Jedwede Verlängerung muss von einem Richter angeordnet werden. Es gibt dabei keine Unterscheidung nach Täter- oder Altersgruppen. Unter Rücksicht auf den Jugendlichen soll der Jugendrichter ständig prüfen, ob die Haft noch gerechtfertigt ist.

5.1.15 Nordirland

Die Anordnung von Untersuchungshaft bei Jugendlichen ist grundsätzlich möglich, sollte jedoch nur ausnahmsweise erfolgen und ist somit restriktiver als gegenüber Erwachsenen zu handhaben. Laut der *Criminal Justice (*Nordirland*) Order 1996* und der *Criminal Justice (Children) Order 1998* kommt die Anordnung nur bei schweren Straftaten in Betracht, wenn zudem ein erhebliches Risiko dahingehend besteht, dass der Jugendliche nicht zur Hauptverhandlung erscheint, er erneut Straftaten begehen oder Zeugen beeinflussen wird (Flucht/Fluchtgefahr, Wiederholungs-, Verdunkelungsgefahr).[414] Diese vorsorgliche Unterbringung beträgt im Durchschnitt etwa 20 bis 30 Tage.[415] Vorrangig ist jedoch zu prüfen, ob eine Kaution bzw. Bürgschaft oder eine andere Art der sicheren Unterbringung in Betracht kommt.[416]

5.1.16 Österreich

Die Untersuchungshaft ist als Vorbeugemaßnahme gegen einen Beschuldigten, Angeklagten oder Verdächtigen ausgestaltet.

---

413 *van Kalmthout* 2002, S. 245.

414 *O'Mahony* 2011, S. 976 f.

415 *O'Mahony* 2011, S. 977; *Hague/Campbell* 2002.

416 *O'Mahony* 2011, S. 977.

Die Untersuchungshaft kann nur durch das zuständige Gericht, nicht aber durch Sicherheitsorgane aus eigener Macht verhängt werden. Formale Voraussetzung ist ein Antrag der Staatsanwaltschaft. Außerdem muss der Beschuldigte vor Verhängung der Untersuchungshaft vom Gericht sowohl zur Sache als auch zu den Voraussetzungen der Untersuchungshaft vernommen worden sein. Materiell müssen ein *dringender Tatverdacht* sowie ein Haftgrund vorliegen. Als solche kommen die Flucht/Fluchtgefahr (§ 173 Abs. 2 Nr. 1 östStPO, die Verdunkelungs- (§ 173 Abs. 2 Nr. 2 östStPO) und die Wiederholungsgefahr (§ 173 Abs. 2 Nr. 3 östStPO) in Betracht. Die Untersuchungshaft darf nur verhängt werden, wenn sie im Verhältnis zur begangenen Straftat steht. Zudem darf die Untersuchungshaft nicht außer Verhältnis zu der zu erwartenden Strafe stehen.

Zudem kann die Schwere der Tat eine Untersuchungshaft rechtfertigen. *„Wenn es sich um ein Verbrechen handelt, bei dem nach dem Gesetz auf mindestens zehnjährige Freiheitsstrafe zu erkennen ist, muss die Untersuchungshaft verhängt werden, es sei denn, dass auf Grund bestimmter Tatsachen anzunehmen ist, das Vorliegen aller im Abs. 2 angeführten Haftgründe sei auszuschließen"* (§ 173 Abs. 6 östStPO). Bei diesem Haftgrund wird gesetzlich vermutet, dass eine Tatbegehungs- und Ausführungsgefahr besteht. Es wird somit auf die Schwere des Delikts abgestellt und nicht auf die vom Täter zu tragenden Rechtsfolgen. Somit ist eine Untersuchungshaft in diesen Fällen auch bei Jugendlichen obligatorisch, da bei § 176 Abs. 5 östStPO von den allgemeinen Strafandrohungen auszugehen ist.[417]

Die Untersuchungshaft gegenüber Jugendlichen unterliegt deutlich strengeren Voraussetzungen als gegenüber erwachsenen Beschuldigten und unterliegt dem ultima-ratio-Grundsatz. Die §§ 35, 36 östJGG enthalten einige Sonderbestimmungen für die Untersuchungshaft bei jugendlichen Beschuldigten. Es handelt sich im Wesentlichen um eine strengere Subsidiaritäts- und Verhältnismäßigkeitsprüfung zur möglichen Einschränkung der Verwahrungs- und Untersuchungshaft bei Jugendlichen (§ 35 Abs. 1 östJGG),[418] kürzere Haftfristen (§ 35 Abs. 3 östJGG), besondere Mitwirkungsrechte und Verständigungspflichten (§ 35 Abs. 2 und 4 östJGG), Sonderbestimmungen für den Untersuchungshaftvollzug.[419] Wie in Deutschland gelten die Sonderregelungen nicht für Heranwachsende. Soweit das östJGG keine Sonderbestimmungen beinhaltet, gelten die allg. Regelungen der StPO. Zu beachten ist, dass sich die Sonderregelungen auch aus anderen Bestimmungen mittelbar aus dem JGG ergeben können. So ergibt sich aus § 5 Abs. 2 bis 7 östJGG, dass überall dort, wo das Gesetz Rechtsfolgen

---

417 Anders bei der Fluchtgefahr; hier ist eine Herabsetzung der Strafrahmen nötig, vgl. § 5 östJGG und *Maleczky* 2008, S. 46.

418 Ausführlich siehe *Kap. 5.3.* und *Kap. 7.*

419 *Bruckmüller/Pilgram/Stummvoll* 2011, S. 82 f.; zum Untersuchungshaftvollzug siehe *Kap. 9.*

an eine Strafdrohung anknüpft, von den geänderten Jugendstrafdrohungen auszugehen ist. So ist gem. § 173 Abs. 3 östStPO Fluchtgefahr bei Vorliegen der anderen Voraussetzungen nicht anzunehmen, wenn die strafbare Handlung nicht strenger als mit zehnjähriger Freiheitsstrafe bedroht ist.[420]

Zudem müssen bei der Anordnung der Untersuchungshaft bei Jugendlichen stets die zu erwartenden Nachteile auf die persönliche Entwicklung beachtet werden. Besondere Nachteile für das Fortkommen des Jugendlichen, die in einem Missverhältnis zur Bedeutung der Tat und der zu erwartenden Strafe stehen, können etwa der Verlust eines Schul- oder Lehrplatzes bzw. ähnliche erhebliche Behinderungen der Ausbildung des Jugendlichen sein.[421] Das Verhältnismäßigkeitsprinzip ist somit sehr sorgfältig zu prüfen.

Die begangene Tat und die zu erwartende Strafe müssen bei der Anordnung der Untersuchungshaft stets beachtet werden. Das oberste Gericht in Österreich hat dazu entschieden, dass Untersuchungshaft nicht verhängt werden darf, wenn keine unbedingte Freiheitsstrafe zu erwarten ist.[422]

Ein Jugendlicher ist grundsätzlich nach drei Monaten aus der Untersuchungshaft zu entlassen, handelt es sich um ein Verbrechen, das in die Zuständigkeit des Schöffengerichts oder des Geschworenengerichts fällt, beträgt die Höchstdauer ein Jahr, ohne dass die Hauptverhandlung begonnen hat. Im letztgenannten Fall darf die Untersuchungshaft über sechs Monate hinaus nur dann aufrechterhalten oder fortgesetzt werden, wenn dies wegen besonderer Schwierigkeit oder besonderen Umfangs der Untersuchung im Hinblick auf das Gewicht des Haftgrundes unvermeidbar ist (§ 35 Abs. 3 östJGG).[423]

5.1.17 Polen

In der Regel gibt es in den Gefängnissen von Polen keine Häftlinge unter 17 Jahren. In Polen sind Jugendliche zwischen 13 und 17 Jahren grundsätzlich nicht strafrechtlich verantwortlich.[424]

Dennoch ist es möglich, auch Kinder in polizeilichen Einrichtungen festzuhalten. Eine solche Ingewahrsamnahme hat dann in speziellen Polizeikinderschutzräumen zu erfolgen (Art. 40 polnJVG). Diese Ingewahrsamnahme darf nicht länger als 72 Stunden andauern. Zudem sind unverzüglich das Familiengericht und die Eltern zu benachrichtigen. Als vorübergehende Maßnahme kann der Familienrichter aber u. a die Unterbringung in einer Jugenderziehungsinstitution

---

420 *Jesionek* 2001, S. 220.

421 *Jesionek* 2001, S. 226.

422 Vgl. hierzu JGH Wien Ratskammer 09.07.1991, 12d Vr 702/91.

423 *Bruckmüller/Pilgram/Stumvoll* 2011, S. 83; *Jesionek* 2001, S. 230.

424 Es sei denn es handelt sich z. B. um schwere Taten (Art. 10 Abs. 2 polnStGB); siehe hierzu *Kap. 3.3.1.*

anordnen. Aufgrund von Kapazitätsproblemen in diesen Einrichtungen kommt es in der Praxis häufig zu einer Belassung im Polizeigewahrsam und damit zur Überschreitung der 72 Stunden.[425]

Die gesetzlichen Grundvoraussetzungen zur Anordnung von Untersuchungshaft sind im allgemeinen Verfahrensrecht geregelt. Zunächst muss ein Tatverdacht bestehen. Dieser liegt vor, wenn die „hohe Wahrscheinlichkeit" besteht, dass der Beschuldigte die im Verdacht stehende Tat begangen hat. Es muss sich jedoch um eine Tat handeln, die im Mindestmaß mit einer Freiheitsstrafe von einem Jahr bedroht ist. Die Untersuchungshaft scheidet zudem aus, wenn zu erwarten ist, dass es lediglich zu einer kurzen Freiheitsstrafe kommt. Dies gilt jedoch nicht, wenn der Betroffene nicht zur Ladung erscheint oder seine Identität unklar ist.[426] Darüber hinaus muss ein Haftgrund vorliegen. Das polnische Recht kennt die Flucht/Fluchtgefahr, Verdunkelungs-, Wiederholungsgefahr und die Schwere der Tat.

Die erstmalige Anordnung der Untersuchungshaft darf bis zum Beginn der Hauptverhandlung nicht länger als drei Monate dauern. Diese drei Monate können in bestimmten Ausnahmefällen verlängert werden. Die Höchstdauer des Verfahrens bis das Gericht erster Instanz entschieden haben muss und somit auch die Höchstdauer der Inhaftierung in der Untersuchungshaft beträgt ein Jahr (vgl. Art. 27 polnJVG) Jedoch kann auch diese Frist vom Landgericht in bestimmten Fällen verlängert werden.[427]

Untersuchungshaftalternativen können die Aufsicht durch einen Bewährungshelfer oder eine andere vertrauenswürdige Person sein. Auch die Auflage einen Arbeitsplatz aufzunehmen oder die Einweisung in eine sozialpädagogische Einrichtung stellen Alternative dar. Diese Maßnahmen sind identisch mit den Maßnahmen nach dem Jugendhilferecht.[428]

Grundsätzlich dürfen Jugendliche nicht in Untersuchungshaftanstalten für Erwachsene untergebracht werden. Jedoch erlaubt Art. 18 Abs. 2 polnJVG eine dortige Unterbringung, soweit mit einer Freiheitsstrafe nach dem Erwachsenenstrafrecht zu rechnen ist (mind. 15 Jahre alt) und eine Unterbringung in einer Jugendanstalt nicht nötig ist.[429]

---

425 *Stańdo-Kawecka* 2011, S. 1020; diese wurde auch vom CPT bemängelt; siehe *CPT* 2006, § 10.

426 *van Kalmthout u. a.* 2009, S. 67.

427 *Stańdo-Kawecka* 2011, S. 1020 f.; *Krajewski* 2006, S. 171.

428 Vgl. *Kap. 7.*

429 Vgl. *Kap. 9.*

5.1.18 Portugal

Die Anordnung von vorbeugenden Maßnahmen gegenüber einem jugendlichen Beschuldigten ist durch den Jugendrichter möglich. Voraussetzung aller möglichen vorbeugenden Maßnahmen ist das kumulative Vorliegen der folgenden Bedingungen. Es muss zunächst ein „deutlicher Hinweis"[430] darauf bestehen, dass der Beschuldigte eine Straftat begangen hat, die Anordnung einer Erziehungsmaßnahme im Hinblick auf ein Erziehungsbedürfnis wahrscheinlich ist und ein Haftgrund vorliegt. Als solcher kommt die Flucht/Fluchtgefahr, Verdunkelungs-, Wiederholungsgefahr oder eine Gefahr für die Allgemeinheit in Betracht (Art. 204 portStPO).[431] Das Ziel derartiger Maßnahmen ist die Beweissicherung im Hinblick auf die Tat sowie die Erziehungsbedürfnisse des Jugendlichen. Bei der Anordnung sind somit folgende Grundsätze bzw. Voraussetzungen zu beachten: Bedarf, Geeignetheit, Verhältnismäßigkeit, Subsidiarität und Bestimmtheit. Zulässig sind nur die im Gesetz ausdrücklich genannten Maßnahmen. Dies sind die Unterbringung des Jugendlichen bei den Eltern bzw. Erziehungsberechtigten, die Inobhutnahme des Jugendlichen durch eine öffentliche oder private Institution sowie auch die sichere Unterbringung oder die Untersuchungshaft. Regelmäßig wird die Anordnung einer vorbeugenden Maßnahme durch den Staatsanwalt beantragt. Sollte das Verfahren bereits auf den Jugendrichter übergegangen sein, so ist, wenn die Anordnung in diesem Verfahrensstadium nicht durch den Antrag des Staatsanwalts in Gang gebracht wurde, dieser zumindest anzuhören.[432]

Die sichere Unterbringung kann der Jugendrichter gegenüber einem Jugendlichen, der einer Tat beschuldigt wird, die nach dem portugiesischen Recht als Straftat eingestuft wird und der Beschuldigte zum Zeitpunkt der Tat zwischen 12 und 16 Jahre alt war, angeordnet werden. Dabei handelt es sich konkret um eine Unterbringung in einer geschlossenen oder halboffenen Erziehungseinrichtung (*medida cautelar de guarda*).[433] Diese Maßnahme soll das letzte Mittel darstellen und ist zudem nur möglich, soweit es sich um eine Tat handelt, die im Mindestmaß mit einer Freiheitsstrafe von fünf Jahren bedroht ist oder wenn mehrere Taten vorliegen. Dann muss es sich hierbei um eine Tat handeln, die mit mindestens drei Jahren Freiheitsstrafe bedroht ist. Ist der Jugendliche zwischen 12 und 14 Jahren erfolgt die Unterbringung in einer halboffenen Einrichtung. Ist der Jugendliche mindestens 14 Jahre alt, wird er in einer geschlossenen Einrichtung untergebracht. Die Anordnung dieser Unterbringung kann für die Dauer von drei Monaten erfolgen

---

430 *van Kalmthout u. a.* 2009, S. 67.

431 *Lambertina* 2009, S. 774.

432 *Rodriguez/Duarte-Fonseca* 2011, S. 1057.

433 Es handelt sich um die schwerste Sanktion gegenüber einem Jugendlichen zwischen 12 und 16 Jahren.

und um weitere drei Monate verlängert werden, soweit es sich um einen komplexen Fall handelt und die Anordnungsvoraussetzungen weiterhin gegeben sind.

Gegenüber 16- bis 18-Jährigen sind Zwangsmaßnahmen (*medida de coaccao*) und damit die Anordnung regulärer Untersuchungshaft (*prisao preventiva*), zulässig.[434] Voraussetzung ist eine Straftat, für die mehr als drei Jahre Freiheitsstrafe vorgesehen sind. Auch im Auslieferungsverfahren oder bei terroristischen Taten kann Untersuchungshaft angeordnet werden.[435]

Die Höchstdauer der regulären Untersuchungshaft beträgt maximal 18 Monate. In Ausnahmefällen, beispielsweise wegen der Komplexität des Verfahrens, kann die Untersuchungshaft sogar 30 Monate betragen.

Als Alternativen zur Untersuchungshaft kommen Meldeauflagen, Aufenthaltsbestimmungen, Berufsverbote, Aufsichtsmaßnahmen oder der Hausarrest in Betracht.[436]

5.1.19 Rumänien

Untersuchungshaft darf in Rumänien grundsätzlich dann angeordnet werden, wenn erhebliche Hinweise vorliegen, dass der Verdächtige eine Straftat begangen hat (§ 143 ruStPO). Die Tat muss im Mindestmaß mit einer Freiheitsstrafe von vier Jahren bedroht sein (§ 148 ruStPO).[437] Des Weiteren muss ein Haftgrund vorliegen. Als solcher kommen sowohl die Flucht/Fluchtgefahr, Verdunkelungs-Wiederholungsgefahr als auch die Schwere der Tat und Gefahr für die Allgemeinheit in Betracht.[438]

Jugendliche Beschuldigte genießen grundsätzlich mehr Rechte im Ermittlungsverfahren. So darf die Untersuchungshaft bei Jugendlichen nur dann angeordnet werden, wenn der Jugendliche im Verdacht steht eine Tat begangen zu haben, die im Mindestmaß mit fünf Jahren Freiheitsstrafe bedroht ist. Zudem muss stets geprüft werden, ob die verhängten Zwangsmaßnahmen einen negativen Einfluss auf die körperliche, geistige oder sittliche Entwicklung des Jugendlichen hat. In diesem Falle ist von solchen Maßnahmen abzusehen.[439] Im Falle einer Verhaftung ist stets ein Verteidiger zu bestellen. Auch sind die Eltern, der gesetz-

---

434 Die allgemeine strafrechtliche Verantwortlichkeit beginnt mit 16 Jahren. Somit gibt es diesbezüglich auch keine Sonderbestimmungen; siehe *Kap. 3.3.3.*

435 Durch Neuerungen im Strafprozessrecht möglich (Gesetzesänderung durch das Gesetz Nr. 48/2007 vom 21.08.2007); siehe hierzu auch *Rodrigues/Duarte-Fonseca* 2011, S. 1059.

436 siehe *Kap. 7.*

437 *van Kalmthout u. a.* 2009, S. 68.

438 *Dünkel/Dorenburg/Grzywa* 2011, S. 1757.

439 *Păroşanu* 2011, S. 1104.

liche Beistand und die Bewährungshilfe innerhalb von 24 Stunden zu benachrichtigen. Abhängig vom Alter darf Untersuchungshaft bei 14- bis 16-Jährigen nicht länger als 15 Tage dauern. Eine Verlängerung ist in bestimmten Ausnahmefällen möglich. Bei einer Strafandrohung von mindestens 20 Jahren Haft oder einer lebenslänglichen Freiheitsstrafe kann die Haft bis zu sechs Monate dauern. Bei 16- bis 18-Jährigen darf die Untersuchungshaft nicht länger als 20 Tage dauern. Diese Periode kann jedoch jeweils um 20 Tage verlängert werden, darf aber die maximale Zeit von 90 Tagen nicht überschreiten. Lediglich in ganz bestimmten Ausnahmefällen (bei Strafandrohung von 10 Jahren oder bei lebenslanger Freiheitsstrafe) kann diese Zeit auf maximal 180 Tage erweitert werden.[440] Es besteht die Möglichkeit Haftbeschwerde zu erheben. Jugendliche werden separat von Erwachsenen untergebracht (es gibt jedoch keine reinen Jugendhaftanstalten, in denen Untersuchungshaft vollzogen wird).[441]

5.1.20 Russland

Die Untersuchungshaft ist eine Zwangsmaßnahme des russischen Strafprozessrechts. Wie die sonstigen Zwangsmaßnahmen dient die Untersuchungshaft dem Zweck, das Fernbleiben bzw. die Flucht des Beschuldigten vor dem Ermittlungs- bzw. Hauptverfahren zu verhindern. Außerdem wird die Untersuchungshaft zur Vorbeugung der Begehung weiterer Straftaten durch den Beschuldigten oder zum Zweck der Sicherung des Ermittlungsverfahrens, wenn Gefahr besteht, dass der Beschuldigte Zeugen oder andere Beteiligte des Ermittlungsverfahrens bedroht, beweiserhebliche Unterlagen vernichtet oder in anderer Art und Weise das Ermittlungsverfahren behindert, angeordnet. Eine Zwangsmaßnahme (auch die Untersuchungshaft) kann zum Zweck der Sicherung der Vollstreckung angeordnet werden.

Das russische Strafprozessrecht sieht vor, dass Jugendliche, denen eine Hauptverhandlung droht, unter die Fürsorge bzw. Aufsicht der Eltern (Erziehungsberechtigten), einer anderen vertrauenswürdigen Person oder einer speziellen Einrichtung zu stellen sind.[442]

Ansonsten bestehen während des Ermittlungsverfahrens zwei Möglichkeiten einer vorläufigen Unterbringung für Jugendliche. Zum einen ist dies die Unterbringung in dem Zentrum für den zeitweiligen Aufenthalt. Die Unterbringung

---

440 *Pǎroşanu* 2011, S. 1105; zur im Wesentlichen ähnlichen Rechtslage nach der Reform von 2014 vgl. *Pǎroşanu* 2016, S. 190 ff., 194 ff.; die absolute Höchstfrist von 180 Tagen (auch bei Erwachsenen) ist auf das Ermittlungsverfahren bis zur Anklageerhebung bezogen.

441 *Pǎroşanu* 2011, S. 1105; siehe auch *Kap. 9*.

442 *Shchedrin* 2011, S. 1127 f.

kann seit der Normierung 1999 vom Polizeichef oder einem bevollmächtigten Beamten für höchstens 48 Stunden angeordnet werden. Der Leiter des Zentrums hat dann umgehend den Staatsanwalt zu benachrichtigen. Da der Europarat eine bessere Beachtung der Rechte des Kindes angemahnt hat, gilt seit 2003, dass die relevanten Informationen innerhalb von 24 Stunden dem Richter vorzulegen sind. Dieser muss wiederum innerhalb der nächsten 24 Stunden die Sachlage in Anwesenheit des Jugendlichen, Verteidigers, Staatsanwalts, Polizeibeamten und des Leiters des Zentrums klären. Das Kind oder der Jugendliche ist entweder zu entlassen oder dort weiterhin für höchstens 30 Tage unterzubringen. Ausnahmsweise ist eine Verlängerung um weitere 15 Tage möglich.[443] Dieses Zentrum ist dem Innenministerium zugeordnet. Untergebracht werden regelmäßig Kinder, die auf eine gerichtlich angeordnete Einweisung in eine gesicherte Spezialschule warten oder auf eine Gerichtsentscheidung warten, die eine Einweisung in eine Spezialschule zum Inhalt haben wird. Teilweise sind es auch strafunmündige Kinder, die eine Straftat begangen haben und bei denen eine Wiederholungsgefahr besteht.

Zum anderen besteht die Möglichkeit der Anordnung von Untersuchungshaft. Diesbezüglich gelten die gleichen Anordnungsvoraussetzungen wie im allgemeinen Strafverfahrensrecht. Es muss ein Tatverdacht bestehen und ein Haftgrund vorliegen. Als Haftgründe kommen die Flucht/Fluchtgefahr, Wiederholungs-, Verdunkelungsgefahr und die Schwere der Tat in Betracht.[444] Art. 108 und 423 der russischen StPO schreibt fest, dass Untersuchungshaft nur angeordnet werden darf, soweit eine alternative Maßnahme nicht in Betracht kommt (Aufsicht). Auch der Oberste Gerichtshof hat entschieden, dass der Antrag einer Ermittlungsperson im Hinblick auf die Anordnung von Untersuchungshaft gegenüber einem Jugendlichen besonders sorgfältig zu prüfen ist.[445] Nach dieser Entscheidung des Obersten Gerichtshofes beurteilt das Ermittlungsorgan bzw. das Gericht bei Anordnung dieser Maßnahme grundsätzlich Faktoren wie den konkreten Sachverhalt, die Schwere der Tat, persönliche Angaben des Jugendlichen, seine Lebensbedingungen und die Beziehungen zu den Eltern. Vorrang hat die Stellung des Jugendlichen unter die Aufsicht einer vertrauenswürdigen Person. Die Personen, die diese Aufsicht ausüben, sollen, nachdem sie hierzu ihre Zustimmung erklärt haben, die schriftliche Verpflichtung eingehen, das Erscheinen des Jugendlichen vor Gericht, aber auch sein rechtstreues Verhalten sicherzustellen (Art. 394 Abs. 2 StPO). Über diese Maßnahme wird auch die Abteilung zur Vorbeugung der Jugendkriminalität benachrichtigt, die eine entsprechende Kontrolle über das Verhalten des Jugendlichen ausübt und in bestimmten Fällen den Ermittlungsbeamten

---

443 *Shchedrin* 2011, S. 1134.

444 *Dünkel/Dorenburg/Grzywa* 2011, S. 1757.

445 *Shchedrin* 2011, S. 1127 f.

über die Notwendigkeit der Veränderung der strafprozessualen Vorbeugungs-maßnahmen unterrichtet.[446]

Die vorläufige Inhaftierung kann bei Jugendlichen für die gleiche Dauer wie bei Erwachsenen erfolgen. Die erstmalige Anordnung der Untersuchungshaft darf zunächst zwei Monate nicht überschreiten. Wenn in dieser Zeit das Ermittlungs-verfahren nicht beendet werden kann und eine vorzeitige Entlassung aus der Un-tersuchungshaft oder die Anordnung alternativer Maßnahmen nicht in Betracht kommt, kann diese Zeit zunächst auf sechs Monate erweitert werden (Amtsge-richt). In komplexen Fällen ist auch eine Verlängerung auf 12 Monate möglich. Nach Anklage in schweren Fällen durch den Oberstaatsanwalt kann sogar eine Untersuchungshaftlänge von 18 Monaten gerechtfertigt sein.[447] Nach der Verfas-sung Russlands darf eine Inhaftierung nur und ausschließlich vom Gericht ange-ordnet werden (Art. 22 russVerf).

Die neue Strafprozessordnung gewährt in ihrem Kapitel 16 „Rechtsmittel ge-gen Handlungen und Entscheidungen des Gerichts und der Amtspersonen, die das Strafverfahren durchführen", entsprechend Art. 46 der Verfassung, der ein um-fassendes Recht zur Einlegung von Rechtsmitteln gegen Handlungen und Unter-lassungen sowie Entscheidungen von Ermittlungsorganen, Ermittlungspersonen, Untersuchungsleitern, Staatsanwälten und Gerichten regelt. Über solche Be-schwerden ist innerhalb von fünf Tagen seit Eingang der Beschwerde zu entschei-den (Art. 125 Abs. 3 russStPO); die Suspension der angefochtenen Entscheidung steht - wie nach § 307 Abs. 2 der deutschen StPO - im Ermessen des Gerichts (Art. 125 Abs. 7).

Auf der Grundlage von Art. 23 Abs. 5 des Bundesgesetzes „über Freiheits-entzug bei Tatverdächtigen und angeklagten Personen" muss die Haftraumgröße mind. 4 qm betragen. Jugendliche werden in der Regel in Gruppenzellen unterge-bracht (4-6 Personen). Dies geschieht in separaten Abteilungen.[448] Russland sieht für jugendliche Untersuchungshäftlinge bessere Lebensbedingungen im Ver-gleich zu Erwachsenen vor. Täglich sind mindestens zwei Stunden erzieherische Aktivitäten vorgesehen, die sportlicher oder arbeitstherapeutischer Natur sein sol-len.[449]

5.1.21 Schottland

Grundsätzlich ist die Anordnung von Untersuchungshaft gegenüber Jugendlichen möglich. Als Haftgründe kommen in Schottland die Flucht/Fluchtgefahr, Verdun-kelungs-, Wiederholungsgefahr und eine potentielle Gefahr für die Allgemeinheit

---

446 *Pergataia* 2003, S. 247 m. w. N.

447 *Dünkel/Dorenburg/Grzywa* 2011, S. 1753; *Shchedrin* 2011, S. 1135.

448 Vgl. *Kap. 9.*

449 Siehe *Kap. 9.*

in Betracht.[450] Handelt es sich um eine schwere Tat, die eine Unterbringung notwendig erscheinen lässt, soll diese an einem „sicheren Ort" erfolgen. Dies kann eine Unterkunft der jeweiligen Gemeinde sein oder eine Polizeistation. Diese Unterbringung darf maximal drei Tage dauern. Nach dieser Zeit ist der Beschuldigte dann vor das sog. *Children's Hearing* zu bringen. Das *Children's Hearing* ist einzigartig in Schottland und richtet sich an Kinder und Jugendliche unter 16 Jahre, die eine Straftat begangen haben oder besonders schutzbedürftig sind.[451] Das System wurde durch den *Social Work Act 1968* eingeführt und ersetzt die Gerichte als wichtigste Institution für den Umgang mit jugendlichen Straftätern und pflegebedürftigen Kindern.[452]

Der Jugendliche wird sodann vor das zuständige Gericht gebracht.[453] Dort wird entschieden, welche Maßnahmen im laufenden Verfahren getroffen werden. Jugendliche unter 16 Jahren werden grundsätzlich unter die Aufsicht der lokalen Sozialbehörde gestellt (keine Inhaftierung). Bei den mindestens 16-Jährigen, die bereits unter Aufsicht stehen, kann diese weiterhin durchgeführt werden. Über 16-Jährige, die nicht unter die Aufsicht gestellt sind, können in einer Untersuchungshaftanstalt untergebracht werden.[454] Auch bei den 14- bis 16-Jährigen kann eine geschlossene Unterbringung in einer Untersuchungshaftanstalt oder in einer anderen Institution für junge Täter angeordnet werden. Voraussetzung ist in diesem Fall jedoch, dass der Jugendliche vom Gericht als *widerspenstig* oder *lasterhaft* (*unruly* oder *depraved*) angesehen wird.[455] Die §§ 24 und 297 der schottischen Strafprozessordnung sehen in einem solchen Fall eine Unterbringung in einem Untersuchungshaftgefängnis vor, soweit der Jugendliche über 14 Jahre alt ist und beschuldigt wird, ein Verbrechen oder Vergehen begangen zu haben und eine Aufsicht oder eine Unterbringung in einer lokalen Einrichtung nicht ausreichend erscheint.[456] Die Mehrzahl der Jugendlichen, denen eine solche *Widerspenstigkeit* bzw. *Lasterhaftigkeit* vorgeworfen wird ist im Alter von 15 Jahren und wird

---

450 Gemeint ist eine „ernste Bedrohung für die öffentliche Ordnung", siehe *Dünkel/ Dorenburg/Grzywa* 2010, S. 1752.

451 Auch bei den 8-16-jährigen ist eine strafrechtliche Verfolgung möglich, jedoch ist es bei dieser Altersgruppe eine informelle Handhabung gewöhnlich, *Rozel* 2009, S. 963 f.; *Burman u. a.* 2011, S. 1171 ff.

452 Siehe ausführlich *Burman u. a.* 2011, S. 1172.

453 § 51 (1) schottStPO (Criminal Procedure Act 1995).

454 *Burman u. a.* 2011, S. 1182.

455 § 51 (1) (b) schottStPO (Criminal Procedure Act 1995).

456 *Burman u. a.* 2011, S. 1182.

beschuldigt ein Gewaltverbrechen begangen zu haben.[457] Die Haft darf nicht länger als sechs Monate dauern.[458]

Ansonsten kann in Schottland grundsätzlich bei allen Delikten von einer Untersuchungshaft abgesehen werden. So kann vom zuständigen Gericht eine Kaution[459] gewährt werden. Voraussetzung für die Kautionsgewährung ist, dass der Angeklagte/Verdächtige rechtzeitig zu den Gerichtsterminen erscheint, er während dieser Zeit straffrei bleibt, keinen Einfluss auf Zeugen nimmt und jederzeit für das Gericht zur Verfügung steht. Zudem gibt es weitere Möglichkeiten, die das Gericht bestimmen kann. So kann beispielsweise angeordnet werden, dass der Angeklagte/Beschuldigte seinen Pass abgibt, er an seinem momentanen Wohnsitz wohnen bleibt oder sein äußeres Erscheinungsbild nicht verändert.

Jugendlichen wird während der Zeit der Kaution eine sog. Kautionsaufsicht (ähnlich der Bewährungshilfe) bestellt.[460]

5.1.22 Schweden

Im Hinblick auf eine Inhaftierung von Jugendlichen während des Ermittlungsverfahrens schreibt die schwedische Strafprozessordnung vor, dass bestimmte Bestimmungen und Einschränkungen bei Personen unter 18 Jahren gelten (Kap. 24 § 4 (2) schwedStPO). Wo keine speziellen Regelungen existieren, gelten die allgemeinen Regeln des Strafverfahrens. Für Täter bis 18 Jahre gelten gesetzliche Beschleunigungsfristen. Seit 2007 gilt, dass bei Taten, die mit Freiheitsstrafe bedroht sind, im Prinzip innerhalb von 6 Wochen Anklage erhoben werden muss und die Hauptverhandlung spätestens zwei Wochen nach der Anklageerhebung anzuberaumen ist.[461] Es existieren spezielle Jugendstaatsanwälte, aber keine speziellen Jugendkammern.

Die gesetzlichen Grundvoraussetzungen zur Verhängung von Untersuchungshaft sind identisch mit denen des allgemeinen Strafverfahrensrechts. Es muss zunächst ein hinreichender Verdacht bestehen und ein Haftgrund vorliegen. Dieser kann in einer Flucht/Fluchtgefahr, Verdunkelungs-, Wiederholungsgefahr und der Schwere der Tat bestehen.[462]

---

457 *Burman u. a.* 2011, S. 1182.

458 *Dünkel/Dorenburg/Grzywa* 2011, S. 1779.

459 Siehe *Kap. 7.2.1.*

460 *Burman u. a.* 2011, S. 1183.

461 *Haverkamp* 2011, S. 1343.

462 *Dünkel/Dorenburg/Grzywa* 2011, S. 1751.

Untersuchungshaft darf gegen 15- bis 17-Jährige nur unter besonders restriktiven Voraussetzungen angeordnet werden.[463] Als Alternative kommt insbesondere eine Beaufsichtigung durch die zuständigen Sozialbehörden gemäß des Gesetzes über spezielle Regelungen für die Behandlung junger Personen in Betracht. Des Weiteren kommt eine vorläufige Unterbringung in einem Heim in Betracht. Die Sicherstellung einer Überwachung genießt Vorrang. Begeht ein Kind eine Straftat, so wird der zuständige Sozialausschuss benachrichtigt. Der Ausschuss untersucht den Vorfall und entscheidet über die geeigneten erzieherischen Maßnahmen.[464] Ein Kind darf i. d. R. nicht länger als 3 Stunden nach der Festnahme auf frischer Tat festgehalten werden. Eine Verlängerung um weitere drei Stunden ist in Ausnahmefällen möglich. Der Einsatz strafprozessualer Zwangsmittel ist gegenüber Kindern nur in Ausnahmefällen erlaubt. Während die Beschlagnahme, Hausdurchsuchung, Leibesvisitation nach dem Strafprozessrecht zulässig sind, besteht ein Verbot hinsichtlich vorläufiger Festnahmen (länger als drei Stunden), Untersuchungshaft, Arrest und körperlicher Durchsuchung.

5.1.23 Schweiz

Seit dem 01.01.2011 ist im Rahmen der Vereinheitlichung des Strafprozessrechts auch das Jugendstrafverfahren für die gesamte Schweiz geregelt worden. Somit werden alle bis dato kantonalen Regelungen durch die neue Jugendstrafprozessordnung ersetzt. Im bisher geltenden Schweizer Bundesgesetz über das Jugendstrafrecht (JStG) waren zwar einige Verfahrensbestimmungen enthalten, im Übrigen war das Verfahrens- und Organisationsrecht bisher jedoch kantonal geregelt.

Was die Untersuchungshaft betrifft, stellte lediglich Art. 6 schwJStG a.F. eine besondere bundeseinheitliche Regelung dar. Diese Regelung ist nun aufgehoben und inhaltlich in der JStPO vorgesehen. So dürfen die Untersuchungs- und die Sicherheitshaft[465] nur in Ausnahmefällen und erst nach Prüfung sämtlicher Möglichkeiten von Ersatzmaßnahmen angeordnet werden (Art. 27 schwJStPO). Zudem ist eine angemessene Betreuung sicherzustellen (Art. 28 Abs. 1 JStPO).

Die JStPO versteht sich als *lex specialis* zum allgemeinen Strafverfahrensrecht beziehungsweise zur (Erwachsenen-) StPO. Diese ist subsidiär anzuwenden, soweit die JStPO keine besonderen Regelungen enthält oder die Anwendung nicht explizit ausgeschlossen ist. Folglich sind die Grundvoraussetzungen zur Verhängung einer Untersuchungshaft auch in der allgemeinen StPO geregelt. In der

---

463 § 23 des Gesetzes über spezielle Regelungen für die Behandlung junger Personen, vgl. *Haverkamp* 2011, S. 1350 m. w. N.

464 Kap. 11 § 1 ff. Sozialdienstgesetz.

465 Als Sicherheitshaft gilt die Haft während der Zeit zwischen dem Eingang der Anklageschrift beim erstinstanzlichen Gericht und der Rechtskraft des Urteils, dem Antritt einer freiheitsentziehenden Sanktion oder der Entlassung (siehe Art. 220 Abs. 2 schwStPO).

Schweiz sind Untersuchungs- und Sicherheitshaft nur zulässig, wenn die beschuldigte Person eines Verbrechens oder Vergehens dringend verdächtig ist und ernsthaft zu befürchten ist, dass sie sich durch Flucht dem Strafverfahren oder der zu erwartenden Sanktion entzieht (Fluchtgefahr), Personen beeinflusst oder auf Beweismittel einwirkt, um so die Wahrheitsfindung zu beeinträchtigen (Verdunkelungsgefahr) oder durch schwere Verbrechen oder Vergehen die Sicherheit anderer erheblich gefährdet, nachdem sie bereits früher gleichartige Straftaten verübt hat (Art. 221 Abs. 1 schwStPO). Nach Art. 221 Abs. 2 StPO schwStPO ist eine Haft auch zulässig, wenn ernsthaft zu befürchten ist, eine Person werde ihre Drohung, ein schweres Verbrechen auszuführen, wahrmachen. Bemerkenswert und zu kritisieren ist, dass die deutliche Aufforderung des Art. 6 Abs. 1 JStG a. F., wonach die Untersuchungshaft so kurz wie möglich zu halten ist, nun nicht mehr explizit im Gesetz vorgesehen ist. In der neuen JStPO findet sich jedoch die Sonderregelung, dass, wenn die Untersuchungshaft länger als sieben Tage dauern soll, die Untersuchungsbehörde spätestens am siebten Tag ein Verlängerungsgesuch an das Zwangsmaßnahmengericht stellen muss. Dieses entscheidet unverzüglich, spätestens aber innerhalb von 48 Stunden nach Eingang des Gesuchs. Das Verfahren richtet sich nach den Artikeln 225 und 226 StPO der allgemeinen StPO. Das Zwangsmaßnahmengericht kann die Untersuchungshaft dann mehrmals verlängern, jedoch jeweils um höchstens einen Monat. Das Verfahren richtet sich nach Art. 227 StPO. Die Verlängerung der Untersuchungshaft wird jeweils für längstens drei Monate, in Ausnahmefällen für längstens 6 Monate bewilligt.

Auch eine Haftprüfung ist jederzeit möglich. Der urteilsfähige beschuldigte Jugendliche und die gesetzliche Vertretung können bei der Behörde, welche die Haft angeordnet hat, jederzeit die Entlassung beantragen (Art. 27 Abs. 4 JStPO). Das Verfahren richtet sich nach Artikel 228 StPO. Danach kann das Zwangsmaßnahmengericht beispielsweise in seinem Entscheid eine Frist von längstens einem Monat setzen, innerhalb derer die beschuldigte Person kein Entlassungsgesuch stellen kann.

5.1.24 Serbien

Während des Ermittlungsverfahrens ist die Anordnung von Untersuchungshaft auch bei Jugendlichen möglich. Die Grundvoraussetzungen der Untersuchungshaft sind im allgemeinen Strafverfahrensrecht geregelt (Art. 142 serbStPO).[466] Zunächst muss ein begründeter Verdacht bestehen, dass die beschuldigte Person eine strafbare Handlung begangen hat.[467] Des Weiteren muss ein Haftgrund vorliegen. Als solcher kommen die Flucht/Fluchtgefahr, Verdunkelungs-, Wiederholungsgefahr und die Schwere der Tat in Betracht. Bei der schweren potentiellen

---

466 Die neue Strafprozessordnung ist am 31.12.2008 in Kraft getreten.

467 *Škulić* 2011, S. 1228.

Tat muss es sich um eine Tat handeln, die mit mindesten zehn Jahren Freiheitsstrafe bedroht ist.[468]

Eine Inhaftierung soll bei Jugendlichen jedoch nur ausnahmsweise verhängt werden (Art. 67 serbJGG). Als vorläufige Alternativmaßnahmen (*mera privremenog smestaja*) kann der Jugendrichter den Jugendlichen zeitweise unter die Aufsicht der Vormundschaftsbehörde oder einer Pflegefamilie stellen, soweit es geboten erscheint den Jugendlichen aus seiner Umgebung herauszunehmen (Art. 66 (1) serbJGG). Auch kann er eine Unterbringung in einem Heim oder einer anderen Erziehungseinrichtung veranlassen. Anders als bei der Untersuchungshaft, die im Wesentlichen der Sicherung des Strafverfahrens dient (Art. 67 (1) serbJGG), geht es bei den vorläufigen Maßnahmen um eine erzieherische Einwirkung auf den Beschuldigten bzw. um eine Persönlichkeitserforschung.[469] Die Entscheidung des Jugendrichters in einem solchen Fall kann innerhalb von 24 Stunden durch den Jugendlichen, die Eltern oder gesetzlichen Vertreter, dem Verteidiger oder auch dem Jugendstaatsanwalt angefochten werden.[470] Dieser Subsidiaritätsgrundsatz gilt bei allen Jugendlichen zwischen 14 und 18 Jahren. Nach alter Rechtslage galt dieser Grundsatz lediglich für die jüngeren Jugendlichen zwischen 14 und 16 Jahren.[471]

Die Untersuchungshaft während des Ermittlungsverfahrens kann für höchstens einen Monat (30 Tage) angeordnet werden, jedoch in begründeten Ausnahmefällen um weitere 30 Tage verlängert werden (Art. 67 (3) serbJGG). Über diese Verlängerung entscheidet nicht alleine der Jugendrichter, sondern die zuständige Jugendkammer. Im Hauptverfahren (nach Erhebung der Anklage) darf die Untersuchungshaft bei den jüngeren Jugendlichen (s.o.) maximal vier Monate dauern. Bei den älteren Jugendlichen beträgt in diesem Verfahrensstadium die Höchstdauer sechs Monate (Art. 67 (5) serbJGG).[472] Die Zeit, in der ein Jugendlicher vorläufigen Maßnahmen unterliegt oder in der Untersuchungshaft sitzt, werden auf die später folgende Sanktion angerechnet.[473]

---

468 *Škulić* 2011, S. 1228.

469 Vgl. *Škulić* 2011, S. 1227.

470 Art. 66 serbJGG; Die zeitigen Unterbringungsmaßnahmen sollen grundsätzlich so lange dauern, wie sie nötig sind. Allerdings ist insgesamt ein zügiges Vorgehen vorgeschrieben (Beschleunigungsgebot), so dass sich derartige Maßnahmen nicht ewig hinziehen dürfen; *Škulić* 2011, S. 1227 f.

471 *Škulić* 2011, S. 1229.

472 *Škulić* 2011, S. 1229. Wird eine Entscheidung des Jugendrichters in der ersten Instanz angefochten, die eine geschlossene Unterbringung vorsah, kann während dieses Verfahrens eine weitere Anordnung der Untersuchungshaft von höchstens sechs Monaten erfolgen, vgl. *Škulić* 2011, S. 1229 f.

473 *Škulić* 2011, S. 1229.

5.1.25 Slowakei

Im Hinblick auf die Grundvoraussetzungen zur Verhängung von Untersuchungshaft gibt es in der Slowakei keine Sonderregelungen für jugendliche Beschuldigte.[474] Untersuchungshaft darf bei Vorliegen eines begründeten Verdachts und
eines Haftgrundes verhängt werden. Als Haftgründe sind im slowakischen Recht
die Flucht/Fluchtgefahr, Verdunkelungs- und die Wiederholungsgefahr vorgesehen. In bestimmten Fällen, in denen eine lange Freiheitsstrafe von mindestens acht
Jahren erwartet wird, kann auch dies eine vorläufige Inhaftierung rechtfertigen.[475]

Bei jugendlichen Verdächtigen muss jedoch stets geprüft werden, ob der
Haftzweck nicht auf andere Weise erreicht werden kann (Art. 339 skStPO). Die
Inhaftierung eines Jugendlichen stellt somit ein subsidiäres Mittel dar. Vorrangig
sind Maßnahmen zur Unterbringung bei den Eltern, die Unterbringung im Inter-
nat, einer Berufsschule u. ä.[476] Weitere Sonderbestimmungen für Jugendliche
gibt es nicht.

Nach dem allgemeinen Strafverfahrensrecht kann der Haftzweck vor allem
mit Hilfe der Alternativen aus der Strafprozessordnung erreicht werden. Dies sind
die Garantie eines Vereins oder einer vertrauenswürdigen Person (etwa ein El-
ternteil, Lehrer, Erzieher usw.), der/die das Verhalten des Jugendlichen beeinflussen kann; ein schriftliches Versprechen des jugendlichen Beschuldigten, ein or-
dentliches Leben zu führen, insbesondere keine Straftaten zu begehen und die ihm
auferlegten Pflichten und Beschränkungen einzuhalten; die Aufsicht durch einen
Bewährungshelfer, mit dessen Hilfe der Jugendliche eine objektive Einstellung
zur Tat gewinnt, sich seiner persönlichen Verantwortung bewusst wird, die Folgen seiner Tat akzeptiert und letztendlich sein strafbares Verhalten nicht fortsetzt;
und die Hinterlegung einer Kaution.[477]

Bezüglich der Höchstdauer der Untersuchungshaft gibt es keine speziellen
Normen für jugendliche Inhaftierte. So kann diese wie bei erwachsenen Tätern in
Abhängigkeit von der Schwere der Straftat maximal ein Jahr, drei oder vier Jahre

---

474 Siehe *Válková/Hulmáková/Vráblová* 2011, S. 1280 f.

475 *van Kalmthout u. a.* 2009, S. 68.

476 *Válková/Hulmáková/Vráblová* 2011, S. 1280.

477 *Válková/Hulmáková/Vráblová* 2011, S. 1280 f. Im Rahmen eines Zivilgerichtsverfahrens
     kann der Minderjährige außerdem in einem Erziehungsheim untergebracht werden. Dies
     setzt aber voraus, dass das Gericht die Erziehung des Jugendlichen als gefährdet ansieht
     und andere Erziehungsmaßnamen nicht erfolgversprechend sind und die Eltern nicht in
     der Lage sind, für die Erziehung des Jugendlichen zu sorgen.

andauern. Dabei gilt eine Höchstdauer von maximal 12 Monaten bei Verge-hen,[478] maximal 36 Monate bei Verbrechen[479] und maximal 48 Monate bei besonders schweren Straftaten mit einer Strafandrohung von mindestens zehn Jahren.[480]

5.1.26 Slowenien

In Slowenien gibt es kein eigenständiges Jugendstrafrecht.[481] In Bezug auf das Strafverfahren befinden sich einige Sondernormen in der Strafprozessordnung (Art. 451-490 slowStPO). So soll die Untersuchungshaft gegenüber jugendlichen Beschuldigten das letzte Mittel darstellen (Art. 472-473 slowStPO).[482]

Die Voraussetzungen zur Anordnung der Untersuchungshaft unterscheiden sich ansonsten nicht von den allgemeinen Regelungen. Es muss zunächst ein begründeter Verdacht bestehen, dass der Beschuldigte eine strafbare Handlung begangen hat. Dabei muss es sich um eine Tat handeln, bei der von Amts wegen ermittelt wird.[483] Des Weiteren muss ein Haftgrund gegeben sein. Das slowenische Strafverfahrensrecht kennt die Flucht/Fluchtgefahr, Verdunkelungs- und Wiederholungsgefahr.

Die slowStPO verfügt über verschiedene Arten von Zwangsmitteln gegen Erwachsene. Im Strafverfahren gegen Jugendliche regelt sie ausdrücklich nur die Untersuchungshaft. Daraus kann der Schluss gezogen werden, dass andere, weniger in die Rechte des Jugendlichen eingreifende Mittel zulässig sind, wenn sie im Rahmen der Bedingungen, die das Gesetz hinsichtlich der Untersuchungshaft bei Erwachsenen stellt, angewendet werden können.[484] Andere Mittel können die Vorführung, Versprechen des Jugendlichen den Wohnungssitz nicht zu verlassen, Meldung bei der Polizeistation, Kaution und der Hausarrest sein. Dies ist seit einer Änderung der slowStPO von 1999 nun auch ausdrücklich auf Jugendliche anwendbar.[485] Zum Schutz des Jugendlichen kann der Jugendrichter diesen auch

---

478　Nach Art. 10 CC handelt es sich um ein Vergehen, wenn die Straftat mit einer Strafe von maximal fünf Jahren Freiheitsstrafe bedroht ist.

479　Nach Art. 11 CC liegt ein Verbrechen vor, soweit eine Strafe von mehr als fünf Jahren Freiheitsstrafe angedroht ist.

480　Vgl. Art. 419 CC, bei terroristischen Taten ist die Strafandrohung bis zu 20 Jahren.

481　Siehe *Kap. 3.2.4.*

482　*Filipčič* 2011, S. 1306.

483　*van Kalmthout u. a.* 2009, S. 68.

484　Siehe hierzu auch *Bahtiyar* 2009, S. 858.

485　Vgl. hierzu *Filipčič* 2006, S. 406.

vorläufig aus seiner Umgebung herausnehmen und ihn unter die Aufsicht der Sozialbehörde stellen.[486]

Die maximale Haftlänge hängt zunächst vom Stand des Verfahrens ab. Während des Ermittlungsverfahrens ist eine erstmalige Anordnung von maximal einem Monat zulässig. In bestimmten Fällen ist aber eine Verlängerung durch das höhere Gericht um maximal zwei weitere Monate möglich (insgesamt 3 Monate). Nach Erhebung der Anklage kann die Haft sogar maximal zwei Jahre dauern, wobei in einem Abstand von zwei Monaten geprüft werden muss, ob die Haft noch aufrecht zu halten ist.[487]

Der Jugendliche muss von den Erwachsenen getrennt untergebracht werden; ausnahmsweise darf der Jugendrichter anordnen, dass der Jugendliche zusammen mit Erwachsenen inhaftiert wird, wenn das mit Rücksicht auf die Persönlichkeit des Jugendlichen und im Hinblick auf andere Umstände des konkreten Falls im Interesse des Jugendlichen und zu seinem Nutzen ist.[488]

5.1.27 Spanien

Kommt es zu einer polizeilichen Festnahme, so sind unverzüglich der Staatsanwalt und die gesetzlichen Vertreter hierüber zu benachrichtigen. Eine entsprechende Festnahme darf dann höchstens 24 Stunden andauern. Danach ist der Jugendliche entweder zu entlassen oder dem Staatsanwalt zu übergeben. Der Staatsanwalt wiederum muss den Jugendlichen innerhalb von 48 Stunden entlassen oder beim zuständigen Jugendrichter eine vorläufige Maßnahme beantragen.[489] So ermächtigt Art. 28 LO 5/2000[490] den Staatsanwalt, beim Richter vorbeugende Maßnahmen zu beantragen, vorausgesetzt, es besteht ein begründeter Tatverdacht. Die vorbeugenden Maßnahmen können Kontaktverbote zum Opfer oder anderen Personen beinhalten. Zudem kann eine Bewährungsaufsicht angeordnet werden.[491] Diese werden vom Jugendrichter angeordnet, nachdem sich der Verteidiger, das Sozialteam und der Vertreter der "Öffentlichen Anstalt zum Schutz Minderjähriger" über die geeigneten Maßnahmen geäußert haben.[492]

Ferner kann Untersuchungshaft angeordnet werden, soweit die Voraussetzungen vorliegen. Auch hier muss ein Tatverdacht vorliegen, d. h., „wichtige Gründe,

---

486 *Filipčič* 2011, S. 1306.

487 *Dünkel/Dorenburg/Grzywa* 2011, S. 1780.

488 Siehe auch *Kap. 9*.

489 *de la Cuesta u. a.* 2011, S. 1340.

490 LO 5/2000 (Ley organica 5/2000 reguladora de la responsabilidad penal de los menores).

491 *de la Cuesta u. a.* 2011, S. 1340.

492 Vgl. *de la Cuesta u. a.* 2011, S. 1340; *de la Cuesta* 2002.

die darauf schließen lassen, dass die Tat begangen wurde".[493] Dies muss eine Tat sein, die im Gesetz mit mindestens zwei Jahren Freiheitsstrafe bedroht ist.[494] Weiterhin muss ein Haftgrund gegeben sein. Als solchen kennt die spanStPO die Flucht/Fluchtgefahr, Verdunkelungs- und Wiederholungsgefahr.[495] Bei Jugendlichen soll der Jugendrichter die Untersuchungshaft nur dann anordnen, wenn der Jugendliche eine ernsthafte Tat (Vergehen oder Verbrechen) begangen hat. Zudem soll die Untersuchungshaft immer am *Maßstab der minimalen Intervention zu messen sein.* Die Persönlichkeit des Jugendlichen soll berücksichtigt werden (Art. 28.1 und Art. 28. 2). Auch darf Untersuchungshaft nicht verhängt werden, soweit der Jugendliche unter psychischen Problemen leidet. In diesem Fall sind die Zivilgerichte gefragt, geeignete Maßnahmen zu treffen (Art. 29).[496]

Bemerkenswert ist, dass laut dem LO 5/2000 die Untersuchungshaft nur für einen Monat angeordnet werden durfte und anschließend entweder aufzuheben oder eine Verlängerung um einen weiteren Monat zu prüfen war. Seit der Gesetzesreform LO 6/2008 kann Untersuchungshaft für bis zu sechs Monate angeordnet werden und auf Antrag des Staatsanwalts und Entscheidung des Richters um weitere drei Monate verlängert werden (Art. 28.3).[497]

Neben speziellen Rechten des Jugendlichen, wie einem Anwesenheitsrecht der Eltern bei Vernehmungen, haben die Jugendlichen die gleichen Rechte wie Erwachsene. Sie haben das Recht auf einen Verteidiger. Auch müssen sie ständig über den Verfahrensgang informiert werden (Art. 17).

5.1.28 Tschechische Republik

Die rechtlichen Regelungen bezüglich der Untersuchungshaft finden sich im tschechischen JGG (§§ 46-50). Diese modifizieren die subsidiären allgemeinen Bestimmungen des StGB (vgl. § 67 StGB).

Untersuchungshaft darf angeordnet werden, wenn ein Tatverdacht (offensichtliche Gründe)[498] und ein Haftgrund besteht. Die Haftgründe für jugendliche und erwachsene Beschuldigte sind identisch. In Betracht kommen die Flucht/ Fluchtgefahr, Verdunkelungs- und Wiederholungsgefahr. Bis auf wenige Ausnahmen ist Haft bei allen Vorsatzdelikten mit einer Strafobergrenze von bis zu

---

493 *van Kalmthout u. a.* 2009, S. 68.

494 Ausnahmen sind in Art. 503 (1)(3)(a), 503 (1)(3)(c), und 503 (2) spanStPO (Ley de Enjuiciamiento Criminal) geregelt.

495 *de la Cuesta u. a.* 2011, S. 1340.

496 *de la Cuesta u. a.* 2011, S. 1340.

497 *de la Cuesta u. a.* 2011, S. 1340.

498 *van Kalmthout u. a.* 2009, S. 64.

zwei Jahren und bei Fahrlässigkeitsdelikten mit einer Strafobergrenze von bis zu drei Jahren unzulässig (Art. 68 tschStPO).[499]

Untersuchungshaft darf nur angeordnet werden, wenn der Beschuldigte mindestens 15 Jahre alt ist. Das Gericht im Jugendstrafverfahren muss vor der Anordnung der Untersuchungshaft klären, ob der Haftzweck nicht durch andere Maßnahmen erreicht werden kann. Die Untersuchungshaft ist somit im tschechischen Recht als *ultima ratio* ausgestaltet. Alternativen zur Untersuchungshaft können das Versprechen des Jugendlichen, die Garantieerklärung einer vertrauenswürdigen Person oder eines Vereins, Bewährungsaufsicht oder die Kaution sein.[500]

Diese Institute unterscheiden sich allerdings nicht von den Alternativmöglichkeiten im Erwachsenenstrafrecht. Zudem sind diese Alternativmaßnahmen bei Feststellung der Verdunkelungsgefahr nicht anwendbar. In jedem Fall sind gemäß § 46 (2) tschJGG unverzüglich die gesetzlichen Vertreter sowie das zuständige Organ des Jugendwohlfahrtsträgers zu informieren.

Spezielle Institute des Jugendstrafverfahrens im Rahmen der Haftalternativen sind z. B. das neue Institut des § 50 JGG. Danach kann ein Jugendlicher anstatt in die Untersuchungshaft auch in einer Pflegefamilie unter Leitung einer sog. „vertrauenswürdigen Person" untergebracht werden. Voraussetzung ist die Zustimmung beider Seiten. Dieses Institut ist auch bei Verdunkelungsgefahr anwendbar. Daneben besteht auch die Möglichkeit, den Jugendlichen in einem Erziehungsheim unterzubringen. Zudem gibt es die sog. „rechtzeitige Hilfe", die durch einen Bewährungshelfer geleistet wird. Durch diese Hilfe soll versucht werden, erzieherisch auf die Einstellung des Jugendlichen einzuwirken.

Untersuchungshaft kann bei Jugendlichen höchstens für die Dauer von zwei Monaten angeordnet werden (erste Anordnung), bei besonders schweren Delikten höchstens für sechs Monate. Diese Höchstfrist kann verlängert werden, jedoch lediglich einmal im Ermittlungsverfahren und einmal im Hauptverfahren. Somit kann ein Jugendlicher grundsätzlich höchstens sechs Monate in der Untersuchungshaft untergebracht werden, bei besonders schweren Verfehlungen 18 Monate.[501] Die Haftverlängerung bedarf eines richterlichen Beschlusses.

Die Untersuchungshaft wird bei Jugendlichen, die das 18. Lebensjahr noch nicht vollendet haben, getrennt von Erwachsenen vollzogen. Eine Haftprüfung ist möglich und gesetzlich vorgesehen. Eine Einzelunterbringung ist im Untersuchungshaftvollzug nicht vorgesehen. Eine Einzelzelle darf nicht kleiner als 6 qm sein. Bei Mehrfachbelegung müssen jedem Jugendlichen mind. 4 qm zustehen. Zudem soll der Vollzug erzieherisch ausgestaltet sein bzw. eine solche Wirkung haben.

---

499 Dieses Haftverbot gilt auch bei Erwachsenen.

500 *Válková/Hulmáková* 2011, S. 292.

501 *Válková/Hulmáková* 2011, S. 292.

5.1.29 Türkei

In der Türkei gibt es im Rahmen des Ermittlungsverfahrens drei Arten von vorbeugenden bzw. unterstützenden Maßnahmen zur Sicherung des Vorverfahrens: Polizeigewahrsam, die Aufsicht durch die Justiz (*judicial control*) und die Untersuchungshaft. Der sog. Polizeigewahrsam kommt als vorsorgliche Maßnahme in Betracht, soweit ein Staatsanwalt nicht schnellstmöglich zu erreichen ist und eine Dringlichkeit für die Sicherheit und Erforschung des Sachverhalts dies gebietet und zudem eine richterliche Entscheidung nicht schnell genug einzuholen ist.[502] Der Polizeigewahrsam wird von den zuständigen Vollzugsbeamten vollzogen. Grundsätzlich kann ein Polizeibeamter nicht ohne den zuständigen Jugendstaatsanwalt handeln.

Das Procedere einer Ingewahrsamnahme richtet sich nach der jeweiligen Altersgruppe. Kinder unter 12 Jahren dürfen nicht in Gewahrsam genommen werden. Bei dieser Altersgruppe ist ein Festhalten nur zum Zweck der Identifizierung möglich. Bei Jugendlichen zwischen 12 und 15 ist eine Ingewahrsamnahme nur möglich, soweit sie auf frischer Tat erwischt werden. Da bei dieser Altersgruppe eine Inhaftierung nur möglich ist soweit sie beschuldigt werden eine Straftat begangen zu haben, die mit mindestens fünf Jahren Freiheitsstrafe bedroht ist, findet eine Ingewahrsamnahme meist nur zur Identitätsfeststellung statt.

Ältere Jugendliche im Alter von 15-18 können wie Erwachsene in Gewahrsam genommen werden. Jedoch dürfen im Rahmen des unmittelbaren Zwangs bestimmte Methoden nicht angewandt werden so z. B. die Nutzung von Handschellen, Ketten etc. Der Polizeigewahrsam darf nicht länger als 24 Stunden dauern.[503]

Die Strafprozessordnung (Art. 100 türkStPO) legt eindeutig fest, dass die Festnahme als eine Schutzmaßnahme nur als „letztes Mittel" angewandt werden darf. Ihre Voraussetzungen sind in der gleichen Bestimmung angegeben. Sie darf nur vom Richter angeordnet werden und wird als eine vorbeugende Maßnahme angesehen.

Ferner ist auch die Anordnung von Untersuchungshaft möglich. Wie im deutschen Strafprozessrecht, das im Übrigen überwiegend wortgleich bereits vor 80 Jahren in der Türkei auch zur türkischen Strafprozessordnung geworden war, die dann 2005 modernisiert wurde, setzt der Haftbefehl und damit eine Anordnung der Untersuchungshaft voraus, dass ein dringender Tatverdacht für die Begehung einer Straftat gegeben sein muss. Ferner muss ein Haftgrund vorliegen wie Flucht/Fluchtgefahr oder Verdunkelungsgefahr (Art. 100 Abs. 2 türkStPO). Auch kann ein besonderes öffentliches Interesse eine Untersuchungshaft rechtfertigen. Dies führt dazu, dass die erwartete Mindeststrafe nicht beachtet werden muss und

---

502 *Sokullu-Akinci* 2011, S. 1467.

503 *Sokullu-Akinci* 2011, S. 1467.

Untersuchungshaft auch angeordnet werden darf, wenn diese unter sechs Monaten liegt (Art. 104 Abs. 4 türkStPO).

Gemäß Art. 100 I S. 2 türkStPO muss die Untersuchungshaft verhältnismäßig sein. Steht die zu erwartende Strafe oder Maßnahme außer Verhältnis zum Zweck der Untersuchungshaft, ist eine Haft ausgeschlossen. Das Gesetz zum Schutz der Kinder (Artikel 21) verbietet die Verhaftung von jüngeren Jugendlichen. So ist Untersuchungshaft bei Kindern unter 15 Jahren nur möglich soweit eine Straftat begangen wurde, die im Mindestmaß mit fünf Jahren Freiheitsstrafe bedroht ist.[504]

Die Höchstdauer der Untersuchungshaft ist abhängig von der jeweiligen Straftat. Das Gesetz sieht für Vergehen eine maximale Dauer der Untersuchungshaft von einem Jahr vor, die einmalig um sechs Monate verlängert werden kann. Für schwere Straftaten beträgt die Höchstdauer zwei Jahre, diese wiederum ist auf maximal drei Jahre verlängerbar.[505] Eine Haftprüfung erfolgt in monatlichem Rhythmus.

Die Übertragung von Jugendlichen in Polizeigewahrsam oder Untersuchungshaft hat besondere Regeln: Ketten, Handschellen und ähnliche Werkzeuge können nicht bei jüngeren Jugendlichen benutzt werden. Allerdings, falls erforderlich, können die Strafverfolgungsbehörden die erforderlichen Vorkehrungen und Maßnahmen ergreifen, um das Kind an der Flucht oder Gefahren, die sich in Bezug auf das Leben und die körperliche Unversehrtheit des Kindes oder eines anderen Menschen entstehen, zu hindern.

Da die Inhaftierung lediglich als *ultima ratio* möglich ist, gehen alternative Maßnahmen vor. In der Türkei gibt es das neue Institut der „richterlichen Aufsicht" (*judicial control*). Dieses Institut soll die negativen Auswirkungen der Untersuchungshaft verhindern. Art. 109 der türkischen StPO regelt diese Alternativmaßnahme. Die richterliche Aufsicht geht einher mit einer oder mehreren Verpflichtungen. So können Aufenthaltsbestimmungen, Ausreiseverbote, Bildungsangebote, Berufsbildungsangebote, Fahrverbote, Drogenkontrollmaßnahmen etc. angeordnet werden.

Das Kinderschutzgesetz enthält in Ergänzung zu Art. 109 türkStpO weitere Maßnahmemöglichkeiten i.R.d. Aufsicht. Diese sind z. B. Auflagen, einen Bezirk, die Nachbarschaft etc. zu meiden bzw. nicht zu betreten, oder Kontaktverbote zu bestimmten Personen oder Organisationen. Sind diese Maßnahmen nicht erfolgversprechend, kann eine Anordnung der Untersuchungshaft folgen.

Die Jugendlichen sollen während der Haft von den Erwachsenen getrennt untergebracht werden (Art. 37 JGG). Jedoch existieren besondere Untersuchungshaftanstalten für Jugendliche bisweilen (2002) nur in Ankara und Istanbul. In anderen Städten wird versucht, die Jugendlichen wenigstens innerhalb der allgemei-

---

504 *Sokullu-Akinci* 2011, S. 1468.

505 *Dünkel/Dorenburg/Grzywa* 2011, S. 1781.

nen Strafvollzugsanstalten in besonderen Abteilungen in Haft zu halten. Ein Haftplatz kostet täglich ca. 16 €.[506] Die Haftraumgröße entspricht nach Ansicht der türkischen Justizverwaltung den internationalen Menschenrechtsstandards. Die Jugendlichen erhalten einen Pflichtverteidiger, wenn sie keinen eigenen Verteidiger haben (§ 138 türkStPO).

5.1.30 Ungarn

In Ungarn kann der Jugendstaatsanwalt im Ermittlungsverfahren geeignete Maßnahmen anregen[507] Darunter fällt auch die Anordnung von Untersuchungshaft, die auch bei jugendlichen Tatverdächtigen möglich ist. Die Anordnungsvoraussetzungen unterscheiden sich dabei nicht von den geltenden Regeln des allgemeinen Strafverfahrens.

Untersuchungshaft ist generell möglich soweit der Verdacht besteht, dass eine Tat begangen wurde, die laut Gesetz mit einer Freiheitsstrafe bedroht ist. Des Weiteren muss ein Haftgrund vorliegen. In Betracht kommen die Flucht/Fluchtgefahr, Verdunkelungs- und Wiederholungsgefahr. Bei Jugendlichen darf die Untersuchungshaft allerdings nur verhängt werden, wenn dies wegen der besonderen Schwere der Tat unerlässlich erscheint (§ 454 Abs. 1 ungarStPO). Die Untersuchungshaft wird getrennt von Erwachsenen in einer Jugendstrafanstalt oder in einer Besserungsanstalt vollzogen.[508] Die Entscheidung, ob die Untersuchungshaft in einer sog. Besserungs- bzw. Erziehungsanstalt oder in einem Gefängnis vollzogen wird, hängt von der jeweiligen Persönlichkeit des Jugendlichen ab.[509] Dabei unterscheidet sich der Vollzug wesentlich von einem Vollzug im Polizeigewahrsam oder in einem Gefängnis.[510] Diese Entscheidung des Gerichts kann auch nachträglich geändert werden. Wichtig ist neben der getrennten Unterbringung auch die vom Gesetz vorgeschriebene besondere Behandlung des Jugendlichen, d. h. es ist im Interesse des Jugendlichen zu handeln.[511] Auch ist einem Jugendlichen im Falle seiner Verhaftung ein Pflichtverteidiger zu bestellen. Ebenso sind seine gesetzlichen Vertreter und die Jugendbehörden zu benachrichtigen. Die Höchstgrenze der Untersuchungshaft beträgt bei Jugendlichen maximal

---

506 *Dünkel/Dorenburg/Grzywa* 2011, S. 1773.

507 *Váradi-Csema* 2011, S. 686.

508 Vgl. § 454 Abs. 2 a-b. 3 und § 454 Abs. 6 ungarStPO. Vorher ist bereits ein Polizeigewahrsam möglich. Im Polizeigewahrsam darf der Jugendliche fünf Tage festgehalten werden; *Váradi-Csema* 2011, S. 700 f.

509 *Váradi-Csema* 2011, S. 700.

510 Siehe hierzu auch *Kap. 9*.

511 § 447 ungarStPO.

zwei Jahre und ist damit ein Jahr kürzer als bei Erwachsenen.[512] Eine Verlängerung ist aber möglich, etwa, wenn ein Verfahren in der zweiten Instanz anhängig ist.[513]

Spezielle Untersuchungshaftalternativen für Jugendliche existieren nicht.[514] Lediglich die Unterbringung in einer Besserungsanstalt kann als eine Alternative gelten, wobei auch diese eine stationäre Maßnahme und somit einen Freiheitsentzug darstellt. Dort haben die Jugendlichen aber zumindest die Möglichkeit die Anstalt zu verlassen.[515]

5.1.31 Ukraine

Die Untersuchungshaft ist in der Ukraine eine Vorbeugungsmaßnahme gegen den Beschuldigten, Angeklagten oder Verdächtigen im Falle des Verdachts der Begehung eines Verbrechens, für welches eine Freiheitsstrafe von mehr als drei Jahren verhängt werden kann oder gegen den Verurteilten, dessen Freiheitsstrafe mangels Rechtskraft noch nicht vollstreckt werden kann.[516] Die Untersuchungshaft ist in der Ukraine in einem eigenständigen Untersuchungshaftgesetz (ukrUHG) geregelt. Das Ziel der Unterbringung in der Untersuchungshaft ist die Verhinderung der Vereitelung von Ermittlungen des gerichtlichen Verfahrens und der Urteilsfeststellung durch die beschuldigte Person (Verdunkelungsgefahr), wie auch die Verhinderung möglicher weiterer Straftaten (Wiederholungsgefahr) und die Sicherung der Urteilsvollstreckung (Fluchtgefahr) (§ 2 ukrUHG). Sie dient also der Sicherung des Strafverfahrens. Die maximale Dauer der Untersuchungshaft beträgt 18 Monate. Die Länge der Inhaftierung ist abhängig von der Schwere der Tat (Art. 156 ukrStPO).

Jugendliche werden in der Regel getrennt von Erwachsenen untergebracht. Es gibt die Möglichkeit einen Jugendlichen mit einem Erwachsenen unterzubringen soweit keine negative Beeinflussung zu erwarten ist. Auch werden Ersttäter von anderen Straftätern getrennt untergebracht. Zudem findet eine Separierung nach der Schwere des Delikts statt. Die Jugendlichen in der Untersuchungshaft haben das Recht auf täglich zwei Stunden Bewegung im Freien. Bei guter Führung besteht die Möglichkeit diese Zeit um eine Stunde zu verlängern. Zudem besteht das Recht, dass die Jugendlichen Geldüberweisungen erhalten dürfen um sich mit Artikeln des täglichen Bedarfs einzudecken (bis max. ca. 70 €). Die Nachtruhe be-

---

512 *Váradi-Csema* 2011, S. 688.

513 *Knapen* 2009, S. 492.

514 Diesbezüglich wird auf *Kap. 7.2.* verwiesen.

515 Siehe *Kap. 7.*

516 *Zaikina* 2011, S. 1511; zusammenfassend auch *Zaikina* 2012, S. 134 ff., 177 ff.

trägt acht Stunden. Außerdem sind bestimmte Zwangsmittel bei Jugendlichen verboten (z. B. der Schusswaffengebrauch). Personen zwischen 14 und 35 Jahren haben das Recht soziale Dienste zum Zwecke der pädagogischen und psychologischen Hilfe in Anspruch zu nehmen, wobei die Jugendlichen während der Haft de facto keine Möglichkeit haben ihre Rechte durchzusetzen.[517] Die Haftraumgröße muss mindestens 2,5 qm betragen (was nach den vom *CPT* geforderten Mindeststandards von 4 qm allerdings nicht genügt). Mit schriftlicher Genehmigung kann einmal im Monat Besuch durch die Eltern für maximal vier Stunden empfangen werden. Das Institut der Haftprüfung ist unbekannt.

5.2 Rechtliche Grundlagen und Prinzipien der Anordnung von Untersuchungshaft im europäischen Vergleich

5.2.1 Gesetzliche Grundlagen

In den meisten Ländern wird das Recht der Untersuchungshaft durch die jeweilige Strafprozessordnung geregelt, die sodann gleichermaßen für erwachsene und jugendliche Beschuldigte gilt. So finden sich die Anordnungsvoraussetzungen wie der konkrete Tatverdacht und die Haftgründe in den allgemeinen Strafprozessordnungen der jeweiligen Länder. Jedoch existieren in vielen Ländern Sonderregelungen, die in den jeweiligen Jugendstrafgesetzbüchern geregelt sind (Jugendgerichtsgesetz, Jugendstrafgesetzbuch, Jugendwohlfahrtsgesetz etc.; so z. B. in Deutschland, Österreich, Bulgarien, Schweiz, Tschechische Republik, Portugal, Polen).[518] Diese Gesetze enthalten auch die nötigen rechtlichen Möglichkeiten, alternative Maßnahmen anzuordnen oder die Jugendlichen in geeignete Alternativeinrichtungen unterzubringen.

In Ländern wie Griechenland, Dänemark, Schweden, Lettland und Finnland befinden sich die Sonderregelungen in speziellen Abschnitten der allgemeinen Strafverfahrensvorschriften, wobei in Finnland lediglich besondere Teilnahmerechte der Jugendbehörden geregelt sind.[519] Spezielle Regelungen, die speziell bei Jugendlichen eine restriktive Anordnung vorschreiben, existieren in Finnland somit nicht. Auch Länder wie Estland, Kosovo, Litauen, Niederlande, Slowenien, Ukraine oder Zypern verfügen über keine Sonderregelungen im Rahmen der Untersuchungshaftanordnung.[520] Dabei handelt es sich auch um Länder, in denen kein eigenständiges Jugendstrafgesetzbuch geregelt ist.[521]

---

517 *Zaikina* 2011, S. 1512.

518 Siehe hierzu *Kap. 7.*

519 *Lappi-Seppälä* 2011, S. 469.

520 Siehe ausführlich *Kap. 5.3.*

521 Siehe *Tab. 1.*

Länder wie die Ukraine und Finnland verfügen zwar über spezielle Untersuchungshaftgesetze, in denen jedoch lediglich spezielle Vollzugsregelungen in Bezug auf Jugendliche geregelt sind.[522] In Belgien ist das Recht der Untersuchungshaft seit 1999 nicht mehr Teil der StPO, sondern in einem eigenen Untersuchungshaftgesetz geregelt.[523]

Die erste Phase des Ermittlungsverfahrens findet regelmäßig auf Initiative der Polizei oder der Staatsanwaltschaft statt. Festnahmen und eventuell damit verbundener Polizeigewahrsam eines Jugendlichen ist in den meisten Ländern für 24 (Belgien, Deutschland, England/Wales, Frankreich, Spanien), 48 (Österreich, Russland, Serbien) oder 72 Stunden (Finnland, Niederlande, Polen, Ungarn) möglich. In Italien darf Polizeigewahrsam bei einem Jugendlichen lediglich 12 Stunden betragen. Nach dieser Zeit kann der Jugendliche in die Obhut des Erziehungsberechtigten gegeben werden. Es besteht jedoch auch die Möglichkeit den Jugendlichen nach dieser Zeit in ein Aufnahmezentrum einzuweisen. Dort kann der Jugendliche bis zu 96 Stunden festgehalten werden.[524] Eine richterliche Entscheidung ist folglich erst nach vier Tagen nötig.

In Dänemark ist ein Polizeigewahrsam für höchstens sechs Stunden vorgesehen. Dieser ist unabhängig vom Alter und der jeweiligen Straftat möglich.[525] Damit sind Dänemark und auch die Länder mit einer 24-Stunden-Regelung bemüht, frühzeitig eine richterliche Entscheidung herbeizuführen. In Anbetracht des Art. 5 Abs. 3 der Europäischen Menschenrechtskonvention (EMRK), der besagt, dass jede festgenommene Person „unverzüglich einem Richter oder einer anderen gesetzlich zur Wahrnehmung richterlicher Aufgaben ermächtigten Person vorgeführt werden" muss, erscheinen die gesetzlichen Höchstgrenzen von bis zu drei Tagen in Finnland, den Niederlanden und Serbien sehr hoch.

Die Kompetenz zur Anordnung der Untersuchungshaft obliegt in allen Ländern einem Richter. Neben der EMRK (Art. 5 Abs. 3) fordert dies auch die Präambel der Empfehlung über die Untersuchungshaft von 2006 (Rec (2006) 13). Dort heißt es: „Ziel dieser Grundsätze ist es zu fordern, dass eine gerichtliche

---

522 Ukraine (Untersuchungshaftgesetz Nr. 3352-12 vom 30.6.1993 mit Änderungen); Finnland (Untersuchungshaftgesetz 768/2005).

523 Die Schaffung des Gesetzes war eine Reaktion auf ein Urteil des Europäischen Gerichtshofes für Menschenrechte; EGMR, *Lamy vs. Belgium*, 30.03.1989, Publ. E.C.H.R. Serie A, Bd. 151.

524 Es handelt sich dabei um das CPA („Centro di Prima Accoglienza"). Die Einweisung erfolgt auf Antrag der Staatsanwaltschaft, vgl. *Padovani/Brutto/Ciappi* 2011, S. 770, 779, 790.

525 Diese Regelung des dänischen Polizeigesetzes (Nr. 444 vom 09.06.2004) ändert jedoch nicht die in der dänischen Verfassung verankerte Garantie, dass nach 24 Stunden ein Recht auf richterliches Gehör besteht; siehe *Storgaard* 2011, S. 329.

Instanz über die Anordnung von Untersuchungshaft (...) entscheidet".[526] Dies ist
in manchen Fällen der zuständige Ermittlungsrichter (Frankreich, Griechenland,
Lettland, Niederlande). In Frankreich und Griechenland fungiert jedoch der Jugendrichter als Ermittlungsrichter.[527] Auch in anderen Ländern ist es der Jugendrichter, der für die Anordnung der Untersuchungshaft zuständig ist, so beispielsweise in Belgien, Deutschland, Italien, Kroatien, Österreich, Portugal, Serbien,
Slowenien, Spanien, Schweiz und in der Tschechischen Republik. Dies erscheint
auch sachgerecht, da es aufgrund der vorhandenen restriktiven Regelungen in Bezug auf die Anordnung oder möglicher alternativer Maßnahmen einer spezialisierten Institution bedarf, die im jeweils konkreten Fall mit den Möglichkeiten
auch ausreichend vertraut ist. In Polen ist der Familienrichter zuständig (Jugend-
wohlfahrtsrecht).[528] In Russland ist ein Einzelrichter des erkennenden Gerichts
zuständig (Art. 108 Abs. 4 russStPO). Damit droht ein Verstoß gegen das Erfordernis eines unparteilichen Richters nach Art. 6 Abs. 1 EMRK, da der Richter in
einer Sache mit unterschiedlichen Funktionen befasst ist.[529]

Während die Anordnung von Untersuchungshaft immer eine richterliche Entscheidung voraussetzt, kann in einigen Ländern die Entlassung aus der Haft auch
von der Staatsanwaltschaft angeordnet werden (Dänemark, Russland, Schweden,
Tschechische Republik). In der Tschechischen Republik gilt dies jedoch nur für
das Ermittlungsverfahren. Im Hauptverfahren obliegt diese Entscheidung lediglich einem Richter.

5.2.2 Ziel der Untersuchungshaft

Die Untersuchungshaft ist jeder Zeitraum, den eine verdächtige Person auf Anordnung einer gerichtlichen Instanz vor der Verurteilung in Haft verbringt. Auch
die Inhaftierung nach einer Verurteilung ist als Untersuchungshaft zu bezeichnen,
soweit der Inhaftierte auf die Festsetzung des Strafmaßes oder auf die Rechtskraft
des Urteils wartet und somit weiterhin als nicht verurteilte Person behandelt
wird.[530] Das Ziel der Untersuchungshaft ist in allen Ländern die Sicherung des
Strafverfahrens. In nahezu allen Ländern gibt es auch den Haftgrund der Wiederholungsgefahr (außer Nordirland). Bei diesem Haftgrund geht es jedoch nicht um

---

526 Siehe Ziff. c der Präambel der Rec (2006) 13.

527 Zu *Griechenland* vgl. Art. 96 Abs. 3 der grVerfassung, Art. 1 grStPO, Art. 1 grGVG. Art.
      96 Abs. 3 der griechischen Verfassung lautet: „Besondere Gesetze regeln die Jugendge-
      richtsbarkeit", vgl. hierzu *Pitsela* 2011, S. 639.

528 Siehe *Kap. 3.2.4.*

529 *Frowein/Peukert* 2009, S. 227.

530 Siehe hierzu Nr. 1 der Rec (2006) 13.

die Sicherung eines künftigen Strafverfahrens, vielmehr werden präventive Zwecke verfolgt.[531] So wird in manchen Ländern auch von einer „Vorbeugehaft" gesprochen (so in Bulgarien und der Ukraine).

Die Schweiz unterscheidet zwischen Untersuchungshaft und „Sicherheitshaft". Die Untersuchungshaft beginnt mit ihrer Anordnung durch das Zwangsmaßnahmengericht und endet mit dem Eingang der Anklage beim erstinstanzlichen Gericht, dem vorzeitigen Antritt einer freiheitsentziehenden Sanktion oder mit der Entlassung der beschuldigten Person während der Untersuchung (Art. 220 Abs. 1 schwStPO).

Als „Sicherheitshaft" gilt die Haft während der Zeit zwischen dem Eingang der Anklageschrift beim erstinstanzlichen Gericht und der Rechtskraft des Urteils, dem Antritt einer freiheitsentziehenden Sanktion oder der Entlassung (siehe Art. 220 Abs. 2 schwStPO). Die rechtlichen Voraussetzungen sind ein konkreter Verdacht, dass die betroffene Person eine strafbare Handlung begangen hat und ein Haftgrund.

5.2.3 Tatverdacht

In allen Ländern darf Untersuchungshaft nur angeordnet werden, wenn zunächst ein Tatverdacht besteht. Außer Estland fordern alle europäischen Länder einen bestimmten Verdachtsgrad als Bedingung für die Verhängung von Untersuchungshaft, der auch gesetzlich festgeschrieben ist. Im estnischen Strafprozessrecht ist nicht explizit geregelt, wie der Verdachtsgrad ausgestaltet sein muss. Es findet sich lediglich ein Hinweis in der Strafprozessordnung, in der die Definition eines Verdächtigen zu finden ist. Dabei handelt es sich um eine Person, die aufgrund *„ausreichender Anhaltspunkte für den Verdacht einer Straftat"* inhaftiert ist.[532]

Unter den europäischen Ländern variieren die Anforderungen an den konkreten Tatverdacht.[533] Viele Länder fordern einen „begründeten Verdacht" (Irland, Litauen, Rumänien, Slowenien, Slowakei, Ungarn, Zypern). In Deutschland und Österreich muss ein „dringender Tatverdacht" vorliegen. Eine ähnliche Terminologie findet sich in der Schweizer Strafprozessordnung (Art. 221 schwStPO).[534]. In Belgien, Griechenland, Frankreich und Italien ist von „erblichen Anzeichen

---

531 Siehe *Kap. 4.3.*

532 *Morgenstern* 2009, S. 69.

533 Anzumerken ist, dass sich die unterschiedlichen Terminologien auch auf Schwierigkeiten in der Übersetzung zurückzuführen sein können. Die Terminologien stammen aus *van Kalmthout u. a.* 2009, S. 64-68 (dort in Englisch) und wurden vom Verf. ins Deutsche übersetzt.

534 Nach Art. 221 schwStPO ist Untersuchungshaft „nur zulässig, wenn die beschuldigte Person eines Verbrechens oder Vergehens dringend verdächtig" ist.

einer Schuld" die Rede. Des Weiteren existieren die Begriffe „mutmaßlicher Verdacht" (Finnland), „offensichtliche Gründe" (Tschechische Republik), „hohe Wahrscheinlichkeit" (Polen), „erhebliche Vermutung" (Niederlande), „erhebliche Gründe" (Spanien) und „besondere Gründe" (England/Wales).

In manchen Ländern wird zudem nach der Schwere der Tat differenziert. So wird ein geringerer Tatverdacht vorausgesetzt, wenn eine besonders schwere Tat in Verdacht steht, so beispielsweise in Dänemark und Schweden. Dort sind im Gesetz zwei unterschiedliche Verdachtsgrade geregelt. So ist zum einen von einem „begründeten Verdacht" die Rede und zum anderen von einem „schweren Verdacht" (Dänemark) bzw. von einem „begründeten Verdacht" oder von einem „hinreichenden Tatverdacht" (Schweden). Die Anwendung hängt in diesen Fällen von der Schwere der potentiell begangenen Straftat ab.[535] Eine Person, bei der lediglich ein „begründeter Verdacht" besteht kann in Schweden nur dann inhaftiert werden, wenn besondere Voraussetzungen vorliegen. So muss beispielsweise ein besonderes Bedürfnis bestehen, den Beschuldigten während der weiteren Ermittlungen zu inhaftieren.[536] In Polen gilt die Besonderheit, dass bei Jugendlichen von mindestens 15 Jahren eine „hohe Wahrscheinlichkeit" bestehen muss, dass der jugendliche Verdächtige die Straftat begangen hat.[537]

Trotz der Unterschiede in der Terminologie und Bezeichnung scheint es aber einen Konsens insoweit zu geben, dass in allen Ländern mehr als nur ein einfacher Tatverdacht gefordert wird. Dies wird auch von den Rec (2006) 13 gefordert. Nach Nr. 7 dieser Empfehlung darf eine Person u. a nur dann in Untersuchungshaft genommen werden, wenn ein hinreichender Tatverdacht vorliegt. Länder wie Deutschland, Österreich und die Schweiz gehen mit dem Erfordernis eines „dringenden Tatverdachts" sogar darüber hinaus. Während ein „hinreichender Tatverdacht" lediglich fordert, dass eine spätere Verurteilung wahrscheinlicher ist als ein Freispruch, besteht ein „dringender Tatverdacht", wenn es mit hohem Grade wahrscheinlich ist, dass dem Beschuldigten die schuldhafte Begehung der Tat nachgewiesen werden kann. Dabei ist jedoch zu bedenken, dass es für den Zeitpunkt der ersten Haftentscheidung meist ein vorläufiger Erkenntnisstand maßgeblich ist.[538] Nichtsdestotrotz ist erkennbar, dass in allen Ländern der Freiheitsentzug in Form einer Untersuchungshaft nur in besonderen Fällen und als letztes Mittel anzuwenden ist.

---

535 Vgl. *Kap. 5.1.3.*

536 Vgl. *van Kalmthout u. a.* 2009, S. 69.

537 In *Polen* unterstehen Jugendliche von 13-17 Jahren dem Familiengericht. Die strafrechtliche Verantwortlichkeit beginnt mit 17 Jahren, ausnahmsweise (bei besonders schweren Taten mit 15 Jahren; siehe hierzu *Kap. 3.2.4* und *3.3.1.*

538 Zur Definition des „dringenden Tatverdachts" im Vergleich zum „hinreichenden Tatverdacht" siehe HK-*Posthoff* 2012, § 112 Rn. 4; HK-*Zöller* 2012, § 170 Rn. 3.

Tabelle 2:   Grad des geforderten Tatverdachts

Land	Ausmaß des Verdachts
Belgien	Bestimmte Anzeichen einer Schuld
Bulgarien	Begründete Annahme
Dänemark	(Schwere) Verdachtsgründe
Deutschland	Dringender Tatverdacht
England/Wales	Besondere Verdachtsgründe
Estland	Ist nicht explizit geregelt; ein Verdächtiger ist aber eine Person, die aufgrund ausreichender Hinweise auf eine begangene Straftat festgehalten werden kann.
Finnland	„Mutmaßlicher Verdacht"
Frankreich	Erhebliche Indizien
Griechenland	Erhebliche Anzeichen der Schuld
Irland	Begründeter Verdacht
Italien	Erhebliche Anzeichen der Schuld
Lettland	gerechtfertigter Verdacht
Litauen	Begründeter Verdacht oder hinreichender Verdacht + Wiederholungsgefahr
Niederlande	Erhebliche Vermutung (nicht bei terroristischen Taten)
Österreich	Dringender Tatverdacht
Polen	„Hohe Wahrscheinlichkeit"
Portugal	Überzeugende Hinweise
Rumänien	Begründeter oder starker Verdacht
Schweden	Hinreichender Verdacht
Schweiz	Hinreichender Tatverdacht
Slowakei	Begründeter Verdacht
Slowenien	Begründeter Verdacht
Spanien	Erhebliche Gründe, die darauf schließen lassen, dass die Person verantwortlich ist
Tschechische Republik	Offensichtliche Gründe
Ungarn	Begründeter Verdacht
Zypern	Begründeter Verdacht

Quelle: *van Kalmthout u. a.* 2009, S. 64-68; zu den Ländern Kosovo, Kroatien, Nordirland, Russland, Schottland, Serbien, Türkei waren keine Angaben vorhanden.

5.2.4 Haftgründe

Neben dem Erfordernis eines konkreten Tatverdachts muss ein Haftgrund vorliegen. Die populärsten Haftgründe sind die Flucht/Fluchtgefahr, Verdunkelungs- und Wiederholungsgefahr. Der Haftgrund der Flucht/Fluchtgefahr ist in allen europäischen Ländern gesetzlich geregelt. Auch die Verdunkelungsgefahr ist in nahezu allen Ländern existent. Lediglich Estland und Griechenland haben den Haftgrund der Verdunkelungsgefahr nicht gesetzlich geregelt.

Ebenfalls die Wiederholungsgefahr ist als Haftgrund in annähernd allen europäischen Ländern vorgesehen. In Irland und Nordirland ist dieser Haftgrund jedoch unbekannt. In der Schweiz ist neben der Wiederholungsgefahr zusätzlich eine Tatausführungsgefahr geregelt. Nach Art. 221 Abs. 2 schwStPO ist eine Haft *„auch zulässig, wenn ernsthaft zu befürchten ist, eine Person werde ihre Drohung, ein schweres Verbrechen auszuführen, wahrmachen."* Somit kommt es nicht auf die Wiederholung einer bestimmten Straftat an.

Bei dem Haftgrund der Wiederholungsgefahr geht es um den Schutz der Allgemeinheit vor weiteren Straftaten. Mit ihr ist folglich eine Sicherung des Strafverfahrens nicht intendiert. Es handelt sich um eine reine Präventivhaft. Dies wird am Schweizer Beispiel besonders deutlich. Bei der Wiederholungsgefahr wird allein deshalb die Untersuchungshaft angeordnet, weil ein Tatverdacht wegen einer bestimmten Tat besteht. Somit fallen an sich der Tatverdacht und der Haftgrund auseinander. Es handelt sich folglich um eine reine Verdachtsstrafe.[539] In diesem Haftgrund liegt somit auch ein Verstoß gegen die Unschuldsvermutung.[540] Gleichwohl wird der Haftgrund der Wiederholungsgefahr als rechtmäßig angesehen. Er findet in der EMRK seine ausdrückliche Erwähnung. So ist nach Art. 5 Abs. 1 S. 2 Buchst. c EMRK ein Freiheitsentzug legitimiert, wenn ein begründeter Anlass zu der Annahme besteht, dass es notwendig ist die betreffende Person an der Begehung einer Straftat zu hindern. Diese Präventivhaft ist jedoch nur zulässig, wenn es um die Verhinderung eines konkret bevorstehenden und klar bestimmbaren Rechtsverstoßes geht.[541] Eine allgemeine Vorbeugehaft wird durch Art. 5 Abs. 1 S. 1 Buchst. C EMRK somit nicht gerechtfertigt.[542] Auch die Rec (2006) 13 sieht die Wiederholungsgefahr als Legitimation für eine Untersuchungshaft ausdrücklich vor. Nach Nr. 7 der Empfehlung ist eine Untersuchungshaft auch dann gerechtfertigt, wenn neben einem hinreichenden Tatverdacht

---

539 *Wolter* 1981, S. 485.

540 Auch im ausländischen Recht erkennt man, dass bei der Wiederholungsgefahr prozessfremde, präventiv-polizeiliche Überlegungen eine Rolle spielen, vgl. auch *Jescheck/Krümpelmann* 1971, S. 952.

541 *Dörr* 2006, S. 625.

542 Vgl. auch *Gollwitzer* 2005, S. 235 f.

ernsthafte Gründe für die Annahme vorliegen, dass die Person, wenn sie in Freiheit verbleibt, eine schwere Straftat begehen wird (Nr. 7 b Rec (2006) 13). Während die EMRK lediglich fordert, dass konkrete Gründe darauf schließen lassen, dass eine bestimmte strafbare Handlung begangen werden soll, verlangt die Rec (2006), dass es sich um „schwere Straftaten" handeln soll. Somit legt die EMRK für die Verhängung eine niedrigere Eingriffsschwelle fest. Allerdings sind natürlich die Anforderungen des nationalen Rechts maßgeblich, wenn diese für die Verhängung einer auf Wiederholungsgefahr gestützten Untersuchungshaft eine höhere Eingriffsschwelle vorsehen. Darüber hinaus fordert die Empfehlung Rec (2003) 20 bei der Entscheidung darüber, *„ob ein jugendlicher Tatverdächtiger in Untersuchungshaft zu nehmen ist, um zu verhindern, dass er neue Straftaten begeht (..) die Gerichte die Risiken eingehend prüfen und sich dabei auf detaillierte und zuverlässige Informationen über die Persönlichkeit und die soziale Lage des/der Betroffenen stützen"* (Nr. 17 Rec (2003) 20).

In vielen Ländern lässt sich auch ein gewisses Unbehagen in Bezug auf die Wiederholungsgefahr erkennen. In einigen Ländern wird der Haftgrund der Wiederholungsgefahr somit dahingehend eingeschränkt, dass dieser nur bei bestimmten (schweren) Straftaten gerechtfertigt ist, so beispielsweise in den Niederlanden (Art. 67a niedStPO), Litauen (Art. 122 litStPO) Polen (Art. 258 polStPO) und Spanien (Art. 503 Abs. 2 spanStPO). In der Schweiz kommt hinzu, dass der Verdächtige in der Vergangenheit gleichartige schwere Taten begangen hat (Art. 221 Abs. 1 c schwStPO).

In Deutschland und Frankreich sind im Gesetz die Straftaten abschließend aufgezählt, bei denen die Wiederholungsgefahr eine vorzeitige Inhaftierung rechtfertigt.[543] In Deutschland sind dies beispielsweise Straftaten gegen die *sexuelle Selbstbestimmung* (§ 112a Abs. 1 Nr. 1 StPO) oder Straftaten wie die *Vorbereitung einer schweren staatsgefährdenden Gewalttat, besonders schwerer Landfriedensbruch, gefährliche Körperverletzung, besonders schwere Fälle des Diebstahls, Betrug* oder bestimmte Delikte aus dem *Betäubungsmittelgesetz* (vgl. § 112a Abs. 1 Nr. 2 StPO). Der Unterschied zwischen den beiden Straftatkatalogen ist, dass bei § 112a Abs. 1 Nr. 1 StPO nach dem Wortlaut allein der dringende Tatverdacht ausreicht. Bei den Straftaten in § 112a Abs. 1 Nr. 2 StPO muss sich der dringende Tatverdacht auch darauf beziehen, dass sie zum einen wiederholt oder fortgesetzt begangen wurden und zum anderen durch sie eine schwerwiegende Beeinträchtigung der Rechtsordnung eingetreten ist.[544]

In Italien wird der Haftgrund der Wiederholungsgefahr ebenfalls eingeschränkt. Nach Art. 274 Abs. 1 c italStPO darf Untersuchungshaft dann angeordnet werden, wenn eine konkrete Gefahr besteht, dass der Beschuldigte eine Tat

---

543 Art. 144 frStPO; *van Kalmthout u. a.* 2009, S. 73.

544 Siehe BVerfGE 35, S. 185 ff.; siehe auch *Kap. 4.3.*

mittels einer Waffe, eine andere schwere Gewalttat oder eine Tat gegen die öffentliche Ordnung begeht. Auch darf die Untersuchungshaft angeordnet werden, wenn die konkrete Gefahr besteht, dass der Beschuldigte die Anlasstat erneut begehen wird. Dann ist eine Anordnung jedoch nur möglich, soweit die Tat mit mindestens vier Jahren Freiheitsstrafe bedroht ist.[545]

Auch andere Länder in Europa beschränken den Haftgrund der Wiederholungsgefahr auf bestimmte Straftaten.[546] So ist es beispielsweise in Österreich, wo die Gefahr bestehen muss, der Verdächtige werde eine strafbare Handlung mit schweren Folgen begehen (Prognosetat), die gegen dasselbe Rechtsgut gerichtet ist wie die ihm angelastete Tat (Anlasstat), § 173 Abs. 2 Nr. 3 a östStPO. Ist der Verdächtige bereits wegen der Anlasstat einmal verurteilt worden, reicht die Gefahr aus, dass er eine strafbare Handlung mit nicht bloß leichten Folgen begehen wird oder wenn ihm nunmehr wiederholte oder fortgesetzte Handlungen angelastet werden (§ 173 Abs. 2 Nr. 3 b östStPO). Ist die Prognosetat mit mindesten sechs Monaten Freiheitsstrafe bedroht, reichen zwei einschlägige Vorverurteilungen aus.[547] Ähnliche Regelungen existieren in der Tschechischen Republik. Dort muss die Befürchtung bestehen, der Verdächtige werde die *begangene strafbare Handlung wiederholen oder die versuchte, vorbereitete oder angedrohte Straftat vollenden*(§ 67 tschStGB).[548] Folglich ist in Österreich und der Tschechischen Republik die Wiederholungsgefahr auf gleichartige Delikte beschränkt.

In Griechenland gibt es keine Beschränkung auf bestimmte Taten. Vielmehr muss dargelegt werden, dass der Verdächtige, wenn er freigelassen wird, sehr wahrscheinlich weitere Straftaten begehen wird. Als Indizien gelten dabei die Persönlichkeit des Verdächtigen oder die konkreten Umstände der Tat.[549] Bulgarien und Dänemark dagegen schränken die Wiederholungsgefahr nicht ein. Es wird lediglich gefordert, dass die potentielle Straftat mit einer Freiheitsstrafe bedroht ist, wobei dies eine generelle Voraussetzung zur Verhängung einer Untersuchungshaft

---

545   Art. 274 italStPO; siehe auch *Lambertina* 2009, S. 551.

546   Vgl. *van Kalmthout u. a.* 2009, S. 71.

547   Es handelt sich terminologisch um die sog. Tatbegehungs- bzw. Tatausführungsgefahr. „Tatbegehungsgefahr" bezeichnet die berechtigte Annahme, der Beschuldigte werde noch während des wegen einer mit mehr als sechsmonatiger Freiheitsstrafe bedrohten strafbaren Handlung gegen ihn geführten Strafverfahrens, weitere gleichartige Delikte mit erheblichen Folgen begehen. „Tatausführungsgefahr" bedeutet die berechtigte Annahme, der Beschuldigte werde das angedrohte oder zunächst bloß versuchte Delikt ausführen bzw. vollenden; vgl. auch *Fabrizy* 2008, S. 394.

548   In der Tschechischen Republik wird dieser Haftgrund auch als Ausführungsgefahr bezeichnet; siehe *Válková/Hulmáková* 2011, S. 292; *Jeschek/Krümpelmann* 1971, S. 951.

549   *Pitsela* 2011, S. 654.

ist.[550] Auch Länder wie z. B. Belgien, Estland, Finnland, Portugal (Art. 201 portStPO), Rumänien (Art. 148 ruStPO), Schweden, Slowakei (Art. 71 c slowStPO) und Zypern (Art. 18 zypStPO) sehen keine besonderen Beschränkungen bezüglich des Haftgrundes der Wiederholungsgefahr vor. In diesen Ländern ist die Wiederholungsgefahr den anderen Haftgründen somit völlig gleich geordnet.

Eine Beschränkung auf besonders schwere Taten kann jedoch nicht darüber hinwegtäuschen, dass es sich um einen systemfremden Haftgrund handelt, der mit der Unschuldsvermutung nicht zu vereinbaren ist. Somit ist es bemerkenswert, dass in Irland und Nordirland eine Inhaftierung wegen einer Wiederholungsgefahr nicht vorgesehen ist.

Als weiterer Haftgrund findet sich die Schwere der Tat. Dieser Haftgrund ist jedoch weitaus seltener existent.[551] Dazu kommt, dass in nahezu allen Ländern, bei denen dieser Haftgrund vorgesehen ist, dieser allein eine Untersuchungshaft nicht rechtfertigen kann. In Deutschland ist dieser Haftgrund auf einige schwere Taten, die im Gesetz abschließend geregelt sind, beschränkt (§ 112 Abs. 3StPO). So ist es auch in Kroatien.[552] Dort ist der Haftgrund der Tatschwere auf Delikte wie Mord, Totschlag, Raub, Erpressung, Rauschgifthandel oder Terrorismus beschränkt.[553] In Deutschland besteht des Weiteren nach einer entsprechenden Entscheidung des BVerfG ein Einvernehmen darüber, dass über den Wortlaut hinaus die Schwere Tat allein die Untersuchungshaft nicht rechtfertigen kann. Das Übermaßverbot und der verfahrenssichernde Zweck der Untersuchungshaft, verbieten es somit die Untersuchungshaft dort anzuwenden, wo Flucht- oder Verdunkelungsgefahr nicht besteht.[554] In der Konsequenz heißt dies allerdings, dass die Anforderungen an die Feststellung des Haftgrundes deutlich herabgesetzt werden.[555] Das Vorliegen eines Haftgrundes muss nicht mehr positiv belegt werden, sondern er entfällt nur dann, wenn im Einzelfall besondere Umstände seinen Ausschluss nahelegen.[556] Es findet folglich eine Art Beweislastumkehr statt, was die Feststellung der anderen Haftgründe angeht.

---

550   In *Dänemark* muss es sich folglich um eine Tat handelt, die mit mindestens 1 Jahr und 6 Monaten Freiheitsstrafe bedroht ist, *siehe Knapen* 2009, S. 274; zu *Bulgarien* vgl. *Dünkel/Dorenburg/Grzywa* 2011, S. 1752; *Kanev u. a.* 2011, S. 168.

551   Vgl. *Tab. 3.*

552   Vgl. *Bojanić* 2011, S. 214.

553   Es handelt sich dabei um Taten, die laut Gesetz mit mindestens 8 Jahren Freiheitsstrafe bedroht sind.

554   BVerfGE 19, S. 342, 350; vgl. auch *Kap. 4.3.*

555   *Meyer-Goßner* 2016, § 112, Rn. 37.

556   OLG Düsseldorf StV 1982, S. 585; siehe auch *Meyer-Goßner* 2016, § 112, Rn. 36 ff.

Auch in Österreich ist der Haftgrund der Tatschwere bekannt (§ 173 Abs. 6 östStPO). Danach darf in Österreich die Untersuchungshaft auch verhängt werden, wenn es sich um eine Tat handelt, die mit mindestens zehn Jahren Freiheitsstrafe bedroht ist und das Vorliegen aller Haftgründe nicht auszuschließen ist. Somit findet auch hier eine Art Beweislastumkehr statt. Das Gericht hat zu untersuchen, ob besondere Gründe (z. B. Persönlichkeit des Täters) mit einer an Sicherheit grenzenden Wahrscheinlichkeit das Vorliegen von anderen Haftgründen ausschließen.[557]

Ähnlich ist es in Bulgarien (Art. 105 Abs. 1 u. 2 bulgStPO und Polen (Art. 258 Abs. 2 polStPO). Dort wird ebenfalls vermutet, dass eine Fluchtgefahr vorliegt, soweit die potentiell begangene Straftat mit einer Freiheitsstrafe von mindestens zehn Jahren bzw. acht Jahren bedroht ist.[558] Auch in Litauen muss die Tatschwere im Zusammenhang mit den anderen Haftgründen gesehen werden (Art. 122 lit StPO). So hat das Oberste Gericht in Litauen zwar entschieden, dass allein die besondere Schwere der Tat darauf schließen lassen kann, dass eine Fluchtgefahr besteht.[559] In der Praxis führt dies aber ebenfalls dazu, dass weitere Faktoren in die Entscheidung miteinbezogen werden, so beispielsweise die Persönlichkeit des Beschuldigten, familiäre Beziehungen etc.[560] Lettland beschränkt diesen Haftgrund auf Straftaten, die mit mindestens zehn Jahren Freiheitsstrafe bedroht sind. Jedoch kann dort allein die Schwere der Tat eine Inhaftierung rechtfertigen (Art. 272 Abs. 1 lettStPO).[561]

In manchen Ländern ist auch eine mögliche Gefahr für die Allgemeinheit oder die öffentliche Sicherheit als Haftgrund vorgesehen.[562] Trotz einer gewissen Unbestimmtheit ist dieser Haftgrund ausdrücklich in Nr. 7b der Empfehlung Rec (2006) 13 erwähnt. Mit diesem Haftgrund soll die Allgemeinheit vor gefährlichen Tätern geschützt werden. Auch dieser Haftgrund läuft darauf hinaus eine Verdachtsstrafe zu legitimieren. In Frankreich, den Niederlanden, Italien, Portugal und Schottland ist ein solcher Haftgrund vorgesehen. Anzumerken ist diesbezüglich jedoch, dass es sich bei diesen Ländern um solche handelt, die nicht über den

---

557 Siehe *Fabrizy* 2008, S. 396 m. w. N.

558 Vgl. für *Bulgarien* auch *Kanev u. a.* 2011, S. 168; für *Polen* siehe *Morgenstern* 2009, S. 738.

559 *Morgenstern* 2009, S. 624.

560 Vgl. hierzu die Entscheidung des Berufungsgerichts *Litauen* Nr. 1 S-33/2008 vom 21.03.2008; *van Kalmthout u. a.* 2009, S. 73 f.

561 *Morgenstern* 2009, S. 589.

562 Hier variieren die Begriffe. So ist z. B. in Frankreich von einem „öffentlichen Interesse" die Rede, während in anderen Ländern von einer „Gefahr für die öffentliche Ordnung" gesprochen wird (Niederlande, Schottland). In Italien wird eine „schwere Gefahr für die Gesellschaft" gefordert. Inhaltlich ist aber von einer ähnlichen Intention auszugehen; vgl. auch *Dünkel/Dorenburg/Grzywa* 2011, S. 1751.

Haftgrund der Tatschwere verfügen. Somit ist davon auszugehen, dass in der juristischen Praxis eine „Gefahr für die Allgemeinheit" das funktionale Äquivalent zum Haftgrund der Tatschwere darstellt. In Bulgarien und Rumänien sind dagegen sowohl die Tatschwere als auch eine mögliche „Gefahr für die Allgemeinheit" gesetzlich vorgesehen, wobei die „Gefahr für die Allgemeinheit" normalerweise nur bei besonders bedeutenden Delikten wie zum Beispiel bei terroristischen Taten zu bejahen sein wird.[563]

In einigen Mitgliedstaaten gibt es darüber hinaus weitere Gründe für die Anordnung der Untersuchungshaft. Zusätzlich zu den genannten Gründen kommt zum Beispiel eine Inhaftierung in Betracht, wenn die Identität des Beschuldigten nicht festzustellen ist (z. B. Finnland, Russland, Lettland). So erlaubt Art. 108 Abs. 1 der russischen StPO bei mit Freiheitsstrafe unter zwei Jahren bedrohten Straftaten eine Untersuchungshaft auch, wenn der Beschuldigte keinen festen Wohnsitz hat, seine Identität nicht festgestellt ist oder er sich früheren „Verhinderungsmaßnahmen" entzogen hat (Russland), bzw. der Beschuldigte keinen festen Wohnsitz hat, in der Vergangenheit flüchtig war oder einem Gefangenen bei der Flucht geholfen hat oder gegen Aufenthaltsbestimmungen verstoßen hat (so auch in Griechenland und Rumänien). Auch in Finnland kann ein nicht vorhandener fester Wohnsitz eine Untersuchungshaft rechtfertigen.[564] Der Haftgrund eines nicht vorhanden festen Wohnsitzes wird häufig ausländische Verdächtige betreffen und soll auf eine Fluchtgefahr schließen lassen. Eine Fluchtgefahr muss in diesen Fällen folglich nicht ausdrücklich begründet werden. Eine solche Regelung bzw. praktische Anwendung verstößt jedoch gegen die Regel Nr. 9 [2] der Rec (2006) 13. Die Tatsache, dass eine Person nicht dem Staat angehört, in dem die Straftat begangen wurde, oder keine weiteren Bindungen zu diesem Staat hat, darf als solche nicht ausreichen, um auf eine Fluchtgefahr zu schließen.

In allen Ländern kann zudem eine Inhaftierung erfolgen, soweit ein Angeklagter nicht gewillt ist seine rechtskräftige Strafe anzutreten.[565]

In wohlfahrtsorientierten Systemen kann auch ein gewisser Förderbedarf eines Jugendlichen ein Grund zu einer Einweisung sein. Insbesondere, wenn der Richter oder die Behörden eine Entscheidung zur vorläufigen Unterbringung in einer Wohlfahrtseinrichtung zu treffen haben. Die Notwendigkeit für eine sofortige Versorgung gilt dabei als Leitprinzip.[566]

---

563 *van Kalmthout u. a.* 2009, S. 73.

564 *Lappi-Seppälä* 2011, S. 468 f.

565 *van Kamlthout u. a.* 2009, S. 74.

566 Siehe *Dünkel/Dorenburg/Grzywa* 2011, S. 1752.

Tabelle 3:   **Anordnungsvoraussetzungen für die Untersuchungshaft**

Land	Haftgründe				
	Flucht/ Fluchtgefahr	**Verdunke- lungsgefahr**	**Wiederho- lungsgefahr**	**Schwere der Tat**	**Gefahr für die All- gemeinheit oder die öffentliche Si- cherheit**
A	X	X	X	X	-
B	X	X	X	-	-
BG	X	X	X	X	X
CH	X	X	X*	-	X**
CY	X	X	X	-	-
CZ	X	X	X	-	-
D	X	X	X (bei be- stimmten Straftaten, § 112a StPO)	X (bei best. Straftaten, § 112 (3) StPO)	-
DK	X	X	X	X	-
E	X	X	X	-	-
EST	X	-	X	-	-
E/W	X	X	X	-	-
F	X	X	X	-	X
FIN	X	X	X	-	-
GR	X	-	X	-	-
HR	X	X	X	X (bei be- stimmten Straftaten)	-
HU	X	X	X		
I	X	X	X	-	X („erhebliches Ri- siko")
IRE	X	X	X	X	-
KO	X	X	-	-	-
LT	X	X	X	X	-

Land	Haftgründe				
	Flucht/ Fluchtgefahr	Verdunke-lungsgefahr	Wiederho-lungsgefahr	Schwere der Tat	Gefahr für die Allgemeinheit oder die öffentliche Sicherheit
LV	X	X	X	X	-
NI	X	X	-	-	-
NL	X	X	X	-	X
P	X	X	X	-	X
PL	X	X	X	X	-
RO	X	X	X	X	X
RUS	X	X	X	X	-
SCO	X	X	X	-	X
SK	X	X	X	-	-
SLO	X	X	X	-	-
SRB	X	X	X	X	-
SWE	X	X	X	-	-
TR	k. A.	k. A.	k. A.	k. A.	k. A.
UA	k. A.	k. A.	k. A.	k. A.	k. A.

*   Keine Wiederholungsgefahr im eigentlichen Sinne (es muss eine Drohung seitens des Beschuldigten ausgesprochen worden sein).

**   Der Beschuldigte muss bereits in der Vergangenheit gleichartige Delikte begangen haben.

A = Österreich; B = Belgien; BG = Bulgarien; CH = Schweiz; CY = Zypern; CZ = Tschechische Republik; D = Deutschland; DK = Dänemark; E = Spanien; EST = Estland; E/W = (England/Wales); FIN = Finnland; F = Frankreich; GR= Griechenland; HR = Kroatien; HU = Ungarn; IRE = Irland; I = Italien; KO = Kosovo; LT = Litauen; LV = Lettland; NI= Nordirland; NL = Niederlande; PL= Polen; P = Portugal; RO = Rumänien; RUS = Russland; SCO = Schottland; SK = Slowakei; SLO = Slowenien; SRB = Serbien; SWE = Schweden; TR = Türkei; UA = Ukraine.

5.2.5   Verhältnismäßigkeitsgrundsatz

In der Empfehlung Rec (2006) 13 heißt es in Nr. 6: „Untersuchungshaft darf grundsätzlich nur gegen Personen verhängt werden, die verdächtigt werden, eine mit Freiheitsstrafe bedrohte strafbare Handlung begangen zu haben". Darin wird der Verhältnismäßigkeitsgrundsatz deutlich. Dieser muss angesichts des durch die Untersuchungshaft bewirkten schweren Rechtseingriffs auch unbedingt beachtet werden. Abzuwägen sind einerseits die Rechtsfolgenerwartung und auf der anderen Seite die Freiheitseinbußen einer Untersuchungshaft.[567] Dazu müssen auch etwaige gesundheitliche, wirtschaftliche oder familiäre Belastungen zählen.

In vielen Ländern ist das Verhältnismäßigkeitsprinzip ausdrücklich geregelt. In Deutschland[568] und Österreich (§ 173 Abs. 1 östStPO) darf die Untersuchungshaft nicht angewendet werden, wenn sie zur Bedeutung der Sache oder zu der erwartenden Strafe außer Verhältnis steht. Dabei sind jene Umstände von Bedeutung, welche für oder gegen das Vorliegen eines öffentlichen Interesses an der Aufrechterhaltung der Haft sprechen und es rechtfertigen, von der Grundregel der Achtung der persönlichen Freiheit abzuweichen (Österreich).[569]

Auch in Kroatien muss die Untersuchungshaft zur Schwere der Tat und der angedrohten Strafe im Verhältnis stehen.[570] In Deutschland ist bemerkenswert, dass eine geringe Straferwartung alleine die Haft noch nicht ausschließt und somit nicht automatisch zur Unverhältnismäßigkeit führt, allerdings zu einer besonderen Obacht zwingt.[571] So lässt sich eine Untersuchungshaft in bestimmten Fällen auch rechtfertigen, wenn lediglich eine Geldstrafe zu erwarten ist. Dies widerspricht eindeutig der Nr. 6 der Rec (2006) 13.

Darüber hinaus sind im deutschen und österreichischen JGG weitere Einschränkungen geregelt. Nach § 72 Abs. 1 S. 2 JGG sind bei der Prüfung der Verhältnismäßigkeit auch die besonderen Belastungen des Vollzuges für Jugendliche zu beachten.[572] Auch in Österreich sind die Nachteile des Vollzuges in der Prüfung der Verhältnismäßigkeit zu beachten.[573] Eine ähnliche Regelung gibt es in Spanien. Dort schreibt Art. 502 Abs. 3 spanStPO vor, dass bei der Entscheidung, ob Untersuchungshaft angeordnet werden soll, der Richter die Umstände der Tat und die Folgen der Haft abwägen muss.[574] In der Türkei verweist das Gesetz

---

567 Vgl. hierzu auch *Kap. 4.4.2.*

568 Als verfassungsrechtliches Gebot ist der Grundsatz der Verhältnismäßigkeit gem. Art. 1 Abs. 3, Art. 20 Abs. 3 GG für die gesamte Staatsgewalt unmittelbar verbindlich; siehe auch *Kap. 4.4.2.*

569 *Fabrizy* 2008, § 173, Rn. 4.

570 Dies ist im *kroatischen* Jugendgerichtsgesetz (Art. 73 Abs. 1) explizit geregelt.

571 Siehe § 113 Abs. 1 StPO; nach deutschem Recht erschöpft sich die Frage der Verhältnismäßigkeit nicht in einer simplen Rechnung, in der Straf- und Hafterwartung betrachtet werden. Vielmehr sind weitere Folgeschäden zu berücksichtigen; siehe *Meinen* 2008, S. 357.

572 Siehe ausführlich *Kap. 4.4.2* und *5.3.*

573 Siehe *Kap. 5.3.*

574 Vgl. auch *Lambertina* 2009, S. 884.

ebenfalls explizit auf den Verhältnismäßigkeitsgrundsatz. Gemäß § 100 Abs.1 S. 2 türkStPO ist die Untersuchungshaft ausgeschlossen, wenn die zu erwartende Strafe oder Maßnahme außer Verhältnis zum Zweck der Untersuchungshaft steht. Darüber hinaus darf in der Türkei eine Untersuchungshaft nur verhängt werden, soweit eine Freiheitsstrafe von mindesten fünf Jahren droht.[575] Auch dies ist ein Ausdruck des Verhältnismäßigkeitsgrundsatzes.

Diese implizierte Verhältnismäßigkeit findet sich in vielen anderen Ländern, beispielsweise in Estland. Dort gibt es zwar keine ausdrückliche Bestimmung in Bezug auf den Grundsatz der Verhältnismäßigkeit. Allerdings formuliert § 127 Abs. 1 estStPO unter welchen Bedingungen eine präventive Maßnahme angeordnet werden darf. Dabei spielt das mögliche Strafmaß eine wichtige Rolle. Somit dürfte bei einer geringen Straferwartung von einer Unverhältnismäßigkeit der Untersuchungshaft auszugehen sein.

Auch in anderen Ländern soll eine gewisse Verhältnismäßigkeit erreicht werden, indem die Untersuchungshaft nur dann möglich ist, wenn die fragliche Tat mit einer Freiheitsstrafe bedroht ist (z. B. Bulgarien, Italien, die Niederlande und Rumänien).[576] Die italienische Strafprozessordung erlaubt die Untersuchungshaft nur dann, wenn die in Verdacht stehende Tat mit einer Mindeststrafe von vier Jahren bedroht ist. In Griechenland wird vorausgesetzt, dass es sich um ein Verbrechen handelt.[577]

In Finnland ist die Untersuchungshaft nur für Fälle vorgesehen, in denen eine Mindeststrafe von zwei Jahren vorgesehen ist. Bei einer Mindeststrafe von einem Jahr muss eine konkrete Gefahr bestehen, dass der Verdächtige fliehen wird.[578]

In der Tschechischen Republik, muss es sich um eine vorsätzliche Tat handeln, die mit mehr als zwei Jahren Freiheitsstrafe bedroht ist. Bei Fahrlässigkeitsdelikten muss die Strafandrohung drei Jahre Freiheitsstrafe betragen.

In Lettland ist die Untersuchungshaft bei Fahrlässigkeitsdelikten oder Ordnungswidrigkeiten dagegen ausgeschlossen. In der Ukraine kann Untersuchungshaft grundsätzlich bei einer Strafandrohung von mindestens drei Jahren angeord-

---

575   Dies betrifft nur Jugendliche unter 15 Jahre. Bei älteren Jugendlichen gilt der allgemeine Verhältnismäßigkeitsgrundsatz, dass die Untersuchungshaft nicht außer Verhältnis zu der erwarteten Strafe oder Maßnahme stehen darf.

576   Siehe *Dünkel/Dorenburg/Grzywa* 2011, S. 1752 f.; es muss aber in diesem Zusammenhang berücksichtigt werden, dass die Bedeutung dieser restriktiven Regelungen vielfach durch einen hohen Strafrahmen ausgehöhlt wird; so z. B. in Italien, siehe hierzu *Picotti u. a.* 2010, S. 528 f.

577   *Pitsela* 2011, S. 653.

578   Dies wird häufig angenommen, soweit der Verdächtige keinen festen Wohnsitz hat; siehe *Dünkel/Dorenburg/Grzywa* 2011, S. 1753.

net werden.[579] Das niederländische Recht geht darüber hinaus. So ist Untersuchungshaft ist nur bei Verbrechen möglich, die mit mindestens 12 Jahren Haft angedroht sind.[580]

Somit beschränken einige Länder die Untersuchungshaft mithilfe abstrakter Kriterien, während andere die konkrete Straferwartung berücksichtigen. Darüber hinaus ist der Grundsatz der Verhältnismäßigkeit oft in der Begrenzung der Fristen für die Untersuchungshaft zu finden. So muss beispielsweise ein Richter in den Niederlanden den Vollzug der Untersuchungshaft aussetzen, soweit die erwartete Strafe kürzer ist als die Dauer der aktuellen Untersuchungshaft.[581]

In Frankreich heißt es in Art. 144-1 der StPO: „Untersuchungshaft darf einen angemessenen Zeitraum im Vergleich zu der Schwere der möglichen Tat und der Komplexität des Strafverfahrens zur Wahrheitsfindung nicht überschreiten." Die Untersuchungshaft darf auch in Frankreich daher nur in einer geeigneten Weise angewendet werden und nur für den Zeitraum, der unbedingt notwendig ist.

Die *common-law-Systeme* vertrauen auf das System der grundsätzlichen Möglichkeit einer Kautionsgewährung als Alternative zur Untersuchungshaft. In England und Wales sowie in Schottland, ist die Priorität der Kaution gesetzlich vorgesehen. In Schottland ist eine Kautionsgewährung grundsätzlich bei allen Straftaten möglich. Das Gericht ist stets verpflichtet die Möglichkeit einer Kaution zu prüfen. Es handelt dabei aber im eigenen Ermessen.[582]

In einigen Ländern findet sich im allgemeinen Untersuchungshaftrecht neben dem Verhältnismäßigkeitsgrundsatz auch eine Subsidiaritätsklausel (z. B. Griechenland, Serbien, Spanien, Türkei). So ist beispielsweise in Art. 502 Abs. 2 spanStPO geregelt, dass die Untersuchungshaft nur anzuordnen ist, wenn andere Maßnahmen (Auflagen oder Weisungen) nicht ausreichend sind, um den Zweck der Untersuchungshaft zu erreichen. In Serbien haben zum Beispiel vorübergehende ambulante Maßnahmen Vorrang.[583] Auch in Griechenland und Russland (Art. 108 russStPO) gilt der Vorrang alternativer Maßnahmen. In der Türkei regelt Art. 100 türkStPO, dass die Untersuchungshaft als letztes Mittel anzuwenden ist.[584] Diese Länder entsprechen somit auch der Rec (2006) 13. Danach darf eine

---

579 In Ausnahmefällen auch bei weniger Strafandrohung (Art. 155 ukrStPO); vgl. *Dünkel/Dorenburg/Grzywa* 2011, S. 1753.

580 Dies bezieht sich nur auf eine Anordnung wegen Fluchtgefahr. Im Falle einer Verdunkelungs- oder Wiederholungsgefahr ist auch bei anderen Taten eine Untersuchungshaft möglich; siehe *van Kalmthout u. a.* 2009, S. 703.

581 *Dünkel/Dorenburg/Grzywa* 2011, S. 1753.

582 Siehe hierzu auch *Kap. 7.*

583 *Škulić* 2011, S. 1229.

584 Siehe *Pitsela* 2011, S. 653 f. (Griechenland); *Sokullu-Akinci* 2011, S. 1468 (Türkei).

Untersuchungshaft u. a nur verhängt werden, wenn es nicht möglich ist, alternative Maßnahmen zu verhängen (Nr. 7 c). Auch in Österreich ist die Untersuchungshaft als letztes Mittel anzuwenden. Eine Untersuchungshaft ist dort unzweckmäßig, soweit die Haftzwecke durch eine gleichzeitige Strafhaft oder Haft anderer Art erreicht werden können (§ 173 Abs. 4 S. 1 östStPO). Zudem kommen andere „gelindere Mittel" in Betracht (§ 173 Abs. 5 östStPO). Danach wird eine an sich angebrachte Haft durch die Anwendung eines oder mehrerer „gelinderer Mittel" verdrängt, wenn diese geeignet sind, die Haftzwecke zu erreichen.[585]

In Deutschland findet sich eine ähnliche Regelung. Nach § 116 Abs. 1 StPO setzt der Richter den Vollzug des Haftbefehls, der lediglich wegen Fluchtgefahr gerechtfertigt ist, aus, soweit weniger einschneidende Maßnahmen in Betracht kommen. Es handelt sich dabei um eine zwingende Vorschrift. Etwas anderes ergibt sich, wenn die Untersuchungshaft auf den Haftgrund der Verdunkelungs- oder Wiederholungsgefahr gestützt ist. Dann steht dem Richter ein Ermessen zu.

5.3 Gesetzliche Sonderregelungen für Jugendliche und/oder Heranwachsende (bzw. bestimmte Restriktionen bei der Anordnung)

Was im Bereich des allgemeinen Strafverfahrens beziehungsweise im allgemeinen Untersuchungshaftrecht gilt, muss insbesondere im Bereich des Jugendstrafrechts gelten. Während nicht alle Länder über bestimmte Subsidiaritätsklauseln im allgemeinen Strafverfahrensrecht verfügen[586], sehen die meisten Länder in ihren einschlägigen Gesetzen weitere Einschränkungen für die Anordnung der Untersuchungshaft bei Jugendlichen vor.[587] Die untersuchungshaftrechtlichen Sonderregelungen gelten dabei nicht für Heranwachsende.[588] In Deutschland hat das 1. JGGÄndG von 1990 die Untersuchungshaft bei Jugendlichen eingeschränkt. Untersuchungshaft darf nur verhängt und vollstreckt werden, wenn ihr Zweck nicht durch eine vorläufige Anordnung über die Erziehung oder durch andere Maßnahmen erreicht werden kann (§ 72 Abs. 1 i. V. m. § 71 JGG). Die gleiche Regelung findet sich auch im österreichischen (§ 35 Abs. 1 östJGG), kroatischen (Art. 73 Abs. 1 kroatJGG), portugiesischen (Art. 57 portJGG) und schwei-

---

585 Vgl. WK-*Krichbacher/Rami* 2009, § 173, Rn. 70 f.; zu den „gelinderen" (milderen) Mitteln siehe insbesondere *Kap. 7.*

586 Siehe *Kap. 5.2.5.*

587 Siehe hierzu *Tab. 5.*

588 In England/Wales, Schottland, Irland und Nordirland können Heranwachsende (bis 21 Jahre) jedoch in besonderen Einrichtungen für junge Erwachsene untergebracht werden. In Irland konnte eine Unterbringung dieser Altersgruppe in der sog. „*St. Patrick-Institution*" erfolgen, siehe *Kap. 9.*

zerischen (Art. 27 schwJStPO) Jugendstraf- und Verfahrensrecht. Wie bereits erwähnt sind in Deutschland und Österreich zudem die besonderen Belastungen des Vollzuges für Jugendliche zu berücksichtigen (§ 72 Abs. 1 S. 2 JGG). Wird trotzdem Untersuchungshaft angeordnet, muss der Jugendrichter besonders begründen, warum andere Maßnahmen nicht in Betracht kommen und die Untersuchungshaft nicht unverhältnismäßig ist (§ 72 Abs. 1 S. 3 JGG). Zudem ist bei Jugendlichen von 14 bis 16 Jahren die Anordnung einer Untersuchungshaft wegen Fluchtgefahr nur unter zusätzlichen Voraussetzungen möglich (§ 72 Abs. 2 JGG).[589]

In Österreich haben familien- und jugendwohlfahrtsrechtliche Verfügungen oder die „gelinderen Mittel" (§ 35 Abs. 1 JGG i. V. m. § 173 Abs. 5 StPO) Vorrang vor der Untersuchungshaft. In Österreich darf die Untersuchungshaft bei Jugendlichen nur verhängt werden, „wenn die mit ihr verbundenen Nachteile für die Persönlichkeitsentwicklung und für das Fortkommen des Jugendlichen nicht außer Verhältnis zur Bedeutung der Tat und der zu erwartenden Strafe stehen" (§ 35 Abs. 2 östJGG). Besondere Nachteile können beispielsweise im Verlust des Schul- oder Arbeitsplatzes liegen. Auch in Österreich muss folglich eine besondere Verhältnismäßigkeitsprüfung stattfinden.

Auch in der Schweiz werden an die ohnehin geltende Verhältnismäßigkeit erhöhte Anforderungen im Jugendstrafrecht gestellt. Art. 27 schwJStPO verlangt ausdrücklich, dass die Untersuchungshaft nur angeordnet werden darf, wenn der Zweck nicht durch eine „Ersatzmaßnahme" erreicht werden kann. Dies können insbesondere die in Art. 12-15[590] schwJStG vorgesehenen Schutzmaßnahmen sein, da die Untersuchungsbehörde auch zuständig für die Verhängung etwaiger Maßnahmen ist (Art. 26 schwJStPO). Diese können laut Art. 5 vorsorglich eingeleitet werden. Wenn z. B. von Anfang an klar ist, dass ein Jugendlicher einer Unterbringung oder einer Therapie bedarf, soll nicht bis zur gerichtlichen Beurteilung zugewartet, sondern die erforderliche Maßnahme sofort begonnen werden. Sie ersetzt dann die andernfalls erforderliche Untersuchungshaft.[591]

In Spanien soll der Jugendrichter die Untersuchungshaft nur dann anordnen, wenn der Jugendliche eine schwere Tat begangen hat oder erneut straffällig wurde. Zudem soll die Untersuchungshaft immer am Maßstab der minimalen Intervention zu messen sein. Die Persönlichkeit des Jugendlichen soll berücksichtigt werden (Art. 28.1, 2). Auch darf Untersuchungshaft bei psychischen Problemen nicht verhängt werden. In diesem Falle sind die Zivilgerichte gefragt, geeignete Maßnahmen zu treffen (Art. 29).

---

589 Siehe ausführlich *Kap. 4.4.3.*

590 Bei den möglichen Maßnahmen handelt es sich um die Aufsicht (Art. 12), persönliche Betreuung (Art. 13), ambulante Behandlung (Art. 14) und die Unterbringung (Art. 15); siehe ausführlich *Kap. 7.*

591 Auch Art. 27 schwJStPO verlangt, dass alternative Maßnahmen vorrangig sind.

Auch in Finnland und Rumänien sind die möglichen negativen Folgen einer Untersuchungshaft zu berücksichtigen. Diese Restriktion hat in der Praxis jedoch vielmehr Einfluss auf die Länge der Untersuchungshaft als auf die grundsätzliche Entscheidung, ob Untersuchungshaft angeordnet wird oder nicht.[592]

Auch Kroatien und die Tschechische Republik haben eine Subsidiaritätsklausel im Jugendstrafrecht geregelt, wonach zunächst alternative Maßnahmen zu prüfen sind. In Kroatien sind dies beispielsweise die Einweisung in ein Erziehungsheim oder die Aufsicht durch die zuständigen Sozialbehörden (Art. 73 Abs. 1 kroatJGG). In der Tschechischen Republik ist eine Anordnung der Untersuchungshaft zudem erst ab einem Alter von 15 Jahren zulässig.[593]

In Bulgarien hat eine Entscheidung des Obersten Gerichts eine Subsidiaritätsklausel im Jugendstrafrecht geschaffen. Nach dieser Entscheidung soll bei Jugendlichen eine Untersuchungshaft nur verhängt werden, wenn andere Maßnahmen keinen Erfolg versprechen.[594] Auch in der Slowakei, Slowenien und Russland (Art. 108, 423 russStPO) sind zunächst alternative ambulante Maßnahmen zu prüfen.

Anders als bei Volljährigen bestimmt das Gesetz in den Niederlanden bei Jugendlichen, dass das Gericht bei der Verhängung von Untersuchungshaft stets prüfen muss, ob die Vollstreckung unmittelbar erfolgen muss oder auf einen späteren Zeitpunkt verschoben werden kann. Diesen Haftaufschub kann der Jugendrichter mit bestimmten Auflagen verknüpfen. Gleichfalls kann er eine Jugendeinrichtung beauftragen, dem Jugendlichen bei der Einhaltung dieser Auflagen Hilfe und Unterstützung zuteil werden zu lassen. Wenn der Untersuchungsrichter keinen Grund sieht, die Untersuchungshaft aufzuschieben, bedeutet dies noch nicht automatisch, dass der Jugendliche in eine Haftanstalt verbracht wird. Eine besondere Bestimmung der niederländischen StPO bietet die Möglichkeit, dass der polizeiliche Gewahrsam oder die Untersuchungshaft an jedem dazu geeigneten Ort erfolgen kann. Dies kann eine Jugendeinrichtung oder auch die elterliche Wohnung sein.[595]

In Griechenland werden bestimmte Restriktionen in der allgemeinen StPO geregelt. Untersuchungshaft darf gegen den jugendlichen Beschuldigten (15- bis 18-Jährige) unter denselben Grundvoraussetzungen[596] wie bei Erwachsenen verhängt werden; jedoch ist die Möglichkeit der Anordnung von Untersuchungshaft

---

592 *Dünkel/Dorenburg/Grzywa* 2011, S. 1758.

593 Siehe *Tab. 1*.

594 Das Gericht hat die im Art. 386 Abs. 2 bulgStPO geforderten „besonderen Gründe" im Jugendstrafverfahren dahingehend interpretiert, dass solche nur vorliegen, wenn keine Alternativmaßnahmen in Betracht kommen; Entscheidung des Obersten Gerichts Nr. 6/1975; siehe auch *Kanev u. a.* 2011, S 168.

595 *van Kalmthout/Bahtiyar* 2011, S. 940.

596 Siehe *Kap. 5.2.1 ff.*

gegen Jugendlichen erheblich strikter geregelt worden.[597] Gegen einen Erwachsenen darf Untersuchungshaft angeordnet werden, wenn er eines Verbrechens dringend verdächtig ist. Demgegenüber darf Untersuchungshaft gegen einen Jugendlichen nur dann angeordnet werden, wenn er einer Tat dringend verdächtig ist, die im Gesetz mit Zuchthausstrafe von mehr als zehn Jahren bedroht ist, unabhängig von der Dauer der in *concreto* zu verhängenden Sanktionen. Wenn der Jugendliche nicht in der Lage ist, eine Sicherheitsleistung zu erbringen, darf dies allein nicht zur Anordnung der Untersuchungshaft führen (Art. 282 Abs. 3 und 5 grStPO).[598] Der Ermittlungsrichter kann unter denselben Voraussetzungen, unter denen ein Haftbefehl erlassen werden kann, als Alternative zur U-Haft auch Auflagen und Weisungen anordnen (vgl. Art. 282 i. V. m. Art. 296 grStPO).

Einige weitere Länder beschränken die Untersuchungshaft im Jugendstrafverfahren auch dadurch, dass diese nur ab einer bestimmten Strafandrohung oder nur bei besonders schweren Straftaten möglich ist. So z. B. in Lettland (Art. 273 Abs. 2 lettStPO). In Italien muss die möglicherweise begangene Tat mit mindestens fünf Jahren Freiheitsstrafe bedroht sein.[599] So auch in der Türkei (bei unter 15 Jährigen). In Frankreich ist die Untersuchungshaft grundsätzlich bei Vergehen ausgeschlossen. Lediglich bei Verstößen gegen Aufsichtsmaßnahmen kann auch bei Vergehen nachträglich Untersuchungshaft angeordnet werden.[600] Zudem spielt in Frankreich die Schwere der Tat im Jugendstrafverfahren eine bedeutende Rolle in Bezug auf die Limitierung der Untersuchungshaft.[601] Auch in Ungarn darf die Untersuchungshaft bei Jugendlichen nur verhängt werden, wenn die besondere Schwere der Tat diese rechtfertigt.[602] Dabei handelt es sich im Prinzip um eine besondere Ausprägung des Verhältnismäßigkeitsgrundsatzes.

Durch die Ausgestaltung der Untersuchungshaft als *ultima ratio* und der Verankerung bestimmter Subsidiaritätsklauseln werden diese Länder den internationalen Regeln und Empfehlungen gerecht. In Nr. 10 der ERJOSSM heißt es dazu: *„Freiheitsentzug gegenüber Jugendlichen ist nur als letztes Mittel und für die geringst mögliche Dauer aufzuerlegen und zu vollziehen. Besondere Anstrengungen sind zu unternehmen, um Untersuchungshaft zu vermeiden."* Dieser Grundsatz der ERJOSSM wiederholt damit die Forderung aus Nr. 37 der Kinderrechtskonvention sowie die Regeln in Nr. 17 der Beijing-Rules sowie Nr. 16 der Rec (2003)

---

597   Siehe *Pitsela* 2011, S. 654.

598   Vgl. *Chaidou* 1994; *Pitsela* 1997, S. 176 f.

599   Bei Erwachsenen reicht lediglich aus, dass eine Freiheitsstrafe von vier Jahren angedroht ist; siehe *Lambertina* 2009, S. 552. und *Kap. 5.2.5.*

600   *Dünkel/Dorenburg/Grzywa* 2011, S. 1758; *Castaignède/Pignoux* 2011, S. 536.

601   Siehe *Kap. 5.4.*

602   § 454 Abs. 1 ungarStPO.

20, wonach ein Freiheitsentzug gerade bei Jugendlichen nur als letztes Mittel zulässig ist. Auch ist positiv zu bewerten, dass in einigen Ländern die möglichen negativen Folgen für die Persönlichkeitsentwicklung in die Entscheidung mit einzubeziehen sind (Deutschland, Österreich, Spanien). Diesem Ausschlussgrund muss umso größere Bedeutung zukommen, je jünger der Beschuldigte ist. Dies kann im Ergebnis nur dazu führen, dass eine Untersuchungshaft bei unter 16-Jährigen als unverhältnismäßig anzusehen ist.

Andere Länder wie beispielsweise Russland sehen allerdings lediglich vor, dass „alternative Maßnahmen ernsthaft in Betracht zu ziehen sind" (Art. 108, Art. 423 russStPO). Estland, Kosovo und Litauen verfügen dagegen über keine Sonderregelungen.

In England/Wales gilt der „*Bail Act*" von 1976 sowohl für jugendliche als auch für erwachsene Verdächtige. Danach kann ausnahmsweise ein Gericht Untersuchungshaft für jugendliche Tatverdächtige anordnen, wenn die Voraussetzungen für eine Kaution nicht vorliegen.[603] Es gilt die Vermutung zugunsten einer Untersuchungshaftverschonung, die bei Jugendlichen in besonderer Weise betont wird. Der CJPOA von 1994 schränkt jedoch die Möglichkeit der Untersuchungshaftverschonung für Jugendliche ein und fügt sich damit den bereits beschriebenen Trends zu einem punitiven Umgang mit jugendlichen Straftätern ein.[604]

5.4 Haftlänge/Gesetzliche Regelungen zur maximalen Haftdauer/Haftprüfung

5.4.1 Gesetzliche Regelungen zur maximalen Haftdauer

Weitaus komplexer sind die gesetzlichen Regelungen in Bezug auf die maximale Dauer der Untersuchungshaft. Zudem variieren hier die Regeln in den europäischen Ländern besonders.[605] Die gesetzlichen Regeln reichen von maximal zwei Monaten und vier Tagen (Belgien) bis hin zu 48 Monaten (Slowakei).

Eine Selbstverständlichkeit formuliert Nr. 22 [1] der Rec (2006) 13. Danach richtet sich die Dauer der Untersuchungshaft an die jeweiligen Haftgründe. Eine Untersuchungshaft darf stets nur so lange dauern wie die Voraussetzungen auch erfüllt sind. In keinem Fall darf ihre Dauer die Dauer der gegebenenfalls wegen der fraglichen Straftat zu verhängenden Strafe überschreiten (Nr. 22 [2] Rec

---

603 Die Voraussetzungen für eine Kaution liegen dann nicht vor, wenn dem Gericht konkrete Anhaltspunkte vorliegen, dass der Angeklagte sich der Freiheitsstrafe entziehen will, während der Haftverschonung weitere Straftaten begehen oder auf Zeugen einwirken oder auf andere Weise die Ermittlungen behindern will.

604 Siehe *Kap. 3.1.*

605 Siehe hierzu auch *Tab. 5.*

(2006) 13). Eine gesetzliche Höchstfrist fordert die Rec (2006) 13 allerdings nicht. Auch die EMRK fordert keine gesetzliche Höchstfrist.[606] In Art. 5 Abs. 3 HS 2 EMRK wird lediglich betont, dass ein Anspruch auf ein richterliches Urteil innerhalb einer angemessenen Zeit oder auf Entlassung besteht.[607]

Die Empfehlung Rec (2003) 20 zu *neuen Wegen im Umgang mit Jugenddelinquenz und der Rolle der Jugendgerichtsbarkeit* sieht dagegen, wenn auch in unverbindlicher Formulierung, eine Höchstgrenze der Untersuchungshaft vor. Werden jugendliche Tatverdächtige als letzten Ausweg in Untersuchungshaft genommen, sollten bis zum Beginn des Gerichtsverfahrens nicht mehr als sechs Monate vergehen (Nr. 16).

Nahezu alle Länder sehen auch eine gesetzliche Höchstfrist vor. Lediglich Irland und Finnland haben auf eine solche Fristenregelung verzichtet. In Finnland muss das Gericht jedoch bei der Anordnung zunächst eine Höchstfrist festsetzen. Dabei muss das Gericht die negativen Folgen des vorzeitigen Freiheitsentzuges berücksichtigen.[608] Nach dieser Zeit muss die Haft ausgesetzt werden, soweit der Staatsanwalt keine weiteren Beweise bzw. Haftgründe vorträgt.

In den Ländern mit einer gesetzlichen Höchstdauer besteht allerdings häufig die grundlegende Möglichkeit unter bestimmten Voraussetzungen die Haft auch über die genannte Höchstfrist hinaus zu verlängern (Estland, Deutschland, Lettland, Schottland, Spanien). In diesen Ländern beträgt die grundsätzliche Höchstdauer sechs Monate. In besonderen Ausnahmefällen kann diese Frist jedoch verlängert werden (siehe für Deutschland § 121 StPO). Deutschland sieht lediglich für den Haftgrund der Wiederholungsgefahr eine unabdingbare Höchstdauer von maximal einem Jahr vor (§ 122a StPO). Hinzu kommt aber das im Jugendgerichtsgesetz verankerte Beschleunigungsgebot.[609] Befindet sich ein Jugendlicher in der Untersuchungshaft, so ist das Verfahren mit besonderer Beschleunigung zu führen (§ 72 Abs. 5 JGG).[610]

Die Untersuchungshaft in Spanien darf bei Jugendlichen erstmalig für sechs Monate angeordnet werden. Danach besteht die Möglichkeit einer Verlängerung

---

606 Vgl. hierzu *Grabenwarter* 2009, S. 179 f.

607 Der EGMR verlangt allerdings bei einer Untersuchungshaft, die zwei Jahre übersteigt „sehr zwingende Gründe" und eine „besondere Sorgfalt beim Betreiben des Verfahrens"; eine Untersuchungshaft, die sechs Jahre übersteigt hält er trotz aller Schwierigkeiten für unzulässig; siehe hierzu *Ambos* 2003, S. 15.

608 Siehe hierzu auch *Kap. 5.3.*

609 Es gilt in Deutschland zudem ein allgemeines Beschleunigungsgebot in Haftsachen. Dieses folgt aus dem Grundrecht der Freiheit der Person, das Art. 2 Abs. 2 Satz 2 und Art. 104 GG; in Österreich ist dieses explizit in § 177 östStPO geregelt.

610 Siehe ausführlich *Kap. 4.5.1*; dieses Beschleunigungsgebot geht wegen der erzieherisch abträglichen Untersuchungshaft über das ohnehin geltende Beschleunigungsgebot in Haftsachen hinaus; siehe *Eisenberg* 2015, § 72, Rn. 17.

von weiteren drei Monaten (Art. 23 Abs. 3). Vor der Gesetzesänderung aus dem Jahre 2006 war die erstmalige Anordnung lediglich für einen Monat zulässig.

In Ländern wie Griechenland und Österreich existieren absolute Höchstgrenzen. Zudem gelten in Österreich besondere Fristen für jugendliche Verdächtige. Nach Art. 178 östStPO richtet sich die Dauer der Untersuchungshaft bei Erwachsenen nach der Art der in Verdacht stehenden Straftat. Bei Vergehen beträgt die Höchstdauer sechs Monate (Art. 178 Abs. 1 Nr. 2 östStPO). Bei Verbrechen unter einer Strafandrohung von fünf Jahren beträgt die Höchstfrist ein Jahr. Bei Taten, die mit einer fünf Jahre übersteigenden Freiheitsstrafe bedroht sind, beträgt die Höchstgrenze zwei Jahre (Art. 178 Abs. 1 Nr. 2 östStPO).[611] Befindet sich der Beschuldigte ausschließlich wegen Verdunkelungsgefahr in der Untersuchungshaft darf die Haft zwei Monate nicht übersteigen (Art. 178 Abs. 1 Nr. 1 östStPO). Im österreichischen Jugendstrafverfahren gelten dagegen andere Höchstfristen. Im Falle des Verdachts eines Vergehens oder eines in die Zuständigkeit des Einzelrichters des Gerichtshofes fallenden Verbrechens ist eine Höchstdauer von drei Monaten vorgesehen. Damit soll ein wichtiges Hauptanliegen des östJGG, nämlich den Schwerpunkt des Verfahrens bei leichten bis mittelschweren Delikten auf alternative Reaktionsformen zu verlegen, deutlich werden.[612] Bei Verbrechen, die in die Zuständigkeit des Schöffen- oder Geschworenengerichts fallen, beträgt die Höchstfrist ein Jahr. Auch diesbezüglich gilt, dass eine Verlängerung über sechs Monate nur möglich ist, soweit sich besondere Schwierigkeiten im Verfahren ergeben (§ 35 Abs. 3 östJGG).[613]

In Griechenland ist die absolute Höchstgrenze der Untersuchungshaft sowohl durch die Verfassung (Art. 6 Abs. 4) als auch durch die grStPO (Art. 287) festgelegt.[614] Dabei hängt die Länge, wie in Österreich, davon ab, ob es sich um ein Vergehen oder um ein Verbrechen handelt. Bei Erwachsenen beträgt die Höchstdauer bei Verbrechen ein Jahr und sechs Monate und bei Vergehen neun Monate. Bei Jugendlichen liegt die absolute Höchstdauer bei neun Monaten, was damit zusammenhängt, dass auch die schwerste Tat eines Jugendlichen nach dem Gesetz als Vergehen anzusehen ist.

In Frankreich und Italien finden sich komplexere Regelungen. So hängt die gesetzliche Höchstdauer zum einen von der erwarteten Strafe ab und zum anderen

---

611 Eine Überschreitung der Grenze von sechs Monaten darf aber auch bei Verbrechen nur unter den Bedingungen des Abs. 2 erfolgen. Es werden folglich besondere Schwierigkeiten oder ein besonderer Ermittlungsumfang gefordert, Art. 178 Abs. 2 östStPO).

612 *Jesionek* 2001, S. 229.

613 Die Fristen beginnen mit der Verhängung der Untersuchungshaft und gelten bis zum Beginn der Hauptverhandlung. Danach ist die Haft grundsätzlich unbefristet in den Grenzen des Verhältnismäßigkeitsgrundsatzes; siehe *Fabrizy* 2008, § 178, Rn. 1.

614 Laut Art. 6 Abs. 4 der grVerfassung wird die Höchstdauer durch ein Gesetz festgelegt (Gesetz Nr. 1128/1981); zu den Besonderheiten siehe ausführlich *Kap. 5.1.8.*

vom Alter des Jugendlichen. In Frankreich beträgt die maximale Dauer ein Jahr, soweit der Verdächtige zwischen 13 und 16 Jahre alt ist und er in Verdacht steht ein Verbrechen begangen zu haben. Jugendliche, die mindestens 16 Jahre alt sind können für maximal zwei Jahre inhaftiert werden.[615]

In Italien kommt hinzu, dass auch der jeweilige Stand des Strafverfahrens berücksichtigt werden muss. So unterscheiden sich die maximalen Haftlängen im Ermittlungsverfahren beispielsweise von den Haftlängen im Hauptverfahren.[616] Bei Jugendlichen unter 16 Jahren beträgt die Höchstdauerdauer sechs Monate und bei den 16- bis 18- Jährigen neun Monate. In bestimmten Fällen darf die Untersuchungshaft bei Jugendlichen aber nicht länger als einen Monat dauern. So, wenn die Tat mit nicht mehr als fünf Jahren bedroht ist.

Auch in Rumänien und Serbien wird nach dem Alter differenziert. Laut Gesetz wird in Serbien zwischen „jüngeren Jugendlichen" (maximal vier Monate) und „älteren Jugendlichen" (maximal sechs Monate) unterschieden. In Rumänien dürfen 14- bis 16-Jährige für höchstens zwei Monate, wenn die Tat mit mindestens 20 Jahren oder lebenslanger Freiheitsstrafe bedroht ist, 6 Monate in Haft bleiben. Auch bei den älteren Jugendlichen zwischen 16 und 18 liegt die Höchstdauer bei 6 Monaten (laut Gesetz 180 Tage). Jedoch sind die Anforderungen bei dieser Altersgruppe geringer.[617] So genügt, dass die potentielle Tat mit mindestens zehn Jahren Freiheitsstrafe bedroht ist.[618]

In den Niederlanden ist die Haftlänge dagegen unabhängig vom Alter und von der Strafandrohung. In jedem Fall darf die Untersuchungshaft 104 Tage nicht überschreiten. Im Kosovo besteht eine ähnlich kurze Höchstdauer. Dort ist nach der erstmaligen Anordnung von einem Monat eine Verlängerung um höchsten zwei weitere Monate möglich.[619]

Im Allgemeinen kann man sagen, dass in vielen Fällen die rechtlichen Bestimmungen, die den Zeitraum von Untersuchungshaft begrenzen, nicht besonders viel Druck auf die Beschleunigung des Jugendstrafverfahrens erzeugen. Dies gilt umso mehr, wenn etwaige Verlängerungsoptionen im Gesetz sehr unbestimmt geregelt sind. So fordern die Gesetze häufig lediglich „besondere Schwierigkeiten" oder „besondere Umstände" im Rahmen des Verfahrens, wonach eine Verlängerung gerechtfertigt sein kann.

---

615 Ausführliche siehe *Tab. 5* und *Kap. 5.1.7.*

616 Zu den unterschiedlichen Regelungen siehe ausführlich *Kap. 5.1.10.*

617 Siehe *Tab. 5* und *Kap. 5.1.19.*

618 Bei den 14-16-Jährigen muss die Strafandrohung mindestens 2 0 Jahre oder lebenslänglich betragen; *Pǎroşanu* 2011, S. 1104 f; zur aktuellen Lage nach der Reform von 2014 vgl. *Pǎroşanu* 2016, S. 194 ff.

619 *Helmken* 2011, S. 827.

In Ländern, in denen ausnahmsweise Höchstfristen von einem und mehr Jahren vorgesehen sind, wird deutlich gegen die Empfehlungen des Europarates verstoßen (Nr. 10 der ERJOSSM). Untersuchungshaft darf nur so kurz wie möglich dauern. In Nr. 16 der Rec (2003) 20 ist eine Höchstdauer von sechs Monaten vorgegeben um gerade bei Jugendlichen die negativen Einflüsse der Haft zu vermeiden. Mögliche Haftlängen von vier Jahren (Slowakei) drei Jahren (Türkei) oder zwei Jahren (Ungarn) sind auch bei Vorliegen schwerer Verbrechen völlig inakzeptabel.

Im Gegensatz dazu zeigen Länder wie Belgien (zwei Monate), Kosovo (drei Monate), die Niederlande (104 Tage), Slowenien (drei Monate) und Zypern (drei Monate), was im europäischen Ausland als *good practice* bezeichnet werden kann.

5.4.2 Gesetzliche Regelungen zur Haftprüfung/Rechtsbehelfe

In Ländern mit besonders langen Haftzeiten muss im Besonderen eine regelmäßige Überprüfung stattfinden, ob die Voraussetzungen der Haft noch vorliegen. Doch auch für Länder mit kurzen Haftzeiten oder absoluten Höchstfristen gilt, dass dies eine regelmäßige Überprüfung der Haft nicht ausschließen darf (Nr. 23 Rec (2006) 13). Untersuchungshaftgefangenen muss das Recht auf eine schnelle Überprüfung der Rechtmäßigkeit ihrer Inhaftierung vor Gericht gegeben werden (Nr. 19 Rec (2006) 13).

Auch diesbezüglich gibt es erhebliche Unterschiede in den gesetzlichen Regelungen der europäischen Länder. So existieren zum einen unterschiedliche Überprüfungsverfahren und zum anderen Unterschiede bezüglich der Überprüfungsfristen. Einige Länder sehen beispielsweise lediglich eine Überprüfung von Amts wegen vor, während der Beschuldigte in anderen Ländern jederzeit selbst eine Überprüfung der Haft anstreben kann.[620] In den meisten Strafprozessordnungen der Länder ist eine Haftprüfung von Amts wegen nach bestimmten Fristen vorgesehen. Hier variieren jedoch die Zeitabstände erheblich. So findet z. B. eine erste Überprüfung der Haft in Belgien schon nach fünf Tagen statt. Auch in Irland, Nordirland, Zypern (acht Tage), Türkei (jeden Monat) Finnland, Österreich und Schweden (zwei Wochen) sind kurze Überprüfungsfristen von Amts wegen vorgesehen.

In Ländern wie Estland und Griechenland (Art. 287 grStPO) dagegen findet eine erstmalige Haftprüfung erst nach sechs Monaten statt. Auch Litauen, Polen und Portugal haben sehr lange Zeitspannen geregelt.

Diesbezüglich wird kritisiert, dass Haftprüfungen von Amts wegen lediglich dazu führen, dass diese nur eine symbolische Wirkung haben und einen bürokra-

---

620 Siehe *Tab. 4.*

tischen Prozess nach sich ziehen.[621] Demnach sollte dem Beschuldigten darüber hinaus auch das Recht einer jederzeitigen Haftprüfung zustehen.

Dementsprechend ist in den meisten Ländern sowohl eine Überprüfung von Amts wegen als auch die Möglichkeit einer Überprüfung durch den Beschuldigten vorgesehen.[622]

In Deutschland kann der Beschuldigte, solange er sich in der Untersuchungshaft befindet, jederzeit und so oft er möchte die gerichtliche Haftprüfung beantragen (§ 117 Abs. 1 StPO).[623] Nach altem Recht (§ 117 Abs. 5 StPO a. F.) musste spätestens nach drei Monaten eine Haftprüfung von Amts wegen stattfinden, soweit der Beschuldigte keinen Verteidiger hatte. Im Zuge der StPO-Reform wurde die Frist von drei Monaten aufgehoben. Dies hat seinen Grund darin, dass durch die Einführung der Regelung des § 140 Abs. 1 Nr. 4 einem Beschuldigten in der Untersuchungshaft zwingend ein Verteidiger zu bestellen ist.[624] Diese Änderung ist aber nicht dahingehend zu verstehen, dass das Recht der Haftprüfung allein auf Initiative des Beschuldigten bzw. seines Verteidigers stattfindet. Vielmehr haben das Gericht und auch die Staatsanwaltschaft das weitere Vorliegen der Voraussetzungen der Untersuchungshaft ständig (rechtsbehelfsunabhängig) zu überprüfen. Ergibt sich beispielsweise im Rahmen einer Vernehmung eines Zeugen, dass der dringende Tatverdacht nicht mehr besteht, muss der Haftbefehl aufgehoben werden. Dabei handelt es sich im Wesentlichen um eine dauernde stillschweigende Haftprüfung von Amts wegen.[625] Ähnlich ist die Situation in Griechenland und Spanien.

In der Schweiz kann der Beschuldigte jederzeit ein Haftentlassungsgesuch stellen (Art. 228 Abs. 1 schwStPO). Das Zwangsmaßnahmengericht kann jedoch bei der Anordnung der Untersuchungshaft eine Frist von längstens einem Monat setzen, innerhalb derer die beschuldigte Person ein Entlassungsgesuch nicht stellen darf (Art. 228 Abs. 5 schwStPO).[626]

In Griechenland stellt der Ermittlungsrichter (auf Vorschlag des Staatsanwalts), wenn sich im Verlauf der Ermittlungen ergibt, dass die Voraussetzungen

---

621 Vgl. *van Kalmthout u. a.* 2009, S. 76 m. w. N.

622 Siehe *Tab. 5.*

623 Zu den Einschränkungen bei der „mündlichen Haftprüfung" und den Wartefristen siehe § 118 Abs. 3 StPO und *Kap. 4.8.*

624 Diese Regelung gilt auch für Jugendliche und Heranwachsende (§ 109 Abs. 1 i. V. m. § 68 Nr. 1 JGG); siehe ausführlich auch im *Kap. 4.9.*

625 So LR-*Hilger* 1997, § 117, Rn. 1.

626 Diese Vorschriften gelten über die Verweisung in Art. 3 schwStPO auch in Verfahren gegen jugendliche Beschuldigte.

der vorläufigen Haft oder der Auflagen und Weisungen nicht mehr vorliegen einen Aufhebungsantrag bei der Strafkammer des Landgerichts.[627]

In Spanien gibt es ebenfalls keine Frist, die vorgibt wann eine Haftprüfung spätestens stattfinden muss. Nach Art. 539 spanStPO kann die Entscheidung des Gerichts zur Untersuchungshaft jederzeit revidiert werden. Liegen die Voraussetzungen der Haft nicht mehr vor, ist das Gericht verpflichtet die Haft aufzuheben. Auch eine jederzeitige Haftprüfung auf Antrag des Beschuldigten ist nicht vorgesehen.[628] Darüber hinaus besteht die Möglichkeit der Beschwerde gegen die richterlichen Entscheidungen.[629]

In Italien ist bemerkenswert, dass das Gericht nicht verpflichtet ist die Untersuchungshaft nach einer bestimmten Zeit aufzuheben. Vielmehr steht dieses Recht dem Beschuldigten und/oder seinem Verteidiger und der Staatsanwaltschaft zu (Art. 309 italStPO).[630] Ein solcher Antrag auf Überprüfung der gerichtlichen Anordnung der Untersuchungshaft ist binnen zehn Tagen nach der Bekanntgabe einzulegen. Daraufhin hat das Gericht wiederum zehn Tage Zeit über dieses Rechtsmittel zu entscheiden und diese Entscheidung zu begründen. Andernfalls muss die Untersuchungshaft aufgehoben werden (Art. 309 Abs. 10 italStPO).

Auch in Bulgarien, Frankreich, den Niederlande, Slowakei und Schottland ist eine Überprüfung von Amts wegen nicht vorgesehen. In diesen Ländern ist die Haftprüfung aber ein Initiativrecht des Beschuldigten bzw. seines Verteidigers.

Anders ist die Situation in Irland, Nordirland und Zypern. Dort hat der Beschuldigte kein Recht die Voraussetzungen der Haft auf Antrag überprüfen zu lassen. In diesen Ländern existieren dafür allerdings sehr kurze Haftprüfungsfristen, die von Amts wegen einzuhalten sind. In Zypern findet alle acht Tage eine Überprüfung statt.

In vielen Ländern ist neben der Haftprüfung auch noch eine Haftbeschwerde geregelt. Lediglich Finnland, Schweden und die Tschechische Republik sehen die Möglichkeit einer Haftbeschwerde nicht vor.

In Griechenland ist gegen den Erlass des Haftbefehls oder die Anordnung von Auflagen und Weisungen durch den Ermittlungsrichter eine Beschwerde an die Strafkammer des Landgerichts möglich, die (in letzter Instanz) unwiderruflich entscheidet. Die Haftbeschwerde wird innerhalb von fünf Tagen nach dem Beginn der vorläufigen Haft oder der Zustellung der Anordnung an den Beschuldigten eingelegt. Die Beschwerde hat keinen Suspensiveffekt. Wenn der Haftbefehl durch einen Beschluss des sog. beschließenden Gerichts erlassen wurde (dies ist

---

627 *Pitsela* 2011, S. 655 f.

628 *Lambertina* 2009, S. 887.

629 Art 507 und Art. 766 spanStPO.

630 *Lambertina* 2009, S. 553.

der Fall bei einer Uneinigkeit zwischen dem Staatsanwalt und dem Ermittlungs-richter), ist eine Beschwerde nicht zulässig (Art. 285 grStPO).

Auch in Italien steht den Parteien die Möglichkeit einer Beschwerde (Art. 310 ialStPO) zu. Mit ihr können sich die Parteien auch gegen eine mögliche Verlän-gerung wehren.[631]

Zusammenfassend kann gesagt werden, dass alle Länder über zumindest eine Möglichkeit verfügen die Entscheidung auf Anordnung der Untersuchungshaft überprüfen zu lassen. In den meisten Ländern kann die Haftprüfung auf Veranlas-sung des Beschuldigten beantragt werden. Zudem finden regelmäßig von Amts wegen durchzuführende Haftprüfungen statt, wobei die Fristen sehr unterschied-lich ausgestaltet sind. Die Regelungen bezüglich der Haftprüfung und die Länge der Untersuchungshaft in der Praxis stehen häufig in einem Verhältnis zueinan-der. Länder wie Finnland und Schweden haben zwar keine gesetzlich festgelegte Höchstgrenze der Untersuchungshaft sehen aber eine automatische Überprüfung alle zwei Wochen vor. Die durchschnittliche Verweildauer in der Untersuchungs-haft ist in diesen Ländern sehr kurz.[632]

Die Länder mit regelmäßigen und kurzen Überprüfungsfristen werden damit auch der Empfehlung des Europarates von 2006 gerecht. So schreibt Nr. 17 der Rec (2006) 13 vor, dass die Gründe, die die Aufrechterhaltung der Untersu-chungshaft rechtfertigen in regelmäßigen Abständen von einer gerichtlichen In-stanz zu überprüfen sind. So kann auf effektive Weise eine Verkürzung der Un-tersuchungshaftzeiten erreicht werden.

Tabelle 4:   Regelungen zur Haftprüfung/Beschwerde

Land	Haftprüfung von Amts wegen	Überprüfung er-folgt in identischen Zeitabschnitten	Haftprüfung auf Veranlassung des Beschuldigten	Beschwerde
A	nach 14 Tagen	---	X	X
B	innerhalb 5 Tagen	---	X	X
BG	---	---	X	X
CH	---	---	X	X
CY	innerhalb von 8 Tagen	X	-	X
CZ	nach 3 Monaten	X	X	X
D	(gesetzlich nicht aus-drücklich festgelegt) spätestens nach 6 Mo-naten muss das OLG entscheiden.	---	X	X

---

631 *Lambertina* 2009, S. 553.

632 Siehe ausführlich hierzu *Kap. 10* und *Kap. 11.2.4.*

Land	Haftprüfung von Amts wegen	Überprüfung erfolgt in identischen Zeitabschnitten	Haftprüfung auf Veranlassung des Beschuldigten	Beschwerde
DK	mindesten alle 4 Wochen	X	X	X
E	---	---	---	X
EST	nach 6 Monaten	X	X	X
E/W	Nach 28 Tagen	---	X	k. A.
F	---	---	X	X
FIN	nach 2 Wochen	X	X	-
GR	nach 6 Monaten	X	X	X
HR	k. A.	k. A.	k. A.	k. A.
HU	nach 6 Monaten	---	---	k. A.
I	---	---	X	X
IRE	nach 8 Tagen	---	---	X
KO	k. A.	k. A.	k. A.	k. A.
LT	nach 3 Monaten	X	X	X
LV	nach 2 Monaten	---	X	X
NI	nach 8 Tagen	---	---	X
NL	---	---	X	X
P	nach 3 Monaten	X	X	X
PL	nach 3 Monaten	-	X	X
RO	innerhalb von 60 Tagen	X	X	X
RUS	k. A.	k. A.	k. A.	X
SCO	---	---	X	X
SK	---	---	X	X
SLO	nach 2 Monaten	X	X	X
SRB	k. A.	k. A.	k. A.	k. A.
SWE	nach 2 Wochen	X	X	-
TR	jeden Monat	X	k. A.	k. A.
UA	k. A.	k. A.	k. A.	k. A.

Quelle: *van Kalmthout u. a.* 2009, S. 77 f.; *Dünke!/Dorenburg/Grzywa* 2011, S. 1770-1773.

A = Österreich; B = Belgien; BG = Bulgarien; CH = Schweiz; CY = Zypern; CZ = Tschechische Republik; D = Deutschland; DK = Dänemark; E = Spanien; EST = Estland; E/W = England/Wales; FIN = Finnland; F = Frankreich; GR= Griechenland; HR = Kroatien; HU = Ungarn; IRE = Irland; I = Italien; KO = Kosovo; LT = Litauen; LV = Lettland; NI= Nordirland; NL = Niederlande; PL= Polen; P = Portugal; RO = Rumänien; RUS = Russland; SCO = Schottland; SK = Slowakei; SLO = Slowenien; SRB = Serbien; SWE = Schweden; TR = Türkei; UA = Ukraine.

5.5 Sonstige Verfahrensaspekte, insbesondere Einbeziehung Sozialer Dienste/Benachrichtigungspflichten/notwendige Verteidigung

Die Untersuchungshaft wird in nahezu allen Ländern als ultima ratio verstanden.[633] Um diesem Grundsatz gerecht zu werden müssen frühzeitig Entscheidungshilfen involviert werden. In Deutschland ist dies die Jugendgerichtshilfe.[634] Mit ihr sollen Entscheidungsgrundlagen für die Anordnung der Untersuchungshaft überprüft werden. So sollen Haftalternativen geprüft werden und in die Entscheidung des Richters einbezogen werden (vgl. § 38 JGG).

Vergleichbar ist die Situation in Österreich. Nach § 35 Abs. 2 östJGG kann die Ermittlung der für die Entscheidung über die Untersuchungshaft maßgeblichen Umstände, insbesondere auch durch Organe der Jugendgerichtshilfe erfolgen. Dabei handelt es sich speziell um einen Fall der Haftentscheidungshilfe (§ 48 Nr. 4 östJGG).[635] Es handelt sich dabei zwar um unverbindlichere Ermessensvorschriften. Allerdings hat die Tätigkeit der Jugendgerichtshilfe als Haftentscheidungshilfe zum Teil zu einer Verringerung der Untersuchungshaftzahlen beigetragen.[636]

So wird auch in Art. 3 Abs. 1 KRK und in Nr. 18 der Rec (2003) 20 verlangt, dass die Persönlichkeit des Jugendlichen und seine soziale Lage in den Entscheidungsprozess, ob eine Untersuchungshaft anzuordnen ist, einzubeziehen ist. Dies ist aber nur durch eine enge Zusammenarbeit mit den zuständigen sozialen Diensten möglich. In den meisten Ländern besteht somit auch die Möglichkeit, die zuständigen sozialen Dienste bereits im Ermittlungsverfahren zu involvieren.[637]

In Bulgarien (Art. 386 Abs. 4 bulgStPO), Frankreich, Kroatien (Art. 73 Abs. 2 kroatJGG), Schweiz, Slowakei Tschechischen Republik und Ungarn sind beispielsweise die Familien- bzw. Bildungsbehörden zu informieren und zu benachrichtigen, soweit ein Jugendlicher festgenommen wurde.[638] In Italien müssen soziale Dienste (USSM) bei Verhängung von Untersuchungshaft informiert bzw. einbezogen werden.[639]

---

633 Siehe hierzu die einzelnen Länder, *Kap. 5.1.* und *Kap. 5.3.*

634 Vgl. ausführlich *Kap. 4.8.*

635 Die JGH ist nach Möglichkeit auch in der Haftverhandlung beizuziehen (§ 35 Abs. 2 östJGG).

636 *Jesionek* 2001, S. 290.

637 Siehe zur Einbeziehung von „Wohlfahrtsinstitutionen" bzw. der JGH vergleichbarer Sozialdienste im Jugendstrafverfahren: *Gensing* 2010, S. 1605; 2014, S. 471-507.

638 Siehe *Dünkel/Dorenburg/Grzywa* 2011, S. 1764; *Kanev u. a.* 2011, S. 168 (für Bulgarien); *Bojanić* 2011, S. 214 (für Kroatien).

639 *Padovani/Brutto/Ciappi* 2011, S. 790.

In den Niederlanden ist die Jugendschutzbehörde zu informieren, sobald ein Freiheitsentzug droht.[640] In Finnland, Kosovo und Rumänien ist dagegen die Bewährungshilfe zu informieren.

Ebenso wichtig wie die Beteiligung von Jugendgerichtshilfe und Sozialbehörden für die Vermeidung von unnötiger Untersuchungshaft ist eine Beteiligung oder Benachrichtigung der Eltern bzw. der Erziehungsberechtigten für den beschuldigten Jugendlichen. So fordert es auch die Rec (2006) 13. Eine Person, gegen die Untersuchungshaft beantragt ist, muss das Recht haben, dass ihre Familie rechtzeitig über den Termin der Haftverhandlung informiert wird (vgl. Nr. 32 der Rec (2006) 13). Dies gilt im besonderen Maße bei jungen Menschen. Bei einer Festnahme und sich möglicherweise anschließender Untersuchungshaft wird der Jugendliche aus seiner vertrauten Umgebung herausgerissen. Umso wichtiger ist es, die Eltern oder Erziehungsberechtigten schnellstmöglich von der Festnahme und Inhaftierung zu informieren und darüber hinaus diese im Verfahren einzubeziehen. Denn eine umfangreiche Persönlichkeitserforschung ist nur mit Hilfe der Eltern möglich. So wird der Respekt vor dem Erziehungsrecht von der UN-Kinderrechtskonvention gefordert (Art. 5 KRK). Für das Strafverfahren ist dies in Art. 40 Abs. 2 b) III) KRK konkretisiert. Auch die *Beijing-Rules* (Nr. 7. 1 und 10), die Rec (2003) 20 (Nr. 10) und die ERJOSSM (Nr. 14) heben die besondere Bedeutung der Eltern im Strafverfahren hervor.[641] Eine Einbeziehung ist natürlich nur dann sinnvoll, wenn es auch dem Wohle des Jugendlichen dient. So ist eine Trennung des Jugendlichen von seiner Familie in besonders prekären Fällen mitunter angezeigt, beispielsweise dann, wenn eine negative Beeinflussung droht.

Die Einbeziehung der Eltern und Benachrichtigungspflichten im Falle einer Festnahme oder Inhaftierung ist in nahezu allen Ländern gesetzlich vorgesehen. Die Eltern sind unverzüglich zu benachrichtigen und mitunter in den Entscheidungsprozess mit einzubeziehen (so z.B. Belgien, Bulgarien, Polen, Rumänien, Spanien, Ungarn). In Polen ist zusätzlich das Familiengericht zu benachrichtigen. Dieses ist bei strafrechtlichen und sorgerechtlichen Angelegenheiten das zuständige Gericht.[642]

In Deutschland und Österreich aber auch in anderen Ländern sind die jugendlichen Beschuldigten darüber zu informieren, dass ihnen das Recht zusteht einen Angehörigen (Erziehungsberechtigten) zu verständigen.[643] Wird in Russland Un-

---

640   *van Kalmthout/Bahtiyar* 2011, S. 930.

641   Ausführlich zur Einbeziehung der Erziehungsberechtigten im Jugendstrafverfahren siehe *Gensing* 2011, S. 1627-1630; 2014, S. 445 ff.

642   Siehe *Kap. 3.2.4*; siehe auch *Krajewski* 2006, S. 171.

643   In Deutschland ergibt sich dies aus §§ 114 b, 114c StPO und § 67 Abs. 1, 2 JGG. In Österreich ist dies in § 171 Abs. 3 Nr. 1 östStPO und § 35 Abs. 4 östJGG geregelt.

tersuchungshaft angeordnet, muss die Ermittlungsbehörde die Verwandten des Inhaftierten oder bei Ausländern die Botschaft oder das Konsulat des Landes, welchem der Verdächtige angehört, unverzüglich informieren. So auch in der Ukraine.[644]

Von diesem Recht werden die Beschuldigten in der Praxis jedoch selten informiert.[645] Zudem stellt die Einbeziehung der Eltern im Untersuchungshaftvollzug und im Rahmen der Entlassungsvorbereitung in der Praxis weitestgehend eine Ausnahme dar.[646]

Besonders wichtig ist auch die Einbeziehung eines Verteidigers. Die frühzeitige Mitwirkung eines Rechtsbeistandes kann dazu beitragen, die Voraussetzungen für eine Außervollzugsetzung des Haftbefehls oder dessen Aufhebung zu ermöglichen. So fordert auch Nr. 25. 2 der Rec (2006) 13, dass dem Betroffenen im Haftverfahren ausreichend Gelegenheit gegeben werden muss einen Rechtsbeistand zu konsultieren. Deutlicher formulieren es die ERJOSSM. Nach den Regeln Nr. 120. 1 und 120. 2 haben der junge Beschuldigte und seine Erziehungsberechtigten einen Anspruch auf Rechtsbeistand in Bezug auf die Verhängung und Vollstreckung von Sanktionen und Maßnahmen (Nr. 120. 1). Die Behörden sind verpflichtet, dem jungen Beschuldigten dabei angemessene Hilfe zu leisten (Nr. 120. 2). Mitunter muss der Staat eine unentgeltliche Rechtsberatung gewährleisten (Nr. 120. 3).

In Deutschland war bis zum Jahr 2010 eine notwendige Verteidigung zumindest für Jugendliche zwischen 14 und 18 Jahren vorgesehen (vgl. § 68 Nr. 5 JGG a.F.) oder bei einer Mindestdauer der Untersuchungshaft von drei Monaten (§ 140 Abs. 1 Nr. 5 StPO a. F. i. V. m. § 68 Nr. 1 JGG a.F.). Diese inakzeptable Beschränkung ist nun aufgehoben. Eine notwendige Verteidigung ist nunmehr auch bei Erwachsenen und Heranwachsenden vorgesehen, soweit eine Untersuchungshaft vollstreckt wird (§ 140 Abs. 1 Nr. 4 StPO i. V. m. § 68 Nr. 1 JGG).[647] Zu kritisieren ist jedoch, dass die Verteidigung lediglich im Falle der Vollstreckung verbindlich ist. Dies verstößt gegen Nr. 120. 1 der ERJOSSM, die einen Rechtsbeistand auch im Rahmen einer möglichen Verhängung und somit bereits vor der Vollstreckung fordert.

Vergleichbar spät setzt die notwendige Verteidigung in der Schweiz und Dänemark ein.[648] Nach Art. 24 Ziff. b schwJStPO muss ein Jugendlicher verteidigt werden, wenn er länger als 24 Stunden in der Untersuchungshaft sitzt. Allerdings

---

644 Vgl. § 106 ukrStPO.

645 *Gensing* 2011, S. 1629.

646 Siehe hierzu auch *Kap. 9.2.4.*; *Dünkel/Pruin* 2009, S. 171.

647 Dies gilt seit dem 01.01.2010; ausführlich siehe *Kap. 4.9.*

648 Vgl. *Storgaard* 2011, S. 333.

muss ein Verteidiger auch bestellt werden, wenn der Jugendliche die eigenen Verfahrensinteressen nicht ausreichend wahren kann (Art. 24 Ziff. B schwJStPO). Dies wird wohl regelmäßig bei einer drohenden Untersuchungshaft anzunehmen sein.

Auch in der russischen StPO wird das Recht auf eine Verteidigung noch nicht in jedem Verfahrensstadium anerkannt. Unter anderem wird dem Beschuldigten ein Verteidiger bestellt, wenn eine Zwangsmaßnahme vollstreckt wird (Art. 49 russStPO)

In Österreich ist dem Jugendlichen „im Verfahren vor den Landgerichten für das gesamte Verfahren" (§ 39 Abs. 1 Nr. 1 östJGG) und „im bezirksgerichtlichen Verfahren, wenn dies im Interesse der Rechtspflege, vor allem zur Wahrung der Rechte des Jugendlichen, notwendig oder zweckmäßig ist, jedenfalls aber dann, wenn kein gesetzlicher Vertreter dem Jugendlichen im Strafverfahren beistehen kann oder trotz ordnungsgemäßer Ladung kein gesetzlicher Vertreter zu den in § 49 Nr. 10 östStPO genannten Beweisaufnahmen und Verhandlungen erschienen ist" ein Verteidiger zu bestellen (§ 39 Abs. Nr. 2 östJGG).[649] Im bezirksgerichtlichen Verfahren und insbesondere bei einer drohenden Untersuchungshaft wird dabei im Interesse der Rechtspflege und im Interesse des Jugendlichen im Hinblick auf eine mangelnde Artikulationsfähigkeit und seines Reifegrades ein großzügiger Maßstab anzulegen sein.[650]

Auch in anderen Ländern ist eine notwendige Verteidigung vorgesehen. In Ländern wie der Tschechischen Republik (§§ 42 Abs. 2, 3 und 4, 44 tschJGG) muss dem Jugendlichen unmittelbar nach der Verhaftung ein Verteidiger bestellt werden.[651] So auch in Ungarn (§ 447 ungarStPO).

In Bulgarien, Kosovo und Serbien (Art. 49 serbJGG) muss dem Jugendlichen bei der ersten Vernehmung ein Verteidiger bestellt werden.[652] In Frankreich setzt die notwendige Verteidigung ein, sobald sich der Jugendliche im polizeilichen Gewahrsam befindet.[653] In Litauen ist im Jugendstrafverfahren die Anwesenheit eines Verteidigers obligatorisch und ein Verzicht des Jugendlichen kann vom Staatsanwalt oder vom Gericht abgelehnt werden.[654]

---

649 Das Landgericht ist in Jugendstrafsachen zuständig bei Straftaten, die im allg. Strafrecht mit einer lebenslangen Freiheitsstrafe bedroht sind. Hinzu kommen einige Katalogtaten, vgl. hierzu § 27 östJGG i.V.m. § 31 Abs. 2 östStPO. Zur Zuständigkeit der Bezirksgerichte siehe § 30 östStPO.

650 So *Jesionek* 2001, S. 253 f.

651 *Válková/Hulmáková* 2011, S. 272.

652 *Kanev u. a.* 2011, S. 151 (Bulgarien); *Helmken* 2011, S. 820 (Kosovo); *Škulić* 2011, S. 1212.

653 *Castaignède/Pignoux* 2011, S. 515.

654 § 51 Abs. 1 litStPO, vgl. *Sakalauskas* 2011, S. 892.

Die Türkei verfügt über keine speziellen Regelungen für Jugendliche. Im türkischen Recht gelten im Rahmen der Verteidigung die allgemeinen Regeln. Danach hat der Beschuldigte das Recht, sich im Verfahren von einem Verteidiger vertreten zu lassen. Hat der Beschuldigte nicht die nötigen Mittel, so ist ihm ein Anwalt zu bestellen. Bei Kindern unter 14 Jahren ist eine Verteidigung obligatorisch.[655]

Gerade Jugendliche sind auf Grund ihrer Unsicherheit und Unerfahrenheit im Umgang mit gerichtlichen Instanzen in ihren Verteidigungsmöglichkeiten beschränkt. Schließlich besteht durch eine frühzeitige Einbeziehung eines Verteidigers die Möglichkeit, dass das Gericht die (subsidiären) Voraussetzungen der Untersuchungshaft im besonderen Maße prüft. So ist zu begrüßen, dass in Ländern wie z.B. Kosovo, Serbien und der Tschechischen Republik bereits vor der Vollstreckung der Untersuchungshaft ein Verteidiger bestellt wird. Damit entsprechen diese Länder den Vorgaben der ERJOSS, die eine frühe Einbeziehung fordern (Nr. 120. 2 ERJOSSM). Auch die Rec (2006) 13 fordert, dass dem Beschuldigten ausreichend Gelegenheit zur Verteidigung gegeben werden muss (Nr. 25. 2). Eine „ausreichende Gelegenheit zur Verteidigung" kann aber nur gewährleistet werden, wenn dem Beschuldigten bereits im Verhör durch den Ermittlungsrichter ein Verteidiger zur Seite steht.

Tabelle 5: **Sonderregelungen für Jugendliche, Höchstdauer der Untersuchungshaft und Haftprüfung**

Land	Spezielle Regeln für Jugendliche?			Höchstdauer der U-Haft	Haftprüfung
	Anordnung	Vollzug	Dauer		
A	X	X	X	Höchstdauer 3 M. / in bestimmten Fällen (Rechtsprechung) 6 M.; in besonderen Ausnahmefällen 1 Jahr	X (erste Prüfung nach mind. 14 Tage; danach alle 4 Woche)

---

655 Vgl. *Sokullu-Akinci* 2011, S. 1457 f.

Land	Spezielle Regeln für Jugendliche?			Höchstdauer der U-Haft	Haftprüfung
	Anordnung	Vollzug	Dauer		
B	k. A.	X	X	Höchstdauer 2 M. und 5 Tage (erste gerichtliche Anordnung: 5 Tage, danach Verlängerung um 1+1 M. möglich). Vorläufige Sicherungsmaßnahmen müssen so kurz wie möglich ausgestaltet sein und dürfen nur als „letztes Mittel" angeordnet werden.	k. A.
BG	X	X	k. A.	2 M., ausnahmsweise 1 J., wenn die Anklage eine schwere Tat beinhaltet und die Tat mit 15 J. oder mehr Freiheitsstrafe bedroht ist 2 J. (siehe Art. 152 (2) bulgStPO)	k. A.
CH	X	X	X	Max. 6 M.	X
CY	-	X	-	Max. 3 M.	k. A.
CZ	X	X	X	Max. 2 M.; in schweren Fällen 6 M. (eine Verlängerung im Ermittlungsverfahren und eine im Hauptverfahren ist möglich (= max. 18 M.)	X (spezielle Regelungen für Jugendliche 2004)
D	X	X	X	Max. 6 M.; in bestimmt. Fällen kann die Frist durch ein höheres Gericht (OLG) verlängert werden. Bei der Wiederholungsgefahr ist die absolute Höchstdauer 1 J. Darüber hinaus gilt der „Beschleunigungsgrundsatz" § 72 V JGG).	X (Eine Haftprüfung kann jederzeit beantragt werden)
DK	k. A.	k. A.	X	Bei Jugendlichen unter 18 liegen die Grenzen bei 4 und 8 M. Eine Verlängerung ist möglich, darf aber 1 Jahr nicht überschreiten.	X
E	X	X	X	Max. 6 M.; kann um weitere 3 M. verlängert werden.	k. A.
EST	---	---	---	Max. 6 M. bis zum Beginn des Hauptverfahrens	k. A.
E/W	X	X	X	Max. 170 Tage. Im abgekürzten Verfahren max. 56 Tage. Verfahren vor dem _Crown Court_ max. 112 Tage. Nach dieser Zeit hat der Inhaftierte das Recht auf Kaution entlassen zu werden.	k. A.

Land	Spezielle Regeln für Jugendliche?			Höchstdauer der U-Haft	Haftprüfung
	Anord-nung	Vollzug	Dauer		
F	X	k. A.	X	Art. 11 der Verordnung vom 02.02. 1945: U-Haft bei unter 13-Jährigen ist ausgeschlossen. Jugendliche zwischen 13 und unter 16 J. können inhaftiert werden: Wenn sie beschuldigt werden, ein *Verbrechen* begangen zu haben; maximale Dauer: 6 M., verlängerbar um weitere 6 M. (max.: 1 J.). Bei *Vergehen* nur, wenn andere vorläufige Maßnahmen widerrufen wurden (*contrôle judiciaire, centre éducatif fermé*). Max. Dauer: zunächst 15 Tage, auf 1 M. verlängerbar. Bei über 16-Jährigen kommt es auf die konkrete Strafandrohung an. Bei einem Vergehen und einer Strafandrohung von unter 7 Jahren: max. Dauer 1 M., verlängerbar auf max. insg. 2 M. Sind mehr als 7 Jahre angedroht, kann die U-Haft für insgesamt 1 J. angeordnet werden, zunächst nur 4 M. und zwei Mal eine Verlängerung um jeweils 4 M. möglich sind. Bei Verbrechen: die U-Haftdauer beträgt max. 1 Jahr; zwei Mal ist eine Verlängerung um jeweils 6 M. möglich.	X
FIN	---	X	X	Es gibt keine gesetzliche Höchstfrist, das Gericht muss bei Anordnung eine Höchstfrist festsetzen. Nach dieser Frist muss der Beschuldigte freigelassen werden, soweit der StA keine Belastungsgründe gegen die Person vorbringt. Ist der Verdächtige unter 18 muss der StA unverzüglich entscheiden, ob er die Ermittlungen aufnimmt. Befindet sich der Verdächtige im Arrest muss innerhalb von 4 Tagen entschieden werden, ob eine Freilassung oder Untersuchungshaft angeordnet wird.	X (nach zwei Wochen)

Land	Spezielle Regeln für Jugendliche?			Höchstdauer der U-Haft	Haftprüfung
	Anord-nung	Vollzug	Dauer		
GR	X	X	k. A.	Max. 6 M; Verlängerung durch das höhere Gericht möglich.	X (jederzeit; auch ist gegen Beschlüsse des Gerichts eine Be-schwerde möglich)
HR	X	X	X	Max.1,5 M.; kann um 1+1 M. ver-längert werden (max. 3 M.).	X
HU	X	X	X	Max. 2 J.; Verlängerung möglich (soweit die zweite Instanz mit der Sache befasst ist).	X
I	X	X	X	6 M. (unter 16) bzw. 9 M. (16-18). Abhängig von der Schwere der Tat, vom Verhalten des Jugendl. und von den persönlichen Bedürfnissen.	X
IRE	X	k. A.	---	k. A.	k. A.
KO	---	---	k. A.	Max. 3 M.	X
LT	-	X	X	3 M.; Verläng. bis 12 M. möglich	k. A.
LV	X	-	X	Eine Beschwerde beim Amtsgericht ist möglich. Gem. Art. 278 lettStPO U-Haft darf nicht länger dauern als die Hälfte der Höchstdauer für Er-wachsene. Die Höchstdauer be-trägt:1,5 M. bei Vergehen: 4,5 M. bei weniger schweren Delikten; 6 M. bei schweren Taten; 12 M. bei besonders schweren Taten.	k. A.
NI	X	k. A.	k. A.	k. A.	k. A.
NL	-	k. A.	X	Höchstdauer: 104 Tage. Zunächst 14 Tage, dann jew. Verlängerung um 30 Tage (max. 90 Tage). Ver-längerung ist Richter vorbehalten.	X
P	X	X	X	Bei Jugendlichen unter 16 Jahren: Max. 6 Monate in besonders kom-plexen Fällen. Bei Jugendlichen ab 16 Jahren: Max. 18 M; in besonders komplexen Fällen bis zu 3 Jahren.	X
PL	X	X	X	Max. Länge 2 Jahre.	k. A.

Land	Spezielle Regeln für Jugendliche?			Höchstdauer der U-Haft	Haftprüfung
	Anordnung	Vollzug	Dauer		
RO	X	X	X	Jugendliche von 14-16: U-Haft max. 15 Tage. In Ausnahmefällen ist eine Verlängerung möglich, darf aber während des Ermittlungsverfahrens 2 M. nicht überschreiten. Bei Strafandrohung von lebenslänglicher Haft oder mehr als 20 Jahren ist eine Verlängerung bis zu 6 M. Jugendliche von 16-18: Die StPO legt fest, dass bei dieser Altersgruppe die Höchstdauer 20 Tage nicht überschreiten darf. Jedoch sind Verlängerungen um 20 Tage möglich. Insgesamt aber höchstens 90 Tage. In besonderen Fällen (mind. 10 J. Haft oder lebenslängliche Haft) max. 180 Tage.	X
RUS	X	X	k. A.	Höchstdauer grds. 2 M. In komplexen Verfahren ist eine Verlängerung bis zu 6 M. möglich. Eine weitere Verlängerung bei schweren Straftaten und komplexen Ermittlungsverfahren ist möglich (12 M.). In best. Fällen der schweren Kriminalität ist mit Zustimmung des Generalstaatsanwalts eine Verlängerung bis zu 18 M. möglich. (Art. 109 russStPO).	k. A.
SCO	X	X	X	6 M.	k. A.
SK	X	k. A.	-	Bzgl. Höchstdauer der U-Haft gibt es keine speziellen Normen für Jugendliche. Abhängig von der Schwere der Tat: max. ein Jahr, 3 oder 4 Jahre. Dabei gilt eine Höchstdauer von max. 12 M. bei Vergehen, 36 M. bei Verbrechen und max. 48 M. bei besonders schweren Straftaten mit einer Strafandrohung von mindestens 10 J.	X

Land	Spezielle Regeln für Jugendliche?			Höchstdauer der U-Haft	Haftprüfung
	Anord-nung	Vollzug	Dauer		
SLO	---	X	X	Die Höchstdauer hängt vom Stand des Verfahrens ab. Ermittlungsver-fahren: Erste richterliche Anord-nung 1 M.; Verlängerung durch das höhere Gericht möglich (2 M.) = max. 3 M. Hauptverfahren (nach Anklageerhebung): Max. 2 Jahre; alle 2 M. muss aber untersucht wer-den, ob die Haftgründe noch gege-ben sind.	X (nach Beginn des Ermittlungsverfah-rens alle 2 Monate)
SRB	X	X	X	Im Ermittlungsverfahren: Erste richterliche Anordnung 30 Tage, Verlängerung um weiter 30 Tage möglich. Hauptverfahren (nach An-klageerhebung): Abhängig vom Al-ter. Das Gesetz unterscheidet: ältere Jugendliche (max. 6 M.) und jün-gere Jugendliche (4 M.)	k. A.
SWE	k. A.	k. A.	k. A.	keine gesetzliche Höchstfrist; aber nach spätestens 14 Tagen Überprü-fung ob die Voraussetzungen noch gegeben sind.	X
TR	X	X	---	2 Jahre (in Ausnahmefällen 3 J.).	X (jeden Monat)
UA	k. A.	X	k. A.	Bis zu 18 M. abhängig von der Schwere der Tat (Art. 156 ukrStPO).	k. A.

A = Österreich; B = Belgien; BG = Bulgarien; CH = Schweiz; CY = Zypern; CZ = Tschechi-sche Republik; D = Deutschland; DK = Dänemark; E = Spanien; EST = Estland;; E/W = Eng-land/Wales; FIN = Finnland; F = Frankreich; GR= Griechenland; HR = Kroatien; HU = Un-garn; IRE = Irland; I = Italien; KO = Kosovo; LT = Litauen; LV = Lettland; NI= Nord Irland; NL = Niederlande; PL= Polen; P = Portugal; RO = Rumänien; RUS = Russland; SCO = Schottland; SK = Slowakei; SLO = Slowenien; SRB = Serbien; SWE = Schweden; TR = Tür-kei; UA = Ukraine.

6.   Untersuchungshaftvermeidung in Deutschland

6.1   Untersuchungshaftalternativen im deutschen Strafverfahren

Untersuchungshaft darf nicht angeordnet werden, wenn ihr Zweck mit anderen Mitteln erreicht werden kann. Dort, wo die Untersuchungshaft wegen Vorliegens ihrer Voraussetzungen im Grunde angeordnet werden muss, ihr Zweck allerdings mit milderen Mitteln erreicht werden kann, kommt eine Außervollzugsetzung in Betracht. Die Außervollzugsetzung des Haftbefehls ist in § 116 Abs. 1 bis Abs. 3 StPO geregelt und ist eine besondere Ausprägung des Verhältnismäßigkeitsgrundsatzes.[656] Eine Außervollzugsetzung des Haftbefehls kommt bei den Haftgründen der Fluchtgefahr (§ 116 Abs. 1 StPO), Verdunkelungsgefahr (§ 116 Abs. 2 StPO) und auch bei der Wiederholungsgefahr (§ 116 Abs. 3 StPO) in Betracht. § 116 StPO sieht eine Außervollzugsetzung im Falle des Haftgrundes der Tatschwere (§ 112 Abs. 3 StPO) nicht explizit vor. Jedoch ist eine Außervollzugsetzung des Haftbefehls auch bei einem wegen der Tatschwere erlassenen Haftbefehl zulässig. Dies ergibt sich zum einen daraus, dass bei diesem Haftgrund lediglich die Anforderungen an die Feststellung einer möglichen Fluchtgefahr herabgesetzt sind und zum anderen aus dem allgemein geltenden Verhältnismäßigkeitsgrundsatz, der auch in diesem Fall die Möglichkeit einer Haftverschonung verlangt, soweit dadurch die Verfahrenssicherung nicht beeinträchtigt wird.[657] Daraus ergibt sich, dass auch in diesem Fall eine Haftverschonung nach den Grundsätzen des § 116 Abs. 1 und Abs. 2 StPO in Betracht kommt.

Die Maßnahmen, die zur Haftverschonung in Frage kommen, sind immer in Bezug auf den in Frage kommenden Haftgrund zu prüfen. Somit ist die Frage nach einer geeigneten Maßnahme immer auch eine Frage des Einzelfalles. Zudem dürfen die Ersatzmaßnahmen ebenso wie die Untersuchungshaft keinen Strafcharakter haben. Liegen mehrere Haftgründe vor, so muss für jeden von ihnen geprüft werden, ob die Erwartung hinreichend begründet ist, dass der Haftzweck bereits durch die Sicherungsauflagen erreicht werden kann. So kann es vorkommen, dass Maßnahmen nach § 116 Abs. 1 Nr. 2 StPO geeignet wären einer bestehenden Fluchtgefahr zu begegnen, jedoch der weitere Haftgrund der Wiederholungsgefahr fortbesteht und insgesamt einer Außervollzugsetzung im Wege steht.[658]

§ 116 StPO führt einige *Haftsurrogate* namentlich auf, enthält aber keine abschließende Regelung. Für die Fälle der Fluchtgefahr enthält § 116 Abs.1 StPO eine Aufzählung von möglichen Surrogaten, namentlich die Meldeauflage (Nr. 1),

---

656   Vgl. hierzu LR-*Hilger* 1997, § 116, Rn. 1.

657   Vgl. hierzu BVerfGE, S. 350 ff.; HK-*Posthoff* 2012, § 116, Rn. 24; und *Kap. 4.5.*

658   Vgl. Thüringer OLG Beschl. v. 10.11.2005 - Ws 404/05.

die Aufenthaltsbestimmung (Nr. 2), die Anweisung, die Wohnung nur unter Aufsicht einer bestimmten Person zu verlassen (Nr. 3) und die Leistung einer angemessenen Sicherheit (Nr. 4).[659] Neben den in Nr. 1 bis 4 genannten Maßnahmen kommen weiterhin also diejenigen in Betracht, die geeignet sind, als Ersatz für den Vollzug zu dienen. Dazu kann zählen, jeden Wohnungswechsel dem Gericht oder den Ermittlungsbehörden mitzuteilen,[660] die Sperrung des Bankkontos[661], die Abgabe des Führerscheins[662] oder auch eine freiwillige Drogentherapie.[663] Ob auch der elektronisch überwachte Hausarrest als adäquate Haftalternative in Betracht kommt ist zweifelhaft.[664] Nach herrschender Auffassung ist der elektronische Hausarrest zumindest gesetzlich von § 116 Abs. 1 Nr. 2 StPO umfasst.[665]

Bei der Verdunkelungsgefahr besteht das besondere Problem, dass sich diesbezüglich weniger Spielraum für geeignete Haftsurrogate als bei der Fluchtgefahr ergeben. Dies hängt damit zusammen, dass der Haftgrund häufig eine Trennung des Beschuldigten von Mittätern oder Zeugen erfordert und zudem ein Verlust von Beweismitteln droht, der das Strafverfahren nicht nur verzögert sondern auch erheblich erschweren kann. Trotzdem ist eine Außervollzugsetzung auch bei dem Haftgrund der Verdunkelungsgefahr möglich. § 116 Abs. 2 S.1 StPO erfordert somit, dass weniger einschneidende Maßnahmen die Erwartung begründen, dass die Verdunkelungsgefahr erheblich vermindert wird. Folglich ist eine restlose Beseitigung der Gefahr nicht zu fordern.[666] Die alternativen Maßnahmen müssen so beschaffen sein, dass sie der im jeweiligen Einzelfall bejahten Gefahr einer Beweisvereitelung entgegenwirken und somit der Haftgrund insoweit abgeschwächt wird, dass eine Wahrheitsermittlung gesichert erscheint.[667] § 116 Abs. 2 S. 2 StPO nennt als Beispiel für eine alternative Maßnahme die Anweisung, mit Mitbeschuldigten, Zeugen oder Sachverständigen keine Verbindung aufzunehmen.

Anders ist der Fall bei dem Haftgrund der Wiederholungsgefahr. Hier hat der Gesetzgeber davon abgesehen, Beispiele für Verschonungsauflagen zu nennen. Nach § 116 Abs. 3 kann der Richter, der einen Haftbefehl wegen Wiederholungsgefahr erlassen hat, den Vollzug aussetzen, wenn die Erwartung hinreichend begründet ist, dass der Beschuldigte bestimmte Anweisungen befolgen und dass

---

659 Zur Kritik siehe *Kap. 10.3.1.*

660 Vgl. hierzu *Schlothauer/Weider* 2010, S. 231 f

661 Meyer-*Goßner* 2016, § 116, Rn. 11.

662 HK-*Posthoff* 2012 § 116, Rn. 18.

663 OLG Hamm StV 1984, S. 123; vgl. hierzu auch KMR-*Wankel* 2008, § 112, Rn. 2.

664 Zur Kritik an diesem Haftsurrogat siehe *Kap. 7. 1* und *7. 2.*

665 *Meyer-Goßner* 2016, § 116, Rn. 9.

666 *Meyer-Goßner* 2016, § 116, Rn. 14; KK-*Graf* 2008, § 116, Rn. 21.

667 KK-*Graf* 2008, § 116, Rn. 20.

dadurch der Zweck der Haft erreicht wird. Häufig wird hier an Maßnahmen zu denken sein, die eine Stabilisierung der Lebensverhältnisse erwarten lässt.[668] Denkbar ist auch die Auflage, den Kontakt mit dem Geschädigten zu unterlassen.[669] Auch bei der Wiederholungsgefahr kommen Maßnahmen nach Abs. 1 S. 2 Nr. 2 bis 4 in Betracht. Auch kann § 56c Abs. 2 Nr.1, 3, 4, Abs. 3 StGB eine Orientierungshilfe bieten, die bestimmte Weisungen enthalten, die auch der Verfahrenssicherung dienen können.[670]

Auch ein Haftbefehl wegen der besonderen Schwere der Tat kann, wie oben erläutert, kann unter Auflagen ausgesetzt werden. Dies kommt aber nur in Fällen in Betracht, in denen die Flucht des Beschuldigten ganz fernliegend und eine Wiederholung der Tat entweder ausgeschlossen ist oder dieser Gefahr durch mildere Maßnahmen begegnet werden kann.[671] Maßgeblich sind diesbezüglich ebenfalls die Grundsätze des Abs. 1 und Abs. 2.

Liegen die Voraussetzungen vor, ist der Richter im Falle des § 116 Abs. 1 StPO verpflichtet, den Haftbefehl, der nur wegen Fluchtgefahr ergangen ist, außer Vollzug zu setzen. Es handelt sich damit nach dem Wortlaut des Gesetzes um eine gebundene Entscheidung. Demgegenüber hat der Richter in den Fällen der Verdunkelungs- und Wiederholungsgefahr nach dem Gesetzeswortlaut einen Ermessensspielraum. Hier muss jedoch beachtet werden, dass das Ermessen dahingehend eingeschränkt ist, dass der Richter auch in diesen Fällen zur Außervollzugsetzung verpflichtet ist, soweit die Tatbestandsvoraussetzungen vorliegen. Dies gebietet der Verhältnismäßigkeitsgrundsatz. Dem Richter steht somit lediglich scheinbar ein Ermessensspielraum zu.[672]

Eine *Wiederinvollzugsetzung* des Haftbefehls beziehungsweise ein Widerruf der Haftverschonung ist möglich (§ 116 Abs. 4 StPO). Die Aussetzung des Haftvollzuges kann jedoch nicht bei unveränderter Sachlage widerrufen werden.[673] Ein Widerruf ist vielmehr nur unter den einschränkenden Voraussetzungen des § 116 Abs. 4 StPO möglich und bei Vorliegen der Voraussetzungen auch bindend.[674] Das Gesetz spricht in diesem Fall davon, dass der Richter den Vollzug des Haftbefehls anordnet. Wird der Haftbefehl wieder vollzogen, muss das Gericht auch die zuvor angeordneten Maßnahmen aufheben (§ 123 Abs. 1 Nr. 2

---

668 KK-*Graf* 2008, § 116, Rn. 22.

669 OLG Celle StV 1988, S. 207; 1993, S. 480.

670 KK-*Graf* 2008, § 116, Rn. 22.

671 OLG Köln StV 1996, S. 386; StV 1999, S. 606; OLG Frankfurt StV 2000, S. 374; *Schlothauer/Weider* 2010, S. 289 f.

672 *Pfeiffer* 2005, § 116, Rn. 2; KK-*Graf* 2008, § 116, Rn. 4.

673 OLG Düsseldorf StV 1988, S. 207; StV 1993, S. 480.

674 Vgl. hierzu BVerfG [Kammerbeschl.] StV 2008, S. 25 f.

StPO). Dies gilt natürlich auch dann, wenn der Haftgrund beseitigt wurde und der Haftbefehl aufgehoben wurde (§ 123 Abs. 1 Nr. 1 StPO).

Zunächst ist ein Widerrufsgrund gegeben, wenn der Beschuldigte den ihm auferlegten Pflichten oder Beschränkungen gröblich zuwiderhandelt (§ 116 Abs. 4 Nr. 1 StPO). Dabei ist zu beachten, dass dies nur dann in Betracht kommt, wenn der Beschuldigte gegen eine gesetzliche Pflicht verstößt. Dies schließt beispielsweise einen Widerruf aus, wenn sich der Beschuldigte einer freiwilligen Drogentherapie unterzogen hat und diese abbricht.[675] Ob ein solcher Widerrufsgrund vorliegt, beurteilt sich des Weiteren danach, ob der Beschuldigte durch sein Verhalten die Wirkung der jeweiligen Auflage derart abschwächt, dass dadurch eine Gefahrenlage entsteht, die den Haftgrund wieder aufleben lässt.[676] Nicht jeder Verstoß rechtfertigt jedoch einen Widerruf der Außervollzugsetzung. Bloße Nachlässigkeiten oder beispielsweise ein Versehen reicht in der Regel nicht aus.[677] Des Weiteren ist der Haftbefehl wieder in Vollzug zu setzen, wenn auf Seiten des Beschuldigten Handlungen getätigt wurden, die geeignet sind, das in ihn gesetzte Vertrauen zu zerstören.[678] So liegt ein Widerrufsgrund vor, wenn „*der Beschuldigte Anstalten zur Flucht trifft, auf ordnungsgemäße Ladung ohne genügende Entschuldigung ausbleibt oder sich auf andere Weise zeigt, dass das in ihn gesetzte Vertrauen nicht gerechtfertigt war*" (Abs. 4 Nr. 2). War der Haftbefehl in einem solchen Fall nicht wegen Fluchtgefahr ergangen, so kann er allein wegen der Anstalten des Beschuldigten zur Flucht nur in Vollzug gesetzt werden, wenn nunmehr Fluchtgefahr gegeben ist.[679] § 116 Abs. 4 Nr. 1 und 2 StPO erfordern folglich immer Gründe, die konkret im Verhalten des Beschuldigten liegen. Anders ist dies bei der Nr. 3. Danach ordnet der Richter den Vollzug der Haft an, wenn *neu hervorgetretene Umstände die Verhaftung erforderlich machen* und somit außerhalb des konkreten Verhaltens des Beschuldigten liegen. Dennoch umfasst die Nr. 3 die Nr. 1 und 2, da die dort aufgeführten Handlungen schließlich neu hervorgetretene Umstände sind. So bekommt die Nummer 3 einen generalklauselartigen Charakter.[680] Dabei ist zu berücksichtigen, dass neu hervorgetretene Umstände nicht zwangsläufig zu einem Haftvollzug führen müssen. Als milderes Mittel kommen zunächst weitere Beschränkungen bzw. deren Verschärfung in Betracht.[681] Zum Widerruf nach Nr. 3 bedarf es Gründe von einigem Gewicht.

---

675 *Meinen* 2008, S. 366.

676 OLG Frankfurt StV 1995, S. 476.

677 KG StV 2002, S. 607.

678 KK-*Graf* 2008, § 116, Rn. 29.

679 KK-*Graf* 2008, § 116, Rn. 30.

680 So auch KK-*Graf* 2008, § 116, Rn 33.

681 LR-*Hilger* 1997, § 116, Rn. 50.

Dies bedeutet, dass der Haftverschonungsbeschluss in wesentlichen Punkten erschüttert wurde und der Richter bei Kenntnis des neuen Umstandes diesen nicht erlassen hätte.[682] Folglich kann lediglich eine Intensivierung des dringenden Tatverdachts alleine keinen Widerrufsgrund begründen; vielmehr muss sich der Widerrufsgrund immer auf den konkreten Haftgrund beziehen.[683]

6.2 Untersuchungshaftvermeidung im deutschen Jugendstrafverfahren

Für Jugendliche ergeben sich die alternativen Möglichkeiten zur Untersuchungshaft aus dem JGG. Diese Regelungen gelten nicht für Heranwachsende,[684] da die Verfahrensvorschrift des § 109 Abs. 1 JGG die Normen (§§ 71, 72 JGG), die die Untersuchungshaftvermeidung regeln, bei Heranwachsenden für nicht anwendbar erklärt.[685] In diesen Fällen besteht lediglich die Möglichkeit den Haftbefehl nach § 116 StPO außer Vollzug zu setzen.[686] Ergebnisse der empirischen Forschung gaben im Jahre 1990 Anlass im Rahmen des 1. JGGÄndG die Voraussetzungen für den Erlass eines Haftbefehls bzw. für den Vollzug der Untersuchungshaft bei Jugendlichen stark einzuschränken.[687] Wie § 116 StPO stellt § 72 Abs. 1 JGG klar, dass die Anordnung von Untersuchungshaft nur dann zulässig ist, wenn ihr Zweck nicht durch mildere (alternative) Maßnahmen erreicht werden kann. § 72 Abs. 1 JGG und § 116 StPO sind folglich Konkretisierungen des Verhältnismäßigkeitsprinzips, das im Jugendstrafrecht in besonderer Weise Anwendung finden muss.[688] Zudem gilt im Jugendstrafrecht der Grundsatz der Subsidiarität, der die Untersuchungshaft schon bereits dann ausschließt, wenn alternative Maßnahmen in Betracht kommen.[689] Untersuchungshaft darf folglich nur in besonderen Ausnahmefällen angeordnet werden. Statt eines Haftbefehls sind somit in erster Linie *vorläufige Anordnungen über die Erziehung* (§ 71 JGG) oder eine *Unterbringung* gemäß § 72 Abs. 4 JGG zu prüfen. Der § 72 Abs. 4 JGG stellt dabei eine echte

---

682 BVerfG NJOZ 2008, S. 706, 708 f.

683 OLG München NJW 1978, S. 771 (772).

684 Heranwachsender ist, wer zur Tatzeit achtzehn, aber noch nicht einundzwanzig Jahre alt ist (§ 2 Abs. 2 JGG).

685 Zur Forderung nach einer Ausdehnung der Anwendbarkeit der jugendstrafrechtlichen Vorschriften auf Heranwachsende siehe *DVJJ, 2. Jugendstrafrechtsreformkommission* in: DVJJ-Journal 2002, S. 10.

686 Siehe *Kap. 4.1.*

687 BT-Drucks. 11/5829, S. 1.

688 Siehe bereits oben unter *4.4.2* und *5.3*; siehe auch *Ostendorf* 2016a, § 72, Rn. 5.

689 Vgl. hierzu auch *Villmow/Savinsky* 2013, S. 391.

Untersuchungshaftalternative dar. So kann selbst bei Vorliegen sämtlicher Voraussetzung zur Vollziehung von Untersuchungshaft eine Unterbringung nach § 71 JGG in Betracht kommen. Während § 71 Abs. 2 JGG eine erzieherische Maßnahme darstellt,[690] die angeordnet werden kann, ohne dass die Durchführung des Ermittlungsverfahrens etwa durch Flucht- oder Verdunkelungsgefahr gefährdet ist, kann § 72 Abs. 4 JGG somit auch zur Sicherung des Strafverfahrens angeordnet werden.

6.2.1 Vorläufige Erziehungsmaßnahmen (§ 72 Abs. 1 S. 1 i. V. m. § 71 Abs. 1 JGG)

Wie bereits erwähnt, darf Untersuchungshaft gemäß § 72 Abs. 1 JGG nur verhängt und vollstreckt werden, wenn ihr Zweck nicht durch eine vorläufige Anordnung über die Erziehung oder durch eine andere Maßnahme erreicht werden kann. Die Untersuchungshaft hat ausschließlich den Zweck das Strafverfahren zu sichern bzw. die Vermeidung der Wiederholungsgefahr in den Fällen des § 112a StPO. Erzieherische Zwecke dürfen mit der Untersuchungshaft in Anbetracht der Unschuldsvermutung nicht verfolgt werden. Dies gilt natürlich auch für die möglichen Alternativen zur Untersuchungshaft. Kann aber mit einer Maßnahme nach § 71 JGG die Sicherung des Strafverfahrens erreicht werden, ist die Vollstreckung der Untersuchungshaft subsidiär. Insbesondere können hier benannte und unbenannte Weisungen aus dem Katalog des § 10 JGG herangezogen werden. Es gilt auch und gerade im Jugendstrafverfahren, dass zunächst ambulante Angebote in Erwägung zu ziehen sind. Dabei ist wichtig, dass der Jugendrichter mit dem Beschuldigten, der Jugendgerichtshilfe und eventuell seinen Eltern konkrete und erzieherisch sinnvolle Vereinbarungen bzw. Maßnahmen trifft. Die alternativen Maßnahmen (i. S. d. § 10 JGG) müssen geeignet sein, die Zeit bis zur Rechtskraft des Urteils zu überbrücken. Die Möglichkeiten geeignete Maßnahmen zu finden, ergeben sich aus den Haftgründen selbst, die zur Untersuchungshaft führen.

Zunächst ist natürlich an ein eindringliches Gespräch zwischen dem jugendlichen Tatverdächtigen und dem Richter zu denken, welches mit entsprechenden Zusagen des Jugendlichen endet. Um dem Haftgrund der Wiederholungsgefahr zu begegnen kann beispielsweise eine sozialpädagogische Betreuung bzw. Begleitung oder ein Verhaltenstraining angeordnet werden. Aber auch die Weisung sich einem Betreuungshelfer zu unterstellen kann ein probates Mittel sein, um die Sicherung des Strafverfahrens zu sichern. Auch Weisungen, die die Aufnahme einer Ausbildungs- oder Arbeitsstelle anordnen, können der Sicherung des Verfahrens dienen. Als weitere Alternativmaßnahme kommt zudem die Weisung in Betracht, eine bestimmte Ausbildungs- oder Arbeitsstelle aufzunehmen.[691]

---

690 BT-Drucks. 11/5829, S. 29.

691 Diemer/Schatz/Sonnen-*Diemer* 2015, § 71, Rn. 6; *Eisenberg* 2015, § 71, Rn. 5.

Wird bei einem Jugendlichen Fluchtgefahr angenommen, da dieser nicht über genügend soziale Bindungen verfügt, kommt gerade bei diesen Tatverdächtigen eine Maßnahme in Betracht, die eine Unterbringung in einer Einrichtung der Jugendhilfe oder einer Familie vorsieht.[692] Zu beachten ist, dass alle diese alternativen Maßnahmen zur Untersuchungshaft einen überbrückenden Charakter haben müssen und das Jugendstrafverfahren sicherstellen sollen. So kommen Weisungen, die eine Arbeitsleistung, einen sozialen Trainingskurs oder den Verkehrsunterricht vorsehen, nicht in Betracht.[693] Auch sind alle Arten der Zuchtmittel ausgeschlossen, da diese einen ahnenden Charakter aufweisen, der sich weder mit der Unschuldsvermutung noch mit dem Gedanken des § 71 JGG verträgt.

Darüber hinaus besteht die Möglichkeit des Richters Leistungen nach dem SGB VIII anzuregen (§ 71 Abs. 1 HS 2 JGG). Diese Befugnis ist jedoch lediglich auf eine Anregungskompetenz beschränkt. Der Richter kann dabei alle Leistungen nach dem SGB VIII anregen.

Des Weiteren spricht § 72 Abs. 1 JGG von anderen Maßnahmen um die Untersuchungshaft zu vermeiden. Zu diesen anderen Maßnahmen des Abs. 1 gehört vor allem die Haftverschonung unter Auflagen gemäß § 116 Abs. 2 S. 2 StPO,[694] aber auch bestimmte Meldeauflagen, das regelmäßige Zusammentreffen mit einer Vertrauensperson des Jugendlichen und des Gerichts.[695]

Neben diesen Maßnahmen kommen natürlich auch die Maßnahmen des allgemeinen Strafverfahrensrechts gemäß § 116 Abs. 1 StPO in Betracht.[696] Dies hat insbesondere Bedeutung für Heranwachsende, für die gemäß § 109 JGG die §§ 71, 72, 72a JGG nicht gelten. Bei dieser Beschuldigtengruppe wurde auf dem Wege der Haftverschonung eine alternative Unterbringung in einer Jugendarrestanstalt erprobt.[697] Dabei setzte der Jugendrichter im Einvernehmen mit dem Leiter der Jugendarrestanstalt den Haftbefehl bei gleichzeitiger Anweisung in einer Jugendarrestanstalt zu wohnen außer Vollzug. Dies geschah dann auf der Grundlage des § 116 Abs. 1 StPO.[698]

---

692 *Ostendorf* 2016a, § 72, Rn. 6; *Kowalzyck* 2002, S. 302.

693 Vgl. Diemer/Schatz/Sonnen-*Diemer* 2015, § 71, Rn. 6.

694 Diemer/Schatz/Sonnen-*Diemer* 2015, § 72, Rn. 6.

695 *Eisenberg* 2015, § 72, Rn. 3a.

696 Siehe *Kap.* 6.1.

697 Zu diesem sog. „Hamburger Modell" siehe *Hinrichs/Urbahn* 1990, S. 84 f.

698 Siehe auch *Hotter* 2004, S. 73.

6.2.2 Unterbringung in einem Heim der Jugendhilfe (§§ 72 Abs. 4, 71 Abs. 2 JGG)

Unter denselben Voraussetzungen, unter deren ein Haftbefehl erlassen werden kann, kann auch die einstweilige Unterbringung in einem Heim der Jugendhilfe angeordnet werden (§ 72 Abs. 4 JGG). Mit § 72 Abs. 4 JGG stellt der Gesetzgeber explizit eine Alternative zur Untersuchungshaft zur Verfügung. Ergibt sich aus dem in den §§ 71, 72 JGG normiertem Subsidiaritätsgrundsatz, dass eine einstweilige Unterbringung in einem Heim der Jugendhilfe gemäß § 72 Abs. 4 JGG als mildere Maßnahmen in Betracht kommt, so muss eine zwingende Anordnung folgen, die der Untersuchungshaft vorgeht.[699] Zwar handelt es sich bei § 72 Abs. 4 JGG nach dem Wortlaut um eine Ermessensvorschrift, jedoch reduziert sich das richterliche Ermessen in diesen Fällen zu einer Verpflichtung.[700] Dies setzt natürlich voraus, dass im konkreten Fall auch ein geeigneter Platz zur Verfügung steht. Die Ausführung der einstweiligen Unterbringung richtet sich nach den für das Heim der Jugendhilfe geltenden Regelungen (§ 71 Abs. 2 S. 3 JGG). So können die Heime auch die Aufnahme verweigern, soweit sie ihr Erziehungsangebot im konkreten Einzelfall als ungeeignet einstufen. Jedoch muss diesbezüglich auch beachtet werden, dass die Betreuung in den Heimen eine ausreichende Möglichkeit bietet, der Fluchtgefahr angemessen zu begegnen.[701]

Lange Zeit umstritten war die Frage, was unter einem geeigneten Heim der Jugendhilfe zu verstehen ist. So war der Konsens Ende der sechziger Jahre, dass nur geschlossene Heime eine probate Alternative darstellten.[702] Dies wurde überwiegend mit einer möglichen Fluchtgefahr begründet.[703] Diese Ansicht ist heute allerdings nicht mehr vertretbar. Dies folgt zum einen aus dem Wegfall der gesetzlichen Voraussetzung, dass die einstweilige Unterbringung geboten sein muss „um einem Missbrauch der Freiheit zu neuen Straftaten entgegenzuwirken" (vgl. § 71 Abs. 2 a.F. JGG). Somit besteht keine gesetzliche Reglung mehr, die eine Fluchtsicherheit erfordert. Zum anderen ergibt sich auch aus der Alternativfunktion von einstweiliger Unterbringung und Untersuchungshaft, dass die Geeignetheit des betreffenden Heims nicht davon abhängt, ob dieses ein geschlossenes

---

699 So lautet auch die RL zu § 71. Dort heißt es: „Der einstweiligen Unterbringung in einem geeigneten Heim der Jugendhilfe kommt besondere Bedeutung zu, wenn die Voraussetzungen für den Erlass eines Haftbefehls gem. § 112 ff. StPO vorliegen. Ist die Maßnahme durchführbar und reicht sie aus, so darf Untersuchungshaft nicht angeordnet oder vollzogen werden"; vgl. auch OLG Hamm StV 2002, S. 432.

700 *Ostendorf* 2016a, § 72, Rn. 9; NStZ-RR 2002, S. 120.

701 *Bindel-Kögel/Heßler* 1999, S. 299; *Eisenberg* 2015, § 71, Rn. 10a; zu diesem Problem siehe auch *Eberitzsch* 2013, S. 123 ff.; *Eberitzsch* 2011, S. 259 ff.

702 *Kowalzyck* 2008, S. 12 m. w. N.

703 Vgl. hierzu *Heßler* 2001, S. 97; *Laubenthal* 1993, S. 154.

oder offenes Heim ist.[704] Zudem kann der Unterbringungsbefehl jederzeit durch einen Haftbefehl ersetzt werden, wenn sich dies als notwendig erweist (§ 72 Abs. 4 S. 2 JGG). Dabei reicht eine lediglich andere Beurteilung der Tatsachen in diesen Fällen nicht aus. Vielmehr ist eine Änderung von Tatsachen zu fordern. Es muss also eine neue Situation vorliegen, die eine neue Beurteilung notwendig macht.[705] Eine solche liegt beispielsweise vor, wenn sich herausstellt, dass die einstweilige Unterbringung zur Erreichung des Haftzwecks nicht geeignet ist und seitens des Jugendlichen eine Flucht- oder Missbrauchsgefahr besteht.[706]

Es kommen jedoch nur Heime im institutionellen Sinne in Betracht. Dies schließt die Unterbringung in einer anderen Einrichtung der Jugendhilfe auf der Grundlage des § 72 Abs. 4 JGG aus. Jedoch kann eine derartige Unterbringung auf der Grundlage des § 71 Abs. 1 JGG erwirkt werden.

Wird eine einstweilige Unterbringung auf der Grundlage der §§ 72 Abs. 4, 71 Abs. 2 JGG angeordnet, gelten auch die Vorschriften über die Rechtsmittel, insbesondere die Haftprüfung, nach den §§ 121, 122 StPO. Dies ist auch sachgerecht. Schließlich soll die einstweilige Unterbringung nach § 72 Abs. 4 JGG als eine alternative Maßnahme zur Untersuchungshaft zugunsten des Jugendlichen erfolgen. Dem würde es aber widersprechen, wenn ihm damit einhergehend besondere Rechtsmittel genommen würden. Dies gilt jedoch nur bei Anwendung des § 72 Abs. 4 JGG. Erfolgt die einstweilige Unterbringung lediglich nach § 71 Abs. 2 JGG, gelten die Rechtsmittel nicht.[707] Dies führt zwar zu einer Schlechterstellung gegenüber dem Untersuchungshaftvollzug, ergibt sich aber *de lege lata* aus § 71 Abs. 2 S. 2 JGG, der eben eine Verweisung auf die §§ 121, 122 StPO nicht vorsieht.

Des Weiteren ist problematisch, wer die Kosten einer einstweiligen Unterbringung zu tragen hat. Im Fall der vorläufigen Maßnahmen nach § 71 Abs. 2 i. V. m. § 72 JGG geht die einhellige Mehrheit in Rechtsprechung und Literatur davon aus, dass die hierdurch entstehenden Kosten von der Justiz zu tragen sind.[708] Die Kosten für eine Unterbringung gem. § 71 Abs. 2 i. V. m. § 72 JGG zählen zu den Auslagen des Verfahrens. Dem trägt auch die Richtlinie Nr. 4 zu § 74 JGG Rechnung, in der es heißt: *„Zu den Auslagen des Verfahrens gehören*

---

704 *Eisenberg* Zbl. 1987, S. 325; *Ostendorf* 2016a § 71, Rn. 7; vgl. auch BT-Drucks 11/5829, S. 29.

705 *Brunner/Dölling* 2002, § 72, Rn. 6; Diemer/Schatz/Sonnen-*Diemer* 2015, § 72, Rn. 14.

706 Diemer/Schatz/Sonnen-*Diemer* 2015, § 72, Rn. 14; OLG Hamm NJW 1999, S. 230; vgl. auch die RL 4 zu § 71.

707 Vgl. hierzu: *Eisenberg* 2015, § 71, Rn. 15 f.; Diemer/Schatz/Sonnen-*Diemer* 2015, § 71, Rn. 22.

708 Vgl. OLG Dresden DVJJ-Journal 1998, S. 278; *Eisenberg* 2015, § 71, Rn. 19; *Brunner/Dölling* 2002, § 71, Rn. 12; § 74, Rn. 9a.

*auch die Kosten einer einstweiligen Unterbringung in einem Heim der Jugend-
hilfe (§ 71 Abs. 2, § 72 Abs. 4) und einer Unterbringung zur Beobachtung (§ 73).*"
Auslagen des Verfahrens sind, als Kosten des Strafverfahrens, regelmäßig von
den Justizbehörden zu tragen und können, sofern kein Fall der Befreiung nach
§ 74 JGG vorliegt, später Grundlage eines Kostenansatzes gegen den Verurteilten
sein.[709]

Etwas anderes gilt nach überwiegender Ansicht in Rechtsprechung und Literatur dann, wenn im Rahmen eines Untersuchungshaftverschonungsbeschlusses
gemäß § 72 JGG die richterliche Weisung gegenüber dem Jugendlichen erfolgt,
sich in einem Heim der Jugendhilfe aufzuhalten.[710] Zur Begründung wird angeführt, dass die Justiz nur Kosten einer Unterbringung zu tragen hat, wenn es sich
um Kosten des Verfahrens handele. Diese aber seien in Nr. 9011 der Anlage zum
GKG abschließend enthalten und führen dort als gerichtliche Kosten nur die Kosten der Heimunterbringung gemäß §§ 71 Abs. 2, 72 Abs. 4 auf. Folglich muss ein
Unterbringungsbefehl i.S.d § 71 Abs. 2 JGG vorliegen.[711] Der Grund für diese
gesetzlich vorgesehene Beschränkung liege darin, dass ausschließlich die Anordnung der einstweiligen Unterbringung gerichtlich vollstreckbar ist. Allein die
Vollstreckbarkeit aber rechtfertige die Qualifizierung als gerichtliche Maßnahme.
Demgegenüber seien Kosten, die in Folge einer nicht erzwingbaren richterlichen
Weisung, wonach der Jugendliche sich in einem Heim der Jugendhilfe aufzuhalten habe, Maßnahmen zur Erziehung gem. § 34 KJHG,[712] deren Kosten regelmäßig vom Jugendamt zu tragen sein. So ergibt sich das missliche Ergebnis, dass
wenn die einstweilige Unterbringung eines Jugendlichen auf der Grundlage
§§ 71, 72 JGG ergeht, die Kostentragungspflicht bei der Justiz liegt. Wird jedoch
die einstweilige Unterbringung als Auflage auf der Grundalge von § 116 Abs. 1
StPO i. V. m. § 34 KJHG angeordnet so hat das Jugendamt und damit die Kom-
mune die Kostentragungspflicht. Das problematische daran ist, dass die Anordnung auf der Grundlage des § 116 StPO nicht selten ist und so durch Anwendung
der StPO-Normen an die Kommunen delegiert werden können.[713]

Dazu kommt, dass bei Heranwachsenden die §§ 71, 72 JGG nicht anwendbar
sind (vgl. § 109 Abs. 1 S. 1 JGG). Dies führt dazu, dass die vorläufigen Maßnahmen und die einstweilige Unterbringung nur als Auflagen im Zusammenhang mit
einer Außervollzugsetzung gemäß § 116 StPO i. V. m. § 34 KJHG angeordnet

---

709 *Böhm* 1996, S. 133.

710 Vgl. *Eisenberg* 2015, § 71, Rn. 20; *Brunner/Dölling* 2002, § 74, Rn. 9a; OLG Frankfurt
NStZ-RR 96, S. 183 (183); OLG Jena NStZ-RR 97, S. 320 (320).

711 Vgl. OLG Frankfurt NStZ-RR 1996, S. 183 sowie OLG Jena NStZ-RR 1997, S. 320.

712 Bei dem KJHG handelt es sich um das Kinder- und Jugendhilfegesetz. Es handelt sich
lediglich um eine andere Bezeichnung für das SGB VIII (siehe auch Abkürzungsver-
zeichnis).

713 *Kowalzyck* 2008, S. 12.

werden kann. Wegen fehlender Anwendbarkeit und Gesetzesvorrangs wie bei Jugendlichen fällt die Kostentragungspflicht somit den Kommunen zu.[714] Dies erscheint widersprüchlich, da Maßnahmen der vorläufigen oder einstweiligen Unterbringung auch bei Heranwachsenden der Sicherung des Strafverfahrens dienen sollen.[715]

Dem stehen vereinzelte Stimmen in Literatur und Rechtsprechung gegenüber, die davon ausgehen, dass auch diese Kosten durch die Justiz zu erstatten sind.[716] Zur Begründung wird darauf verwiesen, dass die von der Rechtsprechung angeführte Argumentation formalistisch und inhaltlich nicht überzeugend sei. Denn auch eine nicht vollstreckbare Weisung im oben genannten Sinne übe auf den Jugendlichen einen faktischen Zwang zur Befolgung aus, wie auch von den Gerichten selbst eingeräumt werde. Dies solle entscheidend sein. Darüber hinaus bringe eine Untersuchungshaftverschonung unter ökonomischen Aspekten eine Entlastung für die Justiz mit sich. Daher spreche nichts dagegen, in der entsprechenden Anweisung zugleich eine Unterbringungsanordnung i. S. d. § 71 Abs. 2 JGG zu sehen. Zudem verkennt diese Ansicht, dass eine einstweilige Anordnung aufgrund der Subsidiarität ja immer auf der Grundlage der §§ 72 Abs. 4, 71 Abs. 2 JGG zu ergehen hat.[717]

6.2.3   Haftvermeidung nach dem Sozialgesetzbuch XII (SGB XII)[718]

Neben den schon genannten Möglichkeiten zur Untersuchungshaftvermeidung bietet sich eine weitere Möglichkeit an. So kommt eine Außervollzugsetzung des Haftbefehls nach § 116 StPO in Betracht mit der Auflage ein Hilfsangebot nach § 67 ff. SGB XII anzunehmen. Dies kann beispielsweise ein Angebot der Straffälligenhilfe sein oder die Auflage, sich in eine Wohngruppe zu begeben.[719] Diese Maßnahmen kommen dann als eine „weniger einschneidende Maßnahme" i. S. d. § 116 StPO in Betracht.[720] Diese Alternative im Rahmen der Untersuchungshaft-

---

714 *Kowalzyck* 2008, S. 14.

715 *Kowalzyck* 2008, S. 14.

716 *Ostendorf* 2016a, § 71, Rn. 12; siehe auch: OLG Dresden Beschl. v. 25.4.1997, 1VAAs 3/97; LG Osnabrück, Nds. Rpfl. 2001, S. 23, die für eine Kostentragungspflicht der Justiz sind, soweit sich im Rahmen einer „Gesamtschau" ergibt, dass die Einweisung in ein Heim zur Untersuchungshaftvermeidung erfolgen soll.

717 Siehe *Kowalzyck* 2008, S. 14.

718 Das SGB XII hat am 1.1.2005 das bis dahin geltende Bundessozialhilfegesetz abgelöst. Das BSHG regelte von 1962 bis 2004 Art und Umfang der Sozialhilfe in Deutschland.

719 Vgl. *Meyer-Goßner* 2016, § 116, Rn. 11.

720 *Meyer-Goßner* 2016, § 116, Rn. 11.

vermeidung richtet sich vornehmlich an Heranwachsende, da für diese Altersgruppe die Regelungen des JGG und des KJHG nicht gelten. Grundsätzlich sind die Leistungen nach § 67 SGB XII auch bei Jugendlichen möglich. Jedoch sind Maßnahmen der Jugendhilfe vorrangig anwendbar. Soweit ein minderjähriger Hilfeempfänger mit Mitteln der Jugendhilfe beeinflussbar ist, sind diese vorrangig anzuwenden.[721]

Nach der Regelung des § 67 SGB XII soll Personen, bei denen besondere Lebensverhältnissen mit sozialen Schwierigkeiten verbunden sind, Hilfe zur Überwindung dieser Schwierigkeiten gewährt werden, soweit diese nicht selbst gelöst werden können. Dabei werden in § 68 Abs. 1 SGB XII die persönliche Betreuung, Hilfen zur Ausbildung und zur Beschaffung einer Wohnung genannt. Da bei der Altersgruppe der Heranwachsenden die Haftvermeidungsalternativen nach § 71, 72 JGG und dem KJHG nicht gelten, bleibt für diese in Bezug auf eine Unterkunft in einer betreuten Wohngemeinschaft nur die Möglichkeit einer Auflage nach § 68 SGB XII.

Die aktuelle rechtliche Situation, dass die Heranwachsenden im Rahmen der Untersuchungshaftvermeidung den Erwachsenen vollkommen gleichgestellt sind, ist zu kritisieren. Heutzutage befinden sich Heranwachsende mehr denn je in einem Übergansstadium zum Erwachsensein. Angesichts verlängerter Schul- und Ausbildungszeiten und der damit einhergehenden Reifeverzögerung spricht viel dafür, die spezialpräventiven und erzieherisch wirkenden Haftvermeidungsmöglichkeiten auch auf die Heranwachsenden auszudehnen. So sieht es auch der Grundsatz Nr. 17 der ERJOSSM vor. Dieser Grundsatz spricht sich für eine weitergehende Einbeziehung von Heranwachsenden in das Jugendstrafrecht aus. So sollen Heranwachsende, wenn dies angemessen erscheint, wie Jugendliche behandelt werden.[722]

---

721 *Schellhorn/Schellhorn/Hohm* 2010, § 67, Rn. 26.

722 So auch die Nr. 11 der Rec (2003) 20.

7. Untersuchungshaftvermeidung in den europäischen Ländern

In Anbetracht der häufig negativen Auswirkungen, die eine Untersuchungshaft für die betroffenen Inhaftierten, insbesondere junge Tatverdächtige, haben kann, muss der Vollzug der Untersuchungshaft weitestgehend vermieden werden. Dies gilt umso mehr, wenn man bedenkt, dass die Betroffenen später möglicherweise für unschuldig befunden und freigesprochen oder zu einer bedingten Freiheitsstrafe verurteilt werden. Die Untersuchungshaft hat nicht nur Auswirkungen auf familiäre Bindungen, sondern kann auch beim Inhaftierten zu einem Haftschock führen.[723] Damit die Untersuchungshaft dem *ultima-ratio*-Grundsatz und dem Grundsatz der Verhältnismäßigkeit gerecht wird, sowie um eine unangemessene Anordnung zu vermeiden, müssen die europäischen Länder ein möglichst breites Spektrum an alternativen und weniger einschränkenden Maßnahmen zur Verfügung stellen.[724] Dies fordern auch die Rec (2006) 13 in ihren allgemeinen Grundsätzen (Nr. 4) und die ERJOSSM in ihrer Nr. 10.

Im Folgenden sollen die Untersuchungshaftalternativen in den europäischen Ländern dargestellt werden. Zunächst werden die im allgemeinen Strafverfahren vorgesehenen Haftsurrogate und diesbezügliche Probleme untersucht (*Kap. 7.1*). Diese sind grundsätzlich gleichermaßen auf erwachsene und jugendliche Beschuldigte anwendbar.[725] Jedoch sehen viele Länder spezielle Untersuchungshaftalternativen für jugendliche Beschuldigte vor (dazu siehe *Kap. 7.2*), die dann vorrangig in Erwägung zu ziehen sind.

7.1 Allgemeine Haftalternativen

Die Empfehlung Rec (2006) 13 zählt aus den oben genannten Gründen in ihrer Nr. 2 [1] auch einige Möglichkeiten zur Haftvermeidung auf. Die Aufzählung ist natürlich nicht abschließend. Dem Richter muss vielmehr ein Entscheidungsspielraum zustehen. Wie eine Verschonungsauflage auszugestalten ist, ist immer eine Frage des Einzelfalles und eine Frage der Persönlichkeit des jungen Beschuldigten.

Wichtig ist dabei, dass die Haftverschonungsauflage immer in Bezug zum konkreten Haftgrund stehen muss. So darf ein Haftsurrogat nicht in einer Weise

---

723 Als Haftschock bezeichnet man eine spezielle haftpsychologische Krise, die gerade am Beginn der Untersuchungshaft zu Selbstschädigungen oder Suizid führen kann; siehe hierzu ausführlich *Boetticher* 2005, S. 74.

724 Der Verhältnismäßigkeitsgrundsatz im Rahmen der Untersuchungshaft ist in nahezu allen europäischen Ländern vorgesehen; siehe *Kap. 5.2.5*.

725 Vgl. hierzu *van Kalmthout u. a.* 2009, S. 101.

auf die Lebensumstände des Beschuldigten einwirken, die für den Haftgrund be-
deutungslos sind. Auch muss bei allen Verschonungsauflagen der Verhältnismäßigkeitsgrundsatz beachtet werden. So muss auch stets und intensiv im Rahmen
einer Haftalternative geprüft werden, ob diese noch geboten ist. Dies gilt insbesondere, wenn der Beschuldigte den konkreten Auflagen gewissenhaft nach-
kommt. Dies kann darauf hinweisen, dass der einschlägige Haftgrund nicht mehr
vorliegt.

Unterschiedliche Anforderungen an die Haftalternativen ergeben sich auch
aus der Natur des vorliegenden Haftgrunds. So ist es in der Praxis leichter, geeignete Maßnahmen zu finden um einer Fluchtgefahr zu begegnen, als etwa eine
mögliche Verdunkelungsgefahr einzudämmen. Dazu kommt, dass bei einer möglichen Verwirklichung der Verdunkelungsgefahr Beweismittel vernichtet werden,
die einer Durchsetzung des staatlichen Strafanspruchs entgegenstehen können,
während bei Verwirklichung der Fluchtgefahr zumeist eher eine Verzögerung des
Verfahrens droht.

Überwiegend findet sich in den europäischen Ländern das Kontaktverbot, das
die Kontaktaufnahme zu Zeugen, Mitbeschuldigten oder Sachverständigen (Be-
weispersonen) unterbinden soll. Auch findet sich in manchen Ländern vereinzelt
die Aufforderung die Ermittlungen nicht zu stören (siehe *Kap. 7.1.*). Solche Maßnahmen sind schwer kontrollierbar. Zudem kann eine solche Maßnahme den Art.
6 Abs. 3 lit. b) EMRK tangieren.[726] Danach muss der Beschuldigte in der Lage
sein, alle aus seiner Sicht erforderlichen Maßnahmen zur Vorbereitung seiner
Verteidigung zu tätigen. Dies gilt auch für Kontaktaufnahmen mit Personen, die
eventuell entlastende Tatsachen hervorbringen können.[727] Eine dahingehende
Einschränkung des Verteidigungsrechts kann nur damit begründet werden, dass
der Beschuldigte wiederholt die Ermittlungen gestört hat.[728] Ein Kontaktverbot
mit dem Verteidiger ist hingegen nicht zu rechtfertigen.[729] Nichtsdestotrotz kann
auch bei Vorliegen einer Verdunkelungsgefahr eine weniger einschneidende
Maßnahme dazu beitragen, dass die Gefahr einer Beeinträchtigung des Strafverfahrens vermindert wird. Eine vollständige Beseitigung der Gefahr kann angesichts der Tatsache, dass es sich um eine Prognoseentscheidung handelt, nicht erwartet werden. Auch die Rec (2006) 13 fordern in Nr. 7 c) lediglich, dass es
*„möglich ist, alternative Maßnahmen zu verhängen, um den [...] aufgeführten Ri-
siken zu begegnen"*. Die genannten Probleme dürfen folglich nicht dazu führen,

---

726 Siehe auch die Präambel der Rec (2006) 13.

727 *Villinger* 1999, S. 326.

728 Ausführlich zu dieser Problematik *Hengsberger* 1966, S. 213.

729 Vgl. *Villinger* 1999, S. 334.

dass bei Vorliegen einer Verdunkelungsgefahr vorschnell Untersuchungshaft angeordnet wird. Vielmehr muss bei der Verdunkelungsgefahr besonders sorgfältig geprüft werden, ob dieser Haftgrund überhaupt als gegeben anzusehen ist.[730] Ähnliche Effektivitätsprobleme, gerade in Bezug auf die Verdunkelungsgefahr, könnte man der Sicherheitsleistung (Kaution) vorwerfen. Schließlich lässt sich eine Verdunkelung schwerer nachweisen als beispielsweise eine Fluchtgefahr, was zu praktischen Problemen führen kann. Zudem ist auch die Sicherheitsleistung, wie das Kontaktverbot, nur in bedingtem Maße in der Lage, bestimmten Verdunkelungshandlungen entgegenzuwirken. Dieser Skepsis kann man sich mit dem Gedanken des *rational choice* nähern. So kann der Nutzen einer Haftverschonung für den Beschuldigten enorm groß sein, indem der Beschuldigte die Gefahr eines Widerrufs der Aussetzung und den Verfall der Sicherheit auf der anderen Seite nicht riskiert.[731] Somit ist die Sicherheitsleistung auch bei einer möglichen Verdunkelungsgefahr nicht von vornherein ausgeschlossen und muss im konkreten Einzelfall zumindest in Erwägung gezogen werden. Ein kategorischer Ausschluss der Kaution im Rahmen einer Verdunkelungsgefahr oder auch einer Wiederholungsgefahr würde zudem gegen den Verhältnismäßigkeitsgrundsatz verstoßen.[732]

Die in Nr. 2 [1] der Rec (2006) 13 aufgezählten Alternativen zur Untersuchungshaft finden sich auch weitestgehend in den europäischen Ländern wieder (vgl. *Tab. 6*). Anzumerken ist auch, dass es sich auch dabei nicht um eine abschließende Darstellung der Haftalternativen handelt. In vielen Ländern sind die Haftsurrogate im Gesetz lediglich beispielhaft aufgezählt (z. B. in Deutschland, Österreich, der Schweiz).[733] In vielen Ländern, in denen die Untersuchungshaftalternativen nicht konkret gesetzlich aufgelistet sind, steht der Staatsanwaltschaft oder dem Ermittlungsrichter ein Ermessensspielraum zu, ob die Untersuchungshaft vollzogen oder eine Haftverschonung verhängt werden soll. So ist es beispielsweise in Belgien, wo der zuständige Ermittlungsrichter oder das Gericht auf eine „bedingte Freiheit" entscheiden kann. Dabei steht dem Richter oder dem Gericht ein Ermessensspielraum dahingehend zu, eine geeignete Alternativmaßnahme zu finden. Diese Alternativen sind meistens nicht explizit im Gesetz geregelt.[734]

Nahezu alle Länder sehen Aufenthaltsbeschränkungen vor, um so einer möglichen Fluchtgefahr zu begegnen. Diese können zunächst darin bestehen, dass dem Beschuldigten verboten wird bestimmte Bereiche aufzusuchen. In manchen

---

730 Siehe auch *Meinen* 2008, S. 359.

731 So *Meinen* 2008, S. 360.

732 Zudem ist die Sicherheitsleistung ausdrücklich in Art. 5 Abs. 3 S. 2 EMRK vorgesehen.

733 Vgl. § 173 östStPO; Art. 237 schwStPO und § 116 StPO; vgl. auch van *Kalmthout u. a.* 2009, S. 92.

734 van *Kalmthout u. a.* 2009, S. 92.

Ländern ist es aber auch möglich dem Beschuldigten aufzuerlegen, in einer bestimmten Familie (z. B. Österreich) oder an einem bestimmten Ort zu wohnen (Aufenthaltsverpflichtung). Eine weitere populäre Maßnahme, um eine Fluchtgefahr einzudämmen, ist die Meldeauflage. Diese kann darin bestehen, sich regelmäßig bei einer Polizeibehörde (z. B. Dänemark, Deutschland, Finnland, Italien, Niederlande, Portugal) oder bei Gericht zu melden (z. B. Österreich, Bulgarien, Frankreich, Griechenland, Rumänien, Spanien).

Auch die Abgabe von Ausweispapieren ist diesbezüglich zu erwähnen.[735] Diese Alternative ist beispielsweise in Österreich, Dänemark, Frankreich, Litauen, der Schweiz, in Slowenien, Spanien und der Ukraine explizit vorgesehen. Geht es um die Verpflichtung seinen Führerschein abzugeben und das damit verbundene Fahrverbot, stellt sich die Frage, ob damit nicht ein verfahrensfremder Zweck verfolgt wird. Ein solches (mittelbares) Fahrverbot kann nur zulässig sein, soweit es wirklich notwendig ist, um eine Flucht zu verhindern.

Häufiger findet sich jedoch die Weisung, die Wohnung nur unter Aufsicht bzw. unter Einschränkungen zu verlassen (so in Belgien, Bulgarien, Deutschland, Italien, Lettland, Litauen, Niederlande, Portugal, Österreich und der Schweiz). Der noch strengere Hausarrest ist explizit in Belgien, Bulgarien, Italien, Lettland, Litauen, Niederlande, Österreich und Portugal geregelt. Diese Maßnahme kann ebenfalls geeignet sein, eine Fluchtgefahr einzuschränken, ist jedoch mit großem Aufwand verbunden. Dies ist wahrscheinlich der Grund, warum einige Länder eine elektronische Überwachung vorsehen (*electronic monitoring*).[736] Diese Möglichkeit ist in Frankreich, den Niederlanden, Polen, Portugal, Slowenien, Ungarn der Ukraine und neuerdings auch in Österreich[737] vorgesehen. In Österreich können Untersuchungshäftlinge seit dem 1.9.2010 für die Dauer der Untersuchungshaft elektronisch überwachten Hausarrest beantragen, soweit sie sich in geordneten Lebensverhältnissen befinden. Dazu gehören neben einer geeigneten Wohnung auch Beschäftigungs- oder Ausbildungsmöglichkeiten und ein ausreichendes Einkommen.[738]

Der elektronisch überwachte Hausarrest bzw. die elektronische Überwachung spielt auch in anderen Ländern (z.B. Schweiz, England/Wales) eine Rolle. In Bezug auf den elektronisch überwachten Hausarrest muss diskutiert werden, dass

---

735 Z. B. Personalausweis, Reisepass.

736 Zur grundlegenden Diskussion des elektronischen Hausarrestes siehe die rechtsvergleichende Darstellung von *Albrecht* 2002, S. 85 ff.; aktuell zusammenfassend *Dünkel/Thiele/Treig* 2017, S. 531 f., die die elektronische Überwachung zur U-Haftvermeidung als grundsätzlich ungeeignet ablehnen; ebenso *Harders* 2014, S. 116 ff.

737 Siehe § 173a östStPO.

738 Siehe hierzu die Informationen der privaten Bewährungshilfe in Österreich unter: www.neustart.at/AT/de/Angebote_/_Service/Infos_fuer_Auftraggeber_Zuweiser/Elektronisch_ueberwachter_Hausarrest/ (Letzter Abruf am 03.01.2014).

dieser mehr ist als eine bloße Freiheitsbeschränkung. Vielmehr kann in der elektronisch überwachten Weisung, sich lediglich an einem bestimmten Ort aufzuhalten (etwa die Wohnung), eine Freiheitsentziehung gesehen werden. Somit kommt diesem Haftsurrogat ein gewisser Strafcharakter sehr nahe.[739] Dies widerspricht allerdings nicht nur dem Zweck der Untersuchungshaft, sondern auch dem Grundsatz, dass die Untersuchungshaft niemals einer Bestrafung dienen darf (Nr. 3 HS. 2 Rec (2006) 13).[740] Sicherlich ist es richtig, dass es für den Beschuldigten ein kleineres Übel darstellt, in der eigenen Wohnung der Freiheit beraubt zu sein als in einer Haftanstalt. Dies kann aber über die theoretischen Bedenken, gerade in Bezug auf den Verhältnismäßigkeitsgrundsatz und etwaige andere mildere Mittel, nicht hinwegtäuschen. Dennoch ist die elektronische Überwachung in den oben genannten Ländern als Haftalternative geregelt. Im Jahr 2002 wurde in England zusätzlich als eine Alternative zur Untersuchungshaft bei jungen Menschen die Möglichkeit der elektronischen Überwachung eingeführt.[741] Diese Maßnahme kommt bei Jugendlichen zwischen 12 und 16 Jahren zur Anwendung, die verdächtigt werden, schwere Straftaten begangen zu haben und bei denen eine Wiederholungsgefahr vorliegt.[742] In Österreich wurde diese Möglichkeit ab dem 01.09.2010 auch explizit für Jugendliche eingeführt.[743] Jedoch spielt diese Vollzugsform für den Vollzug von Untersuchungshaft keine bedeutende Rolle.[744]

Das Problem, dass mit der Untersuchungshaft keine verfahrensfremden Zwecke verfolgt werden dürfen, stellt sich auch bei Auflagen und Weisungen, die eine Haftverschonung an die Teilnahme an einer ärztlichen Behandlung (z. B. Drogentherapie) knüpfen. Diese Möglichkeit gibt es in Dänemark, Finnland, Frankreich, den Niederlanden und in Österreich. In einigen wenigen Ländern ist auch das Alkoholverbot als Auflage vorgesehen (Dänemark, Tschechische Republik, Österreich). Bei diesen Maßnahmen besteht die Gefahr, dass neben dem Sicherungszweck der Untersuchungshaft weitere verfahrensfremde Zwecke treten. So kann zwar mit solchen Maßnahmen eine Stabilisierung der Lebensverhältnisse erreicht werden, womit man beispielsweise einer möglichen Wiederholungsgefahr begegnen kann. Dennoch dürfen bestimmte Behandlungsziele mit diesen Maßnahmen

---

739 Vgl. *Meinen* 2008, S. 36; *Harders* 2014, S. 53 ff. m. jew. w. N.

740 Hinzu kommen konventionsrechtliche Konflikte. Etwa in Bezug auf den Privatheitsschutz (Art. 8 EMRK); vgl. auch *Albrecht* 2002, S. 91.

741 *Weber* 2004, S. 66.

742 *Toon* 2003, S. 52.

743 BGBl. I Nr. 64/2010.

744 Zum 31.12.2011 befanden sich insgesamt 156 Personen im elektronisch überwachten Hausarrest, davon niemand in Untersuchungshaft, siehe Sicherheitsbericht Österreich 2011, abrufbar unter: www.parlament.gv.at/PAKT/VHG/XXIV/-III/III_00337/imfname _257065.pdf (letzter Abruf am 31.10.2012). Zu aktuellen Daten siehe *Dünkel/Thiele/Treig* 2017, S. 531 f.

nicht verfolgt werden. So muss stets geprüft werden, ob eine Stabilisierung von Lebensverhältnissen zur Verminderung einer Wiederholungsgefahr nicht auch auf anderem Wege erreicht werden kann. Regelmäßige Meldeauflagen scheinen hier ein unbedenklicheres Mittel zu sein. Darüber hinaus können Aufsichtsmaßnahmen, etwa durch die Bewährungshilfe, probatere Mittel darstellen (Österreich, Tschechische Republik, Portugal).[745] In Österreich ist die „vorläufige Bewährungshilfe" (§ 179 östStPO) eigentlich als eine Maßnahme gedacht, die bereits vor einem Urteil dem Beschuldigten Unterstützung bei der Erreichung einer straffreien Lebensführung geben soll. Die vorläufige Bewährungshilfe soll damit einem möglichen Bedürfnis nach frühzeitiger Betreuung gerecht werden. Im Mittelpunkt steht dabei nicht die Überwachung, sondern vielmehr die Betreuung des Beschuldigten.[746] Die Maßnahme ist nur mit einer Zustimmung des Beschuldigten möglich. Auch ist diese Maßnahme explizit als Untersuchungshaftalternative vorgesehen (§ 173 Abs. 5 Nr. 7 östStPO). So ergibt sich auch hier das Problem, dass möglicherweise verfahrensfremde Zwecke verfolgt werden sollen. Wendet man diese Maßnahme im Rahmen einer Untersuchungshaftalternative an, darf angesichts der Unschuldsvermutung eine Bewahrung vor weiteren Straftaten nicht im Vordergrund stehen. Vielmehr kann durch eine intensive Betreuung der Bewährungshilfe beispielsweise eine mögliche Fluchtgefahr eingedämmt werden.[747]

In der Tschechischen Republik hat die Bewährungshilfe im Rahmen des Ermittlungsverfahrens beziehungsweise im Rahmen einer Untersuchungshaftalternative die Aufgabe, Informationen zu den Hintergründen der Tat und Konfliktlösungsmöglichkeiten zu erarbeiten. Auch überwachen sie die Einhaltung möglicher Auflagen.[748]

In nahezu allen Ländern ist auch die Sicherheitsleistung geregelt.[749] Bemerkenswert ist jedoch, dass im Gegensatz zu den *Common-law-Staaten* (England/ Wales, Irland, Nordirland, Schottland) die Kaution in den kontinentaleuropäischen Ländern weitaus weniger beliebt ist.[750] Ein Grund kann sein, dass dieses Haftsurrogat in vielen Ländern im Hinblick auf den Grundsatz der Gleichheit vor dem Gesetz umstritten ist. Denn eine Kautionsgewährung wird häufig nur dann in Erwägung gezogen, wenn es sich um wohlhabende Beschuldigte handelt.[751] In

---

745   Siehe hierzu auch *Kap. 7.2.*

746   *Fabrizy* 2008, § 179, Rn. 1.

747   In Österreich ist die Bewährungshilfe privatisiert und wird insbesondere von der Organisation „Neustart" durchgeführt.

748   *Morgenstern* 2009, S. 249.

749   Zu den Problemen s. o.

750   *van Kalmthout u. a.* 2009, S. 96.

751   Vgl. *van Kalmthout u. a.* 2009, S. 96.

den angelsächsischen Ländern hat die Kaution dagegen eine andere Tradition. Dort ist dieses Institut sehr ausgeprägt. Im Prinzip kann gesagt werden, dass grundsätzlich immer erst eine Kautionsgewährung geprüft und erst als *ultima ratio* eine Inhaftierung in Erwägung gezogen wird.[752]

7.2 Spezielle Untersuchungshaftalternativen im Jugendstrafverfahren

Gerade bei jungen Menschen muss der Vollzug der Untersuchungshaft weitestgehend vermieden werden. So befinden sich junge Beschuldigte meist noch in einer prägenden Entwicklungsphase ihres Lebens, sodass ein Haftaufenthalt eine besondere Belastung darstellt.

Schon 1985 wurde in den Mindestgrundsätzen der Vereinten Nationen für die Jugendgerichtsbarkeit, den *Beijing-Rules*,[753] die Subsidiarität von Untersuchungshaft gegenüber alternativen Maßnahmen geregelt. Dort werden in der Regel Nr. 13 ausdrücklich die Beaufsichtigung, die Betreuung, die Unterbringung in einer Erziehungseinrichtung oder in einem Heim als Alternativmaßnahmen genannt. Diese Forderung wurde in der Empfehlung Rec (2003) 20 nochmals wiederholt (Nr. 17). Weniger präzise, aber in seiner Deutlichkeit nicht zurückstehend formulieren es aktuell die ERJOSSM von 2008. Dort heißt es in der Grundregel Nr. 10: *„Freiheitsentzug gegenüber Jugendlichen ist nur als letztes Mittel und für die geringst mögliche Dauer aufzuerlegen und zu vollziehen. Besondere Anstrengungen sind zu unternehmen, um Untersuchungshaft zu vermeiden."*

Die meisten europäischen Länder kommen dieser Forderung zumindest dahingehend nach, dass sie spezielle Untersuchungshaftalternativen für junge Beschuldigte vorsehen (siehe *Tab. 7*). Neben den speziellen Haftalternativen für Jugendliche bleiben dann aber auch die allgemeinen Haftsurrogate anwendbar. Einige wenige Länder sehen dagegen keine speziellen Sonderregelungen beziehungsweise Haftalternativen für Jugendliche vor (Estland, Finnland, Rumänien, Türkei). Dort gelten dann ausschließlich die allgemeinen Regeln zur Aussetzung des Haftbefehls.

Auch in Litauen haben jugendspezifische Haftalternativen eine geringe Bedeutung. So ist neben den allgemeinen Maßnahmen zur Sicherstellung der Strafverfolgung lediglich die Übergabe zur Beaufsichtigung an die Eltern oder an eine andere geeignete Person (z. B. ein gesetzlicher Betreuer) als einzige jugendspezifische Haftalternative vorgesehen. Ansonsten sind die Haftsurrogate in erster Linie auf erwachsene Beschuldigte zugeschnitten.[754] In Spanien ist interessant, dass

---

752 So z. B. Irland, siehe *Walsh* 2011, S. 751 f.; zur Erklärung des Bail-Systems; siehe Kap. 5.1.4.

753 Abgedruckt in ZStW 99 (1987), S. 253 ff.

754 *Sakalauskas* 2011, S. 892, 901.

bei Jugendlichen das Kontaktverbot in Art. 28.1 LO 5/2000 auch speziell auf das Opfer Anwendung findet. Damit tritt neben das primäre Ziel eine Flucht und somit eine Gefährdung des Verfahrens zu vermeiden auch das explizite Ziel eine Verletzung der Opferrechte zu minimieren (Art. 28.1 LO 5/2000).[755]

7.2.1 Kaution

Eine in den angelsächsischen Ländern bedeutende Haftalternative stellt die Kaution dar. Dabei handelt es sich streng genommen nicht um ein jugendspezifisches Haftsurrogat, da diese Möglichkeit der Haftverschonung bei Erwachsenen gleichermaßen in Erwägung zu ziehen ist.[756] Jedoch spielt die Kaution in den angelsächsischen Ländern eine so bedeutende Rolle, dass diese bei Jugendlichen zu einer beachtlichen Reduzierung der Untersuchungshaft führt.[757] So hat sich besonders in Schottland die Möglichkeit der Kautionsgewährung bewährt.[758] So muss zunächst immer eine Kautionsgewährung geprüft werden. Der Vollzug der Untersuchungshaft stellt somit das „letzte Mittel" dar. Demnach handelt es sich bei der Gewährung einer Sicherheitsleistung nicht wirklich um eine Alternative zur Untersuchungshaft. Vielmehr ist die Untersuchungshaft eine Alternative zur Kautionsgewährung. Zusätzlich besteht die Möglichkeit dem Jugendlichen während der Kautionszeit eine Kautionsaufsicht (ähnlich der Bewährungshilfe) zu bestellen.[759]

Auch in Irland, Nordirland und England/Wales ist das Institut der Kaution sehr verbreitet. Auch in diesen Ländern kommt der Kaution eine besondere Bedeutung zu und es ist immer zunächst eine Kautionsgewährung zu prüfen.

Dagegen stellt die Sicherheitsleistung in den kontinentaleuropäischen Ländern eine eher unpopuläre Maßnahme dar.[760] Jedoch ist auch in diesen Ländern die Sicherheitsleistung als eine Haftalternative geregelt.[761] In den Niederlanden ist ein Kautionssystem dagegen nicht entwickelt worden.[762]

---

755 *de la Cuesta/Blanco Cordero* 2009, S. 21.

756 Siehe *7.1.*

757 Die Untersuchungshaftzahlen sind im Vergleich zu den Gefangenenzahlen als moderat anzusehen; vgl. Kap. *10.*

758 Siehe *Burman u. a.* 2011, S. 1182, zur Anwendung bei Jugendlichen siehe *10.2.2.*

759 *Burman u. a.* 2011, S. 1183.

760 Siehe auch *7.1.*

761 Vgl. *Tab. 6.*

762 Siehe *Boone/Moerings* 2010, S. 625.

7.2.2 Aufsicht („Supervision")

Eine in den mittel- und osteuropäischen Ländern verbreitete Haftalternative stellt die Aufsichtsmaßnahme dar. Dabei handelt es sich überwiegend um eine Maßnahme, bei der eine Aufsichtsperson durch eine geeignete pädagogische oder therapeutische Betreuung die erforderlichen Vorkehrungen treffen soll, um das Strafverfahren zu sichern und gegebenenfalls erzieherisch auf den Jugendlichen einzuwirken.

In der Slowakei kann beispielsweise die Aufsicht durch einen Bewährungshelfer angeordnet werden, mit dessen Hilfe der Jugendliche eine objektive Einstellung zur Tat gewinnt, sich seiner persönlichen Verantwortung bewusst wird, die Folgen seiner Tat akzeptiert und letztendlich sein strafbares Verhalten nicht fortsetzt.[763] Die Intention, die hinter dieser Haftalternative steckt ist angesichts der Unschuldsvermutung problematisch. So dürfen auch mit dem Haftsurrogat keine verfahrensfremde Zwecke verfolgt werden.

Auch in Lettland wird seit einiger Zeit die Aufsicht als Untersuchungshaftalternative herangezogen. Seit 2003 gibt es das erste Pilot-Projekt Lettlands in Bezug auf eine Alternativmöglichkeit für jugendliche Untersuchungshäftlinge. Dabei geht es um die „Supervision". Es handelt sich um eine Aufsicht im Rahmen des Ermittlungsverfahrens zur Haftvermeidung. Die Ergebnisse haben gezeigt, dass so weitere Straftaten vermieden werden können und das Verhalten der Jugendlichen positiv beeinflusst werden kann.[764] Die staatliche Bewährungshilfe preist den Erfolg und setzt sich für eine Ausweitung des Projektes ein. Das Justizministerium und dessen Reformbestrebungen haben dafür gesorgt, dass die „Aufsicht" nun auch in Lettland möglich ist.[765]

In Ländern, wie Kroatien, Russland, Serbien, Slowenien und der Tschechischen Republik kann der Richter die Aufsicht durch eine Sozialbehörde (Bewährungshilfe) anordnen. In Russland muss die Person, die diese Aufsicht ausübt, mit ihrer Zustimmung die schriftliche Verpflichtung eingehen, das Erscheinen des Jugendlichen vor Gericht, aber auch sein rechtstreues Verhalten sicherzustellen (Art. 394 Abs. 2 StPO). Über diese Maßnahme wird auch die Abteilung zur Vorbeugung der Jugendkriminalität benachrichtigt, die eine entsprechende Kontrolle über das Verhalten des Jugendlichen ausübt und in bestimmten Fällen den Ermittlungsbeamten über die Notwendigkeit der Veränderung der strafprozessualen Vorbeugungsmaßnahmen unterrichtet.[766] Auch in Spanien können pädagogische

---

763 Vgl. *Válková/Hulmáková/Vráblová* 2011, S. 1280.

764 *Judins* 2011, S. 856 f.

765 *Judins* 2011, S. 857.

766 *Pergataia* 2003, S. 247 m. w. N.

Einrichtungen mit der Aufsicht eines Jugendlichen betreut werden.[767] In Litauen, Polen, Portugal, Slowenien, Russland und Serbien sind auch speziell die Eltern als Aufsichtspersonen vorgesehen.[768] In Spanien kommen zudem explizit geeignete Familienangehörige als Aufsichtspersonen in Betracht.[769] Dies kann natürlich nur dann eine geeignete Maßnahme darstellen, solange die Familie sich in geordneten Strukturen befindet und keine negativen Einflüsse zu erwarten sind.[770]

In Polen, Portugal und der Tschechischen Republik kann als spezielle Maßnahme des Jugendstrafverfahrens im Rahmen der Haftalternativen auch die Aufsicht durch eine „vertrauenswürdige Person" angeordnet werden. Dabei handelt es sich in der Tschechischen Republik um eine relativ neue Institution (§ 50 tsch-JGG). Danach kann ein Jugendlicher anstatt in der Untersuchungshaft auch in einer Pflegefamilie aus dem Umfeld des Jugendlichen unter Leitung einer „vertrauenswürdigen Person" untergebracht werden. Voraussetzung ist die Zustimmung beider Seiten. Problematisch an dieser Alternativmaßnahme ist die praktische Anwendbarkeit. So besteht häufig die Gefahr, dass sich bei den von der Untersuchungshaft bedrohten Jugendlichen nur selten eine „vertrauenswürdige Person" im familiären oder näheren sozialen Umfeld finden lässt.[771]

Auch in Frankreich ist das Institut der Unteraufsichtstellung als eine wichtige Untersuchungshaftalternative geregelt (*liberté surveillée*). Ein Jugendlicher kann durch den Jugendrichter, den Ermittlungsrichter sowie dem für die Untersuchungshaft zuständigen Richter, sofern dieser eine vorläufige Inhaftierung für nicht erforderlich erachtet, unter Aufsicht gestellt werden.[772] Der Anwalt und die Eltern sind anzuhören. Sofern es sich um einen unter 16-Jährigen handelt, muss der Entscheidung eine ausführliche Besprechung einschließlich Anhörung des Staatsanwalts, des Jugendlichen, seines Anwalts und wenn erforderlich auch eines Vertreters der Fürsorgebehörden vorangehen.[773]

---

767   Art. 28. 1 LO 5/2000.

768   §§ 122, 138 litStPO.

769   Art. 28. 1 LO 5/2000.

770   In Serbien kann dann die Unterbringung in einer Pflegefamilie in Betracht kommen (§ 66 Abs. 1 serbJGG).

771   *Válková/Hulmáková* 2011, S. 292 f.

772   Diese Schutzaufsicht ist nicht nur eine Untersuchungshaftalternative. Die Schutzaufsicht kann in den verschiedensten Verfahrensstadien Anwendung finden. Sie kann zunächst, wie oben beschrieben, zunächst als vorläufige Schutzaufsicht im Rahmen des Ermittlungsverfahrens durch den Jugend- oder den Untersuchungsrichter angeordnet werden. Auch kann sie im Hauptverfahren nach einem Schuldspruch zur Anwendung kommen, um in der Zwischenzeit eine geeignete Maßnahme zu finden. Darüber hinaus stellt die Schutzaufsicht eine endgültige Erziehungsmaßnahme im französischen Jugendstrafrecht dar.

773   *Castaignède/Pignoux* 2011, S. 535 f.

In Schweden kommt als Alternative zur Untersuchungshaft eine Kontrolle des beschuldigten Jugendlichen durch die Sozialbehörden in Betracht.[774]

7.2.3 Vorläufige erzieherische Maßnahmen

In manchen Ländern wie Deutschland (§ 72 Abs. 1 JGG)[775], Österreich (§ 35 Abs. 1 östJGG, Portugal (Art. 57 portJGG) und der Schweiz (Art. 27 Abs. 1 schwJStPO) darf Untersuchungshaft nur verhängt werden, soweit ihr Zweck nicht durch eine vorläufige Erziehungsmaßnahme erreicht werden kann. Dies korrespondiert mit dem Subsidiaritätsgrundsatz.[776] Solche Maßnahmen sind meist kommunal organisiert.

In Österreich kommen bei jugendlichen Beschuldigten in erster Linie familien- bzw. jugendwohlfahrtsrechtliche Maßnahmen in Betracht. Diese Maßnahmen können dann, soweit sie noch nicht von einem Vormundschaftsgericht angeordnet worden sind, im Jugendstrafverfahren vom Strafrichter angeordnet werden. Als Maßnahmen kommen solche des Jugendwohlfahrtsgesetzes (JWG) in Betracht. Es handelt sich dabei in erster Linie um Maßnahmen der Erziehungshilfe. So kommen etwa Einzel- und Gruppenbetreuung des Jugendlichen in Betracht.[777]

Ähnlich verhält es sich auch in der Schweiz. Dort müssen zunächst „Schutzmaßnahmen" in Erwägung gezogen werden. Diese sind in den Art. 12 bis 15 schwJStG geregelt. Der zuständige Richter kann unter anderem eine geeignete Person oder Stelle bestimmen, der Einblicke und Auskünfte bezüglich der erzieherischen Betreuung zu geben sind (Art. 12 Abs. 1 schwJStG). Daneben ist, wie in Österreich, auch eine persönliche Betreuung möglich (Art. 13 schwJStG). Bei schwerwiegenderem Behandlungsbedarf kann auch eine ambulante Behandlung (Art. 13 schwJStG) angeordnet werden.

Bei der Anordnung solcher Maßnahmen ist zu beachten, dass es sich nur um überbrückende Maßnahmen handeln darf, um so lediglich frühzeitig eventuellen erzieherischen Defiziten entgegenzuwirken. Keinesfalls dürfen mit der Anordnung andere Zwecke verfolgt werden. Ausgeschlossen sind somit jegliche Arten von „Denkzetteln". Es sollten stets nur solche Maßnahmen angeordnet werden, die geeignet sind, die persönliche Entwicklung während der Zeit des Verfahrens zu fördern.

---

774 *Haverkamp* 2011, S. 1377; vgl. Gesetze über spezielle Regelungen für die Behandlung junger Personen (schwRGBl. 1990, Nr. 52).

775 Zu Deutschland siehe ausführlich *Kap. 6.2.1.*

776 Vgl. hierzu *Kap. 5.2.5* und *Kap. 5.3.*

777 Siehe § 26 ff. österreichisches JWG.

Das Problem bei diesen Maßnahmen ist jedoch, dass deren Effektivität weitgehend von der Existenz bestimmter kommunaler Strukturen und Programme abhängt. Auch in den westeuropäischen Ländern gibt es oft einen Mangel an spezifischen Programmen. Die Bewährungshilfe ist regelmäßig überfordert und nicht in der Lage, für eine ausreichende Betreuungsdichte zu sorgen.[778] Dies ist umso bedauerlicher als eine frühe Einbindung in konstruktive Maßnahmen nicht nur zu einer Vermeidung der Untersuchungshaft führen könnte, sondern auch die Entscheidung bei einer möglicherweise später folgenden Strafe positiv beeinflussen kann.

In England/Wales sind nach Ablehnung einer Kautionsgewährung ebenfalls vorläufige erzieherische Maßnahmen möglich. So kann eine Unterbringung in einer betreuten Wohneinrichtung oder einer kommunalen Einrichtung angeordnet werden.

Auch in Russland und Griechenland können vorläufige Erziehungsmaßnahmen eine Untersuchungshaft ersetzen. In diesen Ländern ist damit aber in erster Linie eine Unterbringung in einer speziellen Jugendeinrichtung bzw. eine Heimunterbringung gemeint (siehe *Kap. 7.2.4*).

7.2.4 Heimunterbringung

In den meisten Ländern ist auch die Unterbringung in einem Heim (der Jugendbehörden) als spezielle Untersuchungshaftalternative vorgesehen. Diese Maßnahme kann auch ohne Zustimmung des Jugendlichen oder dessen Eltern vom Familiengericht (Polen) oder Jugendgericht angeordnet werden (Bulgarien, Deutschland, Griechenland, Kroatien, Österreich, Schweiz, Slowakei). In Österreich ist dies normalerweise eine Maßnahme auf dem Gebiet des Familien- bzw. Jugendwohlfahrtsrechts.[779] In der Schweiz ist die Unterbringung in einer Erziehungs- oder Behandlungseinrichtung als eine der Schutzmaßnahmen ausgestaltet, die einer Anordnung der Untersuchungshaft vorgeht.[780]

Das griechische Recht sieht die Möglichkeit der Unterbringung in einem Erziehungsheim vor. Die Unterbringung eines Jugendlichen in einem Erziehungsheim im Rahmen des Vorverfahrens gilt als eine Maßnahme zur Vermeidung der Untersuchungshaft.[781] Diese Möglichkeit ist in der Praxis kaum relevant, obwohl ein Gesetz vorschreibt, dass bei 12- bis 15-Jährigen eine Heimunterbringung Vorrang hat.[782]

---

778 *Dünkel/Dorenburg/Grzywa* 2011, S. 1783.

779 Vgl. § 28 östJWG.

780 Art. 15 schwJStG; siehe auch *Kap. 7.2.3.*

781 Art. 17 Abs. 4 des Gesetzes Nr. 2298/1995; *Pitsela* 2011, S. 655.

782 Gesetz Nr. 3315/1995; *Pitsela* 2011, S. 655.

Bulgarien sieht die Möglichkeit vor, den Jugendlichen in einem Heim der Jugendhilfe unterzubringen.[783] Bemerkenswert ist, dass eine solche temporäre Unterbringung vom Staatsanwalt angeordnet werden kann.[784] Dies ist ein klarer Verstoß gegen Art. 5 Abs. 4 der EMRK. Danach muss frühzeitig ein Gericht über eine Freiheitsentziehung entscheiden.[785]

In Russland ist die Unterbringung in einem Zentrum für eine „zeitweilige Unterbringung" als Untersuchungshaftalternative vorgesehen. Diese Maßnahme geht auf ein Gesetz aus dem Jahre 1999 zurück.[786] Auch in Lettland gibt es die Möglichkeit, jugendliche Beschuldigte in ein sozialpädagogisch betreutes Erziehungsheim einzuweisen, soweit die Anordnung von Untersuchungshaft nicht notwendig ist, da die Gefahr des Begehens weiterer Straftaten nicht befürchtet wird und angenommen wird, dass der Jugendliche seine Pflichten im Rahmen des Vorverfahrens erfüllen wird. Dabei gelten die gleichen Verfahrensregelungen wie bei der Untersuchungshaft (etwa die Beschwerde).[787]

In Italien kann der zuständige Ermittlungsrichter die Unterbringung in einer kommunalen Einrichtung anordnen (Art. 22 DPR). Es handelt sich nicht um eine Heimeinweisung im eigentlichen Sinne. Bei Anordnung dieser Haftalternative wird der jugendliche Beschuldigte einer öffentlichen Einrichtung oder einer anderen autorisierten Einrichtung unterstellt. Dabei handelt es sich um offene Einrichtungen, in denen die Jugendlichen von Sozialarbeitern betreut werden. Gleichzeitig verhängt der Richter Weisungen, die der Lebensweise des Jugendlichen förderlich sein sollen.[788]

Ähnlich ist die Situation in Belgien. Dort sind zwei Arten der Unterbringung vorgesehen.[789] Dies sind zunächst die „kommunalen Einrichtungen". Diese können offene, oder, was selten der Fall ist, geschlossene Institutionen sein. Es herrscht in den offenen Einrichtungen kein strikt disziplinarischer Alltag. So kann beispielsweise regelmäßig von den Eltern Besuch empfangen werden. Die geschlossenen Anstalten weisen dagegen einen stringenteren Tagesablauf auf. Es gibt weniger Möglichkeiten die Einrichtung zu verlassen. Es besteht auch die Möglichkeit, Jugendliche in eine solche Einrichtung einzuweisen, soweit sie ihre auferlegten Maßnahmen während des Ermittlungsverfahrens nicht erfüllt haben.

---

783 *Kanev u. a.* 2011, S. 170.

784 Art. 37 bulgJGG.

785 Siehe *Kanev u. a.* 2011, S. 170.

786 Siehe hierzu *Shchedrin* 2011, S. 1134.

787 *Judins* 2011, S. 858.

788 *Lambertina* 2009, S. 561; *Dünkel/Dorenburg/Grzywa* 2011, S. 1782.

789 Dabei handelt es sich eigentlich nicht um wirkliche Alternativen zur Untersuchungshaft, da die Einweisung in diese Einrichtungen die Regel darstellt; *Christeans/Dumortier/Nuytiens* 2011, S. 118; siehe ausführlicher im *Kap. 5.1.1.*

Neben den kommunalen Einrichtungen, die eher wohlfahrtsorientiert sind, gibt es das *Federal Centre of Everberg*. Dabei handelt es sich um eine geschlossene Einrichtung, die lediglich bei Jungen im Alter von mindestens 14 Jahren in Betracht kommt, die eine Straftat begangen haben, die mit mindestens fünf Jahren Gefängnis bedroht ist und ein Platz in einer anderen Einrichtung nicht zur Verfügung steht. Hier stehen dagegen Sicherheitsgedanken im Vordergrund.[790]

Eine ähnliche Einrichtung gibt es auch in Irland. Dort besteht neben der Möglichkeit der Einweisung in die inzwischen allerdings geschlossene *St. Patricks-Institution* auch die Möglichkeit, den Jugendlichen in eine *detention school* einzuweisen. Dort wird besonders auf Erziehungsdefizite eingegangen. Diese CDS (*Children Detention School*) ist für Jugendliche bis 15 Jahre vorgesehen. Zuständiges Ministerium ist das Bildungsministerium. Bei der „St. Patrick-Institution" handelte es sich dagegen um eine (Jugend-)Haftanstalt, in der überwiegend verurteilte Straftäter untergebracht waren.[791] Da dort aber auch als unschuldig anzusehende jugendliche Beschuldigte untergebracht werden konnten, muss davon ausgegangen werden, dass dies keine geeignete Maßnahme im Rahmen der vorläufigen Maßnahmen darstellte. Dies gilt umso mehr, als diese Institution in der Vergangenheit durch das Antifolterkomitee (CPT) kritisiert wurde.[792]

Auch das schwedische Recht sieht vor, dass ein Jugendlicher von den Sozialbehörden vorläufig in einem Heim untergebracht werden kann.[793]

7.2.5 Sonstige Maßnahmen (Hausarrest, Nachthaft)

In Slowenien und Italien spielt der Hausarrest bei Jugendlichen eine bedeutende Rolle. Dort wird der Hausarrest häufiger angewandt als andere Untersuchungshaftalternativen.[794]

Auch in den Niederlanden hatte der Hausarrest eine besondere Rolle im Jugendstrafverfahren. Seit dem Jahr 2003 hat jedoch die „Nachthaft" den Hauarrest abgelöst. Nun kommt als spezielles Haftsurrogat die „Nachthaft" (*night-detention*) in Betracht. Wird die „Nachthaft" angeordnet, geht der Jugendliche tagsüber in die Schule oder zur Arbeit und muss sich am Abend, in der Nacht und am Wochenende in der jeweiligen Anstalt einfinden. Um für dieses Programm berechtigt zu sein, muss der Jugendliche jedoch einen strukturierten Tagesablauf haben. Dies bedeutet, dass der Jugendliche schulpflichtig sein muss oder bereits

---

790 *Christeans/Dumortier/Nuytiens* 2011, S. 118.

791 *Walsh* 2011, S. 755.

792 So wurde u.a. auf Gewalt- und Drogenprobleme hingewiesen. Siehe hierzu *Walsh* 2011, S. 756 m. w. N.

793 *Haverkamp* 2011, S. 1377.

794 *Dünkel/Dorenburg/Grzywa* 2011, S. 1782.

einer Arbeit nachgeht.[795] Zudem muss vor Antritt ein Vertrag unterzeichnet werden, in dem sich der Jugendliche verpflichtet, die Bestimmungen zu erfüllen. Die wenigsten Jugendlichen werden in der Regel einen geregelten Tagesablauf vorweisen können und sind somit von vornherein für diese Haftalternative ungeeignet. Somit wird der Anwendungsbereich stark eingeschränkt.[796] Bei den Jugendlichen, die die Voraussetzungen erfüllen, also geregelte Alltagsstrukturen vorweisen können, stellt sich dagegen die Frage, ob für diese überhaupt ein Freiheitsentzug notwendig erscheint. Darüber hinaus kommt die „Nachthaft" nicht für Jugendliche in Betracht, die eine besonders hohe Strafe erwarten oder keine gesetzliche Aufenthaltserlaubnis besitzen.[797] Darüber hinaus kann der Jugendrichter in den Niederlanden den Haftaufschub[798] mit bestimmten Auflagen verknüpfen. Das Gesetz stellt dabei keine besonderen Anforderungen an die Art und Weise dieser Auflagen. Es geht aber praktisch häufig um spezielle Aufenthaltsbeschränkungen (z. B. Stadionverbote).[799]

Eine weitere Alternative zur unbedingten Untersuchungshaft ist die Möglichkeit des Vollzuges in Form eines Bildungs- und Ausbildungsprogramms.[800] Dabei handelt es sich laut dem *niederländischen* Gesetzgeber um „*eine Kombination von Aktivitäten, an denen Minderjährige zum Zwecke der Durchführung der Vollstreckung einer Freiheitsstrafe oder einer anderen freiheitsentziehenden Maßnahme in Bezug auf ihren Aufenthalt in einer Einrichtung teilnehmen können.*"[801] Bei jugendlichen Untersuchungshäftlingen besteht somit die Möglichkeit die Haft in einer offenen bildungsorientierten Form zu vollziehen.

Des Weiteren wurden in der Vergangenheit in den Niederlanden Projekte zur Untersuchungshaftvermeidung organisiert, die ihrem Charakter nach an Arbeitsstrafen erinnern. Nach *van Kalmthout* wird hierdurch „die spätere Strafverhängung antizipiert", ausgehend von dem Grundsatz, dass eine „Sanktion umso effektiver ist, je schneller sie der Begehung der Straftat nachfolgt."[802] Dies ist mit dem Ziel der Untersuchungshaft als verfahrenssichernde Maßnahme und der Unschuldsvermutung nicht vereinbar.

---

795 *van Kalmthout/Bahtiyar* 2011, S. 941 f.

796 Siehe hierzu auch *Kap. 10.*

797 *van Kalmthout/Bahtiyar* 2011, S. 942.

798 Siehe hierzu *Kap. 5.3* und *Kap. 5.1.14.*

799 *van Kalmthout* 2002, S. 244 f.

800 Die niederländische Abkürzung lautet STP; siehe *van Kalmthout/Bahtiyar* 2011, S. 943, 948 ff.

801 *van Kalmthout/Bahtiyar* 2011, S. 949.

802 *van Kalmthout* 2002, S. 245.

Tabelle 6: Untersuchungshaftalternativen in den europäischen Ländern (allg. Strafverfahrensrecht)

	A	B	BG	CH	CY	CZ	D	DK	E	EST	F	FIN	GR	HR	HU	L	IRE	KO	LT	LV	NI	NL	P	PL	RO	RUS	SCO	SK	SLO	SRB	SWE	TR	UA	E/W
Verpflichtung regelmäßig bei Gericht zu erscheinen	X		X	X				X	X		X												X		X			X	X					X
Verpflichtung, die Ermittlungen nicht zu stören	X				X					X																								
Verpflichtung, bestimmte Verhaltensweisen zu unterlassen						X		X		X	X								X	X				X						X				
Elektronische Überwachung (Fußfessel)	X			X					X			X							X	X	X					X								X
Aufenthaltsverpflichtung	X			X		X	X	X	X	X	X			X	X			X	X			X	X	X	X			X	X		X			X
Aufenthaltsverbot	X			X		X		X		X	X	X		X	X			X	X			X	X	X	X			X	X		X			X
Kontaktverbote	X			X		X	X	X		X		X		X	X			X	X				X	X			X	X		X			X
Passabgabe	X			X		X	X	X		X				X			X									X				X
Sicherheitsleistung (Kaution)	X	X	X	X	X	X	X	X	X	X	X	X	X	?	X	-	X	?	X	X	X	-	X	X	X	?	X	X	X		-			X
Verbot des Alkohol- oder Drogenkonsums	X			X			X																											
Verpflichtung zu einer Drogentherapie	X			X			X				X	X										X												
Aufsicht durch die Bewährungshilfe	X			X			X															X												
Auflagen (allg.)		X					X										X	X																

	A	B	BG	CH	CY	CZ	D	DK	E	EST	F	FIN	GR	HR	HU	I	IRE	KO	LT	LV	NI	NL	P	PL	RO	RUS	SCO	SK	SLO	SRB	SWE	TR	UA	E/W
Hausarrest	X	X	X											X	X		X	X			X	X								X				
Verpflichtung, sich regelmäßig bei der Polizei zu melden				X		X	X	X			X		X			X			X	X							X	X		X				X
Gerichtliche Aufsicht									X		X																							
Waffenverbot																								X				X						
Fahrverbot	X							X	X															X				X						X
Verpflichtung, das Land nicht zu verlassen																X																		
Berufsausübungsverbot																X												X						
Kontaktverbot zum Opfer								X						X								X												
Bürgschaft einer (vertrauenswürdigen) Person																								X										
Bürgschaft einer sozialen Einrichtung																								X										
Vorübergehendes Verbot bestimmte Aktivitäten auszuüben																								X					X	X				

Quelle: *van Kalmthout u. a. 2009, S. 93 f.*

A = Österreich; B = Belgien; BG = Bulgarien; CH = Schweiz; CY = Zypern; CZ = Tschechische Republik; D = Deutschland; DK = Dänemark; EST = Estland; E = Spanien; E/W = England/Wales; FIN = Finnland; F = Frankreich; GR= Griechenland; HR = Kroatien; HU = Ungarn; I = Italien; IRE = Irland; KO = Kosovo; LT = Litauen; LV = Lettland; NI= Nordirland; NL = Niederlande; PL= Polen; P = Portugal; RO = Rumänien; RUS = Russland; SCO = Schottland; SK = Slowakei; SLO = Slowenien; SRB = Serbien; SWE = Schweden; TR = Türkei; UA = Ukraine

Tabelle 7: **Spezielle Untersuchungshaftalternativen bei Jugendlichen**

Land	Spezielle Alternativen zur U-Haft bei Jugendlichen
A	Vorläufige Anordnung über die Erziehung (auch Heimunterbringung)
B	Kommunale Einrichtungen (offene oder geschlossene Einrichtungen) „Federal Centre" (geschlossene Einrichtung; gleicht einem Gefängnis)
BG	Weisungen nach dem JDA (Art. 13); Aufsicht durch die Eltern oder den Erziehungsberechtigte; behördliche Aufsicht; Vorläufige Anordnung der Unterbringung in einem Heim (organisiert vom Dienst der Jugendwohlfahrt; ergeht ohne richterliche Beteiligung durch die StA)
CH	Schutzmaßnahmen (Aufsicht, persönliche Betreuung, ambulante Behandlung); Vorläufige Erziehungsanordnungen (offene oder geschlossene Einrichtungen)
CY	k. A.
CZ	Spezielle Maßnahmen im Jugendstrafverfahren: Vorläufige Erziehungsanordnungen, Unterbringung bei einer „vertrauenswürdigen" Person
D	Spezielle Maßnahmen im Jugendstrafverfahren: Vorläufige Anordnung über die Erziehung (§ 71 (2) JGG), Vorläufige Erziehungsmaßnahmen
DK	Unterbringung in einer sozialen Einrichtung
E	Kontaktverbote (z.B. in Bezug auf das Opfer), Bewährung, Aufsicht (Gewahrsam) durch die Familie oder eine pädagogische Einrichtung
EST	---
E/W	Kaution (mit oder ohne Auflagen): Es besteht grundsätzlich die Möglichkeit der Kautionsgewährung. Dabei gilt der Grundsatz, dass ein Verdächtiger auf Kaution freigelassen werden soll, es sei denn, dass es gewichtige Gründe gibt, die dagegensprechen. (Dies ist bei Erwachsenen über 17 Jahren z.B. bei schweren Straftaten wie Mord, Totschlag oder Vergewaltigung der Fall). In diesen Fällen muss das Gericht sogar positiv begründen warum eine Kaution trotzdem zu gewähren ist. Eine Kautionsgewährung ist auch zu versagen, wenn der Verdacht besteht, der Delinquente werde in dieser Zeit Zeugen beeinflussen; Vorläufige Erziehungsanordnung (Unterbringung im betreuten Wohnen oder in einer kommunalen Einrichtung); auch eine sichere Unterbringung* ist möglich; Aufsicht durch die zuständige Behörde.

Land	Spezielle Alternativen zur U-Haft bei Jugendlichen
F	Drei Erziehungsmaßnahmen: • (Schutz-)Aufsicht (*la liberté surveillée*). • Bewährung • Wiedergutmachung
FIN	----
GR	Vorläufige Anordnung über die Erziehung (Unterbringung in einem Erziehungsheim)
HR	Aufsicht durch die Sozialbehörde, Unterbringung in einer sozialen Einrichtung.
HU	Unterbringung in der sog. Besserungsanstalt.
I	• Gerichtliche Auflagen und Weisungen (z.B. berufsfördernde Auflagen) • Hausarrest • Unterbringung in einer öffentlichen (kommunalen) Einrichtung für Jugendliche
IRE	*Früher: St. Patrick Institution* (geschlossene Einrichtung) für Jugendliche ab 16; jetzt verschiedene Einrichtungen vorwiegend der Jugendhilfe.
KO	k. A.
LT	Übergabe an die Eltern oder eine andere geeignete Person
LV	keine Erziehungsmaßnamen, aber erfolgreiches Pilotprojekt durch die Aufsicht im Ermittlungsverfahren durch die Bewährungshilfe.
NI	k. A.
NL	Früher: Elektronischer Hausarrest. Heute: „Nacht-Haft" ; darüber hinaus können i. R. d. Haftverschonung verschiedene Auflagen angeordnet werden. In der Praxis sind dies häufig: • Aufenthaltsbeschränkungen • Freiwillige Aufnahme zur Behandlung Darüber hinaus besteht die Möglichkeit die Untersuchungshaft alternativ in Form eines Bildungs- und Ausbildungsprogramms zu vollziehen.
P	Vorläufige erzieherische Maßnahmen, Vorläufige Heimunterbringung, Unterbringung des Minderjährigen mit bestimmten Auflagen (bei den Eltern, einer anderen vertrauensvollen Person), Unterbringung in einer teilweise offenen Einrichtung (Erziehungseinrichtung)
PL	• Aufsicht durch die Bewährungshilfe • Aufsicht durch eine „vertrauenswürdige Person" • Jugendbildungs- oder sozial-therapeutische Einrichtung

Land	Spezielle Alternativen zur U-Haft bei Jugendlichen
RO	---
RUS	Vorläufige Erziehungsmaßnahmen (Aufsicht und Unterbringung in einer speziellen Einrichtung für den „zeitweiligen Aufenthalt")
SCO	Kaution und Kautionsaufsicht durch die Bewährungshilfe
SK	• Vorläufige Erziehungsanordnung • Bürgschaft (z.b. durch die Eltern)
SLO	Als speziell im Jugendstrafverfahren vorgesehene Alternativen kommen in Betracht: • „diagnostic-centre" • Aufsicht durch eine Sozialbehörde • Aufsicht durch Familie Ansonsten kommen auch folgende Maßnahmen des allg. Strafverfahrensrechts in Betracht: • Hausarrest • Aufenthaltsbestimmungen, • Meldeauflagen, • Kontaktverbote
SRB	Aufsicht durch die Eltern, Bewährungshilfe; Unterbringung in einer Pflegefamilie, in einer sozialen Einrichtung; Heimunterbringung (Herausnahme des Jugendlichen aus seiner Umgebung)
SWE	Als Alternative kommt in Frage, dass der Jugendliche von den Sozialbehörden überwacht oder vorläufig in einem Heim untergebracht wird
TR	Richterliche Kontrolle: (hierbei handelt es sich um allgemein gültige Haftalternativen) Ist eine neue Einrichtung der türkischen Strafprozessordnung um die negativen Auswirkungen einer Inhaftierung zu beseitigen (Art. 109 türkStPO). Die richterliche Aufsicht geht mit einer oder mehreren Auflagen einher: • Aufenthaltsbestimmungen • Ausreiseverbote • Bildungsangebote wahrzunehmen • Berufsbildungsangebote wahrzunehmen • Fahrverbot • Alkoholverbot • Drogenkontrollmaßnahmen

Land	Spezielle Alternativen zur U-Haft bei Jugendlichen
	Bei Jugendlichen kommt gem. Art. 20 Jugendschutzgesetz hinzu: • Ausgehverbot (dies meint das Verbot bestimmte Straßen, Bezirke zu betreten) • Kontaktverbot zu bestimmten Personen oder Organisationen
UA	k. A.

Quelle: *Dünkel/Dorenburg/Grzywa* 2011, S. 1774-1781; zzgl. eigener Ergänzungen.

*   nur in Ausnahmefällen, z. B. bei Sexualdelikten und nicht ausreichender Unterbringung in offenen Einrichtungen; *Dignan* 2011, S. 385

A = Österreich; B = Belgien; BG = Bulgarien; CH = Schweiz; CY = Zypern; CZ = Tschechische Republik; D = Deutschland; DK = Dänemark; EST = Estland; E = Spanien; E/W = England/Wales; FIN = Finnland; F = Frankreich; GR= Griechenland; HR = Kroatien; HU = Ungarn, IRE = Irland; I = Italien; KO = Kosovo; LT = Litauen; LV = Lettland; NI= Nordirland; NL = Niederlande; PL= Polen; P = Portugal; RO = Rumänien; RUS = Russland; SCO = Schottland; SK = Slowakei; SLO = Slowenien; SRB = Serbien; SWE = Schweden; TR = Türkei; UA = Ukraine.

8. Unterbringung und Untersuchungshaftvollzug bei Jugendlichen und Heranwachsenden in Deutschland

8.1 Untersuchungshaftvollzug in Deutschland

Der Untersuchungshaftvollzug wird allgemein als „Stiefkind der Strafrechtspflege" angesehen.[803] Umso erstaunlicher ist, dass der Vollzug der Untersuchungshaft zwischen 1897 und 2009 keine gesetzliche Änderung erfahren hat. Gesetzliche Grundlage war seinerzeit der § 119 StPO und zusätzlich § 93 JGG bei Jugendlichen und Heranwachsenden.[804] Mit der Entstehung des Strafvollzugsgesetzes 1976 wurden zusätzlich vereinzelte Bereiche, wie das Arbeitsentgelt während der Untersuchungshaft (§ 177 StVollzG), sowie der unmittelbare Zwang in der Untersuchungshaft geregelt (§ 178 i. V. m. §§ 94-101 StVollzG). Weitere Konkretisierungen zu § 119 StPO fanden sich lediglich in der Untersuchungshaftvollzugsordnung (UVollzO) von 1953 in der Fassung vom 15.12.1976, einer gemeinsamen Verwaltungsanordnung der Länder. Die mangelnde gesetzliche Konkretisierung führte dazu, dass Untersuchungshaftgefangene in Bezug auf Unterbringung und Betreuungsqualität gegenüber Strafgefangenen eher schlechter gestellt waren.[805] Dieser Zustand kann und konnte als rechtstaatlich bedenklich angesehen werden. Trotz zahlreicher „Anlaufversuche" und Forderungen den Untersuchungshaftvollzug gesetzlich zu regeln, beispielsweise durch den Strafrechtsprofessor *Jürgen Baumann* 1981,[806] durch den Entwurf der Anstaltsleiter 1982 oder durch den Entwurf der Arbeitsgemeinschaft sozialdemokratischer Juristen (ASJ) 1985, kam es erst 1999 und 2004 zu Referentenentwürfen.[807] Zur Umsetzung ist es aber aufgrund mangelnder Verständigung in den Ländern nicht gekommen. Jedoch hat das Bundesverfassungsgericht bereits in einer fragwürdigen Entscheidung von 1981 in dem § 119 Abs. 3 StPO „eine verfassungsrechtlich zureichende Grundlage für Einschränkungen grundrechtlicher Freiheiten des Untersuchungsgefangenen" gesehen.[808]

Erst die Föderalismusreform von 2006 hat wieder Bewegung in das Thema Untersuchungshaftvollzug gebracht. Infolge der Föderalismusreform hat nun der

---

803 Geprägt hat diese Wertung *Müller-Dietz* 1984, S. 87; nach *Dünkel* 1994, S. 69, entspricht dies einem einhelligen Konsens in der Strafrechtswissenschaft.

804 Durch das UHaftRÄndG wurde § 93 JGG durch den Bundesgesetzgeber aufgehoben; BGBl I S. 2274.

805 *Rotthaus* 1994, S. 606.

806 Siehe *Baumann* 1981.

807 BT-*Drucks.* 249/99.

808 BVerfGE 57, S. 170 ff. (177).

Bund die Gesetzgebungskompetenz für den Untersuchungshaftvollzug verloren.[809] In Artikel 74 Abs. 1 Nr. 1 des Grundgesetzes (GG) heißt es nunmehr, dass sich die konkurrierende Gesetzgebungskompetenz des Bundes auf „das gerichtliche Verfahren (ohne das Recht des Untersuchungshaftvollzuges)" erstrecke. Der Bund hat künftig noch jene Kompetenz, die in der alten Generalklausel des § 119 Abs. 3 StPO a. F erfasst war (Beschränkungen, die den „Zweck der Untersuchungshaft" erfordern). Dieser Bereich unterfällt der Kompetenz für die Regelung des gerichtlichen Verfahrens in Artikel 74 Abs. 1 Nr. 1 GG. Es muss somit zwischen dem Untersuchungshaftvollzugsrecht, das von den Bundesländern zu regeln ist und dem Untersuchungshaftrecht, für das der Bund zuständig ist, unterschieden werden.[810] Der Bund bleibt somit für die Regelung der Untersuchungshaft selbst bzw. für die Voraussetzungen, unter denen sie verhängt werden kann und die Regelung ihrer Dauer zuständig. Zu beachten ist aber auch, dass der Bund ebenfalls die Regelungskompetenz über Bestimmungen hat, die ein ordnungsgemäßes Strafverfahren sichern sollen.[811] Folglich kann der Bund in Zukunft auch Maßnahmen regeln, die der Zweck der Untersuchungshaft erfordert (§ 119 StPO n. F). Lediglich die Frage, wie die Untersuchungshaft durchzuführen ist, ist nunmehr Bundesländersache. Dabei soll sich die Regelungsbefugnis der Landesgesetzgeber in erster Linie auf den Bereich der Aufrechterhaltung der Sicherheit und Ordnung bzw. Sicherheit in der Anstalt beschränken.[812] Spätestens hier sind Abgrenzungsschwierigkeiten im Hinblick auf die Kompetenzen vorprogrammiert. So ist es nicht immer einfach, eine Grenze zwischen den Befugnissen des Haftrichters und denjenigen der Anstalt zu ziehen.[813] Nach überwiegender Ansicht

---

809 Gesetz zur Änderung des Grundgesetzes v. 28.8.2006, BGBl. I S. 2034.

810 Eine solche Trennung ist nicht immer eindeutig möglich. Dennoch findet sich in der amtlichen Begründung des Gesetzes über den Vollzug der Untersuchungshaft in Mecklenburg-Vorpommern eine mögliche Definition: „Das Untersuchungshaftvollzugsrecht regelt Rechtseingriffe, die einen Tatverdächtigen nur während seiner strafprozessualen Freiheitsentziehung treffen oder treffen können. Des Weiteren regelt es die nur während und wegen des Eingesperrtseins in einer Anstalt gewährten Leistungen. Sowohl die repressiven als auch die gewährenden Maßnahmen der Landesjustizverwaltungen sind somit haftbezogen, also an die reale Haftverwirklichung gebunden und auf sie bezogen. Das Vollzugsrecht findet folglich weder vor einer Inhaftierung noch nach der Entlassung (...) Anwendung." Siehe das Gesetz über den Vollzug der Untersuchungshaft in Mecklenburg-Vorpommern mit amtlicher Begründung und weiteren erläuternden Anmerkungen und Hinweisen, S. 9.

811 *Meyer-Goßner* 2016, § 119, Rn. 2.

812 BT-Drs 16/11644 S. 12.

813 Ein weitverbreitetes Beispiel ist die Fesselung eines Inhaftierten, die sowohl einer Fluchtgefahr entgegentreten soll als auch mit Blick auf die Sicherheit in der Anstalt erforderlich sein kann, *Meyer-Goßner* 2016, § 119, Rn. 2; ausführlich zu dieser Problematik siehe *König* 2010, S. 185 und *Seebode* 2008, S. 236 ff.

hat der Haftrichter neben den unstreitigen Kompetenzen der Anordnung, Fortdauer und Aufhebung noch die Kompetenz in Sachen der „verfahrenssichernden Anordnungen". Dabei geht es um die Abwehr von verfahrensrelevanten Gefahren, die sich ausschließlich außerhalb der Haftanstalt realisieren können oder ohne jeglichen Einfluss auf die anstaltsinterne Sicherheit und Ordnung sind.[814] Die Anstaltsleitung ist dagegen nach der jeweiligen landesgesetzlichen Regelung nur für solche Maßnahmen zuständig, soweit die Eingriffe aus rein vollzugstechnischen Gründen angeordnet und aufgrund der Stellung des Beschuldigten als Inhaftierten veranlasst werden.

Bei der Ausgestaltung des Gesetzes über den Vollzug der Untersuchungshaft haben sich zwölf Bundesländer (Berlin, Brandenburg, Bremen, Hamburg, Hessen, Mecklenburg-Vorpommern, Rheinland-Pfalz, Saarland, Sachsen, Sachsen-Anhalt, Schleswig-Holstein und Thüringen) auf einen gemeinsamen Entwurf mit nur marginalen Abweichungen geeinigt (E 12). Dies ist zu begrüßen, da so versucht wird, möglichst einheitliche Regelungen zu schaffen und so einer Rechtszersplitterung entgegenzuwirken, die durch die Kompetenzverschiebung entstanden ist. Jedoch werden trotzdem mehrere Gesetze zu einer unterschiedlichen Praxis führen. Nordrhein-Westfalen gehört nicht dieser Gruppe an, hat jedoch auch ein eigenständiges Untersuchungshaftvollzugsgesetz verabschiedet. Die Länder Niedersachsen und Baden-Württemberg haben ihre Untersuchungshaftvollzugsgesetze von Beginn an in ihre Justizvollzugsgesetze integriert, die Regelungen über den Vollzug von Freiheitsstrafen, Jugendstrafen, der Sicherungsverwahrung und auch den Vollzug der Untersuchungshaft enthalten.

Seit dem 01.01.2012 sind in allen Bundesländern Landesgesetze für den Vollzug der Untersuchungshaft in Kraft getreten: in Berlin, Brandenburg, Bremen, Hamburg, Hessen, Mecklenburg-Vorpommern, Nordrhein-Westfalen, Rheinland-Pfalz, Saarland, Sachsen, Sachsen-Anhalt und Thüringen. Niedersachsen hat in seinem Justizvollzugsgesetz vom 01.01.2008 auch den Vollzug der Untersuchungshaft geregelt. So auch Baden-Württemberg in seinem Gesetz über den Justizvollzug vom 01.01.2010. Ebenso ist seit 2013 die Situation auch in Rheinland-Pfalz und Brandenburg. Dort galt bis dato ein eigenständiges Untersuchungshaftvollzugsgesetz, welches durch ein umfassendes Justizvollzugsgesetz ersetzt wurde. Dieses umfasst nun auch den Untersuchungshaftvollzug.[815]Dabei berücksichtigen alle Länder die maßgebliche Bundesverfassungsgerichtsentscheidung von 2006[816] über den Jugendstrafvollzug und haben auch in ihren Untersuchungshaftvollzugsgesetzen gesonderte Abschnitte für junge Gefangene integriert. Auch in

---

814 *König* 2010, S. 186.

815 Der Landtag von Rheinland-Pfalz beschloss am 24.04.2013 mit rot-grüner Mehrheit ein Gesetz, um den Justizvollzug neu zu regeln. In Brandenburg hat der Landtag am 23.4.2013 ein neues Justizvollzugsgesetz verabschiedet.

816 BVerfG NJW 2006, S. 2093 ff.

Bayern und Schleswig-Holstein ist nun seit dem 01.01.2012 ein eigenständiges Untersuchungshaftvollzugsgesetz in Kraft getreten.[817]

8.2 Untersuchungshaftvollzug in den einzelnen Bundesländern

Die Untersuchungshaft ist ein Freiheitsentzug an einem noch als unschuldig zu geltenden Beschuldigten. Somit muss die Unschuldsvermutung als oberster Grundsatz beim Vollzug der Untersuchungshaft beachtet werden. In allen Landesgesetzen ist dies auch explizit geregelt. Einige Landesgesetze enthalten den Zusatz, dass der Anschein vermieden werden soll, die Untersuchungshaftgefangenen würden zur Verbüßung einer Strafe festgehalten (z. B. § 4 UVollzG Bln, LSA, § 5 BrbJVollzG § 1 GVUVS NRW).[818] Zudem ist geregelt, dass soweit das Gesetz eine besondere Regelung nicht enthält, den Untersuchungsgefangenen nur Beschränkungen auferlegt werden dürfen, die zur Aufrechterhaltung der Sicherheit, zur Abwehr einer schwerwiegenden Störung der Ordnung der Anstalt oder zur Umsetzung einer verfahrenssichernden Anordnung unerlässlich sind.[819] Sie müssen in einem angemessenen Verhältnis zum Zweck der Anordnung stehen und dürfen die Untersuchungsgefangenen nicht mehr und nicht länger als notwendig beeinträchtigen (z. B. § 4 Abs. 2 UVollzG Bln, LSA, § 4 Abs. 3 S. 2 BrbJVollzG, § 2 Abs. 2 Buch 2 JVollzGB B-W). Etwas kürzer formuliert es beispielsweise das niedersächsische Justizvollzugsgesetz. Danach dürfen dem Untersuchungshaftgefangenen nur solche Beschränkungen auferlegt werden, die der Zweck der Untersuchungshaft erfordert (§ 135 Abs. 2 NJVollzG). Die Landesgesetze werden daran zu messen sein, wie sie diese eindeutigen Formulierungen in der Praxis umsetzen.

---

817 In Schleswig-Holstein galt über ein Jahr lang ein Regierungsentwurf (Drs. 17/1255); Bayern hatte als vorletztes Bundesland am 09.07.2011 den Entwurf eines Untersuchungshaftvollzugsgesetzes vorgelegt.

818 Gesetz zur Regelung des Vollzuges der Untersuchungshaft und zur Verbesserung der Sicherheit in Justizvollzugsanstalten in Nordrhein-Westfalen; im Weiteren UVollzG NRW.

819 Die Anstalt hat somit zu gewährleisten, dass die sog. „verfahrenssichernden Anordnungen" des Gerichts nach § 119 Abs. 1 Nr. 1-5 StPO beachtet und umgesetzt werden. Bei den „verfahrenssichernden Anordnungen" handelt es sich um solche Anordnungen, die das Gericht trifft, um einer Flucht-, Verdunkelungs- oder Wiederholungsgefahr zu begegnen. Siehe z. B. konkret § 3 Abs. 2 UVollzG M-V, Bln. Weniger konkret § 2 i. V. m. § 3 Buch 2 JVollzGB B-W, § 134 Abs. 2, 3 NJVollzG.

8.2.1 Anwendungsbereich

Alle Bundesländer haben in ihren Untersuchungshaftvollzugsgesetzen beziehungsweise in ihren Justizgesetzen[820] gesonderte Abschnitte für junge Untersuchungshaftgefangene integriert. Fast ausnahmslos werden in den Landesgesetzen junge Untersuchungshaftgefangene als zur Tatzeit Jugendliche und Heranwachsende (bei Anwendung des materiellen Jugendstrafrechts nach § 105 Abs. 1 JGG) definiert. Ferner sind auch Untersuchungshaftgefangene bis zur Vollendung des 24. Lebensjahres erfasst. Folglich sind junge Untersuchungshaftgefangene Personen im Alter zwischen 14 und 21 bzw. 24 Jahren (z. B. § 66 Abs. 1 UVollzG Bln, § 1 Abs. 4 BrbJVollzG, § 72 Abs. 1 UVollzG Hmb, § 48 Abs. 2 UVollzG NRW, Art 29 BayUVollzG). Damit werden diese Länder der Forderung des § 89c JGG gerecht. Dieser schreibt vor, dass solange zur Tatzeit Jugendliche das 21. Lebensjahr noch nicht vollendet haben, die Untersuchungshaft nach den Vorschriften für den Vollzug der Untersuchungshaft an jungen Gefangenen vollzogen werden muss. Auch das Land Baden-Württemberg definiert seit kurzem die Gruppe der Heranwachsenden als „junge Untersuchungshaftgefangene". Bis zum 31.05.2013 hatte Baden-Württemberg die Heranwachsenden ausdrücklich aus dem Anwendungsbereich für junge Gefangene herausgenommen. Untersuchungshäftlinge, die zur Zeit der Tat, die zur Untersuchungshaft führt, über 18 Jahre alt waren, konnten nach § 69 Buch 2 JVollzGB B-W a. F. keine der Regelungen für junge Untersuchungsgefangene in Anspruch nehmen. Bei ihnen wurde die Untersuchungshaft nach für alle Erwachsenen geltenden Bestimmungen vollzogen. In der Gesetzesbegründung hieß es dazu: „*Erfasst sind somit diejenigen Untersuchungsgefangenen, bei denen im Fall einer Verurteilung mit Sicherheit Jugendstrafrecht zur Anwendung kommt*".[821] Diese einzigartige Regelung war in zweierlei Hinsicht problematisch. Zum einen stellte sich die Frage nach der Gesetzeskompetenz in Anbetracht der §§ 89c i. V. m. 110 Abs. 2 JGG. Zum anderen blieb die Frage nach dem kriminologischen Sinn dieser Vorschrift offen. Fakt ist, dass die Regelung in § 69 Buch 2 JVollzGB B-W derjenigen in § 89c i. V. m. § 110 Abs. 2 JGG widersprach. Problematisch und äußerst fraglich war nämlich in diesem Fall, ob der Bundesgesetzgeber mit § 89c i. V. m. § 110 Abs. 2 JGG eine Regelung geschaffen hat, die § 69 Buch 2 JVollzGB B-W a. F. außer Kraft treten ließ. Die Entscheidung, Heranwachsende generell in das Jugendstrafverfahren mit einzubeziehen, betrifft den Anwendungsbereich des Gesetzes (siehe § 2 Abs. 1 JGG) und damit einen Kernbereich, zu dem unbestritten der Bundesgesetzgeber die Kompetenz hat.
     Die Vorschrift des §89c JGG betrifft Grundvoraussetzungen des Untersuchungshaftvollzuges. Sie soll sicherstellen, dass auch bei den Heranwachsenden

---

820 Siehe *Kap. 8.1*.

821 Landtag *Drucks.* 14/5012, S. 211.

das Jugendstrafverfahren im Rahmen der Untersuchungshaft jugendgemäß auszugestalten ist. Es geht also um die Frage, ob für diese Altersgruppe eine jugend-
gemäße Ausgestaltung des Vollzuges stattfinden soll oder nicht. Somit ist sie auch
als Teil des Untersuchungshaftrechts anzusehen, das in die Kompetenz des Bun-
desgesetzgebers fällt.[822] Nach deutlicher Kritik in der Literatur[823] hat der Landesgesetzgeber nun auch die Heranwachsenden in den Anwendungsbereich des
Untersuchungshaftvollzuges für junge Gefangene einbezogen.

Zwar gehört Baden-Württemberg zu den Ländern, die eine eher restriktive
Handhabe des § 105 JGG verfolgen. Jedoch werden auch in Baden-Württemberg
nahezu 56% der Heranwachsenden, die in Untersuchungshaft saßen, nach Jugendstrafrecht verurteilt.[824] Zudem ist festzuhalten, dass in der Untersuchungshaft
diejenigen Verdächtigen sitzen, die einer schweren Straftat verdächtigt werden.
Und diese schweren Straftaten von Heranwachsenden werden umso häufiger nach
Jugendstrafrecht bestraft.[825] Dies bedeutet, dass die Mehrheit der Heranwachsenden, die in Untersuchungshaft sitzen, später in einer Jugendstrafanstalt einsitzen.
Somit drängte sich die Frage auf, welchen Sinn eine Unterbringung der Heranwachsenden in einer Untersuchungshaftanstalt für Erwachsene haben sollte. Die
Herausnahme der Heranwachsenden aus dem Anwendungsbereich hatte zur Kon-
sequenz, dass eine altersgerechte Vollzugsgestaltung ausgeschlossen war. Die
Trennungsgrundsätze des § 70 Buch 2 JVollzGB B-W spielten somit keine Rolle.

Mit dieser Sonderstellung Baden-Württembergs hatte das Bundesland gegen internationale Empfehlungen verstoßen. So sieht die aktuellste Empfehlung von 2008
(ERJOSSM, Rec (2008) 11) ausdrücklich vor, dass junge Menschen nicht in Einrichtungen für Erwachsene untergebracht werden sollen (Rule 59. 1 i. V. m. 21.5).
Für junge Erwachsene sieht Rule 59. 3 i. V. m. 21. 5 explizit vor, dass diese grundsätzlich in Einrichtungen für Jugendliche oder in spezialisierten Einrichtungen für
junge Erwachsene unterzubringen sind. Dies verwunderte umso mehr, wenn man §
6 Buch 1 JVollzGB betrachtet. Dort heißt es: *„Völkerrechtlichen Vorgaben und den
internationalen Standards mit Menschenrechtsbezug, wie sie in den von den Vereinten Nationen oder Organen des Europarts beschlossenen einschlägigen Richtlinien
und Empfehlungen enthalten sind, ist Rechnung zu tragen."*

---

822 Siehe hierzu auch *Jung-Pätzold/Pruin/Jetter-Schröder* 2010a, S. 304; *Eisenberg* 2015,
§ 89c, Rn. 2 ff.

823 *Jung-Pätzold/Pruin/Jetter-Schröder* 2010a.

824 Bei dieser Zahl sind die Straßenverkehrsdelikte nicht enthalten, da die strafrechtliche Behandlung Heranwachsender bei diesen Delikten zum größten Teil über das Strafbefehls-
verfahren erledigt wird; siehe hierzu *Pruin* 2007, S. 91 ff. m. w. N.

825 *Pruin* 2007, S. 66 ff.

So stellte sich die Frage nach der Intention des Landes Baden-Württembergs. Angesichts der Tatsache, dass das Land Baden-Württemberg in der Vergangenheit einer der Initiatoren[826] war, die sich für eine Abschaffung des § 105 JGG eingesetzt haben, liegt die Vermutung nahe, dass auf diesem Wege eine Umgehung des § 105 JGG erfolgen sollte.

8.2.2 Trennungsgrundsatz

§ 119 Abs. 1 StPO a. F. und die Europäischen Strafvollzugsgrundsätze[827] betonen die Trennung von Untersuchungshaftgefangenen und Gefangenen anderer Haftarten. Dies erfordert schon die für Untersuchungshaftgefangene geltende Unschuldsvermutung.[828] In Deutschland gilt der Trennungsgrundsatz, der besagt, dass Untersuchungshaftgefangene von anderen, insbesondere Strafgefangenen, getrennt unterzubringen sind (vgl. *Tab. 8*).

Tabelle 8: **Art der U-Haftvollzugseinrichtungen in den einzelnen Bundesländern**

Bundesland	Eigenständige Anstalten	Teilanstalten/ Abteilungen	Teilanstalt/ Abteilung in einem Haus mit Strafgefangenen
Baden-Wü.	X	X	X
Bayern	-	X	X
Berlin	-	X	X
Brandenburg	-	X	X
Bremen	-	X	X
Hamburg	X	X	X
Hessen	-	X	X
Meck-Vorpom.	-	X	X
Niedersachsen	X	X	-
Nordrhein-W.	-	X	X

826 siehe die Gesetzesinitiative einzelner Bundesländer zur Verschärfung des Jugendstrafrechts; BR-*Drucks.* 44/06; Der Bundesrat hat zuletzt auf Initiative von Baden-Württemberg am 23. 6. 2006 einen Gesetzesentwurf in den Bundestag eingebracht („Gesetz zur Verbesserung der Bekämpfung der Jugenddelinquenz"), BT- *Drucks.* 16/1027 S. 5.

827 Regel 18. 8 der Europäischen Strafvollzugsgrundsätze Rec (2006) 2.

828 KK-*Schultheiss* 2008, § 119 Rn. 5.

Bundesland	Eigenständige Anstalten	Teilanstalten/ Abteilungen	Teilanstalt/ Abteilung in einem Haus mit Strafgefangenen
Rheinland-Pfalz	-	X	X
Saarland	-	X	X
Sachsen	-	X	X
Sachsen-Anhalt	-	X	-
Schleswig-Hol.	X	X	X
Thüringen	-	X	X

Quelle: *Ostendorf* 2009, S. 131.

Zudem müssen junge Gefangene von den übrigen Gefangenen getrennt werden. Dies fordern auch die ERJOSSM in ihrer Regeln Nr. 59. 1.[829] In allen neuen Untersuchungshaftvollzugsgesetzen ist dieser Trennungsgrundsatz zwar geregelt (siehe z. B. § 11 Abs. 2 UVollzG Bln, § 17 BbgJVollzG, § 172 NJVollzG), jedoch sind diese teilweise nicht zureichend. So lässt beispielsweise § 11 Abs. 1 UVollzG Bln, § 17 Abs. 2 BbgJVollzG und Art. 5 BayVollzG weitreichende Ausnahmen zu, so kann vom Trennungsgrundsatz beispielsweise „aus Gründen der Sicherheit und Ordnung der Anstalt" abgewichen werden. Diese Formulierung kann jedoch als äußerst unbestimmt angesehen werden, da sie der Anstalt jede Form der Interpretation überlasst. Um dem Trennungsgrundsatz gerecht zu werden, wäre vielmehr ein abschließender Tatbestandskatalog nötig. Das nordrhein-westfälische Gesetz (UVollzG NRW) geht sogar noch weiter und lässt eine Ausnahme vom Trennungsgrundsatz zu, wenn dies aus Gründen der Vollzugsorganisation oder aus anderen wichtigen Gründen erforderlich ist (§ 3 Abs. 2 UVollzG NRW). In der Gesetzesbegründung heißt es, dass so auf die Anstaltsverhältnisse Rücksicht genommen wird, die eine Trennung nicht immer zuließen.[830] Es ist so, dass gerade in kleineren Bundesländern, die über eine geringe Zahl von Untersuchungshaftgefangenen verfügen, die Gefahr besteht, dass diese nicht heimatnah untergebracht werden können. Auch kann eine strikte Trennung in diesen Bundesländern dazu führen, dass die Untersuchungshaftgefangenen bei vollständiger Berücksichtigung ihrer Privilegierung faktisch schlechter gestellt werden, da ihnen wegen der Personalsituation etwaige Angebote (z. B. Schule, Arbeit etc.) nicht zur Verfügung gestellt werden können. Dies ist angesichts der Unschuldsvermutung

---

829   Siehe ausführlich dazu auch *Kap. 9.2.2.*

830   Begr. GVUVS NRW, S. 97.

völlig inakzeptabel. Es ist schließlich Sache des Staates die Untersuchungshaftanstalten so zu organisieren, dass Verkürzungen der Rechte von Untersuchungshaftgefangenen vermieden werden.

Junge Gefangene, die zur Tatzeit das 21. Lebensjahr noch nicht vollendet hatten und die das 24. Lebensjahr noch nicht vollendet haben (junge Untersuchungshaftgefangene)[831] werden von anderen Gefangen getrennt untergebracht. Jedoch
sehen die Gesetze auch von diesem Grundsatz Ausnahmen vor. So kann auch von
diesem Grundsatz aus den oben genannten Gründen abgewichen werden, soweit
die Vollzugsgestaltung für Jugendliche nicht beeinträchtigt wird (siehe § 11 Abs.
2 UVollzG Bln, § 50 UVollzG NRW) und schädliche Einflüsse auf die jungen
Untersuchungshaftgefangenen nicht zu befürchten sind (z. B. § 11 Abs. 2 UVollzG
MV). Hintergrund dieser Ausnahmeregelungen mag sein, dass eine strikte Trennung auch für junge Untersuchungshaftgefangene mit Nachteilen verbunden sein
kann. So wird davon ausgegangen, dass in den kleinen Untersuchungshaftabtei-
lungen für Jugendliche ein spezielles Angebot an entwicklungsfördernden Maßnahmen nicht gewährleistet werden kann.

Das UVollzG NRW sieht zudem eine Trennung von minderjährigen Jugendlichen und den übrigen Gefangenen vor. Dies erscheint sinnvoll, um einer uner-
wünschten Beeinflussung durch andere Gefangene zu begegnen.[832] Doch auch
hiervon kann aus „zwingenden Gründen" abgewichen werden (§ 50 Abs. 3
UVollzG NRW), was wiederum relativ unbestimmt ist.

Dies wird in der Praxis wohl dazu führen, dass der Trennungsgrundsatz enorm
aufgeweicht wird. Wie bereits festgestellt, muss es aber die Aufgabe des jeweiligen Landes sein gerade für Untersuchungshaftgefangene geeignete Maßnahmen
zur Verfügung zu stellen.

8.2.3 Unterbringung

Zudem sind Untersuchungsgefangene grundsätzlich einzeln unterzubringen. Eine
gemeinsame Unterbringung mit einem oder mehreren Gefangenen ist nur mit aus-
drücklicher Zustimmung der Betroffenen zulässig. Die gegen den Willen des Betroffenen erfolgte gemeinsame Unterbringung stellt nämlich einen schwerwiegenden Eingriff in die Grundrechte des Gefangenen dar, der nur von einem Richter
angeordnet oder doch wenigstens genehmigt werden sollte. Ist aus zwingenden
Gründen (z. B. Unbelegbarkeit von Zellen etwa infolge von Schäden) eine gemeinsame Unterbringung unumgänglich, so ist für diese Fälle eine Befristung vorzusehen. Nur die Befristung stellt sicher, dass alle erforderlichen Anstrengungen

---

831 So die Definition in allen UVollzG, seit dem 31.05.2013 auch in Baden-Württemberg,
     siehe auch *Kap. 8.2.1.*

832 Siehe auch *Eisenberg* 2009, § 93, Rn. 10.

unternommen werden, um den Anspruch auf Einzelunterbringung auch durchzusetzen. Es muss nämlich das Bestreben sein, nicht hinter die Regelungen des § 119
a. F. StPO zurückzufallen.

Die Untersuchungshaftvollzugsgesetze schreiben überwiegend eine Einzelunterbringung während der Ruhezeit vor (§ 13 Abs.1 UVollzG Bln, § 18 Abs. 1
BbgJVollzG, § 13 Abs. 1 UVollzG LSA, § 73 Abs. 5 Buch 2 JVollzGB B-W).
Dies ist auch zu begrüßen. Problematisch erscheint jedoch, dass darüber hinaus
nicht deutlich wird, dass der Untersuchungshaftgefangene auch einen Anspruch
auf Rückzug in seine Zelle hat, sofern er sich nicht in gemeinschaftlicher Arbeit,
Freizeitangeboten etc. befindet. Nicht akzeptabel sind auch die Ausnahmegründe
des § 13 Abs. 2 UVollzG Bln oder auch § 18 Abs. 3 BrbJVollzG. Eine gemeinschaftliche Unterbringung „vorübergehend und aus zwingenden Gründen" widerspricht in dieser äußerst allgemeinen Formulierung den vom Bundesverfassungsgericht gesetzten Standards. Auch Kapazitätsprobleme können eine gemeinschaftliche Unterbringung nicht rechtfertigen. Nach der ständigen Rechtsprechung des Bundesverfassungsgerichts ist es die Aufgabe des Staates, alle Maßnahmen zu treffen, die geeignet und nötig sind, um Verkürzungen der Rechte des
Untersuchungshaftgefangenen zu vermeiden. Der Staat hat somit die sachlichen
und personellen Mittel aufzubringen und einzusetzen.[833] Auch die Empfehlungen
des Europarats (ERJOSSM, Rec (2008) 11) machen deutlich, dass Mittelknappheit niemals eine Rechtfertigung für Grundrechtseingriffe gegenüber Jugendlichen sein darf.[834] Eine solche Regelung verstößt zudem gegen Art. 37 lit. h des
UN-Übereinkommens über die Rechte des Kindes.[835] Es muss deutlich sein, dass
eine gemeinsame Unterbringung die absolute Ausnahme sein muss. Eine „Tyran-
nei der Kameradschaft"[836] hat gerade der Untersuchungshaftgefangene nicht zu
dulden.

In nahezu allen Bundesländern ist die Möglichkeit des Wohngruppenvollzuges vorgesehen. Zu kritisieren ist, dass der Wohngruppenvollzug in allen Bundesländern nicht verbindlich genug geregelt ist. In Sachsen-Anhalt tritt die Regelung
des § 70 Abs. 1 UVollzG LSA zudem erst am 01.01.2015 in Kraft. Alle Untersuchungshaftvollzugsgesetze stellen die Unterbringung in der Wohngruppe in das
Ermessen der Anstalt. Eine verbindlichere Ausgestaltung in Form einer „Soll-
Vorschrift" wäre angebracht, um so in diesem Bereich eine weitgehende Gleich-
stellung zum Jugendstrafvollzug zu erreichen. Der Wohngruppenvollzug ist gerade bei jungen Gefangenen von großer Bedeutung. So heißt es auch in § 47 Abs.
3 des hessischen UVollzG (HUVollzG): *„In der Wohngruppe sollen insbesondere*

---

833 BVerfG, Beschl. v. 10.01.2009, 2 BvR 1229/07.

834 Regel Nr. 19 (Rec (2008) 11); siehe auch Nr. 4 der EPR.

835 In Deutschland seit dem 05.04.1992 in Kraft; BGBl II, S. 990.

836 *Radbruch* 1911, S. 350.

Werte, die ein sozialverträgliches Zusammenleben ermöglichen, gewaltfreie Konfliktlösungen, gegenseitige Toleranz und Verantwortung für den eigenen Lebensbereich vermittelt und eingeübt werden." Als einzige Bundesländer haben *Hamburg* und *Hessen* zudem eine Regelgrenze im Rahmen des Wohngruppenvollzuges festgeschrieben. So wird in § 76 Abs. 2 HmbUVollzG eine Regelgröße von 8 bis 12 Gefangenen und eine maximale Ausweitung auf 15 Gefangenen festgeschrieben. In Hessen ist sogar nur eine Regelgröße von 8 jungen Gefangenen vorgeschrieben, die aus erzieherischen Gründen auf maximal 10 Gefangene ausgeweitet werden darf (§ 47 Abs. 1 HUVollzG). Damit setzen diese Länder die Expertenmeinungen um, die bei 8-12 Gefangenen eine optimale Größenordnung annehmen.[837] Die Länder Nordrhein-Westfalen und Sachsen haben unverständlicherweise ganz auf die Möglichkeit des Wohngruppenvollzugs verzichtet.

8.2.4 Haftraumgröße

Die zahlreichen gerichtlichen Entscheidungen zur menschenunwürdigen Unterbringung von Gefangenen bei Mehrfachbelegung eines Haftraums[838] geben Anlass, insoweit eine gesetzliche Klarstellung vorzunehmen. Dies muss selbstverständlich auch für die Untersuchungshaftanstalten gelten. Es muss gesetzlich festgeschrieben werden, dass jedem Untersuchungsgefangenen, auch bei gemeinsamer Unterbringung, mindestens 7 m^2 Bodenfläche und 16 m^3 Raumfläche zur Verfügung stehen.[839] Die Achtung der Menschenwürde des als unschuldig geltenden Untersuchungsgefangenen gebietet es, diese Mindestanforderungen gesetzlich festzulegen. Bei gemeinsamer Unterbringung muss aus den gleichen Gründen klargestellt werden, dass die Toilette abgetrennt und gesondert entlüftet ist. Dies ist jedoch in den bereits erlassenen Gesetzen überwiegend nicht geschehen. Die Länder Niedersachsen (§ 174 Abs. 2 NJVollzG) und Hessen (§ 63 Abs. 3 HUVollzG) bestimmen, dass die Hafträume ausreichend mit Heizung, Lüftung, Boden- und Fensterflächen ausgestattet sind.[840] Eine konkrete Mindestfläche wird jedoch nicht geregelt. Insoweit muss die vergangene Rechtsprechung berücksichtigt werden. Eine Klarstellung im Gesetz hätte aber erheblich besser zur Rechtssicherheit beigetragen.

---

837 Siehe *Walter* 2010, S. 97.

838 Vgl. zuletzt siehe OLG Hamm StV 2009, S. 262 (Diese Entscheidung bezog sich auf den Strafvollzug).

839 Auf diese Größe greift das BVerfG in einem konkreten U-Haft-Fall zurück, BVerfG ZfStrVo 1994, S. 377 ff.; siehe auch BVerfG NJW 2002, S. 2699 f.

840 Baden-Württemberg erfüllt die internationalen Vorgaben im Hinblick auf den Jugendstrafvollzug, indem für neu zu bauende Anstalten mindesten 9 m^2 Grundfläche pro Haftraum gefordert werden. Diese Regelung befindet sich im Jugendstrafvollzugsgesetzbuch (§ 7 Abs. 2, 3 JStVollzG-BW); siehe auch AnwK U-Haft-*Linkhorst* § 76, Rn. 10.

8.2.5 Erzieherische Ausgestaltung des Untersuchungshaftvollzugs (insbes. Problematik im Hinblick auf die Unschuldsvermutung)

Die Untersuchungshaft wird dann für zulässig gehalten, wenn das Strafverfolgungsinteresse des Staates gegenüber den Freiheitsrechten des Beschuldigten überwiegt.[841] Dies ist der Fall, wenn die Durchführung des Strafverfahrens nicht anders gesichert werden kann. Folglich darf sie auch nur zu diesem Haftzweck angeordnet und vollzogen werden.[842] Weitere Beschränkungen können sich darüber hinaus aber auch aus Gründen der Anstaltsordnung ergeben. Bezüglich des Untersuchungshaftvollzuges bei Jugendlichen stellt sich des Weiteren die Frage, ob weitere Einschränkungen in verfassungsrechtlich sensiblen Bereichen möglich sind.

Bereits der § 93 a. F.[843] JGG sah nämlich vor, dass der Vollzug der Untersuchungshaft erzieherisch gestaltet werden sollte.[844] Dieses Gebot beruht auf der Erkenntnis, dass junge Menschen gerade durch den Untersuchungshaftvollzug in ihrer Entwicklung gefährdet sein können und logischer Weise durch die Haft den bisherigen erzieherischen Einflüssen entzogen werden.[845] Dieser Auftrag ist auch in nahezu allen Untersuchungshaftvollzugsgesetzen verankert, wobei einige Gesetze eine „Ist-Vorschrift" (z. B. § 67 Abs.1, Berlin, Sachsen-Anhalt, Hamburg, Mecklenburg-Vorpommern, § 10 Abs. 1 i .V. m. § 9 Abs. 1 BrbJVollzG, LJVollzG Rheinland-Pfalz) und andere Länder (Bayern, Nordrhein-Westfalen, Niedersachsen,) eine „Soll-Vorschrift" verankert haben. Dadurch wird aber nicht zugleich ein neuer Haftzweck der Erziehung geschaffen.[846] Vielmehr soll darin eine Verpflichtung des Staates gesehen werden, die sich aus der Schutzpflicht des Staates gemäß Art. 6 Abs. 2 GG ergibt. Die erzieherische Gestaltung bei jungen Gefangenen ist bei einer Gesamtschau der Vorschriften der §§ 67 ff. des Gesetztes der 12 Länder jedoch nicht als Grundrechtseinschränkung aus erzieherischen Gründen konzipiert, sondern als Angebot zur Förderung von Jugendlichen. Keinesfalls darf die Erziehung auf eine Auseinandersetzung mit den Tatvorwürfen gerichtet sein. Auch muss beachtet werden, dass grundsätzlich ein Konflikt mit dem elter-

---

841   Vgl. BVerfG, Beschl. v. 15.12.1965 – 1 BvR 513/65-, BVerfGE 19, S. 342 (349).

842   Siehe *Kap. 4.1; Kap. 5.2.2.*

843   Durch die Föderalismusreform und die damit verbundene Kompetenzverlagerung des Strafvollzuges wurde der § 93 JGG gestrichen.

844   Vgl. zur erzieherischen Gestaltung der Untersuchungshaft und zur rechtlichen Problematik von Erziehungsmaßnahmen im Untersuchungshaftvollzug *Hintz* 2004.

845   Vgl. *Brunner/Dölling* 2002, § 93, Rn. 6.

846   *Diemer/Schoreit/Sonnen* 2008, § 93 a. F., Rn. 6; so auch *Hintz* 2004, die in verpflichtenden Erziehungsmaßnahmen einen Verstoß gegen die Unschuldsvermutung sieht.

lichen Erziehungsrecht (Art. 6 GG) besteht. Entsprechend der Vorgaben der Euro-pean Rules for Juvenile Offenders Subject to Sanctions or Measures (ERJOSSM) des Europarats von 2008 (Rec 2008) 11) werden lediglich schulpflichtige Jugend-liche zur Teilnahme an Schulausbildungsmaßnahmen verpflichtet,[847] im Übrigen kann die Teilnahme angeboten werden (siehe z. B. § 71 Abs. 1 und 3 UVollzG Bln, M-V, § 29 Abs. 5 BrbJVollzG). Dies erscheint sachgerecht und ist insoweit verfassungsrechtlich zulässig, als der Erziehungsbegriff im Sinne des Förderbe-griffs des SGB VIII (vgl. dort § 1) verstanden wird. Denn bei einer Trennung des Jugendlichen von seiner Familie während der Haft setzt der Staat vollzugsbe-dingte Gefahren und trägt somit eine besondere Verantwortung. Ein Eingriff in das elterliche Erziehungsrecht lässt sich somit nur mit den Gegebenheiten, die der Haftvollzug mit sich bringt, rechtfertigen. Es muss jedoch gewährleistet sein, dass zumindest in wesentlichen Fragen der Erziehungsberechtigte eingebunden wird.[848] So sieht z. B. Niedersachsen in § 158 Abs. 3 NJVollzG vor, dass die Erziehungsberechtigten auf Antrag oder bei Bedarf über grundlegende Fragen der Vollzugsgestaltung zu unterrichte sind. Ihnen soll zudem die Möglichkeit gege-ben werden, diesbezügliche Anregungen zu geben. Nordrhein-Westfalen be-schränkt sich darauf, dass die Personensorgeberechtigte in „angemessener Weise" in die Vollzugsgestaltung einbezogen werden „sollen" (§ 49 Abs. 2 UVollzG NRW). Hamburg verlangt eine Einbeziehung, soweit diese „möglich" ist und eine verfahrenssichernde Anordnung nicht entgegensteht.

Dieses Erziehungspostulat kann aber auf heranwachsende Untersuchungs-haftgefangene nicht ohne Weiteres angewendet werden. Denn mit dem Volljäh-rigkeitsalter ab 18 Jahren endet auch die elterliche Betreuungspflicht.[849] Auch besteht ein staatlicher Erziehungsauftrag nicht mehr.[850] Dies gilt natürlich erst recht, wenn gemäß § 66 Abs. 1 UVollzG Bln, LSA oder § 48 Abs. 2 UvollzG NRW Erwachsene im Alter von 21 bis 24 Jahren als junge Gefangene behandelt werden können. So erscheint es sinnvoll bei einem Wegfall des Erziehungspostu-lates für Heranwachsende diese auch unter Umständen, etwa bei Gefahr einer ne-gativen Beeinflussung von den Jugendlichen zu trennen. Diesem Grundsatz wird beispielsweise das nordrhein-westfälische Gesetz gerecht, das eine Trennung von minderjährigen und den übrigen Untersuchungshaftgefangenen vorsieht, § 50 Abs. 3 UVollzG NRW.

So erscheint es aber problematisch, wenn beispielsweise das niedersächsische Justizvollzugsgesetz (NJVollzG) in § 158 Abs. 2 davon spricht, dass die oder der junge Gefangene (wozu dann ja auch die Heranwachsenden zählen) verpflichtet

---

847   Vgl. Nr. 78. 4 ERJOSSM.

848   *Eisenberg* 2015, § 89c, Rn. 30, siehe auch *Eisenberg* 2009, § 93, Rn. 13; *Kreuzer* 1978, S. 337.

849   *Eisenberg* 2015, § 110, Rn. 7.

850   Durch § 1626 BGB wird eine staatliche Zwangserziehung ausgeschlossen.

ist, die ihr oder ihm aus erzieherischen Gründen erteilten rechtmäßigen Anordnungen zu befolgen.

Das Land Baden-Württemberg hat als einziges Land eine erzieherische Ausgestaltung nicht explizit geregelt. Jedoch sollen die jungen Gefangenen während des Vollzugs der Untersuchungshaft in der Entwicklung ihrer Fähigkeiten und Fertigkeiten sowie in ihrer Bereitschaft zu einer eigenverantwortlichen und gemeinschaftsfähigen Lebensführung gefördert werden (§ 72 Abs. 2 Buch 2 JVollzGB B-W). Somit ist eine erzieherische Ausgestaltung zumindest impliziert. Problematisch ist darüber hinaus, wenn die Anstalt rechtliche Einschränkungen mit einem Hinweis auf den Erziehungsauftrag begründet. So scheint es konfliktträchtig, wenn die Anstalt Beschränkungen auferlegen kann und dies mit einer Gefahr für die Persönlichkeitsentwicklung begründet (vgl. z. B. § 67 Abs. 3 UVollzG Bln, M-V,§ 10 Abs. 4 BrbJVollzG, § 49 Abs. 5 UVollzG NRW).[851] Hier wird mit dem Hinweis auf eine mögliche Schlechterstellung Zurückhaltung geboten sein. Dies gilt insbesondere dann, wenn ernsthafte Gefahren für den Jugendlichen nicht nachweisbar sind.[852]

8.2.6 Arbeit/Schule/Ausbildung

Die alte Untersuchungshaftvollzugsordnung (UVollzO) sah lediglich eine Arbeitspflicht für junge Gefangene vor (§ 80 Abs. 2 UVollzO). Für Erwachsene galt keine Arbeitspflicht (§ 42 UVollzO). In einigen Untersuchungshaftvollzugsgesetzen ist nun ausdrücklich geregelt, dass auch gegenüber Jugendlichen keine Arbeitspflicht besteht (§ 24 Abs. 1 UVollzG Bln, LSA, § 11 Abs. 1 UVollzG NRW). Dies ist positiv zu bewerten und trägt dazu bei, eine Schlechterstellung jugendlicher Untersuchungshaftgefangener gegenüber den erwachsenen Gefangenen zu beseitigen.

Allerdings sehen einige Gesetze vor, dass Minderjährige (Berlin, Brandenburg, Sachsen-Anhalt) bzw. junge Gefangene (Niedersachsen § 161 Abs. 1 NJVollzG, Baden-Württemberg § 75 Abs. 3 Buch 2 JVollzGB B-W) zur Teilnahme an Aus- und Weiterbildungsmaßnahmen bzw. Fördermaßnahmen verpflichtet werden können. In Niedersachsen und Baden-Württemberg kann somit auch aus erzieherischen Gründen eine Arbeitspflicht begründet werden. Auch in Bayern kann bei Jugendlichen eine Arbeitspflicht aus erzieherischen Gründen angeordnet werden (Art. 33 Abs. 3 BayVollzG). Eine erzieherisch begründete Arbeitspflicht im Untersuchungshaftvollzug stößt zunächst im Hinblick auf die Unschuldsvermutung auf Bedenken. Zudem muss bei einer erzieherisch begründeten Arbeits-

851 Diese Normen lassen über die allgemeinen Befugnisse hinausgehende Beschränkungsmöglichkeiten zu; vgl. hierzu z. B. § 4 Abs. 2 UVollzG M-V.

852 Vgl. auch *Eisenberg* 2015, § 89c Rn. 12.

pflicht die erzieherische Wirkung auch gewährleistet sein. Diese dürfte in der Regel nicht gegeben sein.

Die Gesetze sehen zudem vor, dass schulpflichtige Gefangene am allgemeinen bzw. berufsbildenden Unterricht teilnehmen müssen (so § 71 UVollzG Bln, § 29 bs. 3 S. 2 BbgJVollzG, § 49 Abs. 3 UVollzG NRW). Dies erscheint auch sinnvoll. So wird bei diesen Gefangenen verhindert, dass sie aufgrund der Untersuchungshaft weiter benachteiligt werden. Schließlich werden sie von einem auf den anderen Tag aus ihrem Alltag herausgerissen, was auch eine Unterbrechung ihrer Schullaufbahn zur Folge hat. Dies ist umso wichtiger, wenn man bedenkt, dass ca. 70% der jungen Untersuchungshäftlinge keinen Schulabschluss haben[853]

So sieht es auch die Regel 40 der Empfehlung Rec (2006) 13 vor, in der es heißt: *„Die Untersuchungshaft darf weder die schulische Ausbildung von Kindern und Jugendlichen unterbrechen noch den Zugang zu weiterführender Bildung hindern."* Auch ist es grundsätzlich sehr positiv, dass dem jungen Untersuchungsgefangenen neben altersgemäßen Bildungs-, Beschäftigungs- und Freizeitmöglichkeiten auch sonstige entwicklungsfördernde Hilfestellungen angeboten werden sollen (§ 67 Abs. 2 Bln UVollzG). Richtiger wäre es jedoch, diese Angebote im Hinblick auf eine unbedingte Verpflichtung seitens der Anstalt auszugestalten (sind anzubieten) und damit der sozialstaatlichen Verpflichtung für die jüngeren Gefangenen besser zu entsprechen.[854] Darüber hinaus sehen die meisten Länder vor, dass den übrigen jungen Gefangenen (namentlich den über 18-Jährigen) diese Angebote ebenfalls angeboten werden sollen (so z. B. § 71 Abs. 3 UVollzG Bln.; § 71 Abs. 3 UVollzG Saarland). In Sachsen-Anhalt dagegen ist dies weniger verbindlich und in Form einer Ermessensvorschrift ausgestaltet (§ 71 Abs. 3 UVollzG LSA). Dies ist zu kritisieren. Auch den über 18-jährigen Gefangenen sollte die Teilnahme an schulischen und berufsbildenden Maßnahmen angeboten werden.[855]

Niedersachsen und Baden-Württemberg sehen darüber hinaus vor, dass junge Gefangene aus erzieherischen Gründen auch zur Arbeit verpflichtet werden können (§ 161 NJVollzG, § 75 Abs. 2 JVollzGB). Dies ist dahingehend zu kritisieren, dass die vorhandene Arbeit auch erzieherisch geeignet sein muss und dies in der Praxis häufig nicht der Fall ist. Auch verlangt das Erziehungsrecht der Eltern zumindest eine Mitsprache im Falle einer Arbeitspflicht.[856] Zudem ist eine uneingeschränkte Anwendung dieser Norm auf alle jungen Gefangenen[857] verfas-

---

853 Siehe hierzu *Villmow/Robertz* 2004, S. 187 (Hamburg); *Müller/Schulz/Thien* 2010, S. 370 (NRW).

854 Siehe hierzu *Villmow/Savinsky/Woldmann* 2011, S. 245.

855 Zu dieser Problematik siehe auch *Kap. 8.2.1.*

856 OLG Bamberg JA 1979, S. 612.

857 Dies umfasst laut Legaldefinition alle Gefangenen zwischen 14 und 24 Jahren.

sungsrechtlich problematisch.[858] Bei Heranwachsenden lässt sich eine Arbeits-pflicht aus erzieherischen Gründen schwer begründen, da bei dieser Altersgruppe das Erziehungspostulat gerade eingeschränkt ist.[859] Bei Heranwachsenden ist es vielmehr erforderlich, diesen geeignete entwicklungsfördernde Maßnahmen *an-zubieten* und die Bereitschaft zur Teilnahme an diesen Maßnahmen zu wecken.

8.2.7 Freizeit

Jugendlichen Untersuchungshaftgefangenen sind in besonderem Maße Freizeit-angebote zur Verfügung zu stellen. So fordert es auch die ERJOSSM (Rec (2008) 11) in seiner Regel 80. 1. Dort heißt es: *„Den Jugendlichen soll im Vollzug erlaubt sein, so viel Zeit außerhalb ihrer Schlafräume zu verbringen, wie notwendig ist, um ihnen ein angemessenes Maß an sozialer Interaktion zu ermöglichen. Wünschenswerterweise sollten dies mindestens 8 Stunden am Tag sein".*

Das UVollzG der Länder Berlin und Sachsen-Anhalt legt in seinem § 26 fest, dass zur Freizeitgestaltung geeignete Angebote, insbesondere Sport- und gemein-schaftliche Veranstaltungen vorzuhalten sind (vgl. auch § 65 BrbJVollzG). Ent-gegen der Regel 80. 2 der ERJOSSM, in der gefordert wird, dass *„die Einrichtung (..) auch an den Wochenenden und während der Ruhezeit sinnvolle Vollzugsan-gebote zu machen"* hat, wurde dies in keinem Gesetz aufgenommen. Dabei sind Untersuchungsgefangene insbesondere an den Wochenenden häufig 23 Stunden in ihrem Haftraum isoliert.[860] Gefühle der Einsamkeit und Depression sind die Folge. Schon um der in Untersuchungshaft besonders verbreiteten Selbstmordge-fahr vorzubeugen müssten daher verstärkt an Wochenenden entsprechende Frei-zeitangebote gemacht werden. Dies sieht bislang lediglich das nordrhein-westfä-lische Gesetz vor. Das UVollzG NRW macht deutlich, dass der sportlichen Betäti-gung besondere Bedeutung zukommt. So heißt es in § 54 JStVollzG NRW, der gemäß § 53 UVollzG NRW auch bei Untersuchungsgefangenen Anwendung fin-det: *„Es sind ausreichende und namentlich unter freizeitpädagogischen Aspekten gezielte Sportangebote vorzuhalten, und zwar auch an den Wochenenden und Fei-ertagen. Den Gefangenen ist mindestens drei Stunden wöchentlich eine Teil-nahme an diesen Angeboten zu ermöglichen."* Dies ist eine konkrete Regelung, die sich mit den Vorgaben der ERJOSSM messen kann, wenngleich drei Stunden in der Woche noch zu wenig erscheinen.

---

858 Siehe *Kap. 8.2.5* und *Brunner/Dölling* 2002, § 93, Rn. 5.

859 Siehe *Kap. 8.2.5.*

860 Siehe z. B. § 77 Buch 2 JStVollzG B-W, § 20 Abs. 2 UVollZG Bln.

8.2.8 Besuchszeiten

Die Gesetze der Länder, die ein weitgehend einheitliches Gesetz verabschiedet haben (u. a. Berlin, Bremen, Mecklenburg-Vorpommern, Sachsen-Anhalt) haben für junge Gefangene eine Mindestbesuchszeit von vier Stunden monatlich geregelt (§ 72 Abs. 1). Auch in Bayern gilt eine Mindestbesuchszeit von vier Stunden im Monat (Art. 32 Abs. 1 BayVollzG). Brandenburg geht erfreulicher Weise darüber hinaus und sieht eine Mindestbesuchszeit von sechs Stunden pro Monate vor (§ 34 Abs. 1 S. 2 BrbJVollzG). In den genannten Ländern kommt hinzu, dass Besuche von Kindern junger Untersuchungshaftgefangenen oder von Personensorgeberechtigten nicht auf die Regelbesuchszeit angerechnet werden. Außerdem sollen Besuche auch dann zugelassen werden, soweit sie die Erziehung fördern (vgl. § 34 Abs. 3 Nr. 3 BrbJVollzG, § 78 Abs. 1 UVollzG Hmb). Niedersachsen und Baden-Württemberg verzichten auf eine solche Sonderregelung. Auch für junge Eltern sehen diese Länder keine speziellen Regelungen vor, gewähren den jungen Gefangenen aber auch eine Mindestbesuchszeit von vier Stunden im Monat (siehe § 160 Abs. 1 NJStVollzG, § 74 Abs. 1 Buch 2 JVollzGB B-W). Eine Mindestbesuchszeit von vier Stunden erscheint angesichts des Verhältnismäßigkeitsprinzips und der Unschuldsvermutung als das Mindeste. Gerade bei jungen Inhaftierten besteht ein verstärktes Bedürfnis nach familiärer Bindung. Auch besteht bei Jugendlichen ein erhöhter Bedarf an Kommunikation. So verwundert es, dass Nordrhein-Westfalen lediglich zwei Besuchsstunden im Monat vorsieht und auch auf Sonderregelungen für junge Eltern im Untersuchungshaftvollzug verzichtet. Auch werden erzieherisch gebotene Besuche nicht besonders gefördert (siehe § 18 Abs. 1 i. V. m § 48 Abs. 1 UVollzG NRW). Dagegen sieht Nordrhein-Westfalen für jugendliche Strafgefangene eine Mindestbesuchszeit von vier Stunden vor (§ 30 Abs. 1 S. 2 JStVollzG NRW). Dies bedeutet eine Schlechterstellung der jungen Untersuchungshaftgefangenen gegenüber den jungen Strafgefangenen und ist angesichts der Unschuldsvermutung unverhältnismäßig und inakzeptabel.

Dennoch stellen die Regelungen zu den Besuchszeiten im Allgemeinen eine Verbesserung zur alten, nicht zu akzeptierenden Regelung in Nr. 24, 25 UVollzO dar, nach der „mindestens alle zwei Wochen ein Besuch", und zwar einer „von dreißig Minuten Dauer" zugelassen wurde. Vorzugswürdig wäre allerdings eine Regelung, nach der „so häufig wie möglich" Besuch empfangen werden darf, soweit dies das Strafverfahren nicht gefährdet. Dies dürfte aber bei Jugendlichen und ihren familiären Kontakten selten der Fall sein. Schließlich gelten die Untersuchungshaftgefangenen als unschuldig und sollten auch so behandelt werden. Des Weiteren ist wichtig, dass zu einer angemessenen Besuchszeit auch eine angemessene Besuchsatmosphäre gehört. Ein Besuch darf folglich nicht belastend wirken. So ist von den Vollzugsanstalten zu fordern, dass sie beispielsweise Massenbesuche in lauten und unpersönlichen Besuchsräumen und Ausstattungsmängel verhindern.

8.2.9 Verkehr mit Betreuungspersonen (insbesondere der Jugendgerichtshilfe)

Befindet sich ein Jugendlicher in Untersuchungshaft, ist diesem der Verkehr mit einem Vertreter der Jugendgerichtshilfe in demselben Umfang gestattet, wie der eines Verteidigers (§ 72b JGG). Dies gilt auch für mögliche Betreuungshelfer oder einen Erziehungsbeistand. Diese Regelung war bis Mitte 2009 noch in § 93 a. F. enthalten und wurde nun als Verfahrensvorschrift im Rahmen der Untersuchungshaft geregelt. Nicht mehr erwähnt ist, anders als noch in § 93 a. F. JGG, der ungehinderte Kontakt mit dem Bewährungshelfer. Allerdings ist der Verkehr mit dem Bewährungshelfer während der Untersuchungshaft im allgemeinen Strafverfahrensrecht (§ 119 Abs. 4 S. 2 Nr. 1 StPO) geregelt, sodass über § 2 JGG auch diesbezüglich ein ungehinderter Kontakt möglich ist. Die Regelung gilt auch für Heranwachsende (§ 109 Abs. 1 JGG).

8.2.10 Unmittelbarer Zwang

In allen Landesgesetzen ist der Schusswaffengebrauch geregelt. In den meisten Gesetzen finden sich keine Sonderregelungen bezüglich junger Untersuchungshaftgefangener. In Mecklenburg-Vorpommern ist der Schusswaffengebrauch bei Minderjährigen zur Verhinderung einer Meuterei und zur Fluchtvereitelung unzulässig (§ 59 Abs. 4 S. 2 UVollzG M-V). Auch in Baden-Württemberg (§ 79 Buch 2 JVollzGB) und Niedersachsen (§ 159 NJStVollzG) darf die Flucht eines Jugendlichen nicht mit einer Schusswaffe vereitelt werden. In anderen Ländern (z. B. Thüringen, Berlin, Brandenburg) gibt es eine solche Einschränkung nicht. Der Schusswaffengebrauch gegenüber jungen Gefangenen zur Verhinderung von Flucht widerspricht aber den ERJOSSM von 2008. Dort heißt es in Nr. 92: „Bediensteten in Einrichtungen, in denen Jugendlichen die Freiheit entzogen ist, ist das Tragen von Waffen außer in Notfällen nicht gestattet."[861] Die ERJOSSM gehen somit, was den Einsatz und das Tragen von Waffen anbelangt, noch weiter. Sie untersagen das Tragen jeglicher Waffen im Jugendvollzug, außer in den besagten Notfällen. Dieser Anforderung wird kein Landesgesetz gerecht. Bei einem Schusswaffengebrauch bei Minderjährigen liegt auch ein Verstoß gegen die Havana-Rules der UN von 1990 vor.[862]

---

861 Bei den sog. „Notfällen" sind Fälle gemeint, in denen es zu einer konkreten Lebensgefährdung von Mitarbeitern oder Dritten durch Gefangene kommt; Dünkel/Baechtold/van Zyl Smit 2009, S. 311.

862 Siehe Nr. 65 der Havana-Rules.

8.2.11 Kleidung im Vollzug/Hygiene

Untersuchungshaftgefangene dürfen im Vollzug grundsätzlich eigene Kleidung tragen, soweit sie für die Reinigung, Instandhaltung und regelmäßigen Wechsel sorgen (§ 17 Abs. 1 UVollzG Bln, LSA, § 62 Abs. 2 BrbJVollzG, § 142 Abs. 1 NJVollzG, § 13 UVollzG NRW).

In Deutschland ist keine konkrete gesetzliche Bestimmung zur Hygiene im Gesetz vorgesehen. Exemplarisch geht es um das Recht auf regelmäßiges Duschen. Ein solches Recht war und ist auch in den Strafvollzugsgesetzen nicht geregelt. Dies ist jedoch kein Argument. Schließlich gilt auch im Untersuchungshaftvollzug der Angleichungsgrundsatz (§ 5 UVollzG Bln, LSA, § 7 BrbJVollzG, § 2 UVollzG NRW). Und dies muss noch mehr beachtet werden, da es sich bei einem Untersuchungsgefangenen für einen als unschuldig geltenden Bürger handelt. Die Europäischen Strafvollzugsgrundsätze sehen in Nr. 19.4 vor, dass Gefangene möglichst täglich, wenigstens aber zwei Mal pro Woche die Gelegenheit zum Duschen haben müssen. Soweit ersichtlich, ist dieser Standard bei Weitem nicht in allen deutschen Anstalten eingehalten und es ist allgemein bekannt, dass dies als spezifische Belastung bzw. Stresssituation während der Untersuchungshaftzeit erlebt wird. Es wäre daher sinnvoll, eine entsprechende Vorschrift ins Gesetz aufzunehmen.[863]

8.2.12 Erzieherische Maßnahmen/Disziplinarmaßnahmen

In allen Untersuchungshaftvollzugsgesetzen sind Maßnahmen möglich, die auferlegt werden können soweit der junge Gefangene schuldhaft eine Pflicht verletzt hat, die ihm durch oder aufgrund des Untersuchungshaftvollzugsgesetzes auferlegt ist. In Betracht kommen die erzieherischen Maßnahmen und die Disziplinarmaßnahmen. Als erzieherische Maßnahmen können den jungen Untersuchungsgefangenen insbesondere Handlungsanweisungen erteilt und Verpflichtungen auferlegt werden, die geeignet sind, den jungen Untersuchungsgefangenen ihr Fehlverhalten und die Notwendigkeit einer Verhaltensänderung bewusst zu machen (§ 75 UVollzG Bln, MV, LSA). In Brandenburg kommen namentlich in Betracht die Erteilung von Weisungen und Auflagen, die Beschränkung oder der Entzug einzelner Gegenstände für die Freizeitbeschäftigung und der Ausschluss von gemeinsamer Freizeit oder von einzelnen Freizeitveranstaltungen bis zur Dauer von einer Woche (§ 98 Abs. 1 BrbJVollzG). In Baden-Württemberg ist z. B. namentlich das erzieherische Gespräch, die Verwarnung und die Konfliktschlichtung genannt (§ 80 Abs. 1 Buch 2 JVollzGB BW). In Niedersachsen ist lediglich von Auflagen und Weisungen die Rede (§ 130 Abs. 1 NJVollzG). Auch wenn es

---

863   Vgl. *Morgenstern* 2009.

sich hier um unterschiedlich konkret gefasste Maßnahmen handelt, dürfte alles unter die Begriffe Auflagen und Weisungen zu fassen sein.[864]

Darüber hinaus sind auch Disziplinarmaßnahmen möglich. Disziplinarmaßnahmen erfüllen repressive Zwecke und können ebenfalls bei Pflichtverstößen verhängt werden. Die meisten Ländergesetze enthalten diesbezüglich einen Tatbestandskatalog, der die Voraussetzungen von Disziplinarmaßnahmen regelt (§ 60 UVollzG Bln, MV, LSA, § 61 § 53 GVUVS i. V. m. § 93 JStVollzG NRW). Allerdings ist der Tatbestand der Entweichung problematisch (so in § 60 Abs.1 Nr. 7 UVollzG Bln, MV, LSA, § 100 Abs. 1 Nr. 6 BrbJVollzG), da nach verbreiteter Auffassung auch bei Strafgefangenen die Entweichung aus dem geschlossenen Vollzug keinen disziplinarisch zu ahndenden Tatbestand darstellt.[865] Länder wie Baden-Württemberg (§ 62 Buch 2 JVollzGB BW) Niedersachsen (§§ 164 Abs. 1, 130 Abs.1 i. V. m §§ 94, 95 NJVollzG) und Nordrhein-Westfalen (§ 53 UVollzG NRW i. V. m. § 92 Abs. 1 JStVollzG NRW) verzichten auf einen solchen Tatbestandskatalog. In diesem Verzicht liegt ein Verstoß gegen N. 57.2 a) der Europäischen Strafvollzugsgrundsätze (EPR). Dort heißt es: „*Das innerstaatliche Recht bestimmt Handlungen und Unterlassungen, die disziplinarische Pflichtverstöße darstellen*".

Auch fordern die EPR, dass die Disziplinarmaßnahmen als letztes Mittel auszugestalten sind (56.1 EPR). Dies gilt besonders bei jungen Gefangenen, wie es die ERJOSSM fordern. So sollen „*Mittel der ausgleichenden Konfliktlösung und pädagogische Maßnahmen mit dem Ziel der Wiederherstellung der Wertordnung*" förmlichen Verfahren und Bestrafungen vorzuziehen sein (Nr. 94.1 EROSSM). Dieser Forderung werden alle Länder gerecht. Jedoch ist bemerkenswert, dass in Baden-Württemberg lediglich die Verwarnung vorrangig ist. So heißt es: „*von einer Disziplinarmaßnahme wird abgesehen, wenn es genügt, Untersuchungsgefangene zu verwarnen*" (§ 62 Abs. 2 Buch 2 JVollzGB BW). Dies erscheint problematisch, da so neben der Verwarnung als einer besonders milden Maßnahme andere potentiell erzieherisch wirksame Maßnahmen als mildere Mittel ausgeschlossen werden.

Problematisch erscheint der Arrest als eine der möglichen Disziplinarmaßnahmen. In allen Ländern ist ein Arrest von höchstens zwei Wochen möglich.[866] Der Arrest wird in einer Arrestzelle vollzogen, die in der Regel nur mit einer

---

864 Weisungen sind „Gebote und Verbote, welche die Lebensführung des Jugendlichen regeln und dadurch seine Erziehung fördern und sichern sollen", vgl. die Legaldefinition für den Bereich des JGG in § 10 Abs. 1 JGG.

865 Vgl. *Schwind u. a.* 2009, § 102, Rn. 17 f.

866 Bei Erwachsenen beträgt die Höchstdauer vier Wochen (§ 61 Abs. 1 Nr. 7 UvollzG Bln, MV, LSA, § 100 abs. 3 Nr. 4 BrbJVollzG, § 63 Abs. 1 Nr. 8 Buch 2 JVollzGB BW, § 95 Abs. 1 Nr. 8 NJVollzG.

Schlaf- und Sitzgelegenheit ausgestattet ist.[867] Dies widerspricht eindeutig den ERJOSSM, die den Arrest in einer Disziplinarzelle gänzlich untersagen (Nr. 95.3 ERJOSSM). Eine solche Unterbringung erscheint gerade im Untersuchungshaftvollzug als sinnlos. Untersuchungshaftgefangene sind ohnehin in Einzelzellen unter weitgehendem Einschluss untergebracht. Insofern macht ein Arrest wenig Sinn und ist zudem pädagogisch äußerst fragwürdig. Zudem dürfte angesichts einer durchschnittlichen Untersuchungshaftdauer von zwei bis drei Monaten[868] die theoretische Möglichkeit einer Unterbringung von zwei Wochen gegen den Verhältnismäßigkeitsgrundsatz verstoßen.

8.2.13 Entlassungsvorbereitung

Der Untersuchungshaftvollzug hat keine eigenständige Behandlungsaufgabe. Dies ergibt sich aus der Unschuldsvermutung. So erscheint es auch konsequent, wenn die geltenden Untersuchungshaftvollzugsgesetze auf einen Wiedereingliederungsgrundsatz verzichten, der ja gerade spezialpräventiver Natur ist. Dennoch muss der Untersuchungshaftvollzug alle möglichen Hilfen bereitstellen, um dem Resozialisierungsgrundsatz zu entsprechen und um die möglichen gravierenden Folgen des Freiheitsentzuges auszugleichen. Ein Großteil der jungen Untersuchungshaftgefangenen gelangt nach der Haft in eine ambulante Sanktion beziehungsweise in die Bewährung.[869] So erscheint es sinnvoll, entlassungsvorbereitende oder begleitende Angebote bereitzustellen. Die Tatsache, dass es sich um im Rechtssinne unschuldige Menschen handelt, die zu keinerlei Behandlungsmaßnahmen verpflichtet werden können, entbindet den Vollzug nicht von der Verpflichtung, entsprechende Angebote bereitzustellen, an denen der Untersuchungsgefangene auf freiwilliger Basis teilnehmen kann. Untersuchungshaft unterbricht Ausbildung oder führt eventuell zum Verlust des Arbeitsplatzes oder der Wohnung. Entlassungsvorbereitung in Form von Unterstützung bei der Wohnungssuche und Regelung der schulischen oder Ausbildungsangelegenheiten sollten eine Selbstverständlichkeit sein. Auch der Staat sollte verpflichtet sein, den Schaden zu kompensieren, den er angerichtet hat. Zudem ist es gerade im Untersuchungshaftvollzug bei Jugendlichen wichtig, dass durch eine intensive Betreuung eine haftbedingte „Entsozialisation" vermieden wird. Aus diesem Grund ist auch die Nr. 51 der ERJOSSM zu erwähnen. Danach sind die Jugendlichen wäh-

---

867 Im Gefängnisjargon ist häufig vom sog. BgH (Besonders gesicherter Haftraum) die Rede. Die Gefangenen nennen diesen Raum nicht ganz unverständlich „Bunker". Vgl. hierzu *Schwind u. a.* 2009, § 104, Rn. 8 ff.

868 Siehe *Tab. 16.*

869 Siehe hierzu *Kap. 10.1.2.*

rend des Freiheitsentzuges von denjenigen Stellen zu betreuen, die auch nach der Entlassung für diese zuständig sind.[870]

8.2.13 Haftkosten

Die Kosten für einen Haftplatz werden in Deutschland auf ca. 109,38 € beziffert.[871] Diese Zahl variiert im Detail und kann von Bundesland zu Bundesland beziehungsweise von Anstalt zu Anstalt unterschiedlich sein, je nachdem wie das spezielle Betreuungsangebot ausgestaltet ist.[872] Bei diesem Betrag handelt es sich um die Kosten pro Tag und pro Häftling.

---

870 Siehe auch *Kap. 9.2.6.*

871 Hierbei handelt es sich um einen Bundesländerdurchschnitt aus dem Jahr 2010 inklusive Baukosten. Die Kosten für den Justizvollzug ergeben sich aus den jeweiligen Länderhaushalten. Über die Haftkosten wird keine Bundesstatistik geführt. Die Daten beziehen sich auf alle Haftarten, d. h. auf Straf-, Jugendstraf- und Untersuchungshaftvollzug, Vollzug der Sicherungsverwahrung und sonstige Freiheitsentziehung, wie zum Beispiel Abschiebungshaft, sofern sie in einer Justizvollzugsanstalt vollzogen wird.

872 Die Tageshaftkosten variieren in den einzelnen Bundesländern. So lagen die Tageshaftkosten in Bayern im Jahr 2010 bei 72,45 € und in Hamburg bei 148,67 € (jeweils ohne Baukosten). Im Jahr 2006 variierten die Kosten von 61,85 € (Bayern) bis zu 105,53 € (Hamburg); vgl. hierzu Abgeordnetenhaus Berlin *Drucks.* 16-11/473.

Tabelle 9: Untersuchungshaftvollzug in den Bundesländern

Bundesland	Anwendungsbereich		Möglichkeit des Wohngruppenvollzugs	Erzieherische Ausgestaltung	Schulische Angebote	Arbeitspflicht	Besuchszeiten (pro Monat)
	Jugendliche	Heranwachsende					
Baden-Württemberg	X	---	X	---	X	X erzieher. Gründe	4 h[b]
Berlin	X	X	X	X	X	---	4 h
Brandenburg	X	X	X	X	X	---	6 h
Bremen	X	X	X	X	X	---	4 h
Hamburg	X	X	X	X	X	---	4 h
Hessen	X	X	X	X	X	---	4 h
Mecklenburg-Vorpommern	X	X	X	X	X	---	4 h
Saarland	X	X	X	X	X	---	4 h
Sachsen-Anhalt	X	X	X	X	X	---	4 h
Nordrhein-Westfalen	X	X	---	X[a]	X	---	2 h[b]
Niedersachsen	X	X	X	X[a]	X	X erzieher. Gründe	4 h[b]
Thüringen	X	X	X	X	X	-	4 h
Rheinland-Pfalz	X	X	X	X	X	-	4 h

a)   In diesen Ländern ist die erzieherische Ausgestaltung lediglich in Form einer unverbindlicheren „Soll-Vorschrift" ausgestaltet.

b)   In diesen Ländern werden auch Besuche von Kindern junger U-Haftgefangener auf die Regelbesuchszeit angerechnet.

9. Unterbringung und Untersuchungshaftvollzug bei Jugendlichen und Heranwachsenden im europäischen Vergleich

9.1 Gesetzliche Grundlagen und Grundsätze für den Vollzug der Untersuchungshaft

In den meisten Ländern wird im Hinblick auf den Vollzug nur geringfügig zwischen Untersuchungshaftgefangenen und Strafgefangenen unterschieden, sodass häufig die gleichen rechtlichen Bestimmungen gelten, die auch für Strafgefangene gelten. Dies ist angesichts der zu beachtenden Unschuldsvermutung inakzeptabel. Nur in wenigen Ländern (z. B. Finnland, Litauen, Ukraine und Deutschland)[873] existieren spezielle Gesetze über den Vollzug der Untersuchungshaft. In einigen Ländern ist der Untersuchungshaftvollzug im Rahmen weniger Einzelvorschriften der Strafprozessordnungen (z. B. Dänemark, Frankreich, den Niederlanden, Österreich, Russland, Schweiz) oder der Strafvollzugsgesetze (z. B. Belgien, Griechenland, Italien) geregelt.

Die Unschuldsvermutung verlangt, dass für Untersuchungshaftgefangene die Bedingungen gelten müssen, die ihrer Rechtstellung entsprechen. So formuliert es auch der allgemeine Grundsatz der Rec (2006) 13. Danach ist in manchen Ländern auch explizit geregelt, dass der Unschuldsvermutung Rechnung zu tragen ist. In Belgien beispielsweise regelt das Strafvollzugsgesetz, dass ein Untersuchungshaftgefangener solange als unschuldig zu gelten hat, bis seine Schuld festgestellt ist. In Dänemark, Österreich und der Schweiz beispielsweise dürfen dem Untersuchungshaftgefangenen nur solche Beschränkungen auferlegt werden, die dem Zweck der Untersuchungshaft dienen.[874]

In Deutschland enthalten einige Landesgesetze ausdrücklich den Grundsatz, dass Untersuchungshaftgefangene als unschuldig gelten und der Anschein vermieden werden soll, sie würden zur Verbüßung einer Freiheitsstrafe festgehalten (z. B. § 4 UVollzG Bln, Brb, HH; § 1 UVollzG NRW)[875] Beim Vollzug der Untersuchungshaft ist somit darauf Bedacht zu nehmen, dass der Beschuldigte als unschuldig gilt (vgl. auch § 182 Abs. 3 Nr. 1 östStPO). Auch in Portugal findet sich im Strafvollzugsgesetz der Grundsatz, dass Untersuchungshäftlinge entsprechend der Unschuldsvermutung behandelt werden müssen.

---

873 Siehe ausführlich *Kap. 8.1* und *Kap. 9.1*.

874 *Smith* 1994, S. 64; vgl. für Österreich § 182 Abs. 2 östStPO und für die *Schweiz* § 235 schwStPO; so auch in einigen Ländergesetzen in Deutschland, siehe hierzu *Kap. 8*.

875 Siehe *Kap. 8.2*.

In nahezu allen Ländern wird die Untersuchungshaft in staatlichen Institutionen vollzogen, die dem Ministerium für Justiz unterstehen. Lediglich in der Ukraine existiert eine staatliche Behörde, die ausschließlich für die Vollstreckung von Strafen und Freiheitsentzug zuständig ist, die nicht dem Justizministerium untersteht, aber mit diesem kooperiert. Der Leiter dieser Behörde wird nicht vom Justizminister berufen, sondern vom Präsidenten.[876] In den Niederlanden dagegen werden gemeinnützige Institutionen mit einbezogen. Die Niederlande berichten, dass es 2010 sechs staatliche Einrichtungen und acht private Einrichtungen gab. In Frankreich und der Schweiz werden Teile der vorhandenen Bildungsmaßnahmen von privaten Organisationen übernommen. So heißt es in Art. 28 Abs. 3 schwJStPO, dass für den Vollzug der Untersuchungshaft private Einrichtungen herangezogen werde dürfen. In Irland kann die Untersuchungshaft auch in den „Detention-Schools" vollzogen werden.[877] Diese Einrichtungen sind ebenfalls privat organisiert, unterliegen jedoch der staatlichen Aufsicht.

In einigen Ländern gilt zudem der Grundsatz der heimatnahen Unterbringung. In Dänemark, Lettland, Österreich und der Slowakei ist vorgeschrieben, dass die Jugendlichen in der Nähe ihres Wohnsitzes untergebracht werden müssen.[878] Andere Länder, wie Finnland und Schweden räumen der Nähe zum Gerichtsort Priorität ein. In Russland kommt es allein auf den Ort der in Frage stehenden Straftat an, wohingegen in Italien die jeweiligen Kapazitäten ausschlaggebend sind.

9.2 Rechtliche Grundlagen

9.2.1 Getrennte Unterbringung

Aus der besonderen Stellung des Untersuchungshaftgefangenen ergibt sich auch der Trennungsgrundsatz. Die Unschuldsvermutung schreibt eine getrennte Unterbringung von Untersuchungshaftgefangenen und Strafgefangenen vor, um so bestimmte Privilegien für die noch als unschuldig geltenden Untersuchungshäftlinge zu gewährleisten. Dies ist bereits in den Europäischen Strafvollzugsgrundsätzen deutlich formuliert worden (Nr. 18.8a.).

In den seltensten Fällen existieren speziell ausgestattete Untersuchungshaftanstalten. So wird die Untersuchungshaft in nahezu allen Ländern in Gerichtsgefängnissen oder in separaten Teilanstalten beziehungsweise Stationen der Strafvollzugsanstalten vollzogen.[879] In Finnland regelt das neue Untersuchungshaft-

---

876 *Dünkel/Pruin* 2009, S. 157.

877 Siehe *Kap. 7.2.4.*

878 *Dünkel/Dorenburg/Grzywa* 2011, S. 1761.

879 *Dünkel/Dorenburg/Grzywa* 2011, S. 1759; *van Kalmthout* 2009, S. 98.

gesetz, dass die Untersuchungsgefangenen in speziellen Untersuchungshaftanstalten unterzubringen sind. In der Praxis kommt es jedoch häufig vor, dass die Beschuldigten auch in Polizeieinrichtungen untergebracht werden. Dies wurde bereits vom Antifolterkomitee (CPT) bemängelt.[880]

Eine diesbezügliche Ausnahme gibt es auch in den Niederlanden. Befindet sich dort eine Person, die in der ersten Instanz verurteilt wurde, in Untersuchungshaft, kann diese auch in einer Strafanstalt vollzogen werden.[881] Auch in Österreich wird diesem Grundsatz nicht vollumfänglich entsprochen. So ist die Trennung von Straf- und Untersuchungshaftgefangenen lediglich im Rahmen einer „Soll-Vorschrift" geregelt (vgl. § 182 Abs. 1 östStPO). Lediglich bei Beschuldigten, die sich das erste Mal in Haft befinden, ist eine Trennung verbindlich (§ 182 Abs. 1 S. 2 östStPO).

Der Trennungsgrundsatz bekommt im Jugendstrafverfahren noch eine weitere Bedeutung. So müssen junge Beschuldigte getrennt von Erwachsenen untergebracht werden. Die Regel Nr. 59. 1 der ERJOSSM fordert spezielle Einrichtungen für Jugendliche beziehungsweise eine strikte Trennung von Erwachsenen. Dieser Grundsatz wiederholt die bereits in den völkerrechtlichen Verträgen verankerte Forderung nach einer Trennung von jungen und erwachsenen Inhaftierten.[882] Dieser Grundsatz gilt auch, wenn Jugendliche ausnahmsweise in Einrichtungen für Erwachsene untergebracht werden. Solche Ausnahmen gibt es beispielsweise in der Tschechischen Republik. Wegen der geringen Zahl von jugendlichen Untersuchungshäftlingen werden die Jugendlichen in Anstalten für Erwachsene, jedoch dort in separaten Zellen oder Abteilungen untergebracht.[883]

Die Trennung zwischen jungen und erwachsenen Untersuchungshäftlingen ist in nahezu allen Ländern vorgesehen (*Tab. 11*). In einigen Ländern sind jedoch im Gesetz bestimmte Ausnahmen von diesem Grundsatz möglich (Kroatien, Serbien, Slowenien, Ukraine).[884] In diesen Ländern kann der Richter auch eine Belegung mit einem Erwachsenen anordnen, soweit keine negativen Einflüsse zu befürchten

---

880 So befanden sich 2010 von ca. 500 Untersuchungshäftlingen ca. 90 in den sog. Polizeieinrichtungen, siehe *Lappi-Seppälä* 2011, S. 470.

881 Dies ist seit dem Jahr 2006 möglich, vgl. *van Kalmthout* 2009, S. 708. Bei Jugendlichen bietet eine besondere Bestimmung der niederländischen StPO die Möglichkeit, dass der polizeiliche Gewahrsam oder die U-Haft an jedem dazu geeigneten Ort erfolgen kann. Dies kann die elterliche Wohnung oder eine Jugendeinrichtung sein; siehe hierzu *Kap. 5.1.14.*

882 siehe Art. 10 Abs. 2b) IPbpr; Art. 37c. KRK.

883 Siehe auch *Dünkel/Dorenburg/Grzywa* 2011, S. 1759; ferner *Válková/Hulmáková* 2011, S. 292 f.

884 Vgl. z. B. *Bojanić* 2011, S. 214 f. (Kroatien).

sind oder sogar eine positive Beeinflussung zu erwarten ist.[885] Dies ist in der Ukraine beispielsweise dann der Fall, wenn der Erwachsene wegen minder schweren Delikten in der Untersuchungshaft sitzt.[886] Nach ukrainischem Verständnis ist dann eine negative Beeinflussung wohl nicht zu befürchten. Auch die ERJOSSM sehen bestimmte Aufweichungen dieses Trennungsgrundsatzes vor.[887] Eine Ausnahme kann danach beispielsweise sein, dass bei einer strikten Trennung Nachteile für den jungen Beschuldigten entstehen würden. So kann von dem Grundsatz abgewichen werden, wenn dem Jugendlichen sonst die Teilnahme an bestimmten Vollzugsangeboten erschwert wird (Nr. 59. 2 ERJOSSM). Bei weiblichen jungen Gefangenen besteht darüber hinaus wegen der geringen Anzahl an Inhaftierten die Gefahr einer Isolation.[888] Eine solche Einschränkung des Trennungsgrundsatzes darf aber in keinem Fall dazu führen, dass jugendspezifische Bedürfnisse vernachlässigt werden. Zudem muss es die Aufgabe der jeweiligen Institution sein, spezielle Vollzugsangebote für Jugendliche auch dort zu ermöglichen, wo diese zahlenmäßig schwach vertreten sind. So fordert auch die Nr. 53.1 der ERJOSSM die Einrichtungen oder Abteilungen dazu auf, dass diese „sachlich mit einer Bandbreite von Angeboten ausgestattet" sein müssen, „um den individuellen Bedürfnissen der untergebrachten Jugendlichen angemessen Rechnung zu tragen". Auch darf eine Mittelknappheit nicht dazu führen, dass Grundrechte missachtet werden.[889]

In Estland und Dänemark wird dagegen eine getrennte Unterbringung vom Gesetz nicht gefordert. Auch in Portugal, wo eine solche getrennte Unterbringung gefordert ist, findet eine solche in der Praxis bei über 16-Jährigen häufig nicht statt,[890] wohingegen unter 16-Jährige in speziellen Jugendeinrichtungen untergebracht werden.[891] Auch in Bulgarien werden lediglich die jugendlichen von erwachsenen Beschuldigten getrennt untergebracht. Die Heranwachsenden werden häufig mit erwachsenen Inhaftierten untergebracht.[892]

---

885 Z. B. § 74 Abs. 2 kraotJGG (Kroatien).

886 *Zaikina* 2011, S. 1511 f.; 2012, S. 179. Die Haftbedingungen wurden – jedenfalls im Zeitraum bis 2010 – als grausam und erniedrigend bewertet (bis hin zu Berichten über physische Gewalt gegenüber Jugendlichen), vgl. *Zaikina* 2012, S. 183 f.

887 Siehe Kommentar zu Nr. 59.2 der ERJOSSM.

888 Vgl. den Kommentar zu 59.1 der ERJOSSM.

889 Vgl. Nr. 19 ERJOSSM.

890 *Dünkel/Dorenburg/Grzywa* 2011, S. 1760; siehe auch *Mérigeau* 1994, S. 238.

891 *Rodrigues/Duarte-Fonseca* 2011, S. 1056 f.; *Dünkel/Dorenburg/Grzywa* 2011, S. 1760.

892 *Kanev u. a.* 2011, S. 169.

9.2.2 Einzelunterbringung

Wie bereits die EPR (Nr. 18.5) machen die ERJOSSM (Nr. 63.2) deutlich, dass die jugendlichen Inhaftierten in der Ruhezeit in Einzelhafträumen unterzubringen sind. Wie im Strafvollzug muss auch im Untersuchungshaftvollzug die Privat- und Intimsphäre des Inhaftierten berücksichtigt werden. Zudem kann so auch vermieden werden, dass es zu einschlussbedingten Gewaltübergriffen kommt. Diesen, meist auf eine Personalknappheit beruhenden Übergriffen, etwa an Wochenenden oder in der Nacht, kann folglich mit einer Einzelunterbringung präventiv entgegengewirkt werden.[893]

Bemerkenswert ist es deshalb, dass in den meisten Ländern eine Einzelunterbringung nicht gesetzlich vorgesehen ist. Lediglich in Deutschland, Dänemark, Schweden, Polen, Frankreich, Schweiz, Finnland ist eine Einzelunterbringung von Jugendlichen in der Untersuchungshaft gefordert. Jedoch sieht die Praxis auch hier häufig anders aus.[894] So lässt sich in Finnland, Frankreich, Griechenland und Österreich eine Einzelunterbringung häufig nicht realisieren. Dies ist häufig auf einen Mangel an Einzelhafträumen oder auf die Überbelegung zurückzuführen.[895] In Bulgarien ist die Rechtslage ähnlich. Dort werden in erster Linie Heranwachsende mit gleichaltrigen Gefangenen untergebracht. Zudem ist es möglich, Heranwachsende für kurze Zeit auch mit erwachsenen Inhaftierten unterzubringen.[896]

Eine gemeinsame Unterbringung wird in diesen Ländern nicht mit einer pädagogischen Notwendigkeit begründet. Vielmehr dominieren Ressourcenknappheit und Überbelegungen.[897]

In andern Ländern wie beispielsweise Lettland (6 Personen), Russland (4-6 Personen), Türkei (bis zu 3 Personen) und der Ukraine ist eine Mehrfachbelegung an der Tagesordnung.[898] Dies ist inakzeptabel und widerspricht eindeutig internationalen Vorgaben. Um den Schaden zumindest zu begrenzen, müssten die Hafträume bei einer Mehrfachbelegung auch dafür geeignet sein. Nr. 63.2 der ERJOSSM macht deutlich, dass die Unterkünfte für eine gemeinschaftliche Unterbringung nur genutzt werden dürfen, wenn sie für diesen Zweck auch geeignet sind. Zudem setzt eine Mehrfachbelegung auch die Eignung auf Seiten der Jugendlichen voraus. Allerdings sind so Konflikte und menschenunwürdige Ver-

---

893 Vgl. auch den Kommentar zu 63.2 der ERJOSSM.

894 *Dünkel/Dorenburg/Grzywa* 2011, S. 1761.

895 *Dünkel/Dorenburg/Grzywa* 2011, S. 1761, 1771.

896 *Kanev u. a.* 2011, S. 169 f.

897 So z. B. in Bulgarien, siehe *Kanev u. a.* 2011, S. 169 f.

898 *Dünkel/Dorenburg/Grzywa* 2011, S. 1761.

hältnisse vorprogrammiert. Diesen Maßstäben werden aber gerade die osteuropäischen Länder nicht gerecht.

9.2.3 Haftraumgröße

Besorgniserregend ist, dass in vielen Ländern keine gesetzlichen Mindeststandards bezüglich der Haftraumgröße existieren. Dies ist angesichts der klaren Forderungen nach einer gesetzlichen Festlegung in den EPR (Nr. 18.3) und den ERJOSSM (Nr. 63.1) bedenklich. In den Ländern, die solche Mindeststandards gesetzlich geregelt haben, sind dagegen erhebliche Unterschiede festzustellen (siehe *Tab. 11*), sodass es in diesem Punkt schwierig ist europaweit einheitliche Standards festzustellen.[899]

So ist es geradezu skandalös, dass Länder, in denen eine Einzelunterbringung nicht gefordert ist, gesetzliche Mindestgrößen von gerade mal 2,5 m^2 (Ukraine) oder 3,5 m^2 vorsehen (Russland). Auch in Lettland (5 m^2), Litauen (3 m^2) und der Slowakei (4 m^2) herrschen diesbezüglich menschenunwürdige Regelungen. Das Antifolterkomitee des Europarates (CPT) hat sich zwar nicht auf eine bestimmte Haftraumgröße festgelegt, die als menschenunwürdig anzusehen ist. Jedoch beurteilte es Crafträume mit einer Größe von weniger als 6 m^2 als zu klein.[900] In Lettland kommt hinzu, dass der Haftraum in der Erziehungseinrichtung in Cesis,[901] in der eine gemeinschaftliche Unterbringung von vier Jugendlichen möglich ist, lediglich 9 m^2 beträgt. Dies führt dazu, dass einem Insassen lediglich ca. 2,25 m^2 zustehen.[902] Völlig inakzeptabel sind auch die Regelungen in Estland und der Ukraine, wo lediglich 2,5 m^2 pro Häftling gefordert wird. In der Tschechischen Republik müssen einem Jugendlichen mindestens 4 m^2 zustehen. Ein Einzelhaftraum muss mindestens 6 m^2 betragen. Auch Griechenland sieht eine Mindestgröße von 6 m^2 vor. In der Realität ist es jedoch nicht selten, dass einem Untersuchungshäftling lediglich 3 m^2 zustehen.[903]

In den westeuropäischen Ländern liegt der Standard dagegen höher. So sind in Frankreich 10,5 m^2 vorgeschrieben. In den Niederlanden muss der Haftraum mindestens 10 m^2 groß sein. Auch in der Schweiz ist eine Mindestgröße von 10 m^2 zuzüglich 2 m^2 für sanitäre Anlagen vorgesehen. In Deutschland gibt es keine gesetzliche Regelung. Allerdings hat das BVerfG 2002 eine Haftraumgröße einer

---

899   Siehe *Dünkel/Baechthold/van Zyl Smit* 2009, S. 309.

900   Siehe hierzu die umfassende Darstellung bei *Evans/Morgan* 2003, S. 93 ff.

901   Siehe *Judins* 2011, S. 860.

902   *Judins* 2011, S. 859 f.

903   *Bahtiyar* 2009, S. 454.

Einzelzelle von unter 7 m² als einen Verstoß gegen die Menschenwürde angesehen.[904]

Somit wird deutlich, dass die osteuropäischen Länder noch immer sehr weit vom westeuropäischen Standard entfernt sind, was eine einheitlich menschenwürdige Regelung erschwert. Zudem müssen die Länder ohne entsprechende gesetzliche Regelungen entsprechende Mindeststandards festlegen. Nur so kann gewährleistet werden, dass die Hafträume der jeweiligen Privatsphäre und den Mindestanforderungen in Sachen Bodenfläche, Luftmenge, Belüftung etc. und somit gesundheitlichen und hygienischen Anforderungen entspricht.

9.2.4 Erzieherische Ausgestaltung des Untersuchungshaftvollzugs (Arbeit/Schule/Ausbildung/Sport im Vollzug)

Die Lebens- bzw. Haftbedingungen in der Untersuchungshaft in Bezug auf sinnvolle Aktivitäten, Schulbildung und Wiedereingliederungsmaßnahmen sind oft schlechter im Vergleich zu den Strafanstalten bzw. Jugendstrafanstalten oder den Jugendhilfeeinrichtungen.[905] Jedoch muss gerade bei jugendlichen Untersuchungshäftlingen ein besonderes Augenmerk auf erzieherische und sozialpädagogische Maßnahmen gerichtet werden. In der Praxis ist es jedoch häufig so, dass es diesbezüglich oft wenig Unterschiede zum Untersuchungshaftvollzug bei Erwachsenen gibt. Und die jeweiligen Bedingungen in Bezug auf den Untersuchungshaftvollzug bei Erwachsenen sind zum Teil inakzeptabel. In den verschiedenen Ländern ist es eher die Regel als die Ausnahme, dass die Untersuchungshäftlinge nahezu 23 Stunden ohne jegliche Betätigung in ihren Zellen verharren müssen. Dies ist beispielsweise ein Problem in Österreich, Bulgarien, Estland, Lettland, Rumänien, Slowakei, Polen und Schweden, wo Untersuchungsgefangene meist nur eine Stunde am Tag ihre Zelle verlassen dürfen. In England/Wales und der Ukraine sind es in der Regel zwei Stunden.[906] Die ERJOSSM enthalten diesbezüglich eine wichtige Forderung. So soll den Jugendlichen im Vollzug erlaubt sein, möglichst viel Zeit außerhalb ihres Haftraumes zu verbringen (Nr. 80.1). Die ERJOSSM gehen dabei von mindestens acht Stunden pro Tag aus (Nr. 80.1 Hs. 2). Dies mag die Untersuchungshafteinrichtungen vor eine Herausforderung stellen, da der Zweck der Inhaftierung nicht gefährdet werden darf. So versteht es sich von selbst, dass u. U. gemeinsam Verdächtigte getrennt werden müssen. Dennoch müssen den Jugendlichen geeignete Angebote zur Freizeitgestal-

---

904 BVerfG EuGRZ 2002, S. 196, 198; siehe hierzu auch *Kap. 8.2.4.*

905 Siehe *van Zyl Smit/Dünkel* 2001, S. 720.

906 *van Kalmthout u. a.* 2009, S. 99; siehe auch *Judins* 2011, S. 860 (Lettland); in der Ukraine können die Freistunden bei guter Führung um eine weitere Stunde verlängert werden, *Zaikina* 2011, S. 1512.

tung gemacht werden und zu deren Teilnahme angeregt werden umso einem ganztäglichen Einschluss zu begegnen.

Um den negativen Einflüssen des Freiheitsentzuges entgegenzuwirken, ist es erforderlich, dass den Jugendlichen gerade im Untersuchungshaftvollzug ein breites Spektrum an sinnvollen Aktivitäten angeboten wird. So formuliert es auch Nr. 113.1 der ERJOSSM, die fordern, dass „Jugendlichen, deren Schuld noch nicht gerichtlich festgestellt ist, (...) eine Auswahl an Maßnahmen und Tätigkeiten anzubieten" ist.[907] Nr. 50.1 der ERJOSSM nennt als alleiniges Vollzugsziel die Wiedereingliederung des jungen Inhaftierten. Diese Regelung betrifft nicht nur den Strafvollzug, sondern auch die Untersuchungshaft bzw. andere Formen des Freiheitsentzuges.[908] Die jugendlichen Inhaftierten sollen zur Teilnahme an diesen erzieherischen Maßnahmen ermutigt werden (50.2 ERJOSSM). Die Förderung der Bereitschaft zur Teilnahme an den Aktivitäten und eine unverbindlichere Ausgestaltung eben dieser soll die Akzeptanz der Maßnahmen stärken.

Folglich sehen auch einige Länder eine erzieherische Ausgestaltung des Untersuchungshaftvollzuges bei Jugendlichen (theoretisch) vor. So z. B. die Regelungen in Belgien, Deutschland,[909] Frankreich, Irland, Kosovo, Österreich, Polen, Portugal, Slowenien, Spanien und der Schweiz.

In der Praxis kommt eine solche Ausgestaltung oft zu kurz, so zum Beispiel in Belgien. Dort ist unter Berücksichtigung einer oft kurzen und sicherheitsorientierten Unterbringung im *Everberg-Zentrum* ein pädagogischer Vollzug kaum möglich. Hinzu kommen mangelnde Investitionen und kulturell bedingte Probleme.[910]

Zudem sehen einige Länder eine Verpflichtung zu schulischen Angeboten vor. So beispielsweise in Dänemark, Deutschland,[911] der Tschechischen Republik und Russland. Dies ist angesichts der Tatsache, dass der Untersuchungshaftvollzug weder die schulische noch eine weiterführende Bildung verhindern darf, begrüßenswert.[912]

---

907 Siehe auch den UN-Sonderbericht 2009 („Report of the Special Rapporteur on the right to education"). Dieser wurde im April 2009 in Übereinstimmung mit der Resolution des Menschenrechtsrats 4.8 vorgelegt. Der Bericht befasst sich mit dem grundsätzlichen Anrecht auf Bildung für Strafgefangene und den Zugang zu Bildungsangeboten für Inhaftierte. Der Bericht der UNO Subkommission kommt dabei u. a. im Wesentlichen zu folgenden Empfehlungen: Bildung sollte für Menschen in Gewahrsam garantiert und in den Verfassungen der jeweiligen Staaten verankert werden. Bildung sollte sowohl während der Untersuchungshaft wie auch im ordentlichen Vollzug ermöglicht werden.

908 Die ERJOSSM erfassen jegliche Formen des Freiheitsentzuges und gehen damit über die EPR hinaus; siehe *Kap. 2.2.3* und *Dünkel/Baechthold/van Zyl Smit* 2009, S. 307.

909 Siehe ausführlich *Kap. 8.2.5.*

910 *Christeans/Dumortier/Nytiens* 2011, S. 123.

911 Siehe *Kap. 8.2.6.*

912 Siehe auch Nr. 40 der Rec (2006) 13.

In Kroatien ist dagegen keine Schulpflicht im Vollzug vorgesehen. Dort sollen die Jugendlichen in der Haft die Möglichkeit haben an schulischem Unterricht teilzunehmen, um so auf eine positive Entwicklung hinzuwirken (Art. 74 Abs. 3 der JCA). Ähnlich unverbindlich geregelt ist die Situation in der Slowakei.[913]

Auch in Lettland haben die jungen Untersuchungshäftlinge die theoretische Möglichkeit an schulischen Programmen teilzunehmen. Allerdings wird auch in Lettland über organisatorische Probleme berichtet. So ist es schwierig, Schulklassen auf den einzelnen Stationen zu organisieren. Zudem kommen Probleme, die auf eine notwendige Trennung der einzelnen Inhaftierten zurückzuführen sind. So dürfen beispielsweise als Mittäter verdächtigte nicht gemeinsam an Bildungsangeboten teilnehmen. Dieses Problem wird dadurch gelöst, dass sich die einzelnen Beschuldigten wochenweise abwechseln müssen.[914] Dadurch ist ein effizientes Angebot an schulischer Bildung natürlich ausgeschlossen.

In Griechenland bietet lediglich der Jugendstrafvollzug schulische und berufsbildende Programme an. Somit profitieren junge Untersuchungshäftlinge nur dann von solchen Angeboten, wenn sie in einer Jugendstrafanstalt untergebracht werden. Hier müssen die Institutionen dann vom strikten Trennungsgrundsatz abweichen.[915] Ähnlich ist es in Ungarn. Dort findet eine erzieherische beziehungsweise pädagogische Vollzugsgestaltung nur dann statt, soweit der Jugendliche in einer Besserungsanstalt untergebracht wird.[916]

In Dänemark soll die Anstalt „so bald wie möglich auf der Grundlage der Qualifikationen und Motivation des Jugendlichen ein spezielles Behandlungsprogramm ermitteln."[917]

In der Ukraine erschöpfen sich die Sonderregelungen in Bezug auf junge Untersuchungshäftlinge lediglich in einem erhöhten Angebot an sportlichen Aktivitäten, sodass man nicht von einer erzieherischen Ausgestaltung des Untersuchungshaftvollzuges sprechen kann.

Eine allgemeine Arbeitspflicht im Untersuchungshaftvollzug wird durch die Unschuldsvermutung dagegen ausgeschlossen. So ist die Nr. 112 der ERJOSSM nicht mehr als eine Selbstverständlichkeit. In Deutschland wurde durch die Kompetenzverschiebung im Bereich des Untersuchungshaftvollzuges die Arbeitspflicht für junge Gefangene beseitigt.[918] Lediglich in Niedersachsen kann eine

---

913 Siehe *Dünkel/Pruin* 2009, S. 173.

914 *Judins* 2011, S. 860.

915 Zur Kritik siehe *Kap. 9.2.1.*

916 Diese Entscheidung obliegt dem Gericht und hängt u. a. von der Persönlichkeit des Jugendlichen ab, siehe *Kap. 5.1.30.*

917 Siehe *Dünkel/Pruin* 2009, S. 170.

918 Früher galt die UVollzO. Diese sah für junge Gefangene noch eine Arbeitspflicht vor; siehe hierzu ausführlich *Kap. 8.2.6.*

Arbeitspflicht aus erzieherischen Gründen gerechtfertigt werden (siehe § 161 NJVollzG). Auch Italien sieht eine Arbeitspflicht im Untersuchungshaftvollzug vor.[919]

9.2.5 Besuche und Kontakte zur Außenwelt

Kontakte zur Außenwelt sind die grundlegenden Voraussetzungen um den negativen Einflüssen des Freiheitsentzuges gerade in der Untersuchungshaft entgegenzuwirken. Besonders in der Untersuchungshaft, wo Isolation und die Ungewissheit über den Ausgang des Verfahrens vorherrschen, bekommen Besuche und andere Kontakte nach draußen eine elementare Bedeutung. Dies gilt natürlich im Besonderen bei jungen Inhaftierten, bei denen womöglich bereits emotionale Vernachlässigungen oder bereits soziale Auffälligkeiten gegeben sind.[920] Deshalb stellt auch Nr. 83 der ERJOSSM klar, dass Jugendlichen zu gestatten ist, „mit ichren Familien, anderen Personen und Vertretern/Vertreterinnen von Einrichtungen außerhalb des Vollzuges ohne zahlenmäßige Beschränkung brieflich und so oft wie möglich telefonisch oder in anderen Formen zu kommunizieren und regelmäßige Besuche" zu empfangen. Besuche stellen die einzige Möglichkeit dar, direkten persönlichen Kontakt mit anstaltsexternen Personen wahrzunehmen. Folglich müssen die Besuchsregeln bei jungen Inhaftierten so gestaltet sein, dass sie Familienbeziehungen so normal wie möglich pflegen und entwickeln und die Möglichkeiten der sozialen Wiedereingliederung nutzen können (Nr. 84 ERJOSSM). Darüber hinaus fordern die ERJOSSM, dass den Jugendlichen im Rahmen des Vollzuges[921] regelmäßig Ausgänge (in Begleitung oder ohne Aufsicht) zu gewähren sind (Nr. 86.1). Solange dies nicht möglich ist, sind jedoch Vorkehrungen zu treffen, die zusätzliche oder längere Besuche ermöglichen (Nr. 86.2). Dies ist angesichts der Unschuldsvermutung und der daraus zu fordernden Besserstellung von Untersuchungs- zu Strafgefangenen eine Selbstverständlichkeit.

Die Regelungen und die Praxis in den einzelnen Ländern weichen teilweise erheblich von den internationalen Mindeststandards ab. In Dänemark, Finnland und Österreich kann grundsätzlich jederzeit Besuch empfangen werden. Diese Besuchsregelung steht dabei jedoch unter dem Vorbehalt der organisatorischen Möglichkeiten. In Österreich dürfen Besuche demnach innerhalb der festgesetzten Besuchszeiten so oft und in dem zeitlichen Ausmaß empfangen werden, solange eine Abwicklung ohne unvertretbaren Aufwand gewährleistet werden kann

919 Dünkel/Dorenburg/Grzywa 2011, S. 1762.

920 Siehe hierzu auch den Bericht des Europäischen Komitees zur Verhütung von Folter und unmenschlicher oder erniedrigender Behandlung oder Strafe (CPT)an die österreichische Regierung über seinen Besuch in Österreich vom 14. bis 23. April 2004, CPT/inf (2005) 13 Abs. 100.

921 Dazu zählt auch der Untersuchungshaftvollzug. Die ERJOSSM gelten auch für alle Formen des (vorläufigen) Freiheitsentzuges. Siehe auch Kap. 2.2.3.

(§ 36 Abs. 1 östJGG i. V. m § 188 östStPO). Auch in England/Wales und Portugal (siehe Art. 212 portStPO) gilt eine vergleichsweise großzügige Besuchsregelung. Dort dürfen Untersuchungshäftlinge täglich Besuche empfangen. In der Praxis ist dies in England aber nicht immer garantiert.[922]

In Ländern wie Estland, Irland, Lettland, den Niederlanden, Slowakei und der Tschechischen Republik sind Besuche dagegen lediglich einmal im Monat vorgesehen. So auch in der Ukraine, wobei dort nur Besuche von Eltern zulässig sind.[923] In Russland dagegen sind Besuche nur alle zwei Wochen möglich. Auch Deutschland ist von der Erfüllung der internationalen Vorgaben weit entfernt. So sind in Deutschalands Untersuchungshaftanstalten zwei bis vier Besuche im Monat vorgesehen.[924]

In anderen Ländern finden sich keine expliziten Regelungen in Bezug auf die Häufigkeit der Besuchszeiten (z. B. Bulgarien, Polen, Litauen, Italien, Griechenland, Spanien). Dort sind dann lediglich grundsätzliche Regelungen verankert, so beispielsweise in Spanien. Dort hat ein Untersuchungshäftling das Recht von einem Priester, einem Arzt oder einer verwandten Person besucht zu werden. Die Möglichkeiten dazu und die genauen Besuchszeiten müssen sich mit der Organisation der Anstalt vereinbaren lassen (Art. 523 spanStPO). Die Art und Weise einer weiteren Kommunikation mit der Außenwelt steht unter dem Vorbehalt des jeweiligen Ermittlungsrichters. Dieser entscheidet, ob solche in Bezug auf das laufende Verfahren vertretbar sind oder nicht (Art. 524 spanStPO). So ist es auch in Litauen, wo laut Art. 16 des Untersuchungshaftgesetzes die Anstalt den noch nicht verurteilten Inhaftierten Besuche zu Verwandten oder anderen Personen gestatten soll. Diese Besuche dürfen dann bis zu zwei Stunden dauern. Auch in Litauen findet sich somit keine gesetzliche Regelung, die die Anzahl der Besuche und das Recht auf solche verbindlich regelt.

In Bulgarien sind zwei Besuche pro Woche vorgesehen. Allerdings ist dies nicht explizit geregelt, sondern findet sich in einer Durchführungsverordnung.[925] Auch in Griechenland sind Besuche nicht gesetzlich festgelegt. Jedoch sind Besuche mehr als einmal in der Woche die Regel.[926]

In der Schweiz sind die Kantone für den Vollzug der Untersuchungshaft zuständig. Jedoch enthält Art. 235 Abs. 1 der schwStPO (Bundesgesetz) folgende unmissverständliche Aufforderung: „Die inhaftierte Person darf in ihrer persönlichen Freiheit nicht stärker eingeschränkt werden, als es der Haftzweck sowie die Ordnung und Sicherheit in der Haftanstalt erfordern." Damit kann nur eine grund-

---

922 *Dünkel/Dorenburg/Grzwa* 2011, S. 1765.

923 *Zaikina* 2011, S. 1512.

924 Dies unterscheidet sich von Bundesland zu Bundesland, siehe ausführlich *Kap. 8.2.8.*

925 Vgl. *Bahtiyar/Lambertina* 2009, S. 201.

926 *Bahtiyar* 2009, S. 455.

sätzlich uneingeschränkte Besuchsregelung gemeint sein. Dennoch schränkt beispielsweise der Kanton Schwyz die Besuchsregeln stark ein. So gilt, dass bei Inhaftierten in Untersuchungs- und Sicherheitshaft die zuständige Strafverfolgungs- oder Gerichtsbehörde über den Empfang von Besuchern entscheidet. In der Regel ist nur der Besuch von Angehörigen erlaubt.[927]

Es ist festzustellen, dass sich die einzelnen Länder schwer tun für rechtsstaatlich einwandfreie (Besuchs-)Regelungen zu sorgen. Länder mit Besuchsregeln von gerade einmal vier Besuchen im Monat kommen damit ihrem Auftrag nicht nach, die Untersuchungshaftgefangenen gegenüber den Strafgefangenen besser zu stellen. Uneingeschränkte Besuchsregeln (unter dem Vorbehalt der Verfahrenssicherung) sind nicht nur auf Grund der Unschuldsvermutung, die eine schuldbezogene Vollzugsgestaltung verbietet, zu gewährleisten, sondern sie können auch gerade bei jungen Inhaftierten präventive Wirkung im Hinblick auf eine drohende Verwahrlosung, Deprivation und Suizidgefahren entfalten. Auch in diesem Bereich muss gelten, dass Mittel- und Personalknappheit nicht zu einer Einschränkung elementarer Rechte führen darf.

Tabelle 10: Besuchszeiten im Untersuchungshaftvollzug

Land	Gesetzlich geregelte Besuchszeiten in der Untersuchungshaft*
A	jederzeit [a]
B	Besuche sind lediglich in den „Community-Institutions" vorgesehen
BG	(2 Besuche pro Woche) laut einer Durchführungsverordnung
CH	k. A.
CY	k. A.
CZ	1 Besuch pro Woche
D	2 - 4 Stunden im Monat [b]
DK	jederzeit [a]
E	---
EST	1 Besuch pro Woche
E/W	täglich
F	k. A.

---

927 Siehe Art. 14 Abs. 3 Haft-, Straf- und Maßnahmevollzugsordnung (HSMV) des Kantons Schwyz.

Land	Gesetzlich geregelte Besuchszeiten in der Untersuchungshaft*
FIN	jederzeit [a]
GR	---
HR	k. A.
HU	keine konkreten Zeitangaben; die Anstalt muss jedoch Besuche mit Familienangehörigen fördern
I	---
IRE	1 Besuch pro Woche
KO	k. A.
LT	---
LV	1 Besuch pro Woche
NI	k. A.
NL	1 Besuch pro Woche
P	täglich
PL	---
RO	k. A.
RUS	alle 2 Wochen
SCO	k. A.
SK	1 Besuch pro Woche
SLO	k. A.
SRB	k. A.
SWE	k. A.
TR	k. A.
UA	1 Besuch pro Monat (nur für Eltern)

*   in den Ländern mit Regelungen bzgl. Besuchen im Vollzug. Jedoch sind keine Mindestbesuchszeiten im Gesetz vorgesehen.

a)   Unter der Voraussetzung der organisatorischen Möglichkeiten.

b)   In Deutschland variieren die Besuchszeiten je nach Landesgesetz; siehe ausführlich *Kap. 8.2.8.*

A = Österreich; B = Belgien; BG = Bulgarien; CH = Schweiz; CY = Zypern; CZ = Tschechische Republik; D = Deutschland; DK = Dänemark; EST = Estland; E = Spanien; E/W = England/Wales; FIN = Finnland; F = Frankreich; GR= Griechenland; HR = Kroatien; HU = Ungarn, IRE = Irland; I = Italien; KO = Kosovo; LT = Litauen; LV = Lettland; NI= Nordirland; NL = Niederlande; PL= Polen; P = Portugal; RO = Rumänien; RUS = Russland; SCO = Schottland; SK = Slowakei; SLO = Slowenien; SRB = Serbien; SWE = Schweden; TR = Türkei; UA = Ukraine.

9.2.6 Einbeziehung Sozialer Dienste/Entlassungsvorbereitung

Bereits in der Untersuchungshaft ist im besonderen Maße auf eine Wiedereingliederung hinzuwirken. Wichtiges Element dabei sind die Angebote zu sinnvollen Beschäftigungen und Programmen im Vollzug (siehe *Kap. 9.2.4.*).

Ebenso wichtig ist die frühestmögliche Einbeziehung der Sozialen Dienste.[928] Junge Gefangene sollen von Anbeginn ihres Freiheitsentzuges von denjenigen Institutionen betreut werden, die nach der Entlassung für sie zuständig sein werden (Nr. 51 ERJOSSM). Das bedeutet, dass bereits im Untersuchungshaftvollzug für eine Betreuung zu sorgen ist. Dies ist umso bedeutungsvoller, wenn man bedenkt, dass in vielen Ländern etwa die Hälfte aller jungen Untersuchungshäftlingen zu einer ambulanten Sanktion beziehungsweise zu einer Bewährungsstrafe verurteilt werden und somit nach der Untersuchungshaft direkt entlassen werden.[929]

In Deutschland ist es die Jugendgerichtshilfe, die bereits über den Erlass eines Haftbefehls zu benachrichtigen ist.[930] Auch in Österreich muss die Jugendgerichtshilfe einbezogen werden.

In Bulgarien, Frankreich, Italien, Schweiz, Slowakei, der Tschechischen Republik und Ungarn sind es Familien- bzw. Bildungsbehörden, die einzubeziehen sind. In Rumänien und vielen anderen Ländern ist es die Bewährungshilfe. Zudem sollen in nahezu allen Ländern die Eltern oder die gesetzlichen Vertreter in die erzieherischen Entscheidungen einbezogen werden (z. B. Belgien, Bulgarien, Polen, Rumänien, Ungarn).[931]

Eine frühzeitige Einbeziehung Sozialer Dienste steht eng im Zusammenhang mit einer effektiven Entlassungsvorbereitung. Zugegebenermaßen gestaltet sich eine Entlassungsvorbereitung in der Untersuchungshaft schwerer als im Strafvollzug. So ist der Entlassungszeitpunkt bei Untersuchungshäftlingen nicht vorhersehbar. Zudem findet eine Entlassung oft von einem auf den nächsten Tag statt. Dennoch muss beachtet werden, dass junge Untersuchungshäftlinge häufig nicht zu einer unbedingten Freiheitsstrafe verurteilt werden, was eine frühzeitige Ent-

---

928   Zu den Benachrichtigungspflichten bei Anordnung von Untersuchungshaft siehe ausführlich *Kap. 5.5.*

929   Siehe hierzu *Kap. 10.*

930   Siehe *Kap. 4.8.*

931   Siehe *Kap. 5.5.*

lassungsvorbereitung unentbehrlich macht.[932] In Ungarn müssen vor der Entlassung somit die Organisationen benachrichtigt werden, die bereits bei der Inhaftierung benachrichtigt wurden.[933]

9.2.7 Kleidung im Vollzug

Bei dem Problemkreis der Kleidung im Vollzug beziehungsweise bei der Frage, ob die Inhaftierten eigene Kleidung oder Anstaltskleidung tragen müssen, geht es auch immer um einen Konflikt zwischen einer möglichen Angleichung des Vollzugs an die allgemeinen Lebensverhältnisse sowie der Sicherheit und Ordnung in der Anstalt. So kann das Tragen eigener Kleidung gerade bei Jugendlichen dazu führen, dass durch das Tragen bestimmter Statussymbole zwischen den Inhaftierten eine gewisse Rangordnung entsteht und soziale Unterschiede deutlich werden. Jedoch muss auch beachtet werden, dass Anstaltskleidung als eine Selbstwertkränkung empfunden werden kann.[934]

Die ERJOSSM gehen folglich, was die Kleidung der Inhaftierten angeht, von dem Grundsatz aus, dass „geeignete" Privatkleidung getragen werden soll. Dies ist für den Untersuchungshaftvollzug an sich selbstverständlich, wenn man bedenkt, dass es sich schließlich nicht um eine Strafhaft handelt. Deshalb enthält Nr. 66. 1 den Vorbehalt, dass Privatkleidung vorzusehen ist, wenn dies „geeignet" erscheint. Sofern Anstaltskleidung als geeigneter angesehen wird, muss allerdings darauf geachtet werden, dass diese nicht erniedrigend und der Jahreszeit angemessen ist (Nr. 66.3).

In fast allen Ländern haben die jungen Untersuchungshäftlinge auch das Recht ihre eigene Kleidung zu tragen. In Ländern, in denen der Inhaftierte nicht über geeignete Kleidung verfügt, wird diese von der Anstalt zur Verfügung gestellt (so z. B. in Ungarn). Auch kann das Tragen eigener Kleidung davon abhängig gemacht werden, dass der Inhaftierte für die Reinigung aufkommt.[935]

In Schweden und der Slowakei ist dagegen eine einheitliche Anstaltskleidung vorgesehen.[936]

9.2.8 Haftkosten

Ein wichtiger Indikator für die Qualität des (Untersuchungshaft-)Vollzugs sind auch die täglichen Kosten eines Haftplatzes. In diesem Punkt lassen sich im eu-

---

932 Siehe hierzu insbes. die *deutsche* Praxis, *Kap. 10.*

933 *Váradi-Csema* 2011, S. 703.

934 Vgl. hierzu eine Entscheidung des BVerfG (Beschl. v. 3.11.1999 - 2 BvR 2039/99).

935 *Dünkel/Dorenburg/Grzywa* 2011, S. 1765.

936 *Dünkel/Dorenburg/Grzywa* 2011, S. 1765.

ropäischen Vergleich erhebliche Unterschiede feststellen (siehe *Tab. 11*).[937] Auch unter Berücksichtigung, dass die Lebenshaltungskosten in vielen Ländern nicht miteinander zu vergleichen sind, sind Haftkosten von 0,9 € (Ukraine) und 6 € (Ungarn) äußerst fragwürdig.[938] Auch in Estland (16 €), der Türkei (16 €) und Lettland (21,6 €) kann man auf einen sehr niedrigen Standard schließen.

Länder wie Deutschland, Italien und Österreich lassen sich dagegen, was die Haftkosten pro Tag angeht, im Mittelfeld ansiedeln. Hier liegen die Ausgaben zwischen 80 und 120 €.[939] Litauen liegt mit 44 € im unteren Mittelfeld.

Die skandinavischen Länder (z. B. Schweden 180 €), die Schweiz (133-400 € je nach Einrichtung) Irland (ca. 250 €) und die Niederlande (300 €) investieren offensichtlich erheblich mehr Geld in die Betreuung und personelle Ausstattung im Vollzug.[940]

9.2.9 Zusammenfassung

Generell kann festgehalten werden, dass viele Länder mit ihren bestehenden Regelungen den internationalen Mindestvorgaben weitestgehend entsprechen. Dies bedeutet jedoch nicht, dass dies auch in der Praxis umgesetzt wird. Zudem werden in vielen anderen Ländern selbst die internationalen Mindeststandards oder rechtsstaatliche Ansprüche missachtet.

In den meisten Ländern ist der Untersuchungshaftvollzug nur sehr marginal in den jeweiligen Strafprozessordnungen geregelt. Nur wenige Länder verfügen über selbstständige Untersuchungshaftvollzugsgesetze (Deutschland,[941] Finnland, Litauen, Ukraine). Dies führt zwangsläufig dazu, dass sich die Lebensbedingungen für (junge) Gefangene im Untersuchungshaftvollzug von denen im Erwachsenenvollzug oder Strafvollzug kaum unterscheiden. Das ist ein nicht hin-

---

937 Die Daten stammen aus der 2006 durchgeführten Befragung des Europarats an die jeweiligen Mitgliedsstaaten, siehe *Dünkel/Pruin* 2009, S. 160.

938 Es ist zu beachten, dass es sich überwiegend um die Haftkosten des Jugendstrafvollzugs handelt. Die Kosten im Untersuchungshaftvollzug dürften angesichts der fehlenden therapeutischen Maßnahmen niedriger sein. Auch ist fraglich, inwieweit Baukosten in den Beträgen enthalten sind.

939 In Deutschland variieren die Tageshaftkosten in den jeweiligen Bundesländern. Dies wird durch die Föderalismusreform und die Kompetenzverschiebung im Rahmen des Straf- und Untersuchungshaftvollzuges noch verstärkt. In Berlin lagen die Tageshaftkosten im Jahr 2010 bei 95,87 € (ohne Baukosten). Der Bundesländerdurchschnitt lag im Jahr 2010 bei 109,38 € (inkl. Baukosten); siehe auch *Kap. 8.2.14*.

940 Es muss aber berücksichtigt werden, dass die Kosten für beispielsweise Lebensmittel und Personal in Schweden auf einem anderen Niveau liegen dürften.

941 Seit der Föderalismusreform ist der Untersuchungshaftvollzug Sache der Bundesländer, ausführlich hierzu *Kap. 8*.

nehmbarer Zustand. In vielen Ländern sind spezielle Sonderregelungen vorhanden. So haben die jungen Inhaftierten im Vergleich zum Erwachsenenvollzug teilweise besondere Privilegien was die Ernährung oder die Besuchszeiten angeht.[942] Auch in Ländern, wo die Rahmenbedingungen im Allgemeinen besser sind, existieren keine wirklichen Unterschiede (z. B. Schweden). Lediglich wird eine individuelle Persönlichkeitserforschung des jungen Inhaftierten gefordert.[943]

In anderen Ländern existieren ebenfalls keine wirklichen Unterschiede zum Erwachsenenvollzug. Der einzige nennenswerte Unterschied besteht oft darin, dass das Wachpersonal keine Waffen trägt und das Personal besonders geschult sein soll (Türkei, Ukraine). Die Haftbedingungen in der Untersuchungshaft sind oft unmenschlich und von schlechter Hygiene, schlechter Luft, wenig Tageslicht und Überbelegung gekennzeichnet.[944] Die Überbelegung führt dabei zwangsläufig zu einer mangelhaften Betreuung und Versorgung im medizinischen Bereich und erhöht zudem den Stressfaktor unter den Gefangenen. Besonders problematisch sind beispielsweise auch die tatsächlichen Verhältnisse hinsichtlich der Kontakte zur Außenwelt und die teilweise sehr langen Einschlusszeiten. Untersuchungshäftlinge sollten die Möglichkeit erhalten, jeden Tag Besuch zu empfangen, sofern es sich mit der Anstaltsorganisation nachvollziehbar vereinbaren lässt. Auch muss es möglich sein, eigene Lebensmittel zu beziehen, soweit die Kosten vom Inhaftierten getragen werden. Eine Arbeitspflicht darf es im Untersuchungshaftvollzug nicht geben. Dennoch müssen gerade den jungen Gefangenen sinnvolle Aktivitäten, wie Schule, Fortbildungs- oder Freizeitaktivitäten angeboten werden. Die Vollzugsangebote müssen so gestaltet sein, dass sie der persönlichen und sozialen Entwicklung dienen. Die Bereitschaft zur Teilnahme an diesen Programmen ist zu wecken und fördern. So ist es z. B. nicht hinnehmbar, dass junge Untersuchungshäftlinge nahezu den ganzen Tag in ihrer Zelle verbringen müssen. Hinzu kommen Probleme, die sich aus einer gemeinschaftlichen Unterbringung ergeben. Dazu ist anzumerken, dass in einigen Ländern eine Einzelunterbringung während der Ruhezeit nicht gewährleistet ist. Dies wird häufig mit dem Problem der Überbelegung begründet. Hinzu kommen teilweise menschenunwürdige Verhältnisse in Bezug auf die Haftraumgröße (z. B. Estland, Finnland, Lettland, Litauen, Russland, Ukraine).[945]

Zusammenfassend kann festgehalten werden, dass die Bedingungen in der Untersuchungshaft vergleichsweise unterentwickelt sind. Auch wenn in einigen Ländern gute Ansätze und eine weitgehende Übereinstimmung mit den Mindest-

---

942 Vgl. auch *Dünkel/Pruin* 2009, S. 173.

943 Siehe *Dünkel/Pruin* 2009, S. 173.

944 So insbes. in Bulgarien und Lettland; siehe *Kanev u. a.* 2011, S. 169 f.; *Judins* 2011, S. 859 und der Ukraine, siehe hierzu *Zaikina* 2011, S. 1512 f.

945 Siehe *Tab. 11.*

anforderungen festzustellen ist, muss gerade im Bereich des Untersuchungshaftvollzugs eine besondere Sensibilität für die Inhaftierten an den Tag gelegt werden.
Schließlich handelt es sich beim Untersuchungshaftvollzug um einen Vollzug an
einem noch als unschuldig geltenden Inhaftierten.

**Tabelle 11: Gesetzliche Regelungen zum Vollzug der Untersuchungs-
haft, Einbeziehung der Erziehungsberechtigten und
Haftkosten**

Land	Getrennte Unterbringung von Jugendlichen und Erwachsenen	Einzelunterbringung	Haftraumgröße (pro Häftling)	Erzieherische Ausgestaltung des Vollzugs	Spezielle Regelungen in Bezug auf die Erziehungsberechtigten	Kosten pro Hafttag*
A	X	X/-	7, 5 m²	X	X	ca. 120 €
B	X	k. A.	50 Plätze in Speziellen Einrichtungen	X	X	k. A.
BG	X	X, bei Heranwachsenden nicht zwingend Einzelunterbringung	k. A.	k. A.	X	k. A.
CH	X (seit 2007)	X	10 m² pro Häftling; mind. 2 m² für sanitäre Einrichtungen	X	X	133-400 €
CY	X	k. A.	k. A.	k. A.	k. A.	56,86 €
CZ	X	k. A.	4 m² pro Jugendl., eine Einzelzelle mind. 6 m²	-	k. A.	k. A.

Land	Getrennte Unterbringung von Jugendlichen und Erwachsenen	Einzelunterbringung	Haftraumgröße (pro Häftling)	Erzieherische Ausgestaltung des Vollzugs	Spezielle Regelungen in Bezug auf die Erziehungsberechtigten	Kosten pro Hafttag*
D	X	X	Nicht gesetzlich geregelt; BVerfG: ein Haftraum unter 7 m² = Verstoß gegen die Menschenwürde	X	X	Haftkosten variieren pro Bundesland. Durschnitt lag im Jahr 2009 bei 100,22 €
DK	---	X	k. A.	---	k. A.	k. A.
E	X	k. A.	k. A.	X theoret.	X	k. A.
EST	nicht gesetzlich vorgschrieb.	k. A.	mind. 2,5 m²	k. A.	k. A.	16 €
E/W	X	k. A.	k. A.	k. A.	X	ca. 206 €
F	X	X (soweit möglich)	Einzelhaftraum: mind. 10,5 m²	X	X	k. A.
FIN	X	k. A.	5,5 m²	k. A.	X	125 € (2005)
GR	X	X (in der Praxis jedoch häufig Gemeinschaftszellen	6 m² pro Häftling in Gemeinschaftszellen; 35 m³ in Einzelzellen**	(X) lediglich im Jugendstrafvollzug. Bei Unterbringung in einer derartigen Anstalt stehen die Angebote auch den Untersuchungshäftlingen zu.	k. A.	k. A.
HR	X (jedoch nicht verpflichtend)	k. A.	k. A.	k. A.	X	k. A.

Land	Getrennte Unterbringung von Jugendlichen und Erwachsenen	Einzelunterbringung	Haftraumgröße (pro Häftling)	Erzieherische Ausgestaltung des Vollzugs	Spezielle Regelungen in Bezug auf die Erziehungsberechtigten	Kosten pro Hafttag*
HU	X	k. A.	k. A.	(X) in der sog. Besserungsanstalt wird der Wiedereingliederungsgrundsatz betont. Zudem sollen die Interessen des Jugendlichen gewahrt werden.	X	6,13 €
I	X (Unterbringung in den IPM, spezielle Anstalt für Jugendliche)	k. A.	9 m²	k. A.	X	90 €
IRE	X	k. A.	k. A.	X	k. A.	250 € („St. Patrick Institution" 740 € in einer sog. „secure detention school"
KO	X	---	nicht gesetzlich geregelt	X	---	k. A.
LT	X	- (in Erziehungseinrichtungen: vier Personen pro Zelle	5 m²	k. A.	k. A.	44 € (2008)
LV	X	---	3 m² (pro Häftling)	k. A.	X	21,63 € (2005)
NI	k. A.	k. A.	k. A.	k. A.	k. A.	k. A.

Land	Getrennte Unterbringung von Jugendlichen und Erwachsenen	Einzelunterbringung	Haftraumgröße (pro Häftling)	Erzieherische Ausgestaltung des Vollzugs	Spezielle Regelungen in Bezug auf die Erziehungsberechtigten	Kosten pro Hafttag*
NL	X	k. A.	10 m²	k. A.	X	300 €
P	X (Jugendl.-unter 16 bes. Jugendeinrichtunge, bei Jugendlichen über 16	X	10-14 Plätze	X	X	160,50 €
PL	X	k. A.	k. A.	k. A.	X	k. A.
RO	X	k. A.	k. A.	k. A.	X	k. A.
RUS	X	k. A.	3,5 m²	k. A.	k. A.	k. A.
SCO	k. A.	k. A.	k. A.	k. A.	k. A.	k. A.
SK	k. A.	k. A.	4 m²	k. A.	X	30,62 €
SLO	X	k. A.	k. A.	X	k. A.	61 € (2006)
SRB	X (kann aber eingeschränkt werden)	k. A.	k. A.	k. A.	X	k. A.
SWE	X	X	k. A.	k. A.	k. A.	180 €
TR	X	---	EPR und den UN- Vorgaben	k. A.	k. A.	16 €
UA	X	---	2,5 m²	X (wobei überwiegend sportliche Aktivitäten)	k. A.	0,90 €

*   Bei diesen Angaben muss beachtet werden, dass es sich überwiegend um die Kosten im Jugendstrafvollzug handelt. So liegt es nahe, dass die Kosten im Untersuchungshaftvollzug niedriger sind, da es überwiegend an therapeutischen und bildungsorientierten Aktivitäten fehlt; siehe zu den Haftkosten im Jugendstrafvollzug *Dünkel/Stańdo-Kawecka* 2011, S. 1785 ff.

** Gemäß Art. 21 des griechischen Gesetzes über den Vollzug von Strafen. Diese Regel gilt jedoch nur für Haftanstalten, die nach dem Inkrafttreten des Gesetzes gebaut wurden.

A = Österreich; B = Belgien; BG = Bulgarien; CH = Schweiz; CY = Zypern; CZ = Tschechische Republik; E = Spanien; EST = Estland, E/W = England/Wales; D = Deutschland; DK = Dänemark; FIN = Finnland; F = Frankreich; GR= Griechenland; HR = Kroatien; HU = Ungarn; IRE

= Irland; I = Italien; KO = Kosovo; LT = Litauen; LV= Lettland; NI= Nordirland; NL = Niederlande; PL= Polen; P = Portugal; RO = Rumänien; RUS = Russland; SCO = Schottland; SK = Slowakei; SLO = Slowenien; SRB = Serbien; TR = Türkei; UA = Ukraine.

10. Die justizielle Praxis der Untersuchungshaft und der Untersuchungshaftalternativen in Deutschland und Europa

10.1 Anwendung der Untersuchungshaft in Deutschland

Eine Untersuchungshaftstatistik gibt es in Deutschland nicht. Jedoch gibt die Strafvollzugsstatistik Aufschluss über die Anzahl der Untersuchungshaftgefangenen. Dabei ist allerdings zu bemerken, dass es sich dabei um stichtagsbezogene Zahlen handelt. Dies führt dazu, dass die Untersuchungshaftgefangenen untererfasst sind.[946] Die Strafvollzugsstatistik informiert lediglich über die Zahl der am jeweiligen Stichtag inhaftierten Untersuchungsgefangenen. Stichtagszahlen sind aber kein Maß für die Zahl inhaftierter Personen, sondern ein Maß für (auf Personen bezogene) Inhaftierungszeiten, d. h., sie sind eine Funktion der Zahl der Inhaftierten und der Haftdauer. Je kürzer die Inhaftierungszeit ist, desto geringer ist der Ausschnitt der am Stichtag erfassten Zahl der Inhaftierten. Deshalb ist die zum Stichtag erfasste Zahl der inhaftierten Untersuchungsgefangenen wesentlich niedriger als die Zahl der insgesamt in einem Jahr inhaftierten Untersuchungsgefangenen, was wiederum erklärt, weshalb die entsprechenden Zahlen der Strafvollzugs- und Strafverfolgungsstatistik erheblich voneinander abweichen.[947] In den ebenfalls in der Strafvollzugsstatistik ausgewiesenen Zahlen über Zugänge sind nicht nur Erstaufnahmen in den Vollzug erfasst, sondern jede Aufnahme. Es kann deshalb, insbesondere bei Verlegungen in andere Anstalten, zu Mehrfachzählungen kommen. In den Strafvollzugsstatistiken fehlen Angaben zur Haftdauer, zum Haftgrund und zur zugrundeliegenden Straftat.

Über die Zahl der Untersuchungshaftanordnungen, der Untersuchungsgefangenen und über die Dauer der Untersuchungshaft fehlen somit vollständige statistische Nachweise. Für die Strafverfolgungsstatistik werden zwar seit 1975 die Abgeurteilten mit Untersuchungshaft erfasst, wobei zugrundeliegende Straftat, Geschlecht, Haftgründe, Dauer der Untersuchungshaft, auch im Vergleich zur erkannten Strafe, sowie die erkannte schwerste Entscheidung ausgewiesen werden. Nicht erfasst ist in der Zahl der Abgeurteilten mit Untersuchungshaft die – mutmaßlich kleine – Zahl von Untersuchungshaftgefangenen, die überhaupt nicht angeklagt wurden, d. h., es fehlen Nachweise über Untersuchungsgefangene, bei denen das Verfahren gem. §§ 170 Abs. 2, 153 ff. StPO, § 45 JGG vor Eröffnung des Hauptverfahrens eingestellt wurde. Nicht erfasst sind ferner Haftanordnungen, die nach Rechtskraft der das Verfahren abschließenden Entscheidung ergehen, also insbesondere Fälle des Sicherungshaftbefehls nach § 453c StPO.

---

946 Bei einer durchschnittlichen Dauer von zwei Monaten wird somit nur jeder sechste Untersuchungsgefangene erfasst.

947 *Heinz* 2006, S. 33.

10.1.1 Anwendung der Untersuchungshaft bei Erwachsenen

Es ist festzustellen, dass die Entwicklung der stichtagbezogenen Untersuchungshaftzahlen nicht konstant verläuft. Vielmehr ist eine unstetige „Wellenbewegung" festzustellen, deren Höchstwerte sich jeweils im Zehnjahresrhythmus fanden (1973, 1982/83 und 1993). Seit den 1970er Jahren sind schwankende Zahlen zu registrieren, die im Jahr 1982 mit 13.638 ihren Höchststand erreichte und 1986 (9.687) einen Tiefstand verzeichnete. Von 1989 bis 1994 stieg die Zahl wieder drastisch an und erreichte schließlich im Jahr 1994 einen Höchststand mit über 18.516 erwachsenen Untersuchungshaftgefangenen. Dies ist mit der Grenzöffnung und einem verstärkten Andrang von Asylbewerbern und Kriegsflüchtigen aus dem Balkan zu erklären.[948]

Betrachtet man die Gesamtzahl der Untersuchungsgefangenen der letzten Jahrzehnte, zeigt sich, dass nach einem vorläufigen Höhepunkt 1982 (16.539) eine stetige Abnahme bis Ende der 1980er Jahre festzustellen ist (vgl. *Tab. 12*). Diese Entwicklung erfolgte auch unabhängig von demographischen Faktoren und Entwicklungen im Untersuchungshaftrecht.[949] Es bleibt festzuhalten, dass die Zahl der Untersuchungsgefangenen deutlich zurückgegangen ist. Ende März 2011 befanden sich nur noch 9.487 Erwachsene im Untersuchungshaftvollzug. Dies ist gegenüber 1994 ein Rückgang um 42,7%. Bei den Erwachsenen entspricht dies einem Rückgang um 42,2%, bei den Heranwachsenden um 47,2% und bei Jugendlichen um 40,5%.

Ein weiteres Indiz für Veränderungen in der Haftpraxis liefert die Betrachtung des Anteils der Untersuchungsgefangenen an der Gesamtbelegung des Vollzuges. Insgesamt hatte sich dieser Anteil von etwa 25% in den 1970er und 1980er Jahren auf 30% in den 1990er Jahren erhöht. Anfang der 1990er Jahre lag dieser Wert sogar deutlich über 30% (31.12.1993: 35,3%). 2002 hatte sich der Anteil wieder auf etwa ein Viertel aller Vollzugsinsassen eingependelt. Mittlerweile macht der Anteil der Untersuchungsgefangenen ca. 19% der Inhaftierten aus.[950] Dabei ist aber zu bedenken, dass dieser Rückgang auch in gewisser Weise der Umstellung der Stichtagszählung geschuldet sein kann.[951] Im Jahr 2008 ist der prozentuale Anteil jedoch weiter auf ca. 16% gesunken.

---

948 *Dünkel* 1994b, S. 20 f.

949 *Dünkel* 1994a, S. 611.

950 *Dünkel* 1994a, S. 611.

951 Bis zum Jahr 2002 war der Stichtag jeweils der 31.12. Dabei kann davon ausgegangen werden, dass vor diesem Stichtag regelmäßig Entlassungen stattfanden (sog. Weihnachtsamnestien), so dass die Zahl der verurteilten Strafgefangenen zu diesem Stichtag systematisch unterrepräsentiert war.

Eine eindeutige Erklärung für den stetigen Rückgang der Untersuchungshaftzahlen ist schwierig. Gesetzgeberische Veränderungen, die zunächst als eine mögliche Erklärung erscheinen, sind nicht auszumachen. Gesetzesänderungen, die die Untersuchungshaft einschränken, hat es in dieser Zeit nicht gegeben. Ganz im Gegenteil wurde mit § 127b StPO eine weitere Möglichkeit geschaffen eine Inhaftierung vor einem Urteil zu ermöglichen.[952] Es bleibt darüber hinaus noch abzuwarten, inwieweit sich die seit 2010 verpflichtende unmittelbare Verteidigerbeiordnung im Falle der Untersuchungshaftvollstreckung (§ 140 Abs. 1 S. 1 Nr. 4 StPO) positiv auf die Häufigkeit der Anordnung und die Dauer der Haft auswirkt.

Eine Möglichkeit für einen Rückgang der Untersuchungshaftzahlen könnte in einer Veränderung des Kriminalitätsaufkommens gesehen werden. Allerdings zeigt die Kriminalitätsentwicklung in den letzten Jahren keine gravierende Veränderung. Während bei der Zahl der Gewaltdelikte und Delikte gegen das BtMG laut Polizeilicher Kriminalstatistik ein Anstieg zu verzeichnen war, ist bei den Raub- und Tötungsdelikten ein Rückgang zu verzeichnen.[953] So könnte der Anstieg der Drogendelikte für einen Anstieg der Untersuchungshaftzahlen sprechen, der Rückgang der Tötungsdelikte allerdings eher für einen Rückgang. Auch die Veränderungen beziehungsweise der Rückgang im Rahmen der besonders gefährdeten Gruppe der ausländischen Tatverdächtigen fällt zu gering aus, um daraus auf einen Rückgang bei den Untersuchungshaftzahlen zu schließen.[954] Auch wird in diesem Zusammenhang häufig von einer Änderung im Umgang mit Asylbewerbern bzw. Ausländern gesprochen. So wird der Rückgang der Asylbewerberzahlen und insgesamt der Ausländerzuzüge, häufig für den Rückgang der Untersuchungshaftzahlen verantwortlich gemacht. Jedoch ist der Anteil ausländischer Untersuchungsgefangener sehr hoch bzw. in den letzten Jahren eher noch gestiegen.[955] Es deutet somit viel darauf hin, dass das kriminalpolitische Klima einen großen Anteil an den Veränderungen bei den Untersuchungshaftzahlen hat. Es gibt empirische Belege dafür, dass Untersuchungshaft angeordnet wird, wenn besonders schwere Straftaten angeklagt werden, und dass bei weniger schweren Delikten der Verhältnismäßigkeitsgrundsatz Berücksichtigung findet.[956] Auch die Rechtsprechung der Oberlandesgerichte zu § 122 StPO könnte einen Einfluss auf die sinkenden Untersuchungshaftzahlen haben.[957]

---

952 Zur sog. Hauptverhandlungshaft siehe *Schlothauer/Weider* 2010, S. 62 ff.

953 So weist die Polizeiliche Kriminalstatistik (PKS) im Jahr 1995: 170.170 Gewalttaten auf. Im Jahr 2012: 195.143; siehe die Polizeiliche Kriminalstatistik des jeweiligen Jahres.

954 Siehe *Busse* 2008, S. 31.

955 Der Anteil beträgt um die 44%; siehe *Morgenstern* 2009, S. 398 f.; *Dünkel/Morgenstern* 2010, S. 106; zu aktuellen Entwicklungen s. auch *Morgenstern* 2017.

956 *Morgenstern* 2011, S. 470.

957 So *Morgenstern* 2011, S. 470. Nach §§ 121, 122 muss das OLG eine Fortdauer der Untersuchungshaft anordnen, wenn diese länger als sechs Monate dauert.

Tabelle 12: **Gefangene insgesamt und Belegungsentwicklung in der Untersuchungshaft nach Altersgruppen**

Jahr	Gefangene insgesamt*	U-Gefangene	Anteil U-Haft in %	Erwachsene	Heranwachsende	Jugendliche
1980	51889	14929	28,8	12267	2040	622
1981	53579	15636	29,2	12743	2141	752
1982	57277	16539	28,9	13638	2040	861
1983	55816	14600	26,2	12269	1714	617
1984	53166	13303	25,0	11313	1513	477
1985	50255	12254	24,4	10346	1446	462
1986	45666	11373	24,9	9687	1319	367
1987	44903	11527	26,1	9922	1188	417
1988	44804	11703	26,1	10314	1010	379
1989	43900	12222	27,8	10811	1087	324
1990	44355	14070	31,7	12380	1309	381
1991**	45892	14415	31,4	12480	1532	403
1992	49106	18370	37,4	15354	2323	693
1993	59833	21787	36,4	18516	2359	912
1994***	60289	20203	33,5	17159	2210	834
1995	61108	19787	32,2	16696	2199	892
1996	64680	20440	31,6	17274	2232	934
1997	68029	19935	29,3	16848	2154	933
1998	69917	19049	27,2	15979	2216	854
1999	69214	17661	25,5	14633	2135	893
2000	70252	17524	24,9	14501	2120	903
2001	70203	17431	24,8	14411	2097	923
2002	70977	16853	23,7	14175	1864	814
2003	79153	16785	21,2	14206	1837	742
2004	79452	15783	19,8	13512	1586	685
2005	78664	15228	19,3	13029	1547	652

Jahr	Gefan-gene ins-gesamt*	U-Gefan-gene	Anteil U-Haft in %	Erwach-sene	Heran-wach-sende	Jugend liche
2006	76629	13330	17,3	11414	1319	597
2007	72656	12357	17,0	10608	1205	544
2008	72259	11577	16,0	9915	1166	496
2009	70817	11138	15,7	9706	1017	415
2010	69385	10781	15,5	9398	1009	374
2011	68099	10793	15,8	9487	957	349

Quelle: Strafvollzugsstatistiken der Jahre 1980 bis 2002, Statistisches Bundesamt Fachserie 10/Reihe 4.2, ab 2003 Statistisches Bundesamt Rechtspflege, Bestand der Gefange-nen und Verwahrten Stichtag bis 2002 jeweils 31.12, ab 2003 jeweils 30.11.
*   Straf- und Untersuchungshäftlinge
**   früheres Bundesgebiet ohne Hamburg
***   Gesamtdeutschland

Abbildung 1: Belegung in der Untersuchungshaft nach Alter

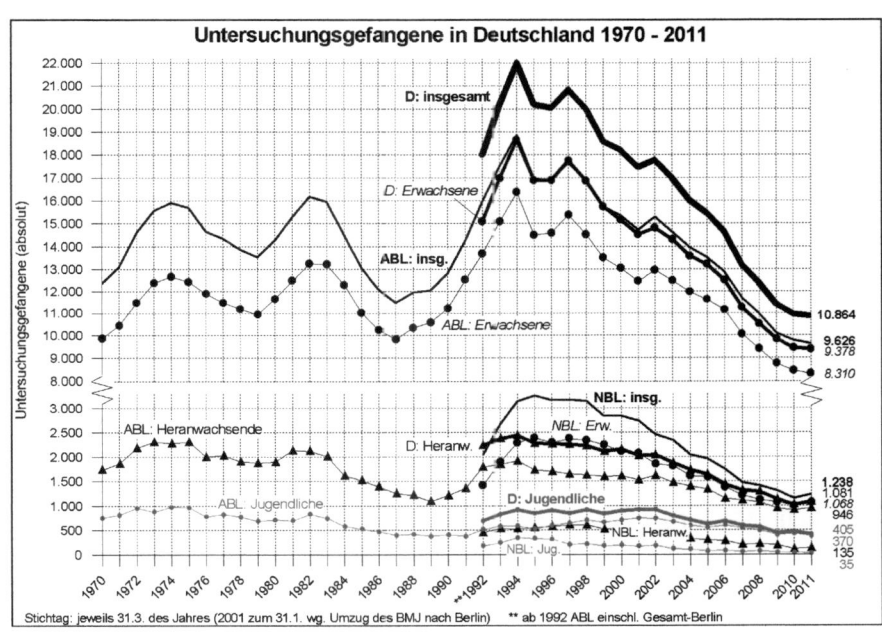

Quelle: Greifswalder Inventar zum Strafvollzug, www.rsf.uni-greifswald.de/duenkel/gis.html.

10.1.2 Anwendung der Untersuchungshaft bei Jugendlichen

Bei der Datenauswertung der Anwendungspraxis gegenüber jungen Gefangenen kommt ein weiteres Problem hinzu. So kann nicht genau festgestellt werden, wie häufig die Untersuchungshaft bei Jugendlichen unter 16 Jahren angeordnet wird. Gerade dies wäre im Hinblick auf die besondere Bedeutung des Subsidiaritätsgrundsatzes bei dieser Altersgruppe interessant (§ 72 Abs. 2 JGG).[958] Die Strafverfolgungsstatistik informiert zwar über die Anordnung im Fall einer späteren Verurteilung, allerdings fehlt die Differenzierung nach dem Alter.[959] Derartige Daten wären wünschenswert, da so ein genauerer Blick auf die Anwendungspraxis der § 72 JGG und § 112 StPO gelegt werden könnte. Auch fehlt der Nachweis über die Anzahl der Untersuchungsgefangenen, bei denen später das Verfahren nach § 45 JGG eingestellt wurde.[960]

---

958   Siehe *Kap. 4.4.3.*

959   *Heinz* 2009, S. 48.

960   Siehe *Kap. 9.1.*

Betrachtet man also die Gesamtzahlen der jugendlichen Untersuchungshaft-gefangenen, lässt sich feststellen, dass nach einem Anstieg Anfang der 1980er Jahre ein stetiger Rückgang bis 1990 erfolgte (vgl. *Abb. 1*). Angesichts der Tatsa-che, dass die polizeiliche Kriminalstatistik einen Anstieg der Kriminalität ver-zeichnete, wäre sogar mit einem Anstieg der Untersuchungshaftzahlen zu rechnen gewesen.[961] Jedoch spielte eine moderate Praxis zu vermehrten Verfahrensein-stellungen auf der Grundlage von Diversionsverfahren eine Rolle.[962] Auch die Kritik der Öffentlichkeit an überfüllten Haftanstalten und der damit verbundenen Qualitätsminderung der Unterbringung könnten zu einer Verringerung der Haft-zahlen beigetragen haben.[963]

Seinen Ausdruck fand diese kriminalpolitische Stimmung ferner in der späte-ren JGG-Novellierung, die unter anderem auch verschärfte Anforderungen an die Anordnung von Untersuchungshaft vorsah. Der Rückgang bei 14- und 15-Jähri-gen bis zum Jahre 1990 beruhte wohl auch darauf, dass bei gesetzgeberischen Veränderungen, wie durch das 1. JGG-ÄndG, sich die Praxis schon im Voraus an die neue Regelung zur restriktiveren Anordnung von Untersuchungshaft ange-passt hat.[964]

Tabelle 13: **Jugendliche U-Haftgefangene in Deutschland (bis 1991 in den alten Bundesländern; ab 1992 gesamtes Bundesgebiet)**

Jahr jeweils am 31.12., ab 2003 am 30.11	Abs. Zahlen			Prozentanteil an allen Untersuchungs-gefangenen
	Insgesamt	davon		
		männl.	weibl.	
1981	622	583	39	4,16
1982	752	713	39	4,80
1983	861	821	40	5,20
1984	617	584	33	4,22
1985	477	452	25	3,59
1986	462	443	19	3,77
1987	367	353	14	3,23
1988	417	397	20	3,62

961 Vgl. PKS 1980-1990; siehe zur Kriminalitätsentwicklung *Dünkel/Morgenstern* 2010, S. 104 f.

962 *Bussmann/England* 2004, S. 11.

963 *Jehle* 1995.

964 *Jehle* 1995; *Dünkel* 1994a.

Jahr jeweils am 31.12., ab 2003 am 30.11	Abs. Zahlen			Prozentanteil an allen Untersuchungs- gefangenen
	Insgesamt	davon		
		männl.	weibl.	
1989	379	355	24	3,24
1990	324	298	26	2,65
1991 (ohne HH)	346	324	22	2,60
1992 (ohne Brb und HH)	523	510	13	3,32
1993	750	725	25	3,83
1994	912	875	7	4,19
1995	834	810	24	4,13
1996	892	871	21	4,60
1997	934	900	34	4,57
1998	933	905	28	4,68
1999	854	815	39	4,48
2000	903	861	42	5,15
2001	923	87	47	5,30
2002	814	770	44	4,83
2003	742	694	48	4,42
2004	685	655	30	4,43
2005	652	624	28	4,28
2006	597	563	34	4,47
2007	544	513	31	4,40
2008	496	461	35	4,28
2009	415	382	33	3,72
2010	374	351	23	3,46
2011	349	330	19	3,23
2012	347	324	23	3,16
2013	321	291	30	2,89

Quelle: *Eisenberg* 2001, S. 825 f. und eigene Berechnungen anhand der Strafvollzugsstatistik, vgl. www.destatis.de

Das kriminalpolitische Klima in der Öffentlichkeit kann somit das justizielle Verhalten beeinflussen, allerdings gilt dies dann auch für die umgekehrte, punitive Richtung. Als Beispiel gilt hierfür die Entwicklung der Untersuchungshaftbelegung seit 1990. Die Anordnungen von Untersuchungshaft stiegen 1994 auf einen bisher nicht gekannten Höchststand von insgesamt über 20.000 Untersuchungsgefangenen an (vgl. *Abb. 1*).[965] Eine vergleichbare Entwicklung zeichnete sich ebenso bei den Jugendlichen und Heranwachsenden ab. Zwar ist die polizeilich registrierte Gewaltkriminalität in diesem Zeitraum ebenfalls angestiegen, aber die Delikte sind gemessen an der Schwere der Tatfolgen und der Durchführung von 1993 zu 1996 weniger gravierend.[966] So hat in diesem Zeitraum der Anteil der Raubdelikte, bei denen es zu einer Verletzung des Opfers gekommen ist, deutlich abgenommen (von 41,6% auf 32%).[967] Stark zurückgegangen ist ferner der Anteil der Fälle, in denen die Verletzten ambulant oder stationär behandelt werden mussten (von 46,2% auf 30,8%).[968]

Ein ähnliches Bild zeigt sich auch bei der gefährlichen und schweren Körperverletzung, deren Anstieg auf eine deutliche Zunahme der Fälle versuchter Tatbegehung (von 34,6% auf 43,9%) zurückging.[969] Der Anstieg der registrierten Gewaltkriminalität scheint somit eher auf einer Veränderung des Anzeigeverhaltens zu beruhen. Wenn sich sowohl bei Raubdelikten, als auch bei qualifizierten Körperverletzungen die Täter-Opfer-Beziehung derart verändert hat, dass Opfer und Täter häufiger sich zumindest flüchtig kannten, liegt eine höhere Anzeigebereitschaft des Opfers nahe.[970] Ferner kommen andere Phänomene hinzu, die einen Anstieg der angezeigten Jugendgewalt erklären: Jugendliche und Heranwachsende sind schon deshalb im Vergleich zu Erwachsenen überrepräsentiert, weil sie ihre Delikte häufiger im öffentlichen Raum verüben. Diese junge Tätergruppe ist folglich für eine wachsende öffentliche Sensibilität und Anzeigeneigung besonders anfällig. Überdies finden sich in den offiziellen Statistiken insbesondere bei schwereren Delikten Überbewertungstendenzen seitens der Polizei. Die Schere zwischen der nachfolgenden strafjustiziellen Bewertung (siehe insb. die wesentlich niedrigeren Verurteilungsquoten) und der polizeilichen Definition der angezeigten Tat wird seit Jahren größer. Letztlich beeinflussen sich öffentliche Meinung und Anzeigeverhalten sowie polizeiliche Definition wechselseitig. Zudem ist der Anstieg der Jugendkriminalität und der Anstieg der Untersuchungshaftzahlen in dieser Zeit mit dem sozialen Umbruch allgemein und im Osten mit

---

965 *Dünkel* 1994b, S. 20 f.

966 Vgl. hierzu auch *Dünkel/Morgenstern* 2010, S. 104 f.

967 *Bussmann/England* 2004, S. 12.

968 *Bussmann/England* 2004, S. 12.

969 *Pfeiffer u. a.* 1998.

970 *Pfeiffer u. a.* 1998.

den sozialen Folgen der Wiedervereinigung sowie der Auflösung der herkömmlichen Familienstrukturen, mit der zunehmenden Individualisierung und sozialen Desintegration zu erklären.[971] Auch die Haftpraxis gegenüber Nichtdeutschen hat zu einem überproportional hohen Anstieg geführt.[972] In den letzten Jahren ist die Zahl der Untersuchungshaftgefangenen jedoch, wie erwähnt, wieder deutlich zurückgegangen. Bei Jugendlichen um 40,5% und bei den Heranwachsenden um 42,7% im Vergleich zu 1994.

Auch die Untersuchungshaftrate[973] ist bei diesen Altersgruppen rückläufig. Möglicherweise – einschlägige Untersuchungen fehlen – hängt der Rückgang der Untersuchungshaftrate auch mit dem seit 1993 erfolgenden leichten Rückgang des Ausländeranteils unter den Verurteilten zusammen.[974] Die Untersuchungshaftrate im Jugendstrafrecht liegt aber immer noch über jener im allgemeinen Strafrecht. Auffällig ist auch, dass die Heranwachsenden die höchste Untersuchungshaftrate aufweisen. Dies hat natürlich auch damit zu tun, dass § 72 JGG bei Heranwachsenden nicht unmittelbar anwendbar ist (§ 109 Abs. 1 JGG). Während die Zahlen der erwachsenen Untersuchungshäftlinge bis zum Jahre 1994 drastisch angestiegen sind (vgl. *Abb. 1*), war die Steigerung bei den Jugendlichen und Heranwachsenden wesentlich geringer. Dies dürfte im Wesentlichen auf die Gesetzesänderung des JGG von 1990 zurückzuführen sein. Es ist zu vermuten, dass die Änderungen des JGG und mithin die Einführung des § 68 Nr. 4 JGG dazu beigetragen haben, dass die Untersuchungshaftzahlen bei Jugendlichen und Heranwachsenden nicht so stark angestiegen sind wie bei Erwachsenen.[975]

In den Jahren 1994 bis 2002 blieben die Zahlen bei den Jugendlichen relativ konstant. Die Untersuchungshaftzahlen bei den Erwachsenen sind in diesem Zeitraum drastisch gesunken. Ab dem Jahre 2002 ist auch ein deutlicherer Rückgang bei den Jugendlichen und Heranwachsenden zu verzeichnen.

---

971 *Dünkel* 2004, S. 4.

972 *Jehle* 1995, S. 7, 54 ff.

973 Untersuchungsgefangene pro 100.000 der Altersgruppe in der Bevölkerung.

974 So sank der Ausländeranteil von 31,8% (1993) auf ca. 27% (1998), vgl. *Zweiter Periodischer Sicherheitsbericht* 2006, S. 419.

975 *Dünkel* 1994, S. 74; zu aktuelleren Daten vgl. *Morgenstern* 2017.

Tabelle 14: **Jugendliche, Heranwachsende und Erwachsene in Untersuchungshaft**

Jahr	Jugendliche		Heranwachsende		Erwachsene	
	absolut	pro 100.000*	absolut	pro 100.000	absolut	pro 100.000
1970	761	23,4	1.754	71,2	10.523	24,8
1980	822	19,3	2.124	61,7	12.267	27,8
1990	381	15,1	1.309	53,2	12.380	25,0
1995	892	24,9	2.199	85,4	16.696	26,4
2000	903	24,7	2.120	74,3	14.501	22,7
2005	652	17,2	1.545	53,9	13.029	20,0
2006	597	16,4	1.319	45,0	11.414	17,5
2007	544	15,5	1.205	41,0	10.608	16,2
2008	496	19,5	1.166	39,7	9.915	15,2
2009	415	16,9	1.017	---	9.706	---
2010	374	15,6	1.009	37,0	9.398	14,3
2011	349	14,6	957	36,8	9.487	14,4
2012	347	---	978	---	9.657	---

Quelle: Statistisches Jahrbuch 2008 (Tabellen 2. 8, 10.17, Gebiet: bis 1990 alte Länder.) und 2010 (Tabelle 2.1.10.). Stichtag jeweils 31.11.
* Ab 2008 pro 100.000 der 15-18-jährigen.

Möchte man die Zahlen in den einzelnen Bundesländern vergleichen, muss festgestellt werden, dass ein innerstaatlicher Vergleich angesichts unterschiedlicher Kriminalitätsbelastungen nicht besonders aussagekräftig ist. So verwundert nicht, dass die Stadtstaaten Berlin, Bremen und Hamburg aufgrund einer erhöhten Kriminalitätsdichte auch relativ hohe Untersuchungshaftraten aufweisen (vgl. *Tab. 15* und *Abb. 4*). Auffällig sind allerdings die hohen Untersuchungshaftraten in den Flächenstaaten Sachsen-Anhalt und Thüringen.[976]

Betrachtet man die Zahlen der jungen Untersuchungshaftgefangenen mit denen des Jugendstrafvollzugs lässt sich etwas Interessantes feststellen (*Tab. 15*). Der Vergleich mit den Zahlen der Gefangenen in Untersuchungshaft zeigt, dass Veränderungen bei den Gefangenenzahlen im Jugendstrafvollzug teilweise kompensiert werden mit Veränderungen in der Untersuchungshaft. Dies trifft insbesondere für die Zunahmen im Jugendstrafvollzug in den Ländern Hamburg, Sachsen-Anhalt und Thüringen zu. Dies kann ein Hinweis darauf sein, dass mit Hilfe

---

976 Vgl. zum Jahr 2008 die *Abb. 2* unten.

unechter (*apokrypher*) Haftgründe die Untersuchungshaft zur stationären Krisenintervention eingesetzt und damit der Strafvollzug vorweggenommen wird.[977] So ist es auffällig, dass in diesen Ländern die Untersuchungshaftrate mit der Strafgefangenenrate korreliert.[978] Des Weiteren ist auffällig, dass beispielsweise in Hamburg eine relativ niedrige Jugendstrafgefangenenrate gegeben ist, dagegen aber eine verhältnismäßig hohe Untersuchungshaftrate vorliegt. Auch dies könnte dafür sprechen, dass die Untersuchungshaft die Funktion einer (gesetzlich verbotenen) kurzen Freiheitsentziehung einnimmt.[979]

Tabelle 15: **Gefangenenraten im Bundesländervergleich (jeweils am 31.3. eines Jahres)**

Bundesland	Gefangenenrate im Jugendstrafvollzug Verurteilte pro 100.000 der 15- bis 25-Jährigen		Veränderungen	Gefangenenrate in Untersuchungshaft Verurteilte pro 100.000 der 14- bis 21-Jährigen		Veränderungen
	2006	2012	in %	2006	2012	in %
Baden-Württemberg	67,8	62,2	- 5,6	32,6	33,8	+3,5
Bayern	82,1	82,2	+ 0,1	34,0	22,5	-16,0
Berlin	121,5	104,0	-17,5	72,3	30,8	+ 12,5
Brandenburg	101,4	88,0	- 13,4	32,6	15,1	- 17,2
Bremen	89,6	63,5	- 26,1	55,9	41,7	- 3,4
Hamburg	68,1	52,9	- 15,2	53,2	39,1	- 16,3
Hessen	71,0	62,3	- 8,7	26,4	26,2	- 19,7
Mecklenburg-Vorp.	121,0	137,9	+16,9	38,1	44,4	- 15,3
Niedersachsen	82,2	73,2	- 9,0	26,8	15,7	- 7,9
Nordrhein-Westf.	86,9	90,6	- 3,7	30,6	22,1	- 15,5
Rheinland-Pfalz	112,1	100,7	-11,4	15,6	19,1	- 22,9
Saarland	96,4	89,0	- 7,4	30,2	26,9	- 15,8
Sachsen	125,0	127,0	+ 2,0	26,6	18,4	- 35,0
Sachsen-Anhalt	152,9	144,9	- 8,0	37,5	28,0	- 20,6
Schleswig-Holst.	55,5	55,5	+/- 0,0	18,5	21,1	- 16,4
Thüringen	117,4	126,7	+ 9,3	26,3	16,6	- 11,5

---

977 Siehe hierzu *Ostendorf* 2016a, § 72, Rn. 4 m. w. N.

978 So auch *Dünkel/Geng* 2007, S. 68.

979 Gemäß § 18 Abs. 1 S. 1 JGG beträgt das Mindestmaß einer Jugendstrafe sechs Monate. Dieses Mindestmaß beruht auf dem Gedanken, dass ein kürzerer Zeitraum eine erzieherische Intervention nicht zulasse.

Bundesland	Gefangenenrate im Jugendstrafvollzug Verurteilte pro 100.000 der 15- bis 25-Jährigen		Verände-rungen	Gefangenenrate in Untersuchungshaft Verurteilte pro 100.000 der 14- bis 21-Jährigen		Verände-rungen
	2006	2012	in %	2006	2012	in %
Alte Länder insges.	82,8	78,6	- 4,2	31,9	24,2	- 14,8
Neue Länder insges.	123,7	124,3	+ 0,6	31,4	21,4	- 17,8
Deutschland insges.	90,3	84,4	- 5,9	31,8	24,2	- 15,5

Quelle: *Dünkel/Geng* 2007; *Dünkel/Geng/von der Wense* 2015.

Bei den Haftgründen hat der Haftgrund der Flucht/Fluchtgefahr eine besondere Bedeutung (*Abb. 2*). Mit 92,3%[980] ist der Haftgrund der Fluchtgefahr äußerst dominierend.[981] Einer Flucht stehen auf der einen Seite immer bessere Fahndungsmethoden entgegen.[982] Auf der anderen Seite ist eine Flucht angesichts offener Grenzen und billiger werdenden Reiseoptionen einfacher geworden. Dies ändert aber nichts an der Tatsache, dass sich die Fluchtgefahr am leichtesten begründen lässt, was in der Praxis häufig mit einem Hinweis auf eine eventuell zu erwartende Freiheitsstrafe formelhaft erfolgt. Danach folgt der Haftgrund der Verdunkelungsgefahr mit 7,1% gefolgt von dem Haftgrund der Wiederholungsgefahr, der in 6,4% der Fälle angeordnet wurde. Eine weniger bedeutende Rolle spielt der Haftgrund der Schwere der Tat mit 1,3%.[983]

---

980 Grundlage: Alte Bundesländer und Berlin, Jahr 2011, Personen mit Untersuchungshaft insges.: 26.513. Quelle: Strafverfolgungsstatistik 2011 (Fachserie 10 Reihe 3), hrsg. v. Statistischen Bundesamt Wiesbaden, Tab. 6. 1; Strafgerichte 2011 (Fachserie 10 Reihe 2. 3), hrsg. vom Statistischen Bundesamt Wiesbaden, Tab. 2. 1.

981 Zu diesen 92,3% kommen noch ca. 5%, die in sog. Hauptverhandlungshaft (§ 127b StPO) einsaßen. Im Jahr 2011 betrug die Anzahl von Beschuldigten in der Hauptverhandlungshaft 1.354, siehe hierzu Statistische Bundesamt (Fachserie 10, Reihe 2. 3, Tab 2. 1). Der § 127b StPO erfasst einen Haftgrund zur Sicherung der Hauptverhandlung und lässt sich somit dem Haftgrund der Fluchtgefahr zuordnen. Siehe zur Hauptverhandlungshaft HK-*Posthoff* 2012, § 127b, Rn. 1; *Schlothauer/Weider* 2010, S. 62 ff.

982 *Ostendorf* 2016, S. 343.

983 Im Ergebnis ergibt sich eine Gesamtsumme von über 100%. Dies liegt daran, dass auch mehrere Haftgründe nebeneinander möglich sind.

Abbildung 2:   Haftgründe

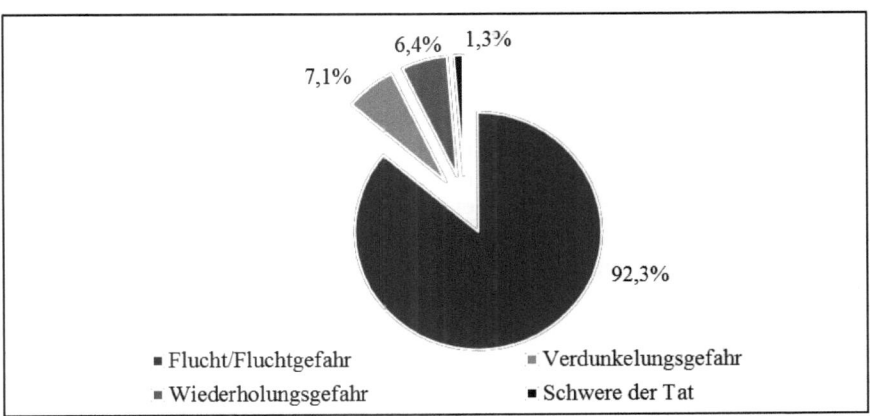

Quelle: Strafverfolgungsstatistik 2011 (Fachserie 10 Reihe 3), hrsg. vom Statistischen Bundesamt Wiesbaden, Tab. 6. 1.

Ein ähnliches Bild ergibt sich auch bei den Verfahren gegen Jugendliche. Hier wird der Haftgrund der Fluchtgefahr in rund 95% der Fälle angenommen.[984] Dies liegt wohl weniger daran, dass Jugendliche eine besondere Fluchtgefahr aufweisen.[985] Vielmehr wird kritisiert, dass die Fluchtgefahr zu oft pauschal angenommen wird.[986] Eine pauschale Berufung auf den Haftzweck der Fluchtgefahr widerspricht den Empfehlungen des Europarates von 2006 (Rec (2006) 13) und den ERJOSSM. Für die Fluchtgefahr bedeutet dies, dass eine solche nur bei tatsächlichen Anhaltspunkten angenommen werden darf. Zum Beispiel, wenn eine vorhandene Tagesstruktur oder ein fester Wohnsitz fehlt. Darüber hinaus darf die Untersuchungshaft nur verhängt werden, wenn dies zwingend erforderlich ist[987] und zum anderen gilt der Grundsatz der Subsidiarität.[988] Aus diesem Grund muss

---

984   *Jehle* 1995, S. 70. In einer Untersuchung von *Kurzberg* aus dem Jahr 2009 wurden 50 Haftbefehle gegen Jugendliche untersucht. Dabei spielt die Fluchtgefahr ebenfalls die bedeutendste Rolle (70%). Erstaunlich ist der hohe Anteil von Jugendlichen, deren Haftbefehl mit einer Wiederholungsgefahr begründet wurde (38%); *Kurzberg* 2009, S. 235 ff.

985   So besteht bei Jugendlichen grundsätzlich eine geringere Handlungskompetenz, da sie in der Regel auf ihre Familien angewiesen sind und ihnen die nötigen Mittel zur Flucht häufig fehlen; siehe hierzu auch *Kap. 4.3.*

986   *Kowalzyck* 2008, S. 28 m. w. N.

987   Nr. 3 der allgemeinen Grundsätze der Empfehlung Rec (2006) 13.

988   Nr. 10 der ERJOSSM.

beachtet werden, dass bei Jugendlichen die Untersuchungshaft nur als letztes Mittel in Betracht kommt. Die Haftgerichte müssen an ihre Pflicht erinnert werden, dies auch entsprechend zu prüfen. Haftbefehle, die diesen Anforderungen nicht genügen, sind rechtswidrig und daher aufzuheben.[989] Nach einer älteren Untersuchung von *Kowalzyck* hat jedoch der Haftgrund der Wiederholungsgefahr gerade in den neuen Bundesländern an Bedeutung gewonnen. Dazu kam, dass je jünger ein Beschuldigter war, desto häufiger eine Wiederholungsgefahr angenommen wurde. Bei den 14- bis 15-Jährigen wurde in 71% der Fälle eine Wiederholungsgefahr angenommen (Fluchtgefahr: 32,2%, bei 16- bis 17-Jährigen in 52% (39%) und bei 18- bis 20-Jährigen in 44,9% (56,3%) der Fälle.[990]

Die Dauer der Untersuchungshaft ist für Jugendliche und Heranwachsende statistisch nicht gesondert ausgewiesen. Ältere Einzeluntersuchungen haben eine durchschnittliche Untersuchungshaftdauer für Jugendliche und Heranwachsende von zwei bis drei Monaten ergeben.[991] Betrachtet man die Dauer der Untersuchungshaft für alle Altersgruppen, lässt sich ein deutlicher Trend erkennen (vgl. *Tab. 16*). So dauerte die Untersuchungshaft 1980 in 40,7%[992] der Fälle lediglich bis zu einem Monat. Im Jahre 2014 waren es nur noch 22,4%. Der Rückgang der kurzen Untersuchungshaftzeiten von bis zu einem Monat könnte auch ein Hinweis darauf sein, dass die apokryphen Haftgründe etwas an Bedeutung verloren haben. Umgekehrt war die Haftdauer im Jahr 1980 in 3,6% der Verfahren länger als 12 Monate. Im Jahr 2014 waren es 5,5%. Im Jahre 1980 war die Haftdauer in 14,6% der Fälle länger als 6 Monate. Im Jahr 2007 stieg dieser Wert auf 23,3%. Die Verringerung der Zahl der bis zu einem Monat Inhaftierten relativiert sich aber angesichts der geringeren Anzahl der Untersuchungshäftlinge.

Etwa ein Viertel aller Untersuchungsgefangenen verbrachte über sechs Monate in der Untersuchungshaft. Dies liegt natürlich zum Einen an einem Rückgang der kurzen Untersuchungshaftzeiten, was statistisch automatisch zu einem höheren Anteil der langen Untersuchungshaftzeiten führt. Es kann aber auch ein Hinweis darauf sein, dass die Regelungen zur zeitlichen Begrenzung der Haft nach §§ 121, 122 StPO offensichtlich nicht dazu führen, dass lange Haftzeiten von über sechs Monaten eine echte Ausnahme darstellen.[993] Die langen Haftdauern kön-

---

989 Siehe hierzu OLG Karlsruhe, Beschluss vom 26.02.2010, 2 Ws 60/10. In dem Zusammenhang hat das Oberlandesgericht Karlsruhe in einem Beschluss deutlich ausgeführt, das Vermutungen zur Annahme der Fluchtgefahr nicht ausreichen. Vielmehr müssen die Tatsachen hinreichend bestimmt sein. Besonders bei Jugendlichen muss die Annahme von Fluchtgefahr detailliert und intensiv geprüft werden.

990 *Kowalzyck* 2008, S. 245 f.

991 So *Pfeiffer* 1988, S. 33; *Jehle* 1995, S. 74; *Will* 1999, S. 53.

992 Statistisches Bundesamt, Strafverfolgungsstatistiken der jew. Länder (Fachserie 10/Reihe 3).

993 *Busse* 2008, S. 36.

nen auch in der langen Dauer des Ermittlungs- und Zwischenverfahrens begründet sein.[994] Diese Zahlen machen deutlich, dass dem Beschleunigungsgrundsatz nicht immer ausreichend entsprochen wird. Dieser ist Ausdruck des Grundrechts auf Freiheit aus Art. 2 Abs. 2 S. 2 GG und muss angesichts der Unschuldsvermutung besondere Beachtung finden.[995]

Tabelle 16: Dauer der U-Haft in % der abgeurteilten U-Gefangenen in den Jahren 1980, 1990, 2000, 2006, 2007, 2011

Haftdauer	1980	1990	2000	2006	2007	2011	2014
bis 1 Monat	40,7	37,8	35,6	25,8	28,2	24,3	22,4
1 bis 3 Monate	26,6	24,0	23,3	24,1	23,7	24,2	24,7
3 bis 6 Monate	18,6	19,5	22,4	25,6	24,8	27,8	29,4
6 bis 12 Monate	11,2	13,0	14,5	18,4	17,4	18,3	17,8
mehr als 12 Monate	3,4	4,9	4,3	6,1	5,8	5,3	5,5
U-Haft insgesamt (N=100%)	37.238	27.553	36.683	24.352	26.793	26.513	26.696
davon mehr als 6 Monate	14,6	17,9	18,8	24,5	23,2	23,7	23,4

Quelle: Statistisches Bundesamt Strafverfolgungsstatistiken der jeweiligen Jahrgänge (Fachserie 10/Reihe 3).

Die Dauer der Untersuchungshaft für Jugendliche und Heranwachsende ist nicht explizit ausgewiesen. Eine ältere Untersuchung von *Pfeiffer* hat eine durchschnittliche Haftdauer bei Jugendlichen und Heranwachsenden von zwei bis drei Monaten ergeben.[996] Auch eine Einzeluntersuchung von *Jehle* aus den 1990er Jahren ging von einer durchschnittlichen Haftzeit bei Jugendlichen und Heranwachsenden von zwei bis drei Monaten aus.[997]

Die zitierten Befunde unterstützen die Vermutung, dass Untersuchungshaft bei Jugendlichen oft zu schnell, aber auch aus gesetzeswidrigen Gründen angeordnet wird. Der Verdacht, dass die Untersuchungshaft als ein kurzer Freiheitsentzug bei Jugendlichen missbraucht wird, lässt sich jedenfalls nicht ganz wider-

---

994 *Busse* 2008, S. 43 f.

995 Vgl. BVerfG StV 2006, S. 249.

996 *Pfeiffer* 1988, S. 33.

997 *Jehle* 1995, S. 74.

legen. Untersuchungshaft darf, wie bereits erläutert,[998] gemäß § 112 Abs. 1 S. 2 StPO „nicht angeordnet werden, wenn sie (...) zu der zu erwartenden Strafe (...) außer Verhältnis steht". Sonst würde die angeordnete – und regelmäßig auch vollzogene – Untersuchungshaft stärker in das Freiheitsrecht des als unschuldig Geltenden eingreifen als die Reaktion, die aus der Verurteilung des als schuldig Erkannten folgt. Wegen dieser Abhängigkeit der Untersuchungshaftanordnung von der Sanktionsprognose ist deshalb zu erwarten, dass weitaus mehr Untersuchungsgefangene zu stationären als zu ambulanten Sanktionen verurteilt werden (vgl. *Abb. 3*). Erwartungswidrig wird aber nur knapp jeder zweite (2001: 48,4%, 2003: 50,1%, 2006: 55,7%, 2008: 56,8%) nach Jugendstrafrecht verurteilte Untersuchungsgefangene zu einer nicht zur Bewährung ausgesetzten Jugendstrafe verurteilt.[999] So betrug der Anteil von Verurteilten, die im Anschluss an eine Untersuchungshaft der Bewährungshilfe unterstellt wurden in den Jahren 2006 bis 2007 ca. 30-35%.[1000] Bei weiteren ca. 20% werden nach vollstreckter Untersuchungshaft Zuchtmittel verhängt. Somit wird nur bei ca. der Hälfte der jugendlichen Untersuchungshäftlinge eine unbedingte Jugendstrafe verhängt (*Abb. 3*). Damit erlebt ein großer Anteil der Jugendlichen den Freiheitsentzug in seiner schädlichsten Form, nämlich im Untersuchungshaftvollzug. Zudem erscheint dies im Hinblick auf § 18 Abs. 1 S. 1 JGG problematisch, der ja gerade aus gutem Grund eine kurzfristige Freiheitsentziehung für unzulässig erklärt, da dadurch das Erziehungspostulat gefährdet ist.

---

998 Siehe *Kap. 4.3.*

999 Siehe *Heinz* 2008, S. 94; *Ostendorf* 2016a, Grdl. z. §§ 71-73, Rn. 5.

1000 Vgl. *Abb. 3.*

Abbildung 3: **U-Gefangene nach Art der anschließenden jugend-
strafrechtlichen Rechtsfolge. Anteile bezogen auf nach
Jugendstrafrecht Verurteilte mit vorangegangener
U-Haft**

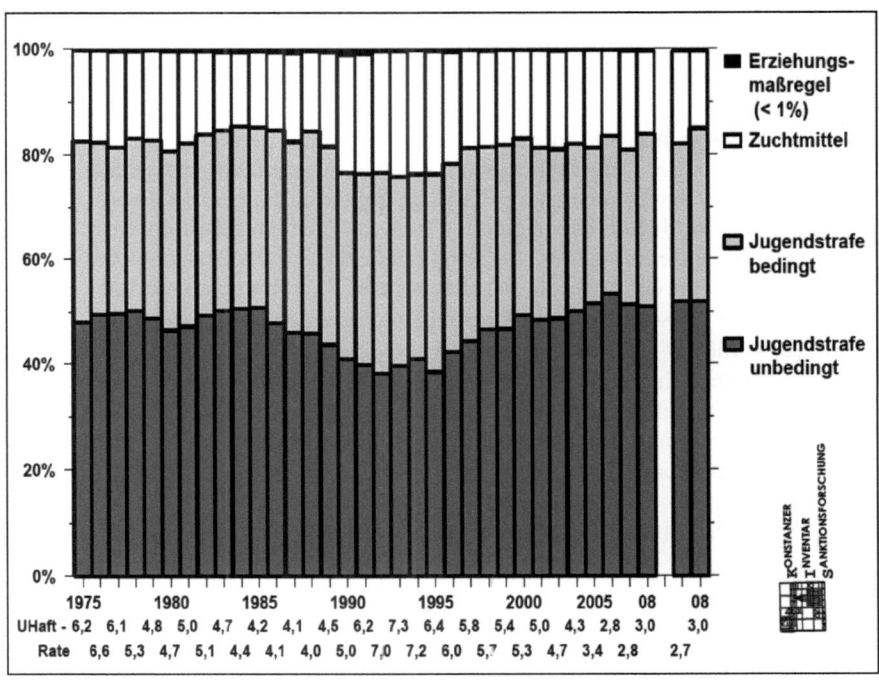

Quelle: *Heinz* 2010.

Nach einer Untersuchung von *Zender* erhielten 94% der männlichen und 85%
der weiblichen Beschuldigten eine Haftstrafe, wobei diese in 51% bzw. 76 % der
Fälle zur Bewährung ausgesetzt wurde.[1001] In Baden-Württemberg wurden von
1995-2000 lediglich 10% zu einer unbedingten Jugendstrafe verurteilt.[1002] In den
Jahren 2001/2002 waren es 21 bzw. 23%.[1003] Ein Grund dafür könnte sein, dass
die Richter eher geneigt sind von einer unbedingten Jugendstrafe abzusehen,
wenn der jugendliche Täter bereits einige Zeit in der Untersuchungshaft verbracht
hat. Ob es sich dabei um eine intendierte Strafrechtspraxis handelt, mag fraglich

---

1001   *Zender* 1998, S. 143.

1002   *Hotter* 2004, S. 62.

1003   *Hotter* 2004, S. 62.

sein. Vielmehr wird es sich hierbei um bürokratisch verfestigte Strukturen handeln, wonach häufig bei vorangegangener Untersuchungshaft auf einen unbedingten Freiheitsentzug verzichtet wird. Dies ändert aber nichts daran, dass auch im Jugendstrafrecht ein ganz erheblicher Teil der Verurteilten den Freiheitsentzug nur in seiner resozialisierungsfeindlichsten Form, nämlich in der Untersuchungshaft, erlebt. Im Jugendstrafverfahren ist die Untersuchungshaft sogar der häufigste Freiheitsentzug. Die Praxis deckt sich somit *nicht* mit dem Grundsatz, dass Untersuchungshaft nur als *ultima ratio* zur Verfahrenssicherung anzuwenden ist. Zudem widerspricht die Praxis den Grundsätzen der Verhältnismäßigkeit und der Unschuldsvermutung. All dies muss außerdem unter dem Gesichtspunkt der negativen Folgen der Untersuchungshaft gesehen werden. So geht gerade der Freiheitsentzug in der Untersuchungshaft mit negativen Folgen der Persönlichkeitsentwicklung des Jugendlichen einher. Dazu kommen ein Inhaftierungsschock und die psychische Belastung der Ungewissheit bezüglich des Ausgangs des Strafverfahrens. Dies erklärt auch die besonders hohe Suizidrate während der Untersuchungshaft.[1004] So wurden nach einer Länderumfrage für das Jahr 2008 ganze 27 Suizide verübt.[1005] Die desintegrativen Folgen bedeuten somit nicht nur für den Beschuldigten erhebliche Belastungen, sondern widersprechen auch dem im Jungendstrafrecht geltenden Erziehungs- bzw. spezialpräventiven Gedanken. Dass bei der Anordnungspraxis durchaus Spielräume bestehen, darauf weisen die erheblichen regionalen Unterschiede hin (*Abb. 4*). Insoweit werden offenbar die vom Gesetzgeber vorgesehenen Instrumente, insbesondere die Einschaltung der Jugendgerichtshilfe und die Bereitstellung von Alternativen, in der Praxis nicht in vollem Maße beachtet.[1006]

1004 Vgl. *Seebode* 1985 S. 39. Nach *Seebode* kommt es gerade zu Beginn einer Inhaftierung nahezu sechs Mal häufiger zu Selbsttötungen.

1005 Länderumfrage ohne *Bayern*, vgl. *Ostendorf* 2016, Vorbem., Rn. 25.

1006 Siehe *Jehle* 1995, S. 9.

Abbildung 4:   U-Haftraten bei Jugendlichen und Heranwachsenden

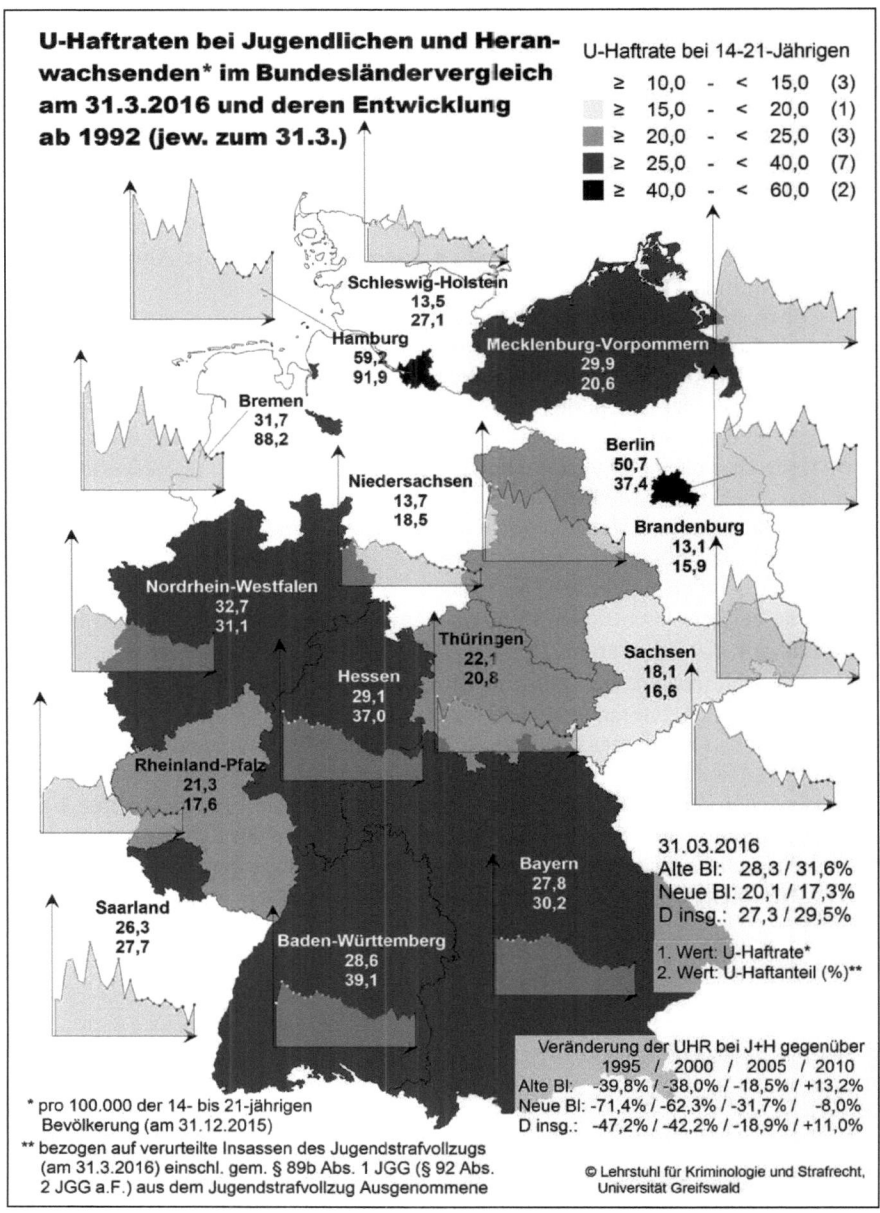

Quelle: *Dünkel/Geng/Pruin/von der Wense* 2016.

10.2 Anwendung der Untersuchungshaft in den europäischen Ländern

10.2.1 Definitorische Probleme des Untersuchungshaftbegriffs

Im Folgenden soll versucht werden die verschiedenen Gefangenen- bzw. Untersuchungshaftzahlen in den europäischen Ländern darzustellen und zu vergleichen. Vergleiche sind jedoch in Anbetracht der unterschiedlichen Rechtssysteme in den europäischen Ländern schwierig. So werden nicht nur unterschiedliche Begriffe der Untersuchungshaft, sondern auch unterschiedliche Anwendungszeiträume deutlich.[1007]

Ebenso wie Gefangenenraten müssen auch die Untersuchungshaftzahlen vor dem Hintergrund unterschiedlicher gesetzlicher Rahmenbedingungen und Kriminalitätsentwicklungen betrachtet werden. Hinzukommen aber auch unterschiedliche Methoden der Datenerhebung. So kann es einen Unterschied darstellen, ob die Daten von der jeweils zuständigen Vollstreckungsbehörde oder von einer zentralen Behörde stammen.[1008] Auch unterschiedliche Indikatoren und Definitionen können zu einer unterschiedlichen Bewertung führen. Ein weiterer Faktor, der zu beachten ist, sind die unterschiedlichen Stichtage der stichtagsbezogenen Daten. Es wird versucht, möglichst vergleichbare Zeiträume darzustellen. Die Daten können also lediglich den Anspruch einer groben Übersicht und Tendenz beinhalten.

Die beiden wesentlichen Datenquellen sind zum einen die jährliche Gefangenenstatistik des Europarates (SPACE I)[1009] und zum Anderen der *World-Prison-Brief* des internationalen Zentrums für Gefängnisstudien in London.[1010]

Die jährliche Gefangenenstatistik des Europarats (SPACE I) wird seit 1997 mittels eines Fragebogens, der an die jeweiligen Mitgliedsstaaten gesendet wird, erhoben. Alle Daten basieren auf nationalen Quellen. Die Daten beziehen sich auf die aktuellen Zahlen der Gefängnisinsassen am 1. September eines Jahres. Es handelt sich somit überwiegend um Stichtagszahlen. Neben den absoluten Zahlen werden auch Insassen pro 100.000 Einwohner, die Länge der Inhaftierung und die Art der Unterbringung (u. a. Untersuchungshaft) erfasst.

1007 Siehe hierzu *Morgenstern* 2011, S. 452.

1008 Vgl. *van Kalmthout u. a.* 2009, S. 12.

1009 *Aebi/Delgrande* 2011, Council of Europe Annual Penal Statistics (Space I). Begutachtung des Jahres 2009. Diese und Statistiken der letzten Jahre können unter www.coe.int /t/e/legal_affairs/legal_co-operation/prison_and_alternatives/bezogen werden.

1010 International Centre for Prison Studies (ICPS). Die Daten können unter www.kcl.ac.uk/ depsta/law/research/icps/worldbrief/ bezogen werden.

Die Statistik differenziert dabei nach dem rechtlichen Status der Gefangenen. Sie unterscheidet neben den verurteilten Gefangenen zwischen denjenigen Gefangenen, die noch kein erstinstanzliches Urteil erhalten haben (a) (*untried prisoners*), denjenigen, die zwar schon verurteilt sind, jedoch noch auf ihre Strafzumessung warten (b) (*convicted, but not yet sentenced*) und denjenigen die noch keine rechtskräftige Strafe verbüßen d. h. sich noch im Rechtsmittelverfahren befinden oder bei denen die Rechtsmittelfrist noch nicht abgelaufen ist (c) (*convicted and sentenced, but in appeals procedure or in the time limit to do so*).

Hinzu kommt jedoch das Problem, dass einige Länder diese drei (Untersuchungshaft-)Kategorien zusammenfassen bzw. nicht gesondert aufführen, wie etwa Deutschland und Finnland. In anderen Ländern mit einem zweistufigen Strafprozess, wo zunächst eine Verurteilung bzw. ein Schuldspruch ergeht und in einem zweiten Schritt die Strafzumessung folgt (England/Wales, Schottland), fehlt dagegen die Kategorie (c), da die Gefangenen nach dem Rechtsverständnis dieser Länder bereits nach dem erstinstanzlichen Urteil mit der Verbüßung ihrer Haft beginnen. Ein einheitliches Verständnis von Untersuchungshaft in Europa gibt es folglich nicht. In den Definitionen des Europarates (Rec (2006) 13 heißt es: „Untersuchungshaft ist jeder Zeitraum, den Verdächtige auf Anordnung einer gerichtlichen Instanz vor der Verurteilung in Haft verbringen." (Nr. 1 [2]). Weiter heißt es: „*Der Ausdruck Untersuchungshaft findet auch auf jede Haftzeit nach der Verurteilung Anwendung, wenn Personen entweder auf die Festsetzung des Strafmaßes oder der Bestätigung der Verurteilung des Strafmaßes warten und weiterhin als nicht verurteilte Person behandelt werden.*" (Nr. 1 [1]). Damit sind beide oben genannten Varianten erfasst.

In Nr. 1 [3] wird jedoch des Weiteren sehr allgemein definiert: „*Untersuchungsgefangene sind Personen, die in Untersuchungshaft genommen worden sind und die noch nicht ihre Freiheitsstrafe verbüßen oder unter einer anderen Regelung inhaftiert sind.*"[1011] Eine ähnlich allgemein gehaltene Definition findet sich auch in den Europäischen Strafvollzugsgrundsätzen. Dort heißt es in Art. 94 u. a.: „*Ein Staat kann Gefangene, die bereits verurteilt sind und bei denen die Strafzumessung erfolgt ist, als Untersuchungshaftgefangene behandeln, wenn über ihre Rechtsmittel noch nicht endgültig entschieden worden ist.*"[1012] Die beiden letztgenannten Passagen machen deutlich, dass es letztlich den jeweiligen Ländern bzw. deren Rechtsordnungen überlassen ist, wen sie als Untersuchungshaftgefangenen betrachten.[1013] In den meisten Ländern werden die noch nicht

---

1011 Übersetzt von *Morgenstern* 2011, S. 454.

1012 *Morgenstern* 2011, S. 455; zu einer aktuellen umfassenden Bestandsaufnahme vgl. *Morgenstern* 2017.

1013 Z. B. können in den Niederlanden bestimmte Tätergruppen nach ihrer Verurteilung in der 1. Instanz ohne ihr Einverständnis in ein (Straf-)Gefängnis verlegt werden. Auch besteht in einigen Ländern die Möglichkeit eines vorzeitigen Strafantritts (z. B. Litauen, Polen), siehe *Morgenstern* 2011, S. 455 m. w. N.

rechtskräftig verurteilten Gefangenen als Untersuchungshaftgefangene bezeichnet, also auch diejenigen Gefangenen, deren Verfahren sich in der 2. oder 3. Instanz befinden. Lediglich in England/Wales, Schottland, Irland und Nordirland ist dieser Zeitraum auf die Verurteilung bis zur 1. Instanz beschränkt.

Ist im Folgenden also von Untersuchungsgefangenen die Rede, werden die oben genannten Kategorien (a), (b) und (c) berücksichtigt.[1014]

Der *World-Prison-Brief* dagegen liefert aktuelle und weltweite Daten zum Strafvollzug und zur Untersuchungshaft (*remand detention*). Diese Daten basieren auf den einzelnen offiziellen Strafvollzugsstatistiken der Länder und werden von dem Internationalen Zentrum für Gefängnisstudien (*International Centre for Prison Studies, ICPS*) zusammengefasst. Somit besteht das Problem, dass auch nur das erfasst werden kann, was von der jeweiligen nationalen Behörde als Untersuchungshaft bezeichnet wird. Erfasst werden die absoluten Haftzahlen, die Gefangenenrate pro 100.000 Einwohner und die Zahl von weiblichen sowie jugendlichen Inhaftierten. Auch sind Daten zur Überbelegung vorhanden. Im Jahr 2008 wurde vom Direktor des ICPS eine spezielle Untersuchungshaftstatistik publiziert.[1015] In diese Statistik fallen solche Gefangenen, die während des Ermittlungsverfahrens oder während des Hauptverfahrens inhaftiert sind und solche, die auf ein gerichtliches Urteil warten bzw. sich noch im ersten Rechtszug befinden. Nicht explizit aufgeführt werden allerdings die Zahlen von jugendlichen bzw. heranwachsenden Untersuchungshäftlingen. Weitere Daten stammen aus den einzelnen Länderberichten der Publikation „*Juvenile Justice Systems in Europe*" aus dem Jahr 2011.[1016] Diese Daten basieren dann überwiegend auf den nationalen Statistiken oder gehen zum Teil aus eigenen Berechnungen der Autoren hervor.

Im folgenden Abschnitt werden überwiegend Daten aus SPACE I verwendet, da diese am ehesten einen Gesamtvergleich zulassen. Was die Untersuchungshaftzahlen bei jungen Menschen angeht, wird hingegen auf die zur Verfügung stehenden nationalen Statistiken eingegangen.[1017] Es soll so versucht werden, eine halbwegs verlässliche Übersicht über die derzeitige internationale Praxis der Untersuchungshaft darzustellen.

10.2.2 Untersuchungshaft bei Erwachsenen im Querschnitt

Wie bereits festgestellt (siehe einleitend *Kap. 10.2*), ist ein Ländervergleich im Hinblick auf die Gefangenen- beziehungsweise Untersuchungshaftraten schwierig. Zunächst müssen diese vor dem Hintergrund unterschiedlicher Strafgesetze

---

1014   Diese Differenzierung bezieht sich ausdrücklich nur auf die Statistik SPACE I (2011).

1015   *Walmsley* 2008, *World Pre-trial/Remand Imprisonment List*.

1016   Siehe *Dünkel u. a.* 2011.

1017   Hierzu wird auf die jeweiligen Landesberichte in *van Kalmthout/Knapen/Morgenstern* 2009 und *Dünkel u. a.* 2011 verwiesen.

und vor allem unterschiedlicher Kriminalitätsbelastungen betrachtet werden. Des Weiteren geben Vergleiche von Gefangenenraten, die auf einen speziellen Stichtag bezogen sind, nur eine bedingte Aussage über die Art und Weise freiheitsentziehender Maßnahmen.[1018] Bei den Gefangenenraten geht es um die stichtagsbezogene Belegung pro 100.000 der Wohnbevölkerung. Die Inhaftierungsraten dagegen geben die entsprechende Zahl von jährlichen Aufnahmen in den Vollzug wieder. Es handelt sich dabei folglich um einen Indikator für den jährlichen Durchlauf (vgl. *Tab. 17*).

Die *Tab. 17* basiert auf den vom Europarat veröffentlichten Daten (SPACE I) und auf den Daten des ICPS. Während die Daten des Europarats Aufschluss über die jährlichen Aufnahmen in den Vollzug geben, bieten die aktuellen Zahlen des ICPS Informationen über die Gefangenenraten und den prozentualen Untersuchungshaftanteil. Der Begriff „Aufnahmen" umfasst nicht nur die Erstaufnahmen in eine Strafanstalt. Es werden auch Verlegungen von einer Anstalt in eine andere berücksichtigt. Auch Aufnahmen nach einer Flucht oder Beurlaubung werden berücksichtigt.

Bei einem Vergleich der Gefangenraten kann man einerseits Länder mit einer niedrigen Gefangenenrate wie die Niederlande (69), Slowenien (73), Deutschland (78), Dänemark (61) und die skandinavischen Länder (Ø 70) unterscheiden. Es folgen westeuropäische Länder mit einer Gefangenenrate bis zu 100 Gefangenen pro 100.000 (z. B. Belgien, Griechenland, Frankreich, Kosovo, Italien und Österreich). Länder wie England/Wales, Rumänien, Portugal, Schottland, Serbien, Spanien und Bulgarien weisen Gefangenenraten zwischen 100 und 170 auf. Auf der anderen Seite stehen mittel- und osteuropäischen Länder, die Gefangenraten zwischen 200 und 600 aufweisen. So beispielsweise die Tschechische Republik (211), Estland (221), Litauen (254), Lettland (224) und Russland (450).

Vergleicht man die Strafverfolgungs- und Gefängnisstatistiken wird deutlich, dass in Schweden, Finnland oder Irland mehr Personen jährlich inhaftiert werden als in Deutschland. Betrachtet man dagegen die Gefangenenrate zu einem bestimmten Stichtag, so ist diese in Dänemark, Finnland, Schweden, Schweiz oder Irland signifikant geringer, weil die durchschnittliche Zeit, die im Gefängnis verbracht wird, mit weniger als vier Monaten gegenüber knapp 8,1 Monaten in Deutschland erheblich kürzer ist.[1019]

Dagegen sind die für West- beziehungsweise Südeuropa relativ hohen Gefangenenraten in Portugal und Spanien durch die überdurchschnittlich langen Inhaftierungszeiten (26,3 bzw. 17,4 Monate im Jahr 2006) zu erklären und nicht durch

---

1018 Eine größere Aussagekraft haben vielmehr Längsschnittstudien, die den Verlauf über mehrere Jahre aufzeigen, siehe *Dünkel* 2009, S. 155 m. w. N.

1019 So betragen die durchschnittlichen Inhaftierungszeiten in Dänemark 2,4 Monate, in der Schweiz 1,3 Monate, in Irland 3,0 Monate und in Schweden 3,7 Monate. Auch Finnland mit 6,1 Monaten liegt im unteren Durchschnitt, vgl. SPACE I 2014, S. 90 f.

eine besonders hohe Inhaftierungsrate.[1020] In diesen Ländern gelangen weniger Personen in den Strafvollzug als beispielsweise in Deutschland, jedoch verbleiben die Inhaftierten dort erheblich länger im Vollzug, was zu einer Erhöhung der stichtagsbezogenen Gefangenenraten führt. Die Gefangenenraten müssen auch im Hinblick auf die zum Teil sehr unterschiedlichen prozentualen Anteile von Untersuchungshaftgefangenen betrachtet werden.

Betrachtet man die Untersuchungshaftzahlen, lassen sich erhebliche Unterschiede in den europäischen Ländern feststellen.

In Belgien (31,2%), Frankreich (28,9%), Griechenland (26,7%), Italien (34,5%), den Niederlanden (39,9%), Nordirland (25,9%) und in Dänemark (35,5%) befanden sich 2014 nahezu oder mehr als 30% bis zu über 40% der Inhaftierten in Untersuchungshaft. Besonders gravierend sind die Zahlen in Italien, der Schweiz, Zypern und den Niederlanden. Hier liegt der prozentuale Anteil der Untersuchungshaftgefangenen zwischen ca. 35 und knapp 40%. Somit machen die Untersuchungshäftlinge fast die Hälfte der Inhaftierten aus. In Italien lag dieser Wert im Jahr 2007 sogar bei 58,1%.[1021] Bemerkenswert ist, dass der prozentuale Anteil der Untersuchungshaftgefangenen in Italien seit dem Jahr 2001 nie unter 34% lag. Zwischen dem Jahr 2006 und 2010 lag er zwischen 55% und 60%.[1022]

Deutschland liegt dagegen eher im unterdurchschnittlichen Bereich (20,8%). Besonders niedrige Untersuchungshaftanteile weisen Litauen (8,2%), Irland (14,2%), Polen (7%) und Rumänien (7,4%) auf. Der europäische Durchschnitt liegt hier bei ca. 24%.[1023]

Tabelle 17: Gefangenenraten und U-Haft

Land	Stichtag	Gefangenenrate (pro 100.000 der Bev.)	Anteil von U-Gefangenen (in %)	Inhaftierungsrate (Inhaftierungen pro 100.000) 2013
A	01.11.2014	97	21,8	141,1
B	01.03.2014	98	31,2	166,3

1020 In Spanien wurde die automatische Haftverkürzung für arbeitende Häftlinge im Jahr 1997 abgeschafft. Dies führte zu einem Anstieg der durchschnittlichen Haftdauer, vgl. *Dünkel* 2009.

1021 Siehe *Tab. 18.*

1022 Siehe *Lambertina* 2009, Tabelle 13, S. 541.

1023 Anhand der Datenquelle SPACE ergibt sich ein Durchschnitt von 24,9%. Nach dem *World Prison Brief* ergibt sich ein EU-Durchschnitt von 23,6%; vgl. hierzu *van Kalmthout u. a.* 2009, S. 33 f.

Land	Stichtag	Gefangenenrate (pro 100.000 der Bev.)	Anteil von U-Gefangenen (in %)	Inhaftierungsrate (Inhaftierungen pro 100.000) 2013
BG	01.10.2014	125	21,1 (2012)	119,4
CH	07.09.2014	84	39,4	669,6
CY	01.09.2014	80	*35,7	---
CZ	31.08.2016	211	8,5	311,5
D	31.03.2016	78	20,8	183,7
DK	01.05.2016	61	35,5	86,8
E	21.08.2016	131	12,8 (26.8.2016)	107,3
EST	01.08.2016	221	22,7	257,4
E/W	31.8.2016	146	12,7 (10.9.2016)	183,1
F	01.06.2016	103	28,9 (1.7.2016)	107,0
FIN	01.01.2016	55	19,9 (16.5.2015)	163,1
GR	01.05.2016	91	26,7 (16.11.2015)	116,5
HR	01.10.2015	81	22,1	258,7
HU	01.03.2016	183	22,1	123,3
I	31.08.2016	89	34,5	346,9
IRE	31.08.2016	79	14,2	94,8
KO	01.10.2014	100	32,8	---
LT	01.01.2016	254	8,6	297,3
LV	31.12.2015	224	31,0 (31.12.2014)	606,2
NI	31.08.2016	78	25,9 (30.6.2016)	293,5
NL	30.09.2014	69	39,9 (30.9.2013)	237,3
P	01.09.2016	137	15,4	58,6
PL	31.07.2016	187	7,0	234,0

Land	Stichtag	Gefangenenrate (pro 100.000 der Bev.)	Anteil von U-Gefangenen (in %)	Inhaftierungsrate (Inhaftierungen pro 100.000) 2013
RO	31.08.2016	142	7,4 (30.6.2016)	79,0
RUS	01.08.2016	450	17,8	---
SCO	01.08.2016	141	18,0 (26.08.2016)	---
SK	01.08.2016	186	14,1	148,3
SLO	15.05.2016	73	14,0	158,7
SRB	01.01.2016	142	18,9 (31.12.2013)	361,3
SWE	01.01.2016	53	25,8 (01.10.2014)	669,6
TR	01.04.2016	238	**14,1	329,3
UA	01.08.2016	168	***26,8	---

Quellen: Gefangenenraten u. prozentualer Anteil der U-Haftgefangenen: International Center for Prison Studies, World Prison Brief, Internet-Publikation, www.kcl.ac.uk/depsta/rel/icps/worldbrief/world_brief.html (letzte Abfrage 23.09.2016); Inhaftierungsraten: Council of Europe, Hrsg., Annual Penal Statistics – SPACE I – 2014.

Anmerkungen:

* Umfasst sind auch Personen, die vorläufig polizeilich festgenommen wurden.

** Nicht umfasst sind solche Gefangenen, die sich in einem Rechtsmittelverfahren befinden.

*** Personen in Untersuchungshaftanstalten.

England/Wales: Bei der Inhaftierungsrate sind lediglich Erstaufnahmen berücksichtigt.

Niederlande: Bei der Inhaftierungsrate ist nur die jährliche Aufnahme in den Strafvollzug berücksichtigt. Ausgenommen sind Aufnahmen in Jugendanstalten, Gefängniskrankenhäuser oder Anstalten für Ausländer.

Schottland: Bei der Inhaftierungsrate muss berücksichtigt werden, dass in Schottland mehrere Aufnahmen gezählt werden, soweit eine Person von verschiedenen Gerichten zu mehreren (Freiheits-)Strafen verurteilt wird.

Spanien: ohne die Region Katalonien; bei der Inhaftierungsrate sind Aufnahmen aus anderen Haftinstitutionen ausgenommen.

A = Österreich; B = Belgien; BG = Bulgarien; CH = Schweiz; CY = Zypern; CZ = Tschechische Republik; E = Spanien; EST = Estland; E/W = England/Wales; D = Deutschland; FIN = Finnland; F = Frankreich; GR= Griechenland; HR = Kroatien; HU= Ungarn; IRE = Irland; I = Italien; KO = Kosovo; LT = Litauen; LV = Lettland; NI= Nordirland; NL = Niederlande; PL= Polen; P = Portugal; RO = Rumänien; RUS = Russland; SCO = Schottland; SK = Slowakei; SLO = Slowenien;SRB = Serbien; TR = Türkei; UA = Ukraine.

Auch die Untersuchungshaftraten variieren in den Ländern zum Teil erheblich (*Tab. 18*). Die Untersuchungshaftraten in Estland (46), Ungarn (46,5), Litauen (44,9), Russland (54,6) und insbesondere Lettland (60,2) liegen weit über dem Durchschnitt der verglichenen Länder. In Estland wird die hohe Untersuchungshaftrate mit einem erhöhten Anteil ausländischer Tatverdächtiger begründet. Im Jahr 2006 waren 55% der Untersuchungshäftlinge ausländischer Herkunft.[1024] Jedoch muss diesbezüglich berücksichtigt werden, dass alle Esten, die vorwiegend russischer Herkunft sind und noch keinen neuen Pass beantragt haben, als Ausländer gezählt werden.[1025] Ausländer sind einem höheren Risiko ausgesetzt in die Untersuchungshaft genommen zu werden, was damit zusammenhängen kann, dass oft eine feste soziale Bindung oder/und ein fester Wohnsitz fehlt.

Dagegen liegen die Untersuchungshaftraten in Zypern (11,8), Irland (12,5), Rumänien (13,0), Slowenien (13,1) und auch Deutschland (13,9) weit unter dem Durchschnitt.

Auffällig ist zudem, dass in Ländern mit einer hohen Gefangenenrate und einer eher punitiven Ausrichtung der prozentuale Anteil der Untersuchungshaftgefangenen dagegen teilweise gering erscheint (siehe auch *Tab. 17*). Das gilt beispielsweise in Bulgarien, der Tschechischen Republik, Lettland, Litauen, Polen. Neben diesen baltischen und osteuropäischen Staaten lässt sich dies auch in England/Wales beobachten.[1026] In anderen Ländern ist dagegen auffällig, dass niedrigen Gefangenenraten ein sehr hoher Anteil von Untersuchungshaftgefangenen gegenübersteht (Belgien, Dänemark, Italien, Schweiz, Slowenien).

10.2.3 Einfluss der Untersuchungshaft auf die Gefangenenzahlen

Im Folgenden sollen die Untersuchungshaft- und die Gefangenzahlen verglichen werden. So soll versucht werden, die Bedeutung der Untersuchungshaft für Veränderungen der Gefangenenzahlen darzustellen. Auch in diesem Bereich sind die europäischen Daten uneinheitlich. In einigen Ländern lässt sich eine divergierende Entwicklung der Gefangenen- und Untersuchungshaftzahlen feststellen (*Abb. 5*: Frankreich, Deutschland, Polen). Andere Länder zeigen sowohl hinsichtlich der Gefangenenzahlen als auch für die Untersuchungshaftgefangenen einen Zuwachs (*Abb. 6*: Spanien, England/Wales, Italien). In manchen osteuropäischen Staaten lassen sich dagegen bei beiden Gruppen sinkende Zahlen erkennen (*Abb. 7*: Litauen, Estland).[1027]

Wie in *Abb. 5* erkennbar steigen die Gefangenenzahlen in Frankreich seit dem Jahr 2000 an, während die Untersuchungshaftzahlen seit 1997 eher abnehmen.

1024 *Sootak/Markina* 2010, S. 264.

1025 *Morgenstern* 2011, S. 463 m. w. N.

1026 Siehe *Abb. 6*.

1027 Siehe hierzu ausführlich den Aufsatz von *Morgenstern* 2011, S. 452 ff.

Polen weist einen erheblichen Anstieg der Gefangenenzahlen zwischen den Jahren 1999 und 2008 auf. Die Untersuchungshaftzahlen nehmen ca. seit dem Jahr 2000 stetig ab. In Deutschland[1028] war in der Zeit zwischen 1994 und 2004 ein großer Zuwachs bei den Gefangenenzahlen zu verzeichnen (Zunahme von 44%) während die Untersuchungshaftzahlen seit 1994 stetig abnehmen.

Eine einfache Erklärung kann es für diese unterschiedlichen Verläufe nicht geben.[1029] Grundlegende Veränderungen des Untersuchungshaftrechts in Bezug auf restriktive Anordnungsvoraussetzungen hat es nicht gegeben oder diese fanden bereits viel früher statt.[1030] Allerdings hat es in diesen Ländern Veränderungen im Hinblick auf eine Verfahrensbeschleunigung gegeben, die auch zu kürzeren Untersuchungshaftzeiten geführt haben dürften.[1031] Dies war z. B. in Frankreich der Fall. Dort erschwerte das „Gesetz über die Unschuldsvermutung" aus dem Jahr 2000 die Verlängerung von Untersuchungshaft. Auch gibt es seit dieser Reform einen spezialisierten Untersuchungshaftrichter.[1032]

Auch in der Tschechischen Republik lassen sich divergierende Verläufe erkennen. Die absoluten Untersuchungshaftzahlen sowie die Untersuchungshaftraten nehmen seit 1999 stetig ab (von 6.820 auf 2.373 Untersuchungshaftgefangene im Jahr 2009),[1033] während die Gefangenenrate in den Jahren 2003 bis 2009 angestiegen ist.[1034]

Eine etwas andere Entwicklung ist in den Niederlanden festzustellen. Dort ist bemerkenswert, dass die Untersuchungshaftzahlen von 1990 stetig steigen. In der Zeit von 1990 bis 2005 ist die Zahl der Untersuchungshaftgefangenen um 130% gestiegen.[1035] Dies ging bis zum Jahr 2005 mit einem gleichzeitigen Anstieg der Zahl der Strafgefangenen einher.[1036] Seit dem Jahr 2006 sinkt jedoch die Strafgefangenrate rapide, während die Untersuchungshaftzahlen weiter zunehmen.[1037] *Boone/Moerings* führen als eine mögliche Erklärung an, dass der Anstieg u. a. auf die jeweilige Bewertung des Ermittlungsrichters zur Schwere der

---

1028 Siehe hierzu auch *Kap. 10.1.1.*

1029 Siehe ausführlich *Morgenstern* 2011, S. 468 ff.

1030 So wurde in *Polen* die Strafprozessordung bereits im Jahr 1998 reformiert, *Morgenstern* 2011, S. 469.

1031 *Morgenstern* 2011, S. 469 f. m. w. N.

1032 *Knapen/von der Linden* 2009, S. 359 f.

1033 Dies macht einen Rückgang von 64% aus; siehe *van Kalmthout u. a.* 2009, S. 38.

1034 Siehe zu den Gefangenenraten in den ost- bzw. westeuropäischen Ländern: *Dünkel* 2009, S. 152, 154; aktuell auch *Dünkel/Geng/Harrendorf* 2016.

1035 Siehe Tabelle 1 bei *Boone/Moerings* 2010, S. 622 u. 625.

1036 *Boone/Moerings* 2010, S. 622.

1037 *Dünkel* 2009, S. 152; *van Kalmthout u. a.* 2009, S. 38.

Tat, die intensive Verfolgung von Drogenschmugglern (sog. *body packer*)[1038] und der steigende Trend in der Aufklärung von Straftaten zurückzuführen ist.[1039]

Abbildung 5: Entwicklungen in Frankreich, Deutschland und Polen

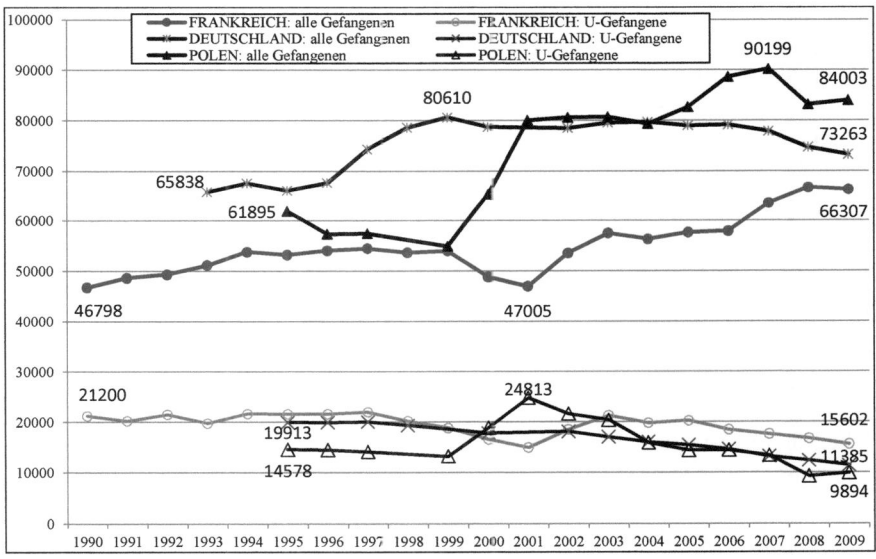

Quelle: *Morgenstern* 2011, S. 468, basierend auf SPACE und *Penological* bzw. *Prison Bulletin*, siehe auch *Aebi/Delgrande* 2011.

1038   Dabei handelt es sich um Drogenschmuggler, die ihre Ware überwiegend im Körper oder in Körperöffnungen verstecken. Zu der besonderen Bedeutung dieses Klientels siehe *Boone* 2007.

1039   Ausführlich siehe hierzu *Boone/Moerings* 2010, S. 625 ff.

In Ländern wie Spanien, England/Wales und Italien lässt sich dagegen sowohl bei den Untersuchungsgefangenen als auch bei den Gefangenenzahlen in den letzten Jahren 1990 bis 2009 ein Zuwachs feststellen. So lag der Zuwachs der Strafgefangenen in England/Wales in dieser Zeit bei ca. 83%. Der Zuwachs bei den Untersuchungsgefangenen liegt in diesem Zeitraum bei lediglich 33% (von 10.091 auf 13.456). Dies zeigt, dass der punitive Trend sich nicht ganz auf die Untersuchungshaft ausgewirkt hat.[1040] Ähnlich ist die Situation in Spanien. Einem beträchtlichen Anstieg der Gesamtgefangenen steht dort ein moderater Anstieg der Untersuchungsgefangenen gegenüber. Die Zahl der Gefangenen stieg im genannten Zeitraum von 32.902 auf 78.342 (Zuwachs von 139%). Der Anstieg bei den Untersuchungsgefangenen von 12.980 auf 16.317 fällt dagegen eher gering aus. Seit dem Jahr 2000 ist ein stetiger (jährlicher) Anstieg der Untersuchungshaftzahlen zu beobachten. So befanden sich zum Stichtag am 01.09.2007 im Jahr 2000 noch 9.084 Gefangene in der Untersuchungshaft.[1041] Bis zum Jahr 2007 stieg diese Zahl auf 15.751 (Anstieg von 73%). In dieser Zeit stieg auch die Zahl der verurteilten Gefangenen von 39.032 im Jahr 2002 bis auf 48.073 im Jahr 2007 (Anstieg 23%).[1042] So kann hier die These eines Austauschs von Untersuchungshaftgefangenen und Strafgefangenen nicht angeführt werden. Der Anstieg bei den Gefangenen wird mit verschiedenen Strafgesetzreformen im Jahr 1995 begründet. So wurden beispielsweise Mindeststrafen für bestimmte Straftaten angehoben und das großzügige *good-time-credits*-System abgeschafft.[1043] Ein Anheben der Mindeststrafen könnte dabei auch zu einer vermehrten Anwendung der Untersuchungshaft geführt haben. So darf eine Untersuchungshaft nur dann angeordnet werden, wenn die in Verdacht stehende Tat mit mindestens zwei Jahren Freiheitsstrafe bedroht ist.[1044] Auch könnte sich eine Strafschärfung im Bereich der häuslichen Gewalt auf die Untersuchungshaftzahlen ausgewirkt haben. Nach dieser 2003 eingeführten Regelung kommt es in solchen Fällen zwingend zu einer Freiheitsstrafe. Eine Anordnung der Untersuchungshaft unterliegt in solchen Fällen einer niedrigeren Hürde. Der Opferschutz rechtfertigt bei derartigen Straftaten eine Untersuchungshaft wegen Wiederholungsgefahr.[1045]

1040 Siehe hierzu m. w. N. *Morgenstern* 2011, S. 464 f.

1041 Vgl. SPACE 2009 und *Lambertina* 2009, S. 870; zum Anstieg der Anzahl der Strafgefangenen siehe *Cid/Laurrauri* 2010, S. 782 f.

1042 Diese Zahlen stammen vom Ministerium für innere Angelegenheiten, siehe hierzu *Lambertina* 2009, S. 873.

1043 *Cid/Laurrauri* 2010, S. 784; bei der *good-time-Regel* bestand grundsätzlich die Möglichkeit z. B. durch Arbeit die Haft zu verkürzen; ausführlich zur *good-time-Regel* in Spanien siehe *Kaiser* 2007, S. 485 ff.

1044 Vgl. *Kap. 5.1.27* und *Kap. 5.2.*

1045 Siehe *Morgenstern* 2011, S. 466 m. w. N.

Einen Sonderfall stellt Italien dar. Hier liegt der Zuwachs im dargestellten Zeitraum bei den Untersuchungshaftgefangenen bei 125% (von 13.231 auf 30.538). Der Zuwachs bei der Gesamtgefangenenzahl ist mit 96% zwar ebenfalls sehr hoch, aber niedriger als der Anstieg bei den Untersuchungshaftgefangenen. Der uneinheitliche Verlauf der Gefangenenzahlen ist mit den regelmäßig stattfindenden Amnestien zu erklären.[1046] Der Anstieg der Untersuchungshaftzahlen wird mit der massiven Anhebung der Strafrahmen erklärt.[1047] Zwar ist in Italien bei Erwachsenen die Anordnung der Untersuchungshaft nur möglich, soweit der Strafrahmen eine Mindeststrafe von 4 Jahren vorsieht, jedoch verliert diese an sich restriktive Regelung durch die Strafrahmenanhebung enorm an Bedeutung.

Abbildung 6:   Entwicklungen in Spanien, England/Wales und Italien

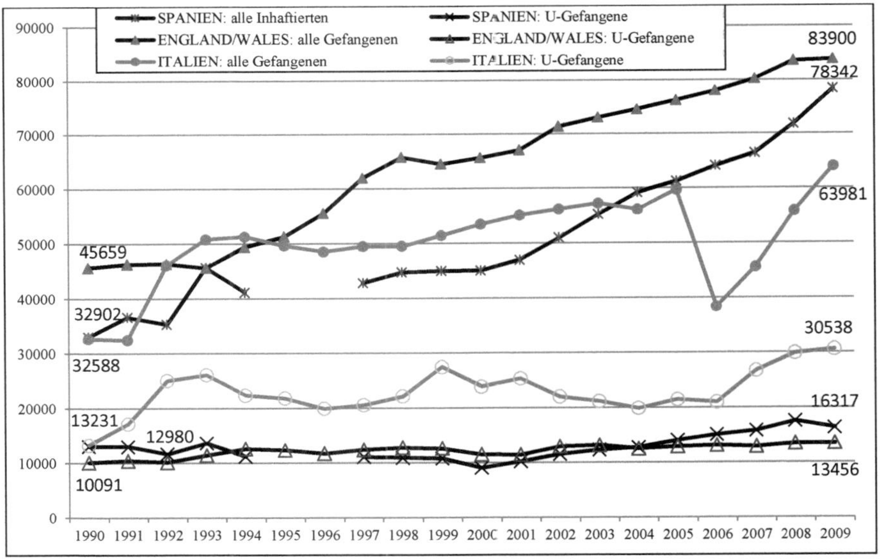

Quelle: *Morgenstern* 2011, S. 464, basierend auf SPACE und *Penological* bzw. *Prison Bulletin*, siehe auch *Aebi/Delgrande* 2011.

In Ländern wie z. B. Litauen und Estland sind seit Jahren sinkende Untersuchungshaftzahlen im Vergleich zu den Gefangenenzahlen zu verzeichnen. Während die Gesamtgefangenenzahlen in Litauen nach der politischen Wende stark

---

1046   *Morgenstern* 2011, S. 466.

1047   *Picotti u. a.* 2010, S. 528; *Morgenstern* 2011, S. 466.

anstiegen und dann einen uneinheitlichen Verlauf nahmen, ist bei den Untersuchungshaftzahlen festzustellen, dass diese nach einem Höchststand Mitte der 1990er Jahre seit 1998 stetig sinken. Auch in Estland begannen Ende der 1990er Jahre die Untersuchungshaftzahlen zu sinken, während die Gesamtgefangenenzahlen relativ konstant blieben. In Lettland ist ebenfalls seit dem Jahr 2000 ein positiver Trend im Bereich der Untersuchungshaftzahlen zu verzeichnen.[1048] Diese Trendwende dürfte auf die Änderungen des Strafverfahrensrechts im Jahr 1998 zurückzuführen sein (in Estland bereits 1994). In dieser Zeit wurde die alte sowjetische Strafprozessordnung geändert und strengere Voraussetzungen zur Anordnung und Aufrechterhaltung der Untersuchungshaft geschaffen.[1049]

Abbildung 7: Entwicklungen in Litauen und Estland

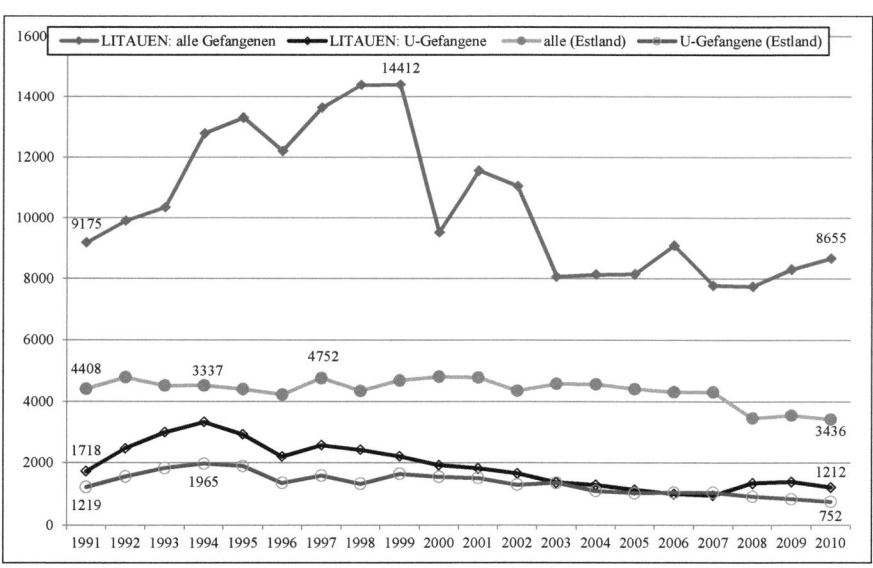

Quelle: *Morgenstern* 2011, S. 467, basierend auf SPACE und *Penological* bzw. *Prison Bulletin*, siehe auch *Aebi/Delgrande* 2011.

1048 Siehe *Morgenstern* 2009, S. 580.

1049 *Morgenstern* 2011, S. 468.

Tabelle 18: Gefangenenpopulation, Inhaftierungsrate, Untersuchungshaftpopulation, Untersuchungshaftrate und prozentualer Anteil der Untersuchungsgefangenen, 2014.

Land Stichtag 01.09.14	Gefangenenpopulation (insgesamt inkl. U-Haft)	Gefangenenrate pro 100.000 Einwohner	Untersuchungshäftlinge[a]	U-Haftrate pro 100.000 Einwohner[a]	Prozentualer Anteil der U-Gefangenen
A	8.857	104,1	1.902	33,2	21,5
B	13.212	117,9	3.314	29,6	25,1
BG[b)]	10.028	131,8	1.665	21,9	16,6
CH	6.923	85,1	1.892	33,3	39,4
CY	681	79,4	373	11,8	14,8
CZ	18.658	177,5	2.185	20,8	11,7
D	65.710	81,4	11.260	13,9	17,1
DK	3.583	63,7	1.392	24,7	38,8
E	65.931	141,7	8.536	18,6	13,1
EST	2.962	225,1	605	46,0	20,4
E/W	85.509	149,7	12.197	21,3	14,3
F	66.494	101	13.112	26,0	22,0
FIN	3.097	56,8	---	---	---
GR	12.006	110,1	2.604	23,9	21,7
HR	3.763	88,6	---	---	---
HU	18.270	185	4.593	46,5	25,1
I	54.252	89.3	9.283	28,3	31,7
IRE	3.829	83,1	575	12,5	15,0
KO	---	---	---	---	---
LT	8.977	305	1.323	44,9	14,7
LV	4.809	240,3	1.093	60,2	25,1
NI	1.860	101,3	488	30,1	29,7
NL	9.857	58,6	2.982	25,0	42,8

Land Stichtag 01.09.14	Gefan-genenpopu-lation (insgesamt inkl. U-Haft)	Gefange-nenrate pro 100.000 Einwohner	Untersu-chungshäft-linge[a]	U-Haftrate pro 100.000 Einwohner[a]	Prozentua-ler Anteil der U-Ge-fangenen
P	14.003	134,3	1.600	22,3	16,6
PL	77.371	203,5	5.855	16,4	8,1
RO	31.637	158,6	2.588	13,0	8,2
RUS	671.027	467,1	58.316	54,6	11,7
SCO [c]	7.879	147,6	1.619	30,3	29,7
SK	10.179	187,9	1.363	25,2	13,4
SLO	1.522	73,8	232	13,1	17,8
SRB	10.288	144	1593	22,3	15,5
SWE	5.861	60,8	1.542	16,0	26,3
TR	15.1451	197,5	10.862	---	---
UA	92.290	204	13.326	29,5	14,4

Quelle: SPACE I 2014.

A = Österreich; B = Belgien; BG = Bulgarien; CH = Schweiz; CY = Zypern; CZ = Tschechi-sche Republik; D = Deutschland; DK = Dänemark; EST = Estland; E = Spanien; FIN = Finn-land; F = Frankreich; GR= Griechenland; HR = Kroatien; IRL = Irland; I = Italien; KO = Ko-sovo; LT = Litauen; LV = Lettland; NI= Nordirland; NL = Niederlande; PL= Polen; P = Portugal; RO = Rumänien; RUS = Russland; SCO = Schottland; SK = Slowakei; SLO = Slo-wenien; SRB = Serbien; SWE = Schweden; TR = Türkei; UA = Ukraine; UK = Vereinigtes Königreich (England/Wales).

Hinweise:
a)   Umfasst sowohl die Gruppe derer, bei denen das Urteil noch nicht rechtskräftig ist (das sind solche, die auf eine richterliche Entscheidung warten, angeklagt sind oder sich in einem Rechtsmittelverfahren befinden). Ausgenommen ist somit die Gruppe von Inhaf-tierten, die aus anderen Gründen inhaftiert sind (z. B. illegale Einwanderer, Ersatzfrei-heitsstrafen).
b)   Die Zahlen stammen aus dem Jahr 2009.
c)   Die Zahl umfasst nicht Personen, die in Einrichtungen einsitzen, die nicht der Gefäng-nisverwaltung unterliegen (Polizeigewahrsam, psychiatrische Einrichtungen, therapeu-tische Drogeneinrichtung). Auch Personen, die elektronisch überwacht werden, sind nicht mit umfasst.

CH: Stand ist der 03.09.2014.
CZ: Stand ist der 31.12.2014.
D: Stand ist der 31.03.2014.
F: Stand ist der 01.10.2014.
HR: Stand ist der 31.12.2014.
LT: Stand ist der 01.07.2014.
LV: Stand ist der 01.10.2014
PL: Stand ist der 31.12.2014.
SWE: Stand ist der 01.10.2014.

10.2.4 Anwendung der Untersuchungshaft bei Jugendlichen

Wie oben bereits dargestellt, sehen die meisten Länder in Europa die Untersuchungshaft gerade bei Jugendlichen als letztes Mittel zur Verfahrenssicherung an und werden somit – zumindest theoretisch – den Forderungen internationaler Empfehlungen gerecht.[1050] Ob dem *ultmia ratio*-Gedanken in den einzelnen Ländern auch wirklich Rechnung getragen wird, kann nur anhand der verfügbaren Zahlen gemessen werden.

Zunächst muss darauf hingewiesen werden, dass nicht für jedes Land Daten in Bezug auf jugendliche Untersuchungshaftgefangene vorhanden sind. Des Weiteren ist ein Vergleich der vorhandenen Daten hier besonders schwierig. Dies ist darauf zurückzuführen, dass die Länder beispielsweise unterschiedliche Terminologien in Bezug auf geschlossene Einrichtungen verwenden und somit nicht immer klar ist, ob es sich auch tatsächlich um eine Untersuchungshaft im eigentlichen Sinne handelt.[1051] Außerdem muss darauf hingewiesen werden, dass die Zahlen in den Tabellen zum Teil aus unterschiedlichen Quellen stammen.[1052] Dennoch wurden vergleichbare Zeiträume gewählt um so ein möglichst verlässliches Bild darzustellen.

Zunächst kann festgestellt werden, dass die jugendlichen Gefangenen gemessen an allen Inhaftierten in den meisten Ländern einen sehr geringen Anteil ausmachen. So liegt der prozentuale Anteil von Personen unter 18 Jahren an allen Gefangenen meist zwischen 0% und 3%. Besonders niedrig ist der Anteil in Belgien (0,6%), Bulgarien (0,8%), Finnland (0,3%), Polen (0,4%), Schweiz (0,4%) und Spanien (0,0%).[1053] In Ländern wie Griechenland (2,4%) und Kosovo (2,5%) ist der Anteil höher und liegt damit über dem europäischen Durchschnitt.

1050 Siehe *Kap. 5* und insbesondere *Kap. 5.3.*

1051 Siehe *van Kalmthout u. a.* 2009, S. 52.

1052 Vgl. hierzu einleitend *Kap. 10.2.*

1053 Der Anteil der 18-21-Jährigen liegt bei 0,9%.

Tabelle 19: **Gefangene insgesamt, prozentualer Anteil der Jugendlichen**

Land (Stichtag)	Gefangene insges. (inkl. U-Haft)	Jugendliche* Inhaftierte (gemessen an allen Inhaftierten in %)
A (01.01.2016)	8.381	1,2 (01.01.2014)
B (05.01.2016)	11.072	0,6 (01.09.2013)
BG (01.10.2014)	9.028	0,8
CH (03.09.2014)	6.923	0,4
CY (01.09.2014)	681	0,6
CZ (31.08.2016)	22.334	0,4
DK (01.05.2015)	3.481	0,4
E (26.08.2016)	60.799	0,0 (unter 18); 0,9 (unter 21) (Juli 2016)
EST (01.08.2016)	2.898	0,9
E/W (26.08.2016)	8.5119	0,7 (30.6.2016)
F (01.07.2016)	69.375	1,1
FIN (01.01.2016)	3.002	0,3 (16.05.2015)
GR (16.05.2016)	9.698	2,4
HR (20.10.2015)	3.424	1,1
HU (08.03.2016)	17.976	1,9
I	54.195	0,8
IRE (31.08.2016)	3.688	1,3
KO (01.10.2014)	1.815	2,5
LT (01.01.2016)	7.355	1,2 (01.09.2015)
LV (31.12.2015)	4.409	0,8 (31.12.2014)
NI (26.08.2015)	1.463	0,0 (30.06.2016)
NL (30.09.2014)	11.603	1,5 (30.09.2013)
P (01.09.2016)	14.061	0,4

Land (Stichtag)	Gefangene insges. (inkl. U-Haft)	Jugendliche* Inhaftierte (gemessen an allen Inhaftierten in %)
		(31.12.2014)
PL (30.6.201)	71.227	0,4 (31.12.2014)
RO (09.08.2016)	28.062	1,4 (30.06.2016)
RUS (01.08.2016)	67.9836	0,2 (01.09.2014)
SCO (26.08.2016)	7.587	0,9
SK (01.08.2016)	10.101	0,6 (01.10.2014)
SLO (25.5.2015)	1.511	0,4
SRB (01.01.2016)	10.067	1,0 (2013)
SWE (01.01.2016)	5.245	0,2 (01.10.2014)
TR (01.04.2016)	187.603	1,3
UA (01.08.2016)	62.132	0.7

Quelle: *World Prison Brief*, (*International Centre for Prison Studies*, *ICPS*) www.kcl.ac.uk/depsta/law/research/icps/worldbrief, letzter Abruf am 01.10.2016.
* Umfasst sind Personen unter 18 Jahre.

A = Österreich; B = Belgien; BG = Bulgarien; CH = Schweiz; CY = Zypern; CZ = Tschechische Republik; DK = Dänemark; E = Spanien; EST = Estland; E/W = England/Wales; D = Deutschland; FIN = Finnland; F = Frankreich; GR= Griechenland; HR = Kroatien; HU = Ungarn; IRE = Irland; I = Italien; KO = Kosovo; LT = Litauen; LV = Lettland; NI= Nordirland; NL = Niederlande; PL= Polen; P = Portugal; RO = Rumänien; RUS = Russland; SCO = Schottland; SK = Slowakei; SLO = Slowenien; SRB = Serbien; SWE = Schweden; TR = Türkei; UA = Ukraine.

Betrachtet man den prozentualen Anteil der jungen Untersuchungshäftlinge an allen Untersuchungshaftgefangenen, sticht insbesondere Schottland hervor. Dort lag der Anteil an jungen Untersuchungshaftgefangenen zum Stichtag im Jahr 2009 bei 17,4% (siehe *Tab. 20*). Es ist allerdings fraglich, ob es sich dabei auch tatsächlich um die Altersgruppe der unter 18-Jährigen handelt. Dies geht aus der nationalen Statistik nicht hervor. Es liegt die Vermutung nahe, dass es sich vornehmlich um Gefangene zwischen 16 und 21 Jahren handelt, womit die Zahl wieder zu relativieren wäre. Dies liegt daran, dass junge Personen zwischen 16 und 21 üblicherweise in den Jugendeinrichtungen (*Young Offender Institutions, YOIs*) untergebracht werden.[1054] Der relativ hohe Anteil, gerade in Schottland, ist dennoch erstaunlich, da dort die Kautionsgewährung besonders ausgeprägt ist.[1055] Allerdings muss auch gesagt werden, dass lediglich 17,8% aller inhaftierten Jugendlichen in der Untersuchungshaft sitzen.[1056] Dies ist im europäischen Vergleich ein sehr niedriger Wert (Siehe *Tab. 21*). Dennoch kann der hohe Anteil an jungen Gefangenen im Untersuchungshaftvollzug im Vergleich zu allen Untersuchungshaftgefangenen darauf hindeuten, dass die Kautionsgewährung bei jungen Personen nicht im ausreichenden Maße angewandt wird.

Auch in England/Wales ist der prozentuale Anteil höher als im Vergleich zu den anderen europäischen Ländern. So liegt der Anteil bei 4,5%, wobei dies nur die jungen Gefangenen zwischen 15 und 17 Jahren sind. Auch in Rumänien, Ungarn und Österreich liegt der Wert zwischen 4% und 5%. In der Slowakei liegt dieser Wert zwischen 6,3% und 5%.[1057] Dagegen liegt der Anteil in Polen, Finnland und Schweden unter 1% und ist damit verschwindend gering.

Tabelle 20:   Untersuchungsgefangene, jugendliche U-Gefangene

Land	U-Gefangene (abs.)	Jugendliche U-Gefangene (abs.)	Anteil der jugendlichen Inhaftierten in U-Haft an allen U-Gefangenen (%)
A	1.663	69	4,1
CZ	2.254	34[a]	1,5
F	16.399	479	2,9
FIN	573	4[b]	0,7
GR	3.046	58[c]	1,6
HU	4.366	209	4,8
I	30.039	373[c]	1,3
P	2.921	30	1,0
PL	13.374	5[d]	0,1

1054   Siehe *Burman u. a.* 2011, S. 1181 f.

1055   Siehe *Kap. 7.2* und *Kap. 7.2.1.*

1056   Vgl. unten *Tab. 21.*

1057   Dieser Wert stammt aus den Jahren 1996-1999; siehe *Válková/Hulmáková/Vráblová* 2011, S. 1281.

RO	3.112	130	4,2
SCO	1.396	243[e)]	17,4
SK	2.371	84	3,5
SWE	1.522	11	0,7
UA	32.800	1.220	3,7
UK	13.067	574[b)]	4,5

Quelle: SPACE 2009 und die nationalen Statistiken der jeweiligen Länder. Siehe hierzu die jeweiligen Länderberichte in: *van Kalmthout/Knapen/Morgenstern* 2009. Für die Slowakei siehe auch *Válková/Hulmáková/Vráblová* 2011, S. 1281. Teilweise eigene Berechnungen anhand der vorhandenen Daten.

A = Österreich; CZ = Tschechische Republik; FIN = Finnland; F = Frankreich; GR= Griechenland; HU = Ungarn; I = Italien; P = Portugal; PL= Polen; RO = Rumänien; SCO = Schottland; SK = Slowakei; UA = Ukraine; UK = Vereinigtes Königreich (England/Wales).

Anmerkungen:
a)   15-18 Jahre.
b)   15-17 Jahre.
c)   14-18 Jahre.
d)   15-16 Jahre.
e)   16-21 Jahre

A: Die Zahlen stammen vom 01.09.2008 (vgl. österreichische Gefangenenstatistik 2008; *Hofinger u. a.* 2008, Tabelle 5).
CZ: Die Zahl der gesamten U-Gefangenen stammt vom 01.09.2007 (SPACE I 2009). Die Zahl der jugendlichen U-Gefangenen stammt vom 31.12.2007 (Nationale Statistik).
F: Die Zahl der gesamten U-Gefangenen stammt vom 01.09.2006 (ICPS). Die Zahl der jugendlichen U-Gefangenen stammt vom 1.1.2006.
FIN: Daten stammen von 16.02.2009 (32 weitere U-Haftgefangene sind zwischen 18 und 20 Jahre, siehe Nationale Statistik).
GR: Bei den Zahlen handelt es sich um die Anzahl von U-Haftgefangenen während des ganzen Jahres 2006 (Nationalen Statistik).
HU: Die Zahl stammt vom 01.01.2009 (Nationale Statistik)
I: Daten vom 30.06.2008 (Nationale Statistik).
P: Daten stammen vom 30.12.2006.
PL: Die Zahl der gesamten Untersuchungsgefangenen stammt vom 01.09.2007 (SPACE 2009). Die Zahl der jugendlichen U-Haftgefangenen stammt vom 31.12.2007 (Nationale Statistik).
RO: Daten vom 31.12.2008 (Nationale Statistik).
SCO: Daten vom 20.3.2009 (Nationale Statistik); nicht umfasst sind bei der Gesamtzahl der U-Haftgefangenen die Gefangenen, die bereits verurteilt sind aber dessen Urteil noch nicht rechtskräftig ist. Dabei handelt es sich um 192 Gefangene.
SK: Daten vom 31.12.2006 (SPACE und nationale Statistik)
SWE   Daten vom 01.10.2006 (Nationale Statistik).

UA	Die Zahl der gesamten Untersuchungsgefangenen stammt ist der World Pre-Trial List entnommen (01.02.2007), siehe *Walmsley* 2008. Die Zahl der jugendlichen Untersuchungshaftgefangenen stammt vom 01.01.2007 (vgl. *Zaikina* 2011, S. 1513)
UK:	Daten vom 30.06.2006 (Nationale Statistik).

Interessant ist ein Vergleich der Zahlen aller jugendlichen Inhaftierten mit der Anzahl an jugendlichen Untersuchungshäftlingen (*Tab. 21*). Anhand dieser Daten kann im Besonderen nachvollzogen werden, welche Bedeutung die Untersuchungshaft als Freiheitsentzug hat.

In der folgenden Tabelle wurde auf die vorhandenen Daten aus den jeweiligen Länderberichten im Sammelband zurückgegriffen.[1058] Es fällt auf, dass in den meisten Ländern der Untersuchungshaftvollzug bei den Jugendlichen eine erhebliche Rolle spielt. So befanden sich zum jeweiligen Stichtag in Österreich (45,4%) und Finnland (40%) nahezu die Hälfte aller jugendlichen Inhaftierten in der Untersuchungshaft.

Auch in Litauen befand sich am Stichtag im Jahre 2008 ein großer Teil der jugendlichen Inhaftierten in der Untersuchungshaft (30%). Im Jahre 1996 waren es noch nahezu 50% der inhaftierten Jugendlichen im Untersuchungshaftvollzug. Im Jahr 2000 stieg dieser Wert sogar auf 65%. Seitdem ist in Litauen ein leicht rückläufiger Trend zu beobachten. In den letzten Jahren lag der prozentuale Anteil bei ca. 30%, was immer noch einen relativ hohen Wert darstellt.[1059]

In Frankreich (65%), Polen (71,4%), Italien (84,0%) und der Ukraine[1060] (55,1%) ist es sogar der Großteil der jugendlichen Inhaftierten, die sich in der Untersuchungshaft befinden.

Besonders beachtenswert ist der extrem hohe prozentuale Anteil in Italien. Dieser lag im Jahr 2007 bei 84%.[1061] Im Jahr 2001 befanden sich noch 65% der jugendlichen Inhaftierten in der Untersuchungshaft. Dieser Wert blieb bis zum Jahr 2005 relativ konstant. Im Jahr 2006 stieg dieser Wert auf unglaubliche 91% an und fiel im Jahr 2007 wieder leicht auf 84%.[1062] Diese Zahlen lassen sich

---

1058 Siehe *Dünkel u. a.* 2011; Leider sind nicht für jedes Land Stichtagszahlen verfügbar. Der Unterschied zwischen der Anzahl der jugendlichen U-Haftgefangenen in der Tschechischen Republik in der *Tab. 20* und *21* ist auf das unterschiedliche Stichtagsdatum zurückzuführen. In der *Tab. 21* wurde auf die Zahl von 2006 zurückgegriffen um eine bessere Vergleichbarkeit zu schaffen.

1059 Vgl. hierzu die Tabelle 4 in *Sakalauskas* 2011, S. 900.

1060 In der Ukraine ist seit dem Jahr 2002 ein starker Rückgang der Untersuchungshaftzahlen bei Jugendlichen zu verzeichnen. So befanden sich am 1.1.2002 noch 2.105 Jugendliche in Untersuchungshaft, vgl. *Dünkel/Dorenburg/Grzywa* 2011, S. 1785.

1061 Insgesamt lag der prozentuale Anteil am 31.12.2007 bei 58%, siehe *Lambertina* 2009, S. 541.

1062 Siehe hierzu *Lambertina* 2009, Tabelle 16 (Italien), S. 543.

dadurch erklären, dass die Untersuchungshaft in Italien gesetzeswidrig als „verkappte" Freiheitsstrafe genutzt wird und die Funktion eines sog. *short-sharp-shock* einnimmt. Nur die wenigsten Jugendlichen landen in Italien im Jugendstrafvollzug.[1063] Dieser *short-sharp-shock* ist skandalös und verstößt nicht nur gegen Nr. 17 der Rec (2003) 20, der deutlich macht, dass eine Untersuchungshaft nie als Sanktion genutzt werden darf und verstößt in gravierendem Maße gegen die in Art. 6 Abs. 2 EMRK geregelte Unschuldsvermutung.

In Rumänien spielte die Untersuchungshaft bei jugendlichen Beschuldigten eine große Rolle. So wurde im Jahr 1989 bei nahezu einem Viertel der jugendlichen Beschuldigten Untersuchungshaft angeordnet. Im Jahr 1990 waren es sogar 45%. 1991 war der Anteil der jugendlichen Beschuldigten in der Untersuchungshaft um 3% höher als bei den erwachsenen Beschuldigten.[1064] In den Jahren nach 1991 verringerte sich der Anteil der beschuldigten Minderjährigen in Untersuchungshaft und lag bei etwa 16% im Jahr 1999. Laut einer Studie von UNICEF und des rumänischen Justizministeriums wurden im Jahr 2003 bis 2004 20% der beschuldigten Jugendlichen in die Untersuchungshaft genommen.[1065]

In Serbien wurden im Jahr 2002 von 3.251 angezeigten Taten, die von Jugendlichen begangen wurden, lediglich in 100 Fällen eine Untersuchungshaft von den Gerichten angeordnet.[1066] Dies entspricht ca. 3%. In Slowenien wurden bei 1.912 registrierten Taten von Jugendlichen lediglich bei 13 Untersuchungshaft angeordnet.[1067]

In Irland fehlen flächendeckende Studien in Bezug auf die Anwendung von Untersuchungshaft bei Jugendlichen. In einer Studie aus dem Jahr 2004 wurden 400 Fälle vor dem *Children Court*[1068] untersucht. Dabei wurde in 20% der Fälle Untersuchungshaft angeordnet.[1069] *Walsh* weist darauf hin, dass dieser hohe Wert zu relativieren ist. So verbringen die wenigsten jungen Untersuchungshäftlinge eine längere Zeit in der Untersuchungshaft. Viele von den Inhaftierten sitzen während des Entscheidungsprozesses, wie ihren Bedürfnissen im weiteren Ermitt-

---

1063 Siehe *Tab. 21.*

1064 Diese Zahlen gehen auf eine kriminologische Studie der StA beim Kassationsgericht zurück; siehe *Pǎroşanu* 2011, S. 1105 m. w. N.

1065 UNICEF 2005, S. 46.

1066 *Škulić* 2011, S. 1230.

1067 *Filipčič* 2011, S. 1307.

1068 Der *Children Court* ist zuständig für Jugendliche unter 18 Jahren (außer bei besonderes scheren Verbrechen wie z. B. Mord und Totschlag); siehe ausführlich *Walsh* 2011, S. 738, 745; *Walsh* 2005.

1069 Die Studie wurde von der *Association for Criminal Justice Research and Development* (ACJRD) durchgeführt; siehe *Walsh* 2011, S. 753 m. w. N.

lungsverlauf am besten entsprochen werden kann, in der Untersuchungshaft.[1070] Nichtsdestotrotz kann auch ein kurzer Freiheitsentzug enorme negative Auswirkungen auf den Jugendlichen haben, was die Relativierung obsolet erscheinen lässt. Der Anteil der Untersuchungshäftlinge ist in den Städten deutlich höher als in den ländlichen Regionen.[1071]

In den Niederlanden spielt die Untersuchungshaft bei Jugendlichen dagegen eine vergleichsweise geringe Rolle. In den Jahren 1990 bis 2005 fand zwar ein stetiger Anstieg der Untersuchungshaftzahlen bei jungen Personen statt.[1072] Dieser nahm jedoch in den folgenden Jahren wieder ab. Im Jahr 2007 wurden 2.768 Jugendliche vorläufig festgenommen. Davon wurde bei 443 die Untersuchungshaft angeordnet. Dies macht einen prozentualen Anteil von 16% aus.[1073] Im Jahr 2004 betrug der Anteil noch 23% bei weniger jugendlichen Gefangenen insgesamt. Von 2004 an stieg die Zahl der Inhaftierten stetig, während der prozentuale Anteil an jungen Untersuchungshaftgefangenen abnahm.[1074] Dies könnte wieder ein Beleg für einen Austausch von Straf- und Untersuchungsgefangenen sein.[1075]

Auch in Schottland spielt die Untersuchungshaft bei Jugendlichen eine geringe Rolle, wenn man die Zahlen aller jugendlichen Inhaftierten mit der Zahl der jungen Untersuchungshaftgefangenen vergleicht. So ergibt sich, dass sich lediglich 17,8% der jungen Inhaftierten im Untersuchungshaftvollzug befanden.[1076]

Ähnlich ist die Situation in der Tschechischen Republik, wo sich der prozentuale Anteil auf 20% beläuft. Diesbezüglich ist bemerkenswert, dass in der Tschechischen Republik ein starker Rückgang der Untersuchungshaftzahlen bei Jugendlichen zu verzeichnen ist. Am 31.12.1999 befanden sich noch 227 Jugendliche in Untersuchungshaft. Dieser Wert ist bis zum 31.12.2006 auf 59 gesunken und lag am 31.12.2007 sogar bei nur 34 Inhaftierten. Somit hat sich die Untersuchungshaft bei Jugendlichen in der Tschechischen Republik immer mehr zu einem „letzten Mittel" entwickelt und damit die Bedeutung alternativer Maßnahmen gestärkt.[1077] Diese positive Entwicklung ist auf mehrere Reformen zwischen den Jahren 2002 und 2004 zurückzuführen, die u. a. die Untersuchungshaft bei Jugendlichen bei Vergehen beziehungsweise leichteren Delikten ausschlossen.[1078]

1070 *Walsh* 2011, S. 753.

1071 *Walsh* 2011, S. 753.

1072 Siehe *van Kalmthout/Bahtiyar* 2011, S. 940.

1073 *van Kalmthout* 2009, Tab. 16 (Niederlande), S. 698.

1074 *van Kalmthout* 2009, Tab. 13 (Niederlande), S. 697.

1075 Siehe auch *Kap. 10.2.1.*

1076 Siehe *Tab. 21.*

1077 Siehe *Dünkel/Dorenburg/Grzywa* 2011, S. 1785.

1078 *Dünkel/Dorenburg/Grzywa* 2011, S. 1785; *Válková/Hulmáková* 2011, S. 293.

In Bulgarien wurde im Jahr 2004 bei ca. 16% der jugendlichen Tatverdächtigen die Untersuchungshaft angeordnet. Damit wurde die Untersuchungshaft bei den unter 18-Jährigen nahezu so häufig angeordnet wie bei der Altersgruppe der über 35-Jährigen.[1079] In Portugal befanden sich zum Stichtag im Jahr 2006 lediglich 11% der jugendlichen Inhaftierten im Untersuchungshaftvollzug.[1080] In anderen Ländern fehlen konkrete Stichtagszahlen. Allerdings kann auch anhand der Häufigkeit von Untersuchungshaftanordnungen untersucht werden, ob dem *ultima-ratio*-Grundsatz ausreichend Rechnung getragen wird.

In Russland wurden im Jahr 2005 ca. 149.981 Jugendliche mit einer Straftat in Verbindung gebracht. In 19.500 Fällen wurde eine Untersuchungshaft beantragt und in ca. 80% dieser Fälle (14.700) wurde auch eine Untersuchungshaft vollstreckt.[1081] Im Vergleich zu allen registrierten jugendlichen Tätern wurde somit in ca. 10% der Fälle Untersuchungshaft vollstreckt.

In Ungarn dagegen lag dieser Wert im Jahr 2007 bei 2,4%. Von 13.524 jugendlichen Beschuldigten wurde bei 328 die Untersuchungshaft angeordnet. Im Jahr 1985 lag der prozentuale Anteil noch bei fast 15%, bei vergleichsweise weniger Beschuldigten insgesamt. Dieser Wert hat jährlich abgenommen und lag im Jahr 2005 sogar bei nur 1,9%.[1082]

In Dänemark wurde im Jahr 2005 bei 4955 Personen Untersuchungshaft angeordnet. Davon waren 288 zwischen 15 und 17 Jahre alt. Dies macht einen prozentualen Wert von 5% aus.[1083]

In England/Wales wurden im Jahr 2005/6 insgesamt 6.561 Untersuchungshaftentscheidungen bei jungen Personen getroffen. Dies entspricht knapp 6% der Gesamtzahl der Untersuchungshaftentscheidungen (111.168).[1084] Bei der Mehrzahl (87%) wurde auch Untersuchungshaft angeordnet.[1085] Circa 76% waren zwischen 16 und 17 Jahre alt. In 43 Fällen der Untersuchungshaftentscheidungen waren die Beschuldigten erst 12 Jahre alt (ein Beschuldigter war 11 Jahre alt). In

---

1079   Vgl. *Kanev u. a.* 2011, S. 169.

1080   Am 31.12. Dabei handelt es sich nur um Jugendliche zwischen 12 und 16 Jahren, die in einer sog. Erziehungseinrichtung untergebracht wurden. Es können sowohl sichere (geschlossene) oder halbgeschlossene Einrichtungen sein, vgl. *Kap. 5.1.18.* und *Rodrigues/Duarte-Fonseca* 2011, S. 1056.

1081   *Shchedrin* 2011, S. 1130, 1137.

1082   *Váradi-Csema* 2011, S. 703 f.

1083   Davon werden jedoch nicht alle in einer geschlossenen Einrichtung untergebracht. Ein großer Teil wird z. B. in sozialen Einrichtungen untergebracht, vgl. *Storgaard* 2011, S. 349; siehe auch unten *Kap. 10.4.2.*

1084   *Dignan* 2011, S. 385.

1085   Es muss allerdings beachtet werden, dass die Kautionsgewährung eine große Rolle spielt, die dazu führt, dass überwiegend eine bedingte Freilassung stattfindet, siehe *Dünkel/Dorenburg/Grzywa* 2011, S. 1782.

vier dieser Fälle wurde sogar eine unbedingte Untersuchungshaft vollstreckt. Allerdings muss auch gesagt werden, dass die Zahl der Untersuchungshaftentscheidungen seit 2002/3 um 11,8% zurückgegangen ist. Die Zahl derer, die in einer lokalen Einrichtung untergebracht wurden, sank im gleichen Zeitraum um 35,8%. Zum Teil ist dieser Rückgang auf eine Verringerung der Untersuchungshafteinrichtungen und auf eine Zunahme von intensiver Betreuung für die Angeklagten zurückzuführen.[1086]

Tabelle 21: Jugendliche Gefangene und Jugendliche in U-Haft

Land	Jugendliche Gefangene (unter 18 Jahre) (abs.)	Jugendliche in U-Haft (unter 18 Jahre) (abs.)	Anteil der jugendlichen U-Gefangenen (%)
A	152	69	45,4
CZ	170	34[a]	20,0
D	1.324	544	41,0
F	732	479	65,0
FIN	10	4[b]	40,0
GR	1.085	265	24,2
I	446	373	84,0
LT	200	57	28,5
PL	12	5[c]	71,4
SCO[d]	1.365	243	17,8
UA[e]	2.215	1.220	55,1

Quelle: Die Daten sind aus den jeweiligen Länderberichten oder den nationalen Statistiken (Österreich) entnommen (*Dünkel u. a.* 2011) und durch eigene Berechnungen ergänzt. Für Deutschland siehe auch die Strafvollzugsstatistiken, Statistisches Bundesamt Fachserie 10/Reihe 4.2.

A = Österreich; CZ = Tschechische Republik; D = Deutschland; FIN = Finnland; F = Frankreich; GR= Griechenland; I = Italien; LT = Litauen; PL = Polen; SCO = Schottland; UA = Ukraine.
Anmerkungen:
a)   15-18 Jahre
b)   15-17 Jahre
c)   15-16 Jahre

1086 *Dignan* 2011, S. 386.

d)	16-21 Jahre
e)	Erfasst sind auch Jugendliche, die bereits das 18. Lebensjahr vollendet haben. Von den 2.215 waren 574 bereits 18 Jahre alt.
A:	01.09.2008. Zahlen stammen aus dem Pilotbericht über den Strafvollzug, siehe *Hofinger u. a.* 2008.
D:	Die Zahl der inhaftierten Jugendlichen setzt sich zusammen aus 780 Verurteilten und 544 U-Gefangenen (Stand 30.11.2007).
CZ:	31.12.2007.
F:	01.06.2006.
FIN:	Zahl stammt vom 01.05.2007 (32 weitere U-Haftgefangene waren zwischen 18 und 20 Jahre).
GR:	Bei diesen Zahlen handelt es sich nicht um Stichtagszahlen, sondern um die Zugänge während des jeweiligen Jahres (2005).
I:	Siehe den Landesbericht Italien von *Lambertina* 2009.
LT:	31.12.2008.
PL:	31.12.2007.
SCO	Die Zahl aller inhaftierten Jugendlichen stammt aus SPACE 2007, S. 39. Die Zahl der Untersuchungshäftlinge stammt vom 20.03.2009 (Nationale Statistik), siehe *Rozel* 2009, S. 964 ff.
UA:	01.01.2007; siehe *Zaikina* 2011, S. 1513.

10.2.5 Rechtsvergleich mit Deutschland

Vergleicht man die vorhandenen Zahlen mit den Daten aus Deutschland wird deutlich, dass Deutschland keine Sonderstellung innerhalb der europäischen Länder einnimmt. In Deutschland liegt der prozentuale Anteil der jugendlichen Inhaftierten gemessen an allen Gefangenen bei 2,1% und damit sogar über dem europäischen Durchschnitt.[1087] Der Anteil der jugendlichen Untersuchungshaftgefangenen an allen Untersuchungshaftgefangenen liegt bei ca. 4%.[1088] Bei der Gruppe der Heranwachsenden ist der prozentuale Anteil höher. Ein Tiefstand wurde 1989 mit 8,6% erreicht, wobei in den Folgejahren ein erheblicher Anstieg festgestellt werden konnte.[1089]

Der prozentuale Anteil der jugendlichen Untersuchungshäftlinge an allen jugendlichen Gefangenen lag in den vergangenen Jahren zwischen 43% und 48%. Am 31.03. der Jahre 2005 bis 2008 betrugen die prozentualen Anteile 46,1%, 48%, 43,2% und 45,7%.[1090] Somit befanden sich fast die Hälfte aller jugendli-

---

1087 Dieser liegt bei ca. 1,3%; siehe *Kap. 10.2.2.* und *Tab. 19.*

1088 Der Prozentanteil an allen Untersuchungshaftgefangenen liegt seit 1993 zwischen 4% und 5%; siehe hierzu *Tab. 13.*

1089 *Eisenberg* 2015, § 72, Rn. 4 ff. m. w. N.

1090 *Eisenberg* 2015, § 72, Rn. 4b.

chen Inhaftierten in Deutschland in Untersuchungshaft. Damit reiht sich Deutschland in die Liste der europäischen Länder ein, die ebenfalls einen sehr hohen prozentualen Anteil an jugendlichen Untersuchungshäftlingen aufweisen.[1091]
Besonders besorgniserregend ist in diesem Zusammenhang, dass ein Großteil der Jugendlichen in Deutschland den Vollzug ausschließlich in seiner resozialisierungsfeindlichsten Form, nämlich im Untersuchungshaftvollzug, kennenlernt.[1092] So betrug der Anteil von Verurteilten, die im Anschluss an eine Untersuchungshaft der Bewährungshilfe unterstellt wurden oder bei denen ein Zuchtmittel verhängt wurde, ca. 50%.[1093] Somit wurde nur bei rund der Hälfte der jugendlichen Untersuchungshäftlinge eine unbedingte Jugendstrafe verhängt.

Auch in anderen europäischen Ländern nimmt die Untersuchungshaft eine bedeutende Rolle ein. In Österreich verbringen Jugendliche mehr Zeit in der Untersuchungshaft als in der Strafhaft. Dies wird mit den vergleichsweise langen Untersuchungshaftzeiten ausländischer Jugendlicher begründet.[1094] War ein junger Erwachsener im Jahr 2001 im Schnitt 106 Tage in Haft, so waren es bei einer Entlassung im Jahr 2008 130 Hafttage. Ein Jugendlicher war 71 Tage (2001) bzw. 81 Tage (2008) inhaftiert. Davon verbrachten die Jugendlichen 41 Tage in der Untersuchungshaft.[1095] Somit lernt auch in Österreich ein großer Anteil der Jugendlichen den Haftvollzug überwiegend in seiner erziehungs- und resozialisierungsfeindlichsten Form kennen.

Ein ähnliches Bild ist in Frankreich zu erkennen. In Frankreich stellte sich die Untersuchungshaft lange Zeit als die häufigste Form der Inhaftierung dar.[1096] Der hohe Anteil der Untersuchungshaft unter den vorläufigen Maßnahmen im Jugendstrafrecht wurde damals unter anderem auf die unzureichende Zahl von Jugend- und Erziehungsheimen zurückgeführt.[1097] Auch in jüngster Vergangenheit befanden sich über 65% der jugendlichen Inhaftierten im Untersuchungshaftvollzug.[1098] Auch in Rumänien ist die Situation ähnlich. So wurden im Zeitraum von 2003-2004

1091 Siehe *Tab.* 21.

1092 Vgl. *Abb. 3* in *Kap. 10.1.2.*

1093 Vgl. *Abb. 3* in *Kap. 10.1.2.*

1094 Siehe *Hofinger u. a.* 2008, S. 26. So waren z. B. zum Stichtag am 01.09.2008 mehr als 60% aller Untersuchungshaftgefangenen ausländischer Herkunft (siehe Tabellenanhang bei *Hofinger u. a.* 2008, Tab. 16).

1095 Siehe *Hofinger u. a.* 2008, S. 26, Abb. 21.

1096 Bis ungefähr 1975; in den sechziger Jahren wurde die Untersuchungshaft teilweise dreimal so häufig angeordnet wie die Gefängnisstrafe vgl. *Robert/ Zaubermann* 1982, S. 93 ff.

1097 *Grebing* 1974, S. 235.

1098 Siehe *Kap. 10.2.2* und *Tab. 21.*

20% der jugendlichen Verdächtigen in Untersuchungshaft genommen, während schließlich nur 3% zu einer unbedingten Freiheitsstrafe verurteilt wurden.[1099]

Noch besorgniserregender und völlig inakzeptabel ist die Situation in Italien, wo der prozentuale Anteil von jugendlichen Untersuchungshaftgefangenen an allen jugendlichen Inhaftierten zwischen 80% und 91% liegt. In Italien ist also der Untersuchungshaftvollzug nahezu der einzige Freiheitsentzug an Jugendlichen. Erfreulich ist jedoch, dass nicht nur in Deutschland[1100] ein Rückgang der Untersuchungshaftzahlen in den letzten Jahren zu verzeichnen ist. So werden in der Tschechischen Republik und auch in der Ukraine sinkende Untersuchungshaftzahlen festgestellt.

Dennoch wird deutlich, dass die vom Europarat geforderte restriktive Anwendung der Untersuchungshaft nicht in ausreichendem Maße Rechnung getragen wird. Obwohl in nahezu allen Ländern die Untersuchungshaft nicht angeordnet werden darf, wenn sie außer Verhältnis zu der Bedeutung der Tat steht,[1101] ist es bemerkenswert, dass in vielen Ländern ein Großteil der Jugendlichen den Freiheitsentzug lediglich in seiner negativsten Form erlebt. In Deutschland heißt es dazu explizit: Die Untersuchungshaft „*darf nicht angeordnet werden, wenn sie zu der Bedeutung der Sache und der zu erwartenden Strafe oder Maßregel der Besserung und Sicherung außer Verhältnis steht*" (§ 112 StPO). Bei Jugendlichen kommt einschränkend hinzu, dass bei der Prüfung der Verhältnismäßigkeit auch die besonderen Belastungen des Vollzuges berücksichtigt werden muss (§ 72 JGG). Umso erstaunlicher ist also, dass lediglich die Hälfte der jugendlichen Untersuchungshaftgefangenen später eine unbedingte Jugendstrafe erhalten.[1102]

10.3 Anwendung der Untersuchungshaftalternativen in Deutschland

10.3.1 Anwendung der Untersuchungshaftalternativen bei Erwachsenen

Grundsätzlich soll die Untersuchungshaft das letzte Mittel im Rahmen des Strafverfahrens sein.[1103] Das Gesetz sieht dabei mehrere Möglichkeiten vor die Haft durch alternative Maßnahmen zu ersetzen.[1104] Über die konkrete Anwendung beziehungsweise Praxis gibt es keine verlässlichen Zahlen. Es kann jedoch gesagt werden, dass zumindest die Haftalternative der Kaution umstritten ist. So wird

---

1099   *Pǎroşanu* 2011, S. 1105.

1100   Siehe ausführlich *Kap. 10.1.*

1101   Siehe hierzu *Kap. 5.2.5* und *Kap. 5.3.*

1102   Siehe oben *Kap. 10.1.2.*

1103   Siehe ausführlich *Kap. 6.*

1104   Vgl. *Kap. 6.1.*

vorgebracht, dass diese im Hinblick auf den Gleichheitssatz des Art. 3 GG verfassungsrechtlich bedenklich erscheint.[1105] Dieser Kritik wird überwiegend mit dem Argument begegnet, dass sich die Höhe der Sicherheitsleistung nach den jeweiligen Einkommens- und Vermögensverhältnissen richtet.[1106] Nach *Graf* kommt der Sicherheitsleistung in der Praxis „eine erhebliche Bedeutung" zu.[1107] Dennoch scheint es in der Praxis auch so zu sein, dass überwiegend Wohlhabende von dieser Untersuchungshaftalternative profitieren.[1108] Somit kann die Kritik an diesem Haftsurrogat, dass dieses in Anbetracht des Gleichheitssatzes fragwürdig ist, nicht ganz widerlegt werden.[1109]

Eine weitere Maßnahme, die allerdings nicht explizit im Gesetzt geregelt ist aber dennoch relativ häufig angeordnet wird, stellt die Abgabe von Passdokumenten (Personalausweis oder Reisepass) dar.[1110] Gerade in Bezug auf ausländische Beschuldigte scheint diese Maßnahme beliebt zu sein, um so einer möglichen Fluchtgefahr zu begegnen.

Darüber hinaus besteht die Möglichkeit im Rahmen des elektronisch überwachten Hausarrestes die Untersuchungshaft zu vermeiden.[1111] Zurzeit wird diese Möglichkeit nur im Bundesland Hessen praktiziert.[1112] Laut einer Stellungnahme des Justizministeriums des Landes Hessen wird die Möglichkeit des elektronischen Hausarrests in der überwiegenden Zahl zur Bewährungsaufsicht bei Strafgefangenen angeordnet.[1113] In etwa einem Viertel der im Projekt erfassten

---

1105   Vgl. hierzu ausführlich *Amendt* 1986.

1106   BVerfG NStZ 1991, S. 142; siehe auch HK-*Posthoff* 2012, § 116 Rn. 17; *Meyer-Goßner* 2016, § 116, Rn. 18.

1107   KK-*Graf* 2008, § 116, Rn 18; Angesichts der Tatsache, dass Daten hierzu fehlen, ist es fraglich, ob es sich bei dieser Aussage um Faktenwissen oder eine Vermutung handelt.

1108   So schreibt es *Meyer-Goßner* 2016 in seiner Kommentierung zu § 116 (Rn. 10). Auch hier darf aber bezweifelt werden, ob es sich hierbei um eine Tatsache handelt oder um eine „gefühlte Meinung" des Verfassers, da (verlässliche) Daten hierzu fehlen (siehe vorherige Fußnote).

1109   Für das Jahr 1980/81 wurde von *Amendt* festgestellt, dass in 30% der Fälle die Höhe der Sicherheit unter DM 4000, in 39% der Fälle zwischen DM 4000 und DM 10.000 und in lediglich 14% der Fälle lag die Sicherheitsleistung zwischen DM 20.000 und DM 100.000, *Amendt* 1986, S. 24. Daraus wurde vereinzelt der Schluss gezogen, die Sicherheitsleistung komme nicht nur Wohlhabenden zugute (*Schlothauer/Weider* 2010, S. 268).

1110   *Morgenstern* 2009, S. 420.

1111   Siehe auch hierzu ausführlich *Kap. 7.1.*

1112   Zunächst im Rahmen eines Modellprojektes, später dann landesweit; zusammenfassend hierzu *Dünkel/Thiele/Treig* in *Dünkel/Thiele/Treig* 2017, S. 16 ff. (mit statistischen Hinweisen auf die nur marginale, im Wesentlichen auf einen Gerichtsbezirk begrenzte Rolle der U-Haftvermeidung in Form der elektronischen Überwachung in Hessen).

1113   Vgl. *Bantzer* 2009, S. 31; *Dünkel/Thiele/Treig* in *Dünkel/Thiele/Treig* 2017, S. 16 ff.

Fälle wird diese Alternative jedoch auch zur Untersuchungshaftvermeidung angeordnet.[1114] Jedoch stellt die elektronische Überwachung zur Vermeidung der Untersuchungshaft keine sinnvolle Alternative dar. So stellt sich die Frage nach dem Anwendungsbereich. Eine elektronische Überwachung könnte leidglich Sinn machen, um einer Flucht oder Fluchtgefahr zu begegnen. Die Voraussetzungen für das Tragen einer elektronischen Fußfessel sind in der Regel ein fester Wohnsitz und die Vorweisung einer geregelten Tätigkeit. Liegen diese Voraussetzungen jedoch vor, dürften schon die Voraussetzungen für den Erlass eines Haftbefehls wegen Flucht/Fluchtgefahr nicht vorliegen.[1115]

Auch bestehen rechtliche Bedenken. Neben der Kritik, dass auch durch die „Fußfessel" zur Untersuchungshaftvermeidung ein weitreichender Eingriff in die Freiheitsrechte möglich ist und ihr eine stigmatisierende Wirkung zukommt, wird auch kritisiert, dass die Anordnung der „Fußfessel" im Rahmen der Untersuchungshaftvermeidung zu Verfahrensverzögerungen beiträgt.[1116] So wurde festgestellt, dass bei den elektronisch überwachten Fällen trotz Ablauf der sechsmonatigen Dauer noch kein Termin zur Hauptverhandlung anberaumt war.[1117] Dies könnte damit zusammenhängen, dass dem Verfahren dann keine Priorität mehr zukommt.[1118] Die Autoren der Auswertung des Modellprojektes kommen somit zu dem Ergebnis, dass auf der Grundlage der geltenden Rechtslage und Praxis die „Fußfessel" keine geeignete Maßnahme zur Untersuchungshaftvermeidung darstellt.[1119]

10.3.2 Anwendung der Untersuchungshaftalternativen bei Jugendlichen (Angebote zur Vermeidung von Untersuchungshaft in Deutschland, bisherige Erfahrungen und Konzepte)

Zur Anwendung der Untersuchungshaftalternativen bei Jugendlichen in Deutschland liegen bundesweit gültige Erkenntnisse nicht vor. Es liegen allerdings Daten aus der Literatur vor, die sich auf einzelne Regionen beziehungsweise Bundesländer beziehen.[1120] Dabei ist jedoch häufig nicht ersichtlich, ob es sich um eine

---

1114 *Bantzer* 2009, S. 31; *Dünkel/Thiele/Treig* in *Dünkel/Thiele/Treig* 2017, S. 17.

1115 So auch *Harders* 2014, S. 117.

1116 *Scherzberg* 2009, S. 31; Siehe ausführlich zur elektronischen Fußfessel *Mayer* 2004.

1117 *Mayer* 2004.

1118 *Mayer* 2004.

1119 Siehe *Mayer* 2004; ebenso *Dünkel/Thiele/Treig* 2017.

1120 In den letzten Jahren wurden mehrere Einrichtungen und Modelle zur Untersuchungshaftvermeidung evaluiert. Auf die Untersuchungen von *Villmow/Robertz* 2004, *Hotter* 2004, *El Zaher* 2004 und *Bindel-Kögel/Heßler* 1999 wird in *10. 3. 2. 1* ff. eingegangen. Eine Untersuchung von *Lösel/Pomplun* 1998 bezog sich auf eine teilgeschlossene Einrichtung in *Bayern*. In einer *Thüringer* Untersuchung von *Will* ging es um die Integration

konsequente Untersuchungshaftvermeidung im Sinne einer echten Haftverschonung oder lediglich um eine Untersuchungshaftverkürzung handelt. Es ist aber davon auszugehen, dass es sich in den meisten Fällen der Alternativen lediglich um Untersuchungshaftverkürzungen handelt.[1121]

Dies zeigt auch die erwähnenswerte Untersuchung von *Kowalzyck* aus Mecklenburg-Vorpommern.[1122] Dabei wurden sämtliche Haftsachen gegen Jugendliche und Heranwachsende der Jahre 1997 und 1999 anhand der staatsanwaltlichen Ermittlungsakten ausgewertet.[1123] Im Folgenden sollen nur die wesentlichen Ergebnisse kurz dargestellt werden.

Die repräsentative Stichprobe aus dem Jahr 1997 umfasst 340 Fälle.[1124] Dabei wurde in 99,4% der Fälle von der Staatsanwaltschaft ein Haftbefehl beantragt. Lediglich zweimal wurde ein Unterbringungsbefehl nach §§ 71, 72 JGG beantragt. In 335 Fällen (98,5%) wurde von den Gerichten der Haftbefehl auch erlassen. In fünf Fällen dagegen wurde ein Unterbringungsbefehl erlassen.

47 Haftbefehle wurden noch am Tag des Erlasses bzw. der Vorführung des Beschuldigten vom Richter außer Vollzug gesetzt. Somit unterblieb in diesen Fällen zunächst eine Inhaftierung. Danach wurden also 86% der erlassenen Haftbefehle vollstreckt und 15,3% (einschließlich der fünf Unterbringungsbefehle) der Tatverdächtigen wurden zunächst von einer Inhaftierung verschont. Folglich kam es in 52 der Fälle zu einer echten Haftverschonung.

Von den dann 288 Inhaftierungen wurden im weiteren Verlauf 110 vorzeitig aus der Untersuchungshaft entlassen (38,2%), davon wiederum 102 durch eine Außervollzugsetzung und acht durch eine Umwandlung in einen Unterbringungsbefehl. Somit wurden insgesamt 149 Haftbefehle außer Vollzug gesetzt (43,8%) und 13 Unterbringungsbefehle (3,8%) erlassen. In 162 der Fälle wurde also eine Haftverschonung gewährt, wobei es sich bei der Mehrzahl (110 Fälle) lediglich

von Haftvermeidungsfällen in die allgemeinen Maßnahmen der Jugendhilfe (Will 1999). Zu einer Studie aus *Sachsen-Anhalt* siehe *Heckmann* 2004.

1121 Siehe *Lösel/Pomplun* 1998; *Villmow/Robertz* 2004, S. 13; *Bindel-Kögel/Heßler* 1999, S. 42.

1122 Siehe hierzu insbesondere den dritten Untersuchungsteil der Dissertation von *Kowalzyck* 2008, S. 202 ff.

1123 Seit 1999 gab es in Mecklenburg-Vorpommern das Projekt „Verbindlicher Aufenthalt" während es 1997 ausschließlich offene Einrichtungen gab, vgl. hierzu auch *Kap. 10.3.2.5* und ausführlich *Kowalzyck* 2008, S. 181 ff. Das Projekt ist 2001 eingestellt worden.

1124 Die Stichprobe umfasste 340 Fälle, in denen im Verlaufe dieses Jahres durch ein Gericht in Mecklenburg-Vorpommern ein Haftbefehl gem. §§ 112, 112a StPO gegen einen zum Tatzeitpunkt jugendlichen oder heranwachsenden Tatverdächtigen erlassen wurde.

um haftverkürzende Maßnahmen statt um eine echte Haftverschonung gehandelt hat.[1125]

Im Jahr 1999 wurden von 414 erlassenen Haftbefehlen 355 vollstreckt und 56 noch am Tage der Entscheidung außer Vollzug gesetzt. Zudem ergingen drei Unterbringungsbefehle. Somit wurden 14,3% der Jugendlichen und Heranwachsenden zunächst von der Untersuchungshaft verschont. Von den 355 Inhaftierten wurden im weiteren Verlauf 118 vorzeitig aus der Untersuchungshaft entlassen (33,2%), davon 108 durch eine Außervollzugsetzung und 10 durch eine Umwandlung in einen Unterbringungsbefehl. Somit wurden 164 Haftbefehle außer Vollzug gesetzt. (39,6%). Im Jahr 1999 betrug die Quote der Haftvermeidung 42,8% (1997: 47,6%). Auch handelte es sich eher um Haftverkürzungen als um echte Haftverschonung (118 Fälle).

Tabelle 22: Haftverschonung 1997 und 1999 in Mecklenburg-Vorpommern

Art der Haftverschonung	1997 (N=340)		1999 (N=414)	
	N	%	N	%
Sofortige Außervollzugsetzung	47	13,8	56	13,5
Erlass eines Unterbringungsbefehls	5	1,5	3	0,7
Spätere Außervollzugsetzung	102	30,0	108	26,1
Umwandlung in Unterbringungsbefehl	8	2,4	10	2,4
Gesamt	162	47,6	177	42,8
Keine Haftverschonung	178	52,4	237	57,2

Quelle: *Kowalzyck* 2008, S. 250.

Auch in anderen Bundesländern wird die geringe praktische Bedeutung der Untersuchungshaftalternativen deutlich (vgl. *Tab. 23*). Betrachtet man die Zahlen und stellt die Anzahl der Inhaftierten mit den Insassen in einer Alternativeinrichtung gegenüber wird deutlich, dass vorläufige Anordnungen über die Erziehung und die Unterbringung in einem Heim der Jugendhilfe eine marginale Rolle einnehmen. Die Gründe werden überwiegend in einem Mangel an Heimplätzen gesehen.[1126] Darüber hinaus wird ein Definitionsproblem des Begriffs des „geeig-

---

1125 In 131 der insgesamt 162 Haftvermeidungsfällen erfolgte der Haftverschonungsbeschluss ohne eine Unterbringung in einer Einrichtung der Jugendhilfe. Bei 31 Jugendlichen erfolgte dagegen eine Unterbringung in einer Einrichtung der Jugendhilfe (13 gemäß §§ 71, 72 JGG und 18 gemäß §§ 116 StPO, 34 KJHG), siehe *Kowalzyck* 2008, S. 219.

1126 *Kowalzyck* 2008, S. 31 m. w. N.

neten" Heimes als Problem angeführt.[1127] Hier zeigte sich im Besonderen das Spannungsverhältnis zwischen dem JGG und dem KJHG. So verweist das JGG auf die einschlägigen Regelungen des KJHG. Dies bedeutet dann für das Jugendstrafverfahren, dass der Jugendrichter darüber entscheidet, ob er vorläufige Anordnungen gemäß §§ 71, 72 JGG trifft und im Folgenden die Jugendhilfe über die genaue inhaltliche Ausgestaltung der angeordneten Maßnahmen zu entscheiden hat.[1128] Es treffen dann zwei unterschiedliche Ansichten aufeinander, die womöglich eine effektive Anwendung der Haftalternativen hemmen.[1129] Hinzu kommen aber auch Probleme praktischer Art.[1130]

Tabelle 23: **Untersuchungshaftvermeidung in den einzelnen Bundesländern**

Bundesland/Jahr	U-Haftvermeidung/ U-Haftverkürzung	junge U-Häftlinge (hochgerechnet pro Jahr)
Berlin		
2001	36	
2002	33	
2003	27	245-366
2004	23	248-372
2005	12	280-420
2006	29	276-414
2007	45	288-432
Niedersachsen		
2006	11	192-288
Nordrhein-Westfalen		
2005		668-1002

1127 Siehe hierzu ausführlich *Kap. 6.2.2.*

1128 Siehe *Kowalzyck* 2008, S. 31 f.

1129 Während Justizpraktiker den offenen Heimen skeptisch gegenüberstehen, ist aus sozialpädagogischer Sicht fraglich, ob geschlossene Heime als geeignet erscheinen; vgl. ausführlich dazu *Ostendorf* 2016a, Grdl. z. §§ 71-73, Rn. 8; *Wolffersdorff* 1994, S. 32.

1130 So etwa organisatorische Probleme; siehe hierzu ausführlich *Kowalzyck* 2008, S. 32 ff. m. w. N.

2006	11	708-1062
2007	14	652-978
2008	15	580-870
Sachsen-Anhalt		
2007	29	40-60

Quelle: BT-Drs.16/13142, S. 62; Statistisches Bundesamt, Bestand der Gefangenen und Verwahrten und Berechnungen von *Villmow* 2009.

Empirische Untersuchungen zur Situation der Haftvermeidung bei Jugendlichen existieren somit nicht in allen Bundesländern. Im Folgenden soll demnach auf einzelne Konzepte und Projekte und zusammenfassend auf bereits durchgeführte Studien beziehungsweise Erfahrungen eingegangen werden. Solche Studien bzw. Projekte existieren für Baden-Württemberg, Berlin, Brandenburg, Hamburg, Mecklenburg-Vorpommern und Thüringen.

10.3.2.1 Untersuchungshaftvermeidung in Baden-Württemberg (Heinrich-Wetzlar-Haus)

Seit 1984 gibt es in Baden-Württemberg das Projekt „Erziehungshilfe statt Untersuchungshaft" im sog. *Heinrich-Wetzlar-Haus*.[1131] Die Unterbringung im Heinrich-Wetzlar-Haus erfolgt auf Anordnung des Gerichts gemäß § 71 Abs. 2 oder gemäß § 72 Abs. 4 JGG. Sie orientiert sich an den Maßstäben der Jugendhilfe. Folglich richtet sich die Ausführung der einstweiligen Unterbringung nach den für das Heim der Jugendhilfe geltenden Regelungen. Die Kosten der Unterbringung sind Kosten des Verfahrens.

Nachdem der Jugendrichter, der Jugendstaatsanwalt, die Jugendgerichtshilfe oder der Soziale Dienst der JVA eine Anfrage zur Aufnahme gestellt hat, findet zunächst ein persönliches Aufnahmegespräch mit dem Jugendlichen statt, das die Unterbringung vorbereiten und klären soll. Dabei soll der Jugendliche mit den Regeln des Heinrich-Wetzlar-Hauses bekannt gemacht werden und vor allem soll durch ein solches Aufnahmegespräch die Eignung des Jugendlichen geprüft werden. Nicht aufgenommen werden Suchtkranke, geistig Behinderte oder psychisch erkrankte Jugendliche sowie Jugendliche, bei denen mit unkontrollierten Gewalthandlungen zu rechnen ist. Der Tatvorwurf spielt für eine Aufnahmeentscheidung eine untergeordnete Rolle.

Die Jugendlichen sind in Einzelzimmern mit Dusche und WC untergebracht. Entweichungen sollen in erster Linie durch pädagogische Mittel verhindert werden; gleichwohl finden sich im Heinrich-Wetzlar-Haus fluchtsichernde oder

---

1131   Träger ist seit 2009 der Landkreis Karlsruhe; siehe auch *Weiß* 2011.

fluchthemmende Maßnahmen baulicher Art. Diese geschlossene Art der Unterbringung ist jedoch auf eine teilweise Öffnung ausgerichtet, die durch Verlässlichkeit und Verantwortung seitens des Jugendlichen erarbeitet wird. Die Jugendlichen werden durch ein verbindliches pädagogisches Programm gefördert. So finden beispielsweise schulische Programme und Sport statt.[1132] Damit soll die Zeit bis zur Hauptverhandlung erzieherisch gestaltet werden.

Die Entlassung eines Jugendlichen findet im Regelfall am Tag der Hauptverhandlung oder bei Eintritt der Rechtskraft des Urteils statt. In bestimmten Ausnahmefällen, z. B. zur Beendigung des Hauptschulabschlusses, kann die Unterbringung verlängert werden. Dafür ist jedoch eine Kostenübernahme durch das zuständige Jugendamt nötig. Über die Zeit der Unterbringung im *Heinrich-Wetzlar-Haus* und die mit dem Jugendlichen gemachten Erfahrungen wird zur Hauptverhandlung ein ausführlicher Bericht erstellt. Dieser ergänzt die Ausführungen der Jugendgerichtshilfe.

Das *Heinrich-Wetzlar-Haus* hatte im Jahr 2005 37 Aufnahmen, wovon rund 76% aus der Untersuchungshaft heraus erfolgten. Der Anteil der nichtdeutschen Jugendlichen betrug rund 38%. Das durchschnittliche Alter der aufgenommenen Jugendlichen betrug 15,5 Jahre, wobei der Anteil der 14-Jährigen bei 16%, der 15-Jährigen bei 31%, der 16-Jährigen bei 21% und der 17-Jährigen bei 27% lag.

79% der Jugendlichen wohnten vor der Untersuchungshaftanordnung im Elternhaus und waren größtenteils schon aktenkundig. Lediglich 12% der aufgenommenen Jugendlichen waren ohne Wohnsitz und rund 16% kamen aus der Heimerziehung.

In der Delinquenzstruktur der Jugendlichen hatten Eigentumsdelikte nach wie vor den größten Anteil mit rund 38%. Eine Zunahme erfolgte im Bereich der Körperverletzung um rund 7% gegenüber dem Jahr 2004. Weiterhin waren Jugendliche wegen Raub, räuberischer Erpressung, Sexualdelikten, Verstoß gegen das BtMG, Betrug, versuchtem Totschlag oder Mord untergebracht.

Zum Erfolg: Insgesamt erfolgten 2005 39 Entlassungen, wobei lediglich fünf Jugendliche wegen Fehlplatzierung bzw. extremer Auffälligkeiten vor der Hauptverhandlung die Alternativmaßnahme beenden mussten. Vier Jugendliche konnten aufgrund vorhandener bzw. eingeleiteter Hilfsmaßnahmen vor der Hauptverhandlung entlassen werden, drei Jugendliche befanden sich im Rahmen der Jugendhilfe im Heinrich-Wetzlar-Haus und 27 Jugendliche, knapp 70%, waren zum Zeitpunkt der Hauptverhandlung noch im Heinrich-Wetzlar-Haus.

Interessant sind die später verhängten Rechtsfolgen. So wurden 40% der Jugendlichen zu einer Jugendstrafe von 1½ bis zu zwei Jahren mit Bewährung verurteilt. Sechs Jugendliche erhielten eine Bewährungsstrafe zwischen einem Jahr und 1½ Jahren. Vier erhielten eine Jugendstrafe von bis zu einem Jahr, die zur Bewährung ausgesetzt wurde. Drei Jugendliche wurden zu einer unbedingten Jugendstrafe von über zwei Jahren verurteilt. Bei einem kam jedoch § 88 JGG zur

---

1132 Siehe hierzu *Blumenberg/von Kutzschenbach-Braun/Wetzstein* 1987, S. 30 ff.

Anwendung, der eine Aussetzung der Reststrafe zur Bewährung vorsieht. Bei zwei Jugendlichen wurde das Urteil ausgesetzt, bei einem erging ein Beschluss nach § 27 JGG.

Dies macht wieder deutlich, dass der überwiegende Teil später zu einer ambulanten Sanktion verurteilt wird.

10.3.2.2 Untersuchungshaftvermeidung in Berlin (Haus Kieferngrund)

In Berlin nahm bis zum Jahre 1994 das Haus Kieferngrund einen besonderen Stellenwert ein.[1133] Dabei handelte es sich um eine geschlossene (Heim-)Einrichtung, in der die Jugendlichen bis zu ihrem Verfahren untergebracht werden konnten. Seit der Schließung dieser Einrichtung als Untersuchungshaftalternative[1134] werden Jugendliche nach § 71 Abs. 2 und § 72 Abs. 4 JGG nicht mehr in geschlossenen Alternativeinrichtungen untergebracht. Jugendliche können somit nur noch in verschiedenen offenen Einrichtungen untergebracht werden. Das neue „Berliner Modell" sieht ein zentrales Bereitschaftsgericht vor, eine enge Zusammenarbeit der Justiz mit der Jugendgerichtshilfe und die Bereitschaft zweier Träger der Jugendhilfe,[1135] straffällige Jugendliche aufzunehmen.

Nach der vorläufigen Festnahme eines Jugendlichen durch die Polizei wird dieser dem Bereitschaftsgericht vorgeführt. Dort wird geprüft, ob ein Haftbefehl erlassen wird. Am Bereitschaftsgericht besteht ein Bereitschaftsdienst, wo Staatsanwälte, (Jugend-) Richter und die Jugendgerichtshilfe auch am Abend und an den Wochenenden erreichbar sind. Die Jugendgerichtshilfe wird rechtzeitig über die geplante Vorführung informiert und erhält die Gelegenheit mit dem Jugendlichen zu sprechen und Kontakte zu den Eltern oder etwaigen Betreuern herzustellen.[1136] Sie kann dann Kontakt mit den einzelnen Haftvermeidungseinrichtungen der Jugendhilfe aufnehmen. Diese Haftvermeidungseinrichtungen können einen Jugendlichen dann ohne eine vorherige Aufnahmekonferenz aufnehmen. Ausschlusskriterien sind jedoch eine gravierende psychische Krankheit, bei der ein Handlungsbedarf besteht, vollständig fehlende deutsche Sprachkenntnisse und eine offensichtliche starke Drogenabhängigkeit. Auch werden Mittäter nicht in derselben Einrichtung aufgenommen.[1137]

1133   Siehe hierzu *Bindel-Kögel/Heßler* 1999, S. 2.

1134   Das *Haus Kieferngrund* ist nun eine Jugendarrestanstalt. Seit März 1997 ist zusätzlich als neuer Bereich der Jugendstrafanstalt im *Haus Kieferngrund* in Berlin-Lichtenrade eine Untersuchungshaftanstalt für 14- bis 17-jährige männliche Untersuchungsgefangene mit besonderer pädagogischer Ausrichtung geschaffen worden.

1135   Sozialpädagogisches Jugendzentrum, Verein Aktion 70.

1136   Nach *Bindel-Kögel/Heßler* 1999, S. 7 bleibt der JGH jedoch lediglich eine Stunde um sich ein Bild über den Jugendlichen und seine Verhältnisse zu machen.

1137   *Bindel-Kögel/Heßler* 1999, S. 27.

In einer Studie zur veränderten Berliner Praxis zur Untersuchungshaftvermeidung haben *Bindel-Kögel* und *Heßler*[1138] drei Bereiche untersucht. Zunächst wurden die Entscheidungen des Bereitschaftsgerichts und die Rolle der Jugendgerichtshilfe untersucht. Des Weiteren wurden die jeweiligen Leistungen der Jugendhilfe untersucht und die Kooperation von Jugendhilfe und der Justiz. Die Analyse von *Bindel-Kögel/Heßler* bezog sich auf einen Zeitraum vom 01.04.1994 bis zum 31.03.1995. In diesem Zeitraum wurden die dem Bereitschaftsgericht vorgeführten Jugendlichen erfasst. Dabei bezog sich die Auswertung auf 435 durch die Polizei erfasste Jugendliche. Die von der Polizei vorgeführten Jugendlichen waren durchschnittlich 16,6 Jahre alt, 248 waren zwischen 14 und 16. 135 wurden von der Staatsanwaltschaft schon vor der richterlichen Entscheidung auf freien Fuß gesetzt. Von den restlichen 300 waren zwei Drittel Ausländer. Auch wurden 238 Stellungnahmen der Jugendgerichtshilfe zur Haftentscheidung am Bereitschaftsgericht untersucht.[1139] Dabei kam die Jugendgerichtshilfe zu folgenden nennenswerten Ergebnissen: In 88 Fällen konnte die derzeitige Lebenssituation als stabil und eine Flucht als unwahrscheinlich gelten. In 40 Fällen wurde eine Instabilität der Lebensverhältnisse diagnostiziert, wonach in 20 Fällen eine Unterbringung in der Jugendhilfe empfohlen wurde. Bei 30 Jugendlichen wurde auf die Ersttäterschaft hingewiesen, was in der Mehrheit dazu führte, dass eine Freilassung bis zur Hauptverhandlung empfohlen wurde. Bei 25 Jugendlichen wurde auf weitere Delikte hingewiesen, bei denen auch keine eindeutige Empfehlung abgegeben werden konnte.[1140]

Bei den 300 haftrichterlichen Entscheidungen wurde bei 88 Fällen (29%) Untersuchungshaft angeordnet, 56 (19%) erhielten einen Haftbefehl mit einer gleichzeitigen Haftverschonung, bei 51 Fällen (17%) wurde die Unterbringung in einer Einrichtung der Jugendhilfe angeordnet und 99 (33%) wurden bis zur Hauptverhandlung nach Hause entlassen. Bei den Jugendlichen, bei denen die Untersuchungshaft angeordnet wurde, waren überproportional viele Ausländer vertreten, die keinen Wohnsitz in Deutschland hatten. Diese Gruppe hat aber im Vergleich zu den anderen Jugendlichen weniger schwere Delikte begangen. Auch waren sie durchschnittlich über 16 Jahren alt.[1141] Bei dieser Gruppe kam es in 9,4% der Fälle in der Folgeentscheidung zu einer unbedingten Jugendstrafe, was wiederum die Frage nach der Verhältnismäßigkeit aufwirft.[1142] Bei den Jugendlichen, die in Einrichtungen der Jugendhilfe untergebracht wurden, konnte festgestellt werden, dass diese überwiegend über keinen Schulabschluss bzw. Ausbildung oder

1138 *Bindel-Kögel/Heßler* 1999.

1139 *Bindel-Kögel/Heßler* 1999, S. 24, 31 ff.

1140 Siehe *Bindel-Kögel/Heßler* 1999, S. 29-33.

1141 *Bindel-Kögel/Heßler* 1999, S. 37-42.

1142 *Sonnen* 1997, S. 492; *Bindel-Kögel/Heßler* 1999, S. 55 f.

Arbeit verfügten. Ca. 40% waren ohne festen Wohnsitz und hatten familiäre Konflikte. Bei den vorgeworfenen Delikten dominierten Raub und Diebstahl. So wird deutlich, dass in die offenen Einrichtungen nicht lediglich Jugendliche eingewiesen wurden, denen leichtere Delikte vorgeworfen wurden. Dies entspricht auch den Vorgaben des JGG.[1143]

Bindel-Kögel und *Heßler* stellen abschließend fest, dass es Mitte der 1990er Jahre gelungen sei, eine Wende von der geschlossenen Unterbringung hin zu einer aktiven Arbeit mit den Jugendlichen zu gestalten.[1144] So wurden von April 1994 bis 1997 286 Jugendliche in den Einrichtungen der Jugendhilfe aufgenommen. 1997 wurde in Berlin eine neue Untersuchungshaftanstalt für Jugendliche eröffnet. Als ein neuer Bereich der Jugendstrafanstalt wurde am Standort Berlin-Lichtenrade eine Untersuchungshaftanstalt für 14- bis 17-jährige männliche Untersuchungsgefangene gebaut und im März 1997 eröffnet. Die Autoren der genannten Studie gehen davon aus, dass der Anstieg der Untersuchungshaftquote in Berlin von 1997 bis 1999 darauf zurückzuführen sei (*Tab. 24*).[1145]

Tabelle 24: **Entscheidungen am Berliner Bereitschaftsgericht in den Jahren 1994 bis 2001**

Jahr	Entlassungen (teils Haftbefehl mit Verschonung)	Einstweilige Unterbringung in Jugendhilfeeinrichtung	Haftbefehl (Vollzug von U-Haft)	Summe (100%)
1994	245 (63,3%)	55 (14,3%)	83 (21,6%)	384*
1995	420 (68,0%)	65 (10,5%)	132 (21,4%)	618*
1996	488 (64,3%)	47 (6,2%)	224 (29,5%)	759
1997	412 (57,2%)	55 (7,6%)	252 (35,0%)	720*
1998	308 (53,2%)	57 (9,9%)	213 (36,9%)	577
1999	227 (49,3%)	51 (11,1%)	182 (39,6%)	460
2000	224 (56,4%)	54 (13,6%)	119 (30,0%)	397
2001	196 (56,3%)	36 (10,3%)	116 (33,3%)	348

Quelle: *Bindel-Kögel/Heßler* 1999, Tab. A 19.
*   Ein Jugendlicher wurde nach § 126a StPO untergebracht.

1143 *Heßler* 2001, S. 165.
1144 *Bindel-Kögel/Heßler* 1999, S. 103.
1145 *Bindel-Kögel/Heßler* 1999, S. 103, 120.

10.3.2.3   Untersuchungshaftvermeidung in Brandenburg (Frostenwalde)

Brandenburg verfügt über eine stationäre Jugendhilfeeinrichtung zur Vermeidung von Untersuchungshaft, die unter dem Motto „Menschen statt Mauern" tätig ist.[1146] Die Einrichtung in *Frostenwalde* ist die erste Einrichtung, die sich auf die Untersuchungshaftvermeidung in Brandenburg spezialisiert hat. Diese gibt es seit dem Jahre 1995 und nimmt Jugendliche zwischen 14 und 18 Jahren auf. Die Einrichtung verfügt über 32 Plätze[1147] und versteht sich als eine offene Einrichtung, die auf eine hohe Betreuungsdichte setzt. Die Einrichtung liegt an der Grenze zu Polen und zeichnet sich durch ihre Abgeschiedenheit aus, was zusätzlich fluchthemmend wirken dürfte.[1148]

10.3.2.4   Untersuchungshaftvermeidung in Hamburg (IBW)[1149]

Eine Untersuchungshaftvermeidung in Hamburg wird im Rahmen einer intensiv betreuten Wohngruppe angeboten (IBW). Das Projekt stellt sechs Plätze zur Untersuchungshaftvermeidung zur Verfügung. Zudem werden zehn Plätze für Jugendliche im Rahmen einer stationären erzieherischen Hilfe nach dem KJHG angeboten.[1150] Die betroffenen Jugendlichen werden gemeinsam untergebracht. Dabei wird eine pädagogische Betreuung im Verhältnis 1 : 1 angeboten. Dies bedeutet, dass ein Betreuer jeweils die hauptsächliche Bezugsperson für den Klienten darstellt. Auch an den Wochenenden und in den Nachtstunden findet eine ständige Betreuung statt.

Besondere Merkmale der Einrichtung sind ein fest strukturierter Tagesablauf, der sich aus pädagogischer Betreuung, Arbeit, schulischer Betreuung und anderweitiger Beschäftigung zusammensetzt. Es finden Arbeiten in einer Werkstatt statt, die durch eine Fachkraft geleitet wird. Zudem wird ein schulisches Angebot durch Lehrkräfte angeboten. Dabei wird die Einrichtung durch jugendpsychiatrisches und jugendpsychologisches Fachpersonal beraten und unterstützt. Die Jugendlichen haben die Möglichkeit, soweit keine Einschränkungen bzw. Auflagen des Jugendgerichts vorliegen, nach Absprache mit der Einrichtung, das Haus zu verlassen.

Zunächst werden die Jugendrichter über die jeweiligen Konzepte der Einrichtung informiert. Kommt es zu einer Aufnahme, stellt die Justiz alle notwendigen

---

1146   Siehe hierzu *EL Zaher u. a.* 2003.

1147   Siehe zur Entwicklung der Kapazitäten *EL Zaher u. a.* 2003, S. 18.

1148   *EL Zaher u. a.* 2003, S. 19.

1149   IBW = „Intensiv betreute Wohngruppen", siehe hierzu ausführlich *Villmow/Robertz* 2004.

1150   *Villmow/Robertz* 2004, S. 31.

Informationen des Klienten der Einrichtung zur Verfügung. Kommt es während der Unterbringung zu gravierenden Regelverstößen seitens des Klienten und wird damit der Zweck der Untersuchungshaftvermeidung verhindert, wird der zuständige Jugendrichter informiert, der dann über ein weiteres Vorgehen entscheidet und prüft, ob die Einrichtung im Sinne der §§ 71, 72 JGG als geeignet angesehen werden kann. Darüber hinaus wird dann mit der Jugendgerichtshilfe ein Hilfeplan erstellt.[1151]

Die Unterbringung im Rahmen der IBW spielte in den Jahren 1999 und 2000 quantitativ eine nur untergeordnete Rolle (siehe *Tab. 25*). Nur die wenigsten Jugendrichter/innen waren bereit, die IBW als ein „geeignetes Heim der Jugendhilfe" i. S. d. § 71 Abs. 2 JGG anzusehen. Im Jahr 2000 wurden lediglich acht Jugendliche in die Haftvermeidung geschickt. Die etwas höhere Belegungsquote lässt sich durch eine längere durchschnittliche Aufenthaltsdauer erklären. So waren 1999 vier Jugendliche 100 und mehr Tage in der Einrichtung untergebracht. Im Jahr 2000 waren es sieben, die ähnlich lange untergebracht waren.[1152]

Tabelle 25: **Haftrichterliche Entscheidungen bei den vorgeführten Jugendlichen in Hamburg 1999 und 2000**

Entscheidungsart	1999	2000
Haftbefehl	172 (66,9%)	163 (66,0%)
Haftbefehl mit Haftver-schonung	6 (2,3%)	21 (8,5%)
Aus polizeilicher Haft entlassen	69 (26,8%)	55 (22,3%)
Unterbringung nach §§ 71, 72 JGG	10 (3,9%)	8 (3,2%)
Insgesamt	257	247

Quelle: *Villmow/Robertz* 2004, S. 71

10.3.2.5 Untersuchungshaftvermeidung in Mecklenburg-Vorpommern

Trotz der verbreiteten Ansicht, dass die Untersuchungshaftvermeidung gemäß §§ 72 Abs. 4, 71 Abs. 2 JGG „offen" gestaltet werden soll, wurde im Jahr 1998 in Mecklenburg-Vorpommern das Modellprojekt „verbindlicher Aufenthalt" initiiert. Dabei handelte es sich um ein geschlossenes Heim in Ueckermünde, das

---

1151 *Villmow/Robertz* 2004, S. 40.

1152 *Villmow/Robertz* 2004, S. 72.

fluchtsicher sein und eine pädagogische bzw. therapeutische Behandlung gewährleisten sollte.[1153] Dieses Modellprojekt wurde im Jahr 2001 beendet und das
Heim geschlossen.[1154]

In Mecklenburg-Vorpommern sind darüber hinaus noch zwei Angebote der
Jugendhilfe zu erwähnen, die Jugendliche und Heranwachsende im Rahmen einer
Untersuchungshaftverschonung ambulant betreuen.[1155] Zunächst besteht die
Möglichkeit, straffällige Jugendliche und Heranwachsende zwischen 15 und 20
Jahren über das Projekt *Spartakuß* zu betreuen. Dieses besteht seit dem Jahr 2000
in Rostock. Dabei handelt es sich um ein Projekt der Jugendberufshilfe. Das Pro-
jekt *Spartakuß* verfügt insgesamt über 30 Plätze, wobei 6 speziell für die Unter-
suchungshaftvermeidung zur Verfügung stehen.

Mit dem jeweiligen Jugendlichen oder Heranwachsenden wird vor der Aufnahme ein Vertrag geschlossen. Ausschlussgründe sind wiederum eine Drogenabhängigkeit, psychische Erkrankung oder eine geistige oder schwere körperliche
Behinderung. Auch werden keine Personen aufgenommen, bei denen der Tatvorwurf Mord oder Totschlag lautet. In diesem Projekt sind fünf Stellen vorgesehen,
die sich auf zwei Sozialpädagogen, zwei handwerkliche Anleiter und eine Ver-
waltungskraft verteilen. Zudem findet eine Zusammenarbeit mit der Suchtbera-
tung, dem Sozial- und Arbeitsamt und einem TOA- und STK- Träger statt. Das
Projekt verfügt über eine Lehrküche, Werkstatt und einen Schulungsraum, in dem
Schulunterricht stattfindet. Der Tag beginnt für die Klienten um 8.00 Uhr und
endet um 16.00 Uhr.

Im Jahr 2000 war das Projekt *Spartakuß* zu 40% ausgelastet. Im Jahr 2008
gab es zwei Anfragen.[1156] In diesen beiden Fällen wurde die Maßnahme vor Ver-
fahrensende vorzeitig beendet. In einem Fall wurde der Klient nach Invollzugset-
zung des Haftbefehls inhaftiert. Im anderen Fall gelangte der Klient in eine andere
Einrichtung der Jugendhilfe. Vorausgegangen waren Disziplinschwierigkeiten,
Alkohol- bzw. Drogenkonsum oder Ausbildungsschwierigkeiten. Dabei handelt
es sich um die gleichen Probleme, die in stationären Einrichtungen vorkommen.[1157] Die Länge der Maßnahme liegt im Idealfall bei ca. neun Monaten und
kann auch über den Verfahrensabschluss hinausgehen. Eine Nachbetreuung der
Klienten ist auf den Einsatz ehrenamtlicher Mitarbeiter angewiesen.[1158]

Ein weiteres ambulantes Projekt mit Sitz in Greifswald zielt auf ein Konflikt-
bewältigungs- und Anti-Gewalt-Training. Das Projekt richtet sich an 14- bis 21-

1153 *Kowalzyck* 2008, S. 181; *Kowalzyck* 2002, S. 305 ff.
1154 Zur Kritik siehe ausführlich *Kowlazyck* 2008, S. 197 ff.
1155 Siehe hierzu *Kowalzyck* 2008, S. 178.
1156 *Kowalzyck* 2008, S. 179.
1157 *Kowalzyck* 2008, S. 179.
1158 *Kowalzyck* 2008, S. 179.

Jährige, die wegen Rohheitsdelikten strafrechtlich auffällig geworden sind. Dabei besteht die Möglichkeit die Teilnehmer in betreuten Wohnungen des Trägers unterzubringen. Auch bei dieser ambulanten Maßnahme wird mit den Teilnehmern ein Vertrag geschlossen. Nicht aufgenommen werden lediglich Personen mit einer geistigen Behinderung. Das Programm ist folgendermaßen aufgebaut: Zunächst findet eine Sozialanamnese mit jedem Klienten statt. Das Gruppentraining erstreckt sich über ein halbes Jahr mit rund 20 Sitzungen, die jeweils eine Länge von drei Stunden haben. Die Leitung erfolgt durch einen Sozialpädagogen und einen Psychologen. Das Programm wird in vier Phasen eingeteilt. Nach der „Integrationsphase" folgt die „Konfrontationsphase", in der die Klienten mit ihrer Straftat konfrontiert werden. Anschließend folgt die „Neuorientierungsphase", in der Handlungsalternativen entwickelt werden. Zum Ende erfolgt eine „Nachbetreuungsphase", in der versucht wird, dem Klienten durch spezielle Nachbetreuungsmöglichkeiten auch nachhaltig zu helfen.

In den Jahren 1999 und 2000 haben sechs Jugendliche und Heranwachsende im Rahmen einer Untersuchungshaftvermeidung an dem Projekt teilgenommen, wobei keiner die Möglichkeit eines betreuten Wohnens in Anspruch nahm.[1159]

10.4 Anwendung der Untersuchungshaftalternativen im europäischen Ausland

10.4.1 Anwendung der Untersuchungshaftalternativen bei Erwachsenen

Anhand der vorhandenen Daten bzw. Informationen lässt sich erkennen, dass Untersuchungshaftalternativen im allgemeinen Strafverfahrensrecht in den meisten europäischen Staaten keine besonders große Rolle spielen. Vergleicht man z. B. in Ungarn die Untersuchungshaft mit der Alternative des Hausarrests und der Ausgangssperre wird die geringe Relevanz der letzteren Alternativen deutlich. So wurde beispielsweise im Jahr 2007 in 125 Fällen eine Ausgangssperre verhängt und in 70 Fällen ein Hausarrest. Untersuchungshaft wurde dagegen in 4.882 Fällen angeordnet. So machen diese Alternativen gerade mal 3,8% aus. In einem Zeitraum von sechs Jahren (2000-2006) wurde der Hausarrest in 863 Fällen angeordnet.[1160]

Auch in Lettland spielen Untersuchungshaftalternativen eine geringe Rolle. So wurde beispielsweise der Hausarrest von 10.484 Sicherungsmaßnahmen im Jahre 2006 lediglich 13 Mal angeordnet. Im Jahr 2007 waren es bei 16.791 Sicherungsmaßnahmen nur zwei Hausarrestanordnungen.[1161]

1159   *Kowalzyck* 2008, S. 180.

1160   Siehe *Knapen* 2009, S. 487 f.

1161   *van Kalmthout u. a.* 2009, S. 95; *Morgenstern* 2009, S. 592.

In Litauen wurde der Hausarrest im Jahre 2007 in 97 Fällen angeordnet. Bei 22.707 Tatverdächtigen macht das einen Anteil von 0,5%. Eine Kaution wurde in 74 Fällen angeordnet. Weitaus häufiger wurden Meldeauflagen (2.637 Fälle) und Aufenthaltsverpflichtungen (10.024 Fälle) angeordnet. Zu beachten ist, dass auch mehrere Maßnahmen nebeneinander stehen können. Eine Inhaftierung wurde in 1.839 Fällen angeordnet.[1162]

In Belgien wird in 92% der Fälle von der Staatsanwaltschaft die Untersuchungshaft beantragt. In 63% der Fälle wird den Anträgen stattgegeben, in 30% erfolgt eine einfache Entlassung und in den wenigsten Fällen wird eine Freilassung unter bestimmten Auflagen bewilligt.[1163]

Auch in Polen wird in 90% der Fälle der Beantragung auf Untersuchungshaft seitens der Staatsanwaltschaft stattgegeben.[1164] In England/Wales, wo der Kaution eine besondere Bedeutung zukommt, wird in nahezu einem Drittel der Kautionsgewährungen diese mit einer Auflage versehen, meistens in Bezug auf eine Aufenthaltsbeschränkung oder Kontaktverbote.[1165]

10.4.2 Anwendung der Untersuchungshaftalternativen bei Jugendlichen

Auch was die Daten über die Untersuchungshaftalternativen in den europäischen Ländern angeht, muss zunächst auf die Spärlichkeit der vorhandenen Daten verwiesen werden. Folglich kann auch kein vollumfassendes Bild über die Praxis der Untersuchungshaftvermeidung in den europäischen Ländern dargestellt werden. Dies liegt unter anderem daran, dass – ähnlich wie in Deutschland – entweder nationale Statistiken über Maßnahmen der Untersuchungshaftvermeidung nicht existieren[1166] oder in den Statistiken nicht explizit erfasst wird, ob eine unbedingte Haftverschonung erlassen wurde beziehungsweise welche von mehreren alternativen Maßnahmen im konkreten Fall verhängt wurde. Dennoch soll versucht werden, mit den vorhandenen Daten zumindest einen kleinen Einblick auf Konzepte und Methoden der Haftvermeidung und deren Anwendung zu ermöglichen.

Viele Länder berichten, dass alternative Maßnahmen keine große Rolle spielen.[1167] In Serbien wurde bei 3.251 Fällen registrierter Taten (im Jahr 2002) von

---

1162 *Morgenstern* 2009, S. 628.

1163 *Snacken* 2010, S. 60.

1164 *Morgenstern* 2009, S. 744.

1165 Siehe die Studie von *Morgan/Henderson* 1998; siehe auch *Rozel* 2009, S. 953.

1166 So z. B. in *Litauen*, siehe *Sakalauskas* 2011, S. 900 f.

1167 So z. B. *Filipčič* 2011, S. 1306 (Slowenien), *Škulić* 2011, S. 1230 (Serbien).

Jugendlichen in 90 Fällen die „Trennung des Jugendlichen aus seiner Umgebung" als Untersuchungshaftalternative angeordnet.[1168]

In Bulgarien spielen die Haftalternativen bei der Altersgruppe der 14- bis 17-Jährigen eine große Rolle. Bei dieser Altersgruppe wird in 79% der Fälle eine Haftalternative angeordnet, die den Charakter einer allgemeinen Weisung nach dem *Juvenile Delinquency Act* haben kann. In den meisten Fällen wird eine Aufsicht durch die Eltern oder den gesetzlichen Vertreter angeordnet.[1169] Damit wird auch am ehesten dem Charakter der Untersuchungshaft zur Verfahrenssicherung entsprochen. Allerdings wird bei dieser Altersgruppe auch in 16,1% der Fälle Untersuchungshaft angeordnet. Dies entspricht etwa dem Wert der Altersgruppe der 36- bis 54-Jährigen (17,8%). Bei lediglich 1,6% kommt es zu einer unbedingten Haftverschonung.[1170] Der Hausarrest und die Kaution spielen bei den Jugendlichen keine Rolle.

In den Niederlanden hat sich in den letzten Jahren das Institut der Nachthaft durchgesetzt und die bis dahin mögliche Alternative des elektronischen Hausarrestes in seiner Bedeutung abgelöst.[1171] Im Jahr 2000 war das Pilotprojekt des elektronisch überwachten Hausarrestes in Rotterdam erprobt worden. Dieses sah vor, dass die jugendlichen Probanden ihrem geregelten Tagesablauf nachgehen sollten. Abends und nachts fand dann die elektronische Überwachung zu Hause statt.[1172] Inzwischen wurde dieses Projekt durch die „Nachthaft" ersetzt. Auch hier sollen die Jugendlichen ihrem Tagesablauf (Schule, Arbeit) nachgehen und sich dann in der Freizeit beziehungsweise an den Wochenenden in einer geschlossenen Einrichtung einfinden. Voraussetzung für die Teilnahme an diesem Programm ist, dass die Jugendlichen auch über einen „positiv strukturierten Tagesablauf"[1173] verfügen. Zusätzlich wird mit dem Jugendlichen ein Vertrag geschlossen, in dem sich der Klient mit den Bedingungen einverstanden erklärt.[1174]

In einem Zeitraum von Ende 2003 bis Ende 2005 wurde die Nachthaft in 289 Fällen angeordnet. Die Anordnungen stiegen von Ende 2003 bis Ende 2004 stetig an. Seit 2004 ist jedoch wieder ein stetiger Rückgang zu verzeichnen. Dies ist unter dem Aspekt, dass in den Jahren 1990 bis 2005 die Anzahl an jungen Untersuchungshäftlingen stark gestiegen ist, bemerkenswert.[1175] So liegt die Vermu-

---

1168 *Škulić* 2011, S. 1230.

1169 *Kanev u. a.* 2011, S. 169.

1170 Siehe *Kanev u. a.* 2011, S. 169.

1171 *van Kalmthout/Bahtiyar* 2011, S. 941.

1172 *van Kalmthout/Bahtiyar* 2011, S. 941.

1173 *van Kalmthout/Bahtiyar* 2011, S. 941.

1174 Siehe auch *Kap. 5.1.14.*

1175 Vgl. hierzu *Kap. 10.2.2.*

tung nahe, dass die „Nachthaft" als Alternative nicht zu einer wirklichen Verringerung der Untersuchungshaftzahlen führt. Dies liegt sicherlich auch daran, dass bei weitem nicht jeder Jugendliche für diese Maßnahme geeignet ist. Die Jugendlichen müssen einen geordneten Tagesablauf vorweisen, der bei vielen fehlen dürfte.

In Portugal überwiegt unter den Maßnahmen im Ermittlungsverfahren bei den Jugendlichen die Einweisung in die sog. Erziehungseinrichtung (*medila cautelar de guarda*).[1176] Am 31.12.2006 befanden sich 213 Jugendliche in einer solchen Einrichtung, während 30 Jugendliche in einer regulären Untersuchungshaftanstalt einsaßen. Bei lediglich 24 wurden andere vorläufige Maßnahmen angeordnet.[1177] Ähnlich ist die Situation auch in Dänemark, wo ein Großteil der Untersuchungshaftanordnungen nicht in geschlossenen Einrichtungen vollzogen wird.[1178]

10.4.3 Rechtsvergleich mit Deutschland

Für Deutschland ist bereits dargestellt worden, dass die gesetzlich explizit für Jugendliche vorgesehenen Untersuchungshaftalternativen, wie die vorläufige Anordnung über die Erziehung und die Unterbringung in einem Heim der Jugendhilfe, eine untergeordnete Rolle spielen.[1179] Eine ältere Untersuchung aus Thüringen aus dem Jahr 1994/95 ergab, dass lediglich in ca. 2% der Fälle Jugendliche zur Haftvermeidung und ca. 13% zur Haftverkürzung in Heimen der Jugendhilfe untergebracht wurden.[1180] Auch in Mecklenburg-Vorpommern wurden vorhandene Kapazitäten nicht ausgenutzt.[1181]

Somit gilt in Deutschland wie in anderen europäischen Ländern auch, dass von den gesetzlich vorgesehen Untersuchungshaftalternativen nicht in ausreichendem Maße Gebrauch gemacht wird.

10.5 Zusammenfassung und Diskussion der Ergebnisse

Die Zahlen machen – nahezu europaweit – deutlich, dass die Richter in den meisten Fällen die Anordnung der Untersuchungshaft als einzig sichere Maßnahme zur Gewährleistung des Strafverfahrens ansehen. Hinzu kommt sicherlich auch,

---

1176 Siehe *Kap. 5.1.18.*

1177 *Rodriguez/Duarte-Fonseca* 2011, S. 1058.

1178 *Storgaard* 2011, S. 349.

1179 *Ostendorf* 2016a, Grdl. z. §§ 71-73, Rn. 4; zu den Problemen in diesem Kontext siehe *Kap. 6.2.1, Kap. 6.2.2.*

1180 Siehe *Ostendorf* 2016a, Grdl. z. §§ 71-73, Rn. 4 m. w. N.

1181 Siehe *Kap. 10.3.2.5* und *Kowalzyck* 2002, S. 308.

dass die Richter unter einem gewissen Zeitdruck stehen. So müssen die Ermittlungsrichter ihre Entscheidung häufig innerhalb von 24 Stunden treffen, was zu nicht immer ausreichend begründeten und abgewogenen Entscheidungen führen kann.[1182] Des Weiteren kann auch eine bestimmte Beeinflussung durch die Ermittlungsbehörden, insbesondere durch die Polizei, eine Rolle spielen, die häufig eine Untersuchungshaft präferiert.[1183]

Ein weiteres wichtiges Problem in Bezug auf die Situation von verdächtigen Jugendlichen ist, dass die Anwendung vorläufiger erzieherischer Maßnahmen weitgehend von der Existenz einer bestimmten Infrastruktur und insbesondere auch von der Verfügbarkeit von Programmen in den jeweiligen Ländern, Kommunen oder Gemeinden abhängt. Insbesondere auch in den westeuropäischen Ländern herrscht oft ein Mangel an spezifischen Programmen. Die Bewährungshilfe ist regelmäßig mit ihren bestehenden Fällen ausgelastet und überfordert und daher nicht die treibende Kraft, um solche alternativen Maßnahmen zu erweitern.[1184] Oft dürften auch die Kosten für alternative bzw. ambulante Maßnahmen von den justiziellen Entscheidungsträgern als zu hoch angesehen werden und eine Rolle bei der Anordnung spielen. Je länger das Verfahren, desto kostspieliger wird auch die alternative Unterbringung oder Maßnahme. Dies gilt wohl gerade in den Ländern, in denen die Kosten für eine Inhaftierung vergleichsweise gering ausfallen.[1185] Das ist umso bedauerlicher, als eine frühe Einbindung in konstruktive Maßnahmen im vorläufigen Stadium der Untersuchung nicht nur den Einsatz von Untersuchungshaft reduziert, sondern auch spätere Verurteilungen zu unbedingten Haftstrafen vermeiden kann, da die Chancen einer positiven Sozialprognose steigen.[1186]

1182 Siehe hierzu *Kap. 5.2.1.*

1183 Siehe *van Kalmthout u. a.* 2009, S. 95.

1184 So z. B. in Deutschland. Hier lag die durchschnittliche Fallbelastung pro Bewährungshelfer im Jahr 2004 bei 79 Probanden; siehe *Dünkel* 2009a, S. 39.

1185 Vgl. *Kap. 9.2.8.*

1186 Siehe auch *Dünkel/Dorenburg/Grzywa* 2011, S. 1783.

11.   Zusammenfassung, Schlussfolgerungen und Ausblick

11.1   Ziel der Untersuchung

Das Ziel der vorliegenden Untersuchung war eine möglichst umfassende Bestandsaufnahme der Regelungen zur Untersuchungshaft und Untersuchungshaftvermeidung bei jungen Menschen in Deutschland und im europäischen Ausland.
Dabei sollten neben einer Darstellung der einzelnen Länder diese auch zum Vergleich untereinander herangezogen werden. So war es ein Anliegen darzustellen,
inwieweit in den europäischen Ländern bereits vergleichbare normative und tatsächliche Standards bezüglich der Untersuchungshaft bei Jugendlichen vorhanden sind. Ein Hauptanliegen war es jedoch, die Länder an ihrem rechtlichen Rahmen bzw. ihren gesetzlichen Grundlagen zur Untersuchungshaft bei jungen
Menschen und ihrer Untersuchungshaftpraxis zu messen und zu untersuchen, inwieweit diese internationalen Menschenrechtsstandards und Empfehlungen des
Europarats entsprechen. Konstitutiv war ein Vergleich mit der aktuellsten Empfehlung des Europarates für inhaftierte und ambulant sanktionierte jugendliche
Straftäter (*European Rules for Juvenile Offenders Subject to Sanctions or Measures*, ERJOSSM). Diese Empfehlung enthält in ihren Grundsätzen (*basic principles*) eine bedeutende Forderung. So heißt es in Nr. 10 der ERJOSSM: „*Freiheitsentzug gegenüber Jugendlichen ist nur als letztes Mittel und für die geringst
mögliche Dauer aufzuerlegen und zu vollziehen. Besondere Anstrengungen sind
zu unternehmen, um Untersuchungshaft zu vermeiden*“. An dieser Grundforde-
rung müssen sich die Länder messen lassen. Wenn jedoch eine Untersuchungshaft
unumgänglich ist, muss ihr Vollzug jugendadäquat und unter strenger Berücksichtigung der Unschuldsvermutung ausgestaltet werden. Die Länder wurden
demnach auch im Hinblick auf vollzugsrechtliche Besonderheiten untersucht.

11.2   Zusammenfassung der Ergebnisse

11.2.1   Jugendstrafrechtssysteme/Altersgrenzen

Jugendliche befinden sich in einer wichtigen Entwicklungsphase. Wichtig ist,
dass das Jugendstrafrecht an diese Erkenntnis anknüpft und den Erziehungsgedanken als alleiniges Ziel betrachtet. Was die Jugendstrafrechtssysteme in Europa
angeht, lässt sich feststellen, dass der Erziehungsgedanke überwiegend eine bedeutende Rolle spielt. Jedoch wird dieser Gedanke nicht immer mit dem Grundsatz „Erziehung statt Strafe“ verfolgt. Häufig wird die Ansicht vertreten, eine Erziehung sei gerade durch Strafe möglich. So existieren in den europäischen
Ländern überwiegend jugendstrafrechtliche „Mischsysteme“. Rein wohlfahrtsorientierte Systeme gibt es lediglich in Belgien, Schottland und Polen.

Nahezu die Hälfte aller europäischen Länder verfügt dementsprechend auch über eigenständige Jugendstrafgesetzbücher bzw. über eine eigenständige Jugendgerichtsbarkeit, während andere Länder traditionsgemäß auf das allgemeine Strafrecht zurückgreifen, das lediglich Abschnitte für junge Straftäter enthält (so die skandinavischen Länder, einige osteuropäische Staaten wie z. B. Russland, Slowenien, Slowakei, Rumänien, auch in der Ukraine gibt es seit 2001 einen eigenständigen Abschnitt im allgemeinen Strafgesetzbuch).

Das Alter der strafrechtlichen Verantwortlichkeit liegt in den europäischen Staaten zwischen 10 und 18 Jahren. Diese eklatant erscheinende Differenz muss allerdings ein wenig relativiert werden. So muss die besonders niedrige Altersgrenze von 12 Jahren in Schottland vor dem Hintergrund gesehen werden, dass bei der Altersgruppe bis unter 16 Jahren lediglich jugendhilferechtliche Maßnahmen in Betracht kommen. Auch in der Schweiz, wo die strafrechtliche Verantwortlichkeit ähnlich niedrig ist, muss beachtet werden, dass bestimmte Maßnahmen und Sanktionen dennoch erst ab einem Alter von 15 Jahren möglich sind. In den meisten Ländern liegt die strafrechtliche Verantwortlichkeit bei 14 bzw. 15 Jahren. Bedeutend in diesem Zusammenhang ist, ab wann ein Jugendlicher in Untersuchungshaft genommen werden kann. Auch hier variieren die Altersgrenzen von 10 bis 16 Jahren. Überwiegend ist eine Unterbringung in der Untersuchungshaft ab einem Alter von 14 bzw. 15 Jahren möglich, da die Frage, ob Untersuchungshaft angeordnet werden darf oder nicht im Wesentlichen von der strafrechtlichen Verantwortlichkeit abhängt (z. B. in Deutschland, Bulgarien, Zypern, der Tschechischen Republik, in Finnland, Ungarn, Serbien, Spanien). In einigen Ländern ist es jedoch so, dass die strafrechtliche Verantwortlichkeit früher beginnt als eine Inhaftierung möglich ist. So beginnt in der Schweiz die strafrechtliche Verantwortlichkeit sehr früh mit 10 Jahren. Eine Inhaftierung in Strafvollzugsanstalten und damit auch eine Untersuchungshaft sind aber erst mit 15 Jahren möglich. Ähnlich ist es in Irland und Schottland, wo eine Inhaftierung erst ab dem 16. Lebensjahr möglich ist.[1187]

Die Frage, ab welchem Alter Untersuchungshaft bei Jugendlichen angeordnet werden darf, kann des Weiteren von der Schwere der Tat abhängig sein. So ist in manchen Ländern die Anordnung von Untersuchungshaft bei Jugendlichen unter 16 Jahren nur bei schweren Verbrechen möglich (Ukraine, Russland, Frankreich). In der Türkei dürfen unter 15-Jährige nur bei schweren Verbrechen in Untersuchungshaft genommen werden. Damit werden diese Länder (zumindest ansatzweise und theoretisch) der Forderung der sog. *Bejing-Rules* gerecht, dass ein Freiheitsentzug lediglich bei älteren Jugendlichen und nur bei schweren Taten in Betracht kommen soll (siehe Nr. 17 der *Beijing-Rules*). Diesbezüglich muss aber berücksichtig werden, dass in diesen Ländern (Frankreich, Türkei) ansonsten eine

---

1187 Dies betrifft allerdings nur die geschlossene stationäre Unterbringung. Die Unterbringung von unter 16-Jährigen ist also grundsätzlich möglich.

sehr frühe Inhaftierung (ab 13 bzw. 12 Jahren) möglich bleibt. Der deutsche Gesetzgeber ist einen anderen Weg gegangen und hat die Untersuchungshaft bei dieser Altersgruppe nicht auf schwere Taten beschränkt bzw. gänzlich ausgeschlossen. Vielmehr sind bei dieser Altersgruppe (14 und 15 Jahre) die Anforderungen an die Annahme einer Fluchtgefahr erhöht (§ 72 Abs. 2 JGG). Damit soll die besondere Subsidiarität der Untersuchungshaft bei dieser Altersgruppe deutlich gemacht werden. Im Gegensatz dazu existieren in Ländern wie den Niederlanden, Nordirland und England/Wales keine vergleichbaren Regelungen, die eine restriktive Anordnung bei den unter 16-Jährigen vorsehen. In den Niederlanden ist eine Inhaftierung bereits bei 12-Jährigen möglich. Noch besorgniserregender ist die Lage in England/Wales und Nordirland, wo bereits 10-Jährige inhaftiert werden können.

Die Untersuchungshaft bei unter 16-Jährigen muss besonders restriktiv gehandhabt werden. Dies ergibt sich daraus, dass gerade bei den unter 16-Jährigen die Gefahr von krimineller Ansteckung und negativer Prägung besonders groß ist. Auch die UN-Kinderrechtskonvention gebietet es, dass insbesondere bei jungen Menschen von alternativen Maßnahmen Gebrauch gemacht wird. In Art. 3 der UN-KRK heißt es: *„Bei allen Maßnahmen, die Kinder betreffen, gleichviel ob sie von öffentlichen oder privaten Einrichtungen der sozialen Fürsorge, Gerichten, Verwaltungsbehörden oder Gesetzgebungsorganen getroffen werden, ist das Wohl des Kindes ein Gesichtspunkt, der vorrangig zu berücksichtigen ist."* An dieser Maßgabe müssen sich die Jugend(ermittlungs-)Richter orientieren. Die Richter werden demgemäß durch die KRK verpflichtet, von Angeboten zur Untersuchungshaftvermeidung Gebrauch zu machen. So ist es erfreulich, dass zumindest einige Länder für diese Altersgruppe höhere Hürden anlegen (Irland, Schottland, Ukraine, Slowenien, Russland, Frankreich, Deutschland, Türkei), andererseits erscheint es wegen der teilweise prekären Situation im Untersuchungshaftvollzug angebracht diese Altersgruppe gänzlich aus dem stationären Vollzug herauszuhalten und sie stattdessen in Jugendhilfeeinrichtungen unterzubringen.

11.2.2 *Gesetzliche Grundlagen/Tatverdacht/Haftgründe/ Sonderregelungen bei Jugendlichen*

Die gesetzlichen Grundlagen unter welchen Voraussetzungen Untersuchungshaft angeordnet werden darf, finden sich überwiegend in den allgemeinen Strafprozessordnungen. Jedoch existieren in den meisten Staaten spezielle Restriktionen in den jeweiligen Jugendstrafgesetzbüchern. Die Schweiz verfügt seit dem 01.01.2011 sogar über eine eigenständige Jugendstrafprozessordnung. Das Ziel der Untersuchungshaft ist in allen Staaten die Sicherung des Strafverfahrens, wenngleich Bulgarien und die Ukraine auch von einer Vorbeugehaft sprechen. Dies bezieht sich wohl eher auf den fragwürdigen Haftgrund der Wiederholungsgefahr. Der Haftgrund der Wiederholungsgefahr ist in Art. 5 Abs. 1 S. 2 Buchst. c

EMRK ausdrücklich erwähnt. Tatsächlich handelt es sich dabei um eine Präventivhaft, die dem eigentlichen Untersuchungshaftzweck und der geltenden Unschuldsvermutung fremd ist.[1188]

Alle Länder verlangen (trotz unterschiedlicher Terminologien) mehr als nur einen einfachen Tatverdacht. Bei den Haftgründen dominieren die drei klassischen Haftgründe der Flucht-, Verdunkelungs- und Wiederholungsgefahr. Vereinzelt rechtfertigt auch die Schwere der Tat oder eine Gefahr für die Allgemeinheit eine Untersuchungshaft. Es existieren also keine besonderen Haftgründe für Jugendliche. In allen Ländern gelten die allgemeinen Haftgründe. Dabei muss jedoch beachtet werden, dass diese unter Berücsichtigung jugendgemäßer Besonderheiten zu prüfen sind.

In nahezu allen Ländern muss der Verhältnismäßigkeitsgrundsatz beachtet werden. So verfügen viele Länder explizit über einen Verhältnismäßigkeitsgrundsatz, der festschreibt, dass eine Untersuchungshaft nur gerechtfertigt ist, wenn die Haft nicht außer Verhältnis zur erwarteten Strafe oder Maßnahme steht. Beispiele sind Deutschland, Österreich und Kroatien. In anderen Ländern dagegen (Estland, Türkei, Finnland) ist eine implizite Verhältnismäßigkeitsregel geregelt. Danach ist eine Untersuchungshaft bei Jugendlichen nur dann zulässig, wenn die potentiell begangene Tat mit einem bestimmten Strafmaß bedroht ist. Die dabei maßgeblichen Mindeststrafmaße variieren in den Ländern erheblich. So liegt die Grenze in Finnland bei einem Jahr, in der Ukraine bei drei Jahren, in der Türkei, Belgien und Italien bei fünf Jahren, in Griechenland sogar bei zehn Jahren. Bei einem Vergleich dieser gesetzlichen Voraussetzung muss allerdings beachtet werden, dass ein solches Mindeststrafmaß unter dem Gesichtspunkt der unterschiedlichen Strafzumessung gesehen werden muss. Es ist davon auszugehen, dass bei einem Mindeststrafmaß von 10 Jahren (Griechenland) eine Untersuchungshaft nur bei extrem schweren Straftaten in Betracht kommt. Andere Länder (z. B. Bulgarien, Niederlande, Rumänien) verlangen lediglich, dass die in Verdacht stehende Tat mit einer Freiheitsstrafe bedroht ist.

In einigen Ländern existieren darüber hinaus spezielle Sonderregelungen in Bezug auf die Anordnung der Untersuchungshaft bei Jugendlichen. So müssen z. B. als besondere Ausprägung des Verhältnismäßigkeitsprinzips die besonderen Belastungen des Vollzuges für Jugendliche berücksichtigt werden. Auch die Persönlichkeit des Jugendlichen muss in einigen Ländern berücksichtigt werden und kann in bestimmten Fällen eine Untersuchungshaft ausschließen (vgl. z. B. Deutschland, Österreich, Spanien). In Deutschland gilt eine weitere Einschränkung bei den 14- bis unter 16-Jährigen, bei den eine Begründung der Untersuchungshaft mit einer Fluchtgefahr nur möglich ist, soweit der Jugendliche bereits Anstalten zur Flucht unternommen, sich schon einmal dem Verfahren entzogen hat oder keinen festen Aufenthaltsort besitzt.

1188   Siehe auch *Kap. 5.2.4.*

Darüber hinaus sehen einige Länder auch eine Subsidiaritätsklausel vor, wie sie in den Empfehlungen des Europarats Nr. 16 und 17 der Rec (2003) 20, Nr. 3 der Rec (2006) 13 und Nr. 10 der Rec (2008) 11 gefordert wird. So muss vor der Anordnung stets geprüft werden, ob der Zweck, der mit der Untersuchungshaft verfolgt werden soll, nicht auch durch eine alternative Maßnahme erreicht werden kann. Um den Anforderungen der Empfehlungen des Europarates und einem (zumindest in vielen Ländern theoretisch existierenden Subsidiaritätsgrundsatz) gerecht zu werden, bedarf es eines breiten Spektrums an alternativen Maßnahmen. Nur so kann den menschenrechtlichen Standards des Europarats entsprochen werden und damit der Freiheitsentzug in der Untersuchungshaft tatsächlich als letztes Mittel ausgestaltet werden.

11.2.3 Haftalternativen

Die meisten Länder sehen spezielle Untersuchungshaftalternativen für Jugendliche vor. Daneben existieren auch die allgemeinen Haftalternativen, die bei Erwachsenen, aber auch Jugendlichen anzuwenden sind. In Estland, Finnland, Rumänien, Türkei sind ausschließlich die allg. Haftsurrogate bei Jugendlichen möglich, da diese Länder nicht über spezielle Haftalternativen für Jugendliche verfügen. Eine weit verbreitete Alternative ist die sog. Aufsicht durch spezielle Personen oder Institutionen (z. B. Frankreich, Polen, Serbien). Ebenfalls weit verbreitet ist die Unterbringung in bestimmen kommunalen Einrichtungen bzw. Heimen (Deutschland, Österreich, Schweiz, Bulgarien, Griechenland). In den wohlfahrtsorientierten Staaten ist dies das Äquivalent zur stationären Untersuchungshaft. In den Niederlanden hat die sog. „Nachthaft" den elektronisch überwachten Hausarrest abgelöst. In den englischsprachigen Ländern ist die Kaution (*bail*) die populärste Haftalternative. Dabei kommt ihr z. T. eine so bedeutende Rolle zu, dass nicht wirklich von einer Alternative zur Haft gesprochen werden kann. So stellt die Kaution den Regelfall dar. Erst in einem zweiten Schritt wird bei bestimmten Delikten geprüft, ob Haft angeordnet werden muss. Der Beschuldigte hat demnach das Recht gegen Kaution freigelassen zu werden, außer es sprechen hinreichende Gründe gegen eine Freilassung. Die Haft ist vielmehr eine Alternative zur Kautionsgewährung.

Dieser theoretische Anspruch bedeutet aber nicht, dass die Untersuchungshaft auch wirklich als *ultima ratio* verstanden wird: In vielen Ländern kommt es häufiger zu einer Untersuchungshaft als zu einer anschließenden Freiheitsstrafe (so z. B. in Deutschland und Österreich, Italien).

11.2.4 Regelungen zur Haftlänge

Auch was die maximale Haftlänge angeht, existieren in den speziellen Gesetzen Sonderregelungen für Jugendliche, die meist kürzere Höchstfristen als bei Erwachsenen vorsehen. Dabei muss jedoch kritisch angemerkt werden, dass Haft-verkürzung keine Haftvermeidung ist. Nahezu alle Länder verfügen über spezielle Höchstgrenzen. Lediglich die skandinavischen Länder wie Schweden, Dänemark und Finnland haben keine festen Zeitlimits. In diesen Ländern sind dagegen be-sonders kurze Haftprüfungsfristen vorgesehen (zwischen zwei und vier Wochen). Die Gefahr bei festen Höchstgrenzen ist zugegebenermaßen, dass diese auch aus-geschöpft werden.[1189] Umso wichtiger ist es, dass kurze verbindliche Höchstfris-ten bis zum Beginn einer Hauptverhandlung geregelt werden. Was die Höchst-fristen angeht, kann jedoch gesagt werden, dass die wenigsten Länder über kurze verbindliche Haftfristen verfügen. Lediglich Länder wie Belgien (zwei Monate), Kosovo (drei Monate), die Niederlande (104 Tage), Slowenien (drei Monate) und Zypern (drei Monate) zeigen, was im europäischen Ausland als *good practice* be-zeichnet werden kann. Nur so lässt sich auch erreichen, dass gerade bei Jugendli-chen ein schnelles Verfahren stattfindet. Dies ist in zweierlei Hinsicht bedeutsam und notwendig. Zum einen kann nur durch einen möglichst kurzen Haftaufenthalt den negativen Einflüssen in der Untersuchungshaft begegnet werden und zum an-deren ist es gerade im Jugendstrafverfahren nötig, dass die Sanktionierung alsbald nach der Tatbegehung erfolgt, um den Erziehungsgedanken nicht ins Leere laufen zu lassen.

In den anderen Ländern sind zwar auch Höchstfristen vorgesehen. Diese kön-nen aber unter bestimmten Voraussetzungen mehrmals verlängert werden. So kann z. B. die Komplexität des Strafverfahrens oder bei besonderen Straftaten eine Verlängerung der Höchstfrist angeordnet werden. Mögliche Haftlängen von vier Jahren (Slowakei), drei Jahren (Türkei) oder zwei Jahren (z. B. Ungarn) sind auch bei Vorliegen schwerer Verbrechen völlig inakzeptabel. Dies widerspricht auch den ERJOSSM, die fordern, dass ein Freiheitsentzug nur für eine kürzest-mögliche Dauer verhängt werden soll. Damit nehmen die ERJOSSM die Empfeh-lung von 2003 (Rec (2003) 20) auf, die eine Höchstfrist von 6 Monaten forderten (Nr. 16). So lässt sich auch gewährleisten, dass es zu der gewünschten Beschleu-nigung im Jugendstrafverfahren kommt.

11.2.5 Untersuchungshaftvollzug bei Jugendlichen

Im Untersuchungshaftvollzug muss der Trennungsgrundsatz strikt eingehalten werden. Das bedeutet, dass die als unschuldig zu geltenden Gefangenen getrennt von Strafgefangenen untergebracht werden müssen. Wenn eine Untersuchungs-haft bei Jugendlichen unumgänglich ist, muss ihr Vollzug jugendadäquat ausge-staltet sein. Somit muss auch eine getrennte Unterbringung von erwachsenen Un-tersuchungshäftlingen stattfinden. In nahezu allen Ländern müssen jugendliche Untersuchungshaftgefangenen laut Gesetz auch getrennt von Erwachsenen und

---

1189   Siehe hierzu *van Kalmthout u. a.* 2009, S. 80 f.

Strafgefangenen untergebracht werden. Dieses Trennungsgebot zwischen Unter-
suchungs- und Strafhaft ist jedoch angesichts von Überbelegungen (soweit keine
speziellen Untersuchungshaftanstalten für Jugendliche existieren) in der Praxis
nicht immer, beziehungsweise nur halbherzig, realisiert. Hinzu kommt, dass auch
die geringe Anzahl von Jugendlichen dazu führen kann, dass eine Trennung nicht
immer möglich und sinnvoll ist, wenn man die drohende Isolierung, gerade auch
vereinzelter weiblicher junger Untersuchungshaftgefangener bedenkt. Ein Beispiel ist die Tschechische Republik, in der es sehr wenig jugendliche Untersuchungshäftlinge gibt und daher spezielle Untersuchungshaftanstalten nicht existieren. Es findet dann lediglich eine Trennung auf den jeweiligen Stationen statt.

In vielen Ländern ist eine Einzelunterbringung während der Ruhezeit vorgesehen (z. B. in der Schweiz, Deutschland, Spanien, Dänemark, Schweden). In einigen
Ländern ist jedoch auch eine Einzelunterbringung während der Ruhephasen nicht
gesetzlich vorgegeben bzw. in der Praxis nicht realisierbar (Bulgarien, Kosovo, Griechenland, Frankreich). In Lettland, Russland (bis zu sechs Häftlinge pro Zelle) oder
der Türkei (bis zu drei Häftlinge) herrschen z. T. unwürdige Verhältnisse, die die
Privat- oder Intimsphäre der Inhaftierten missachten.

Auch die Haftraumgröße lässt in vielen Ländern auf menschenunwürdige
Verhältnisse schließen. So sind insbesondere die osteuropäischen Länder zu erwähnen, die keine oder besorgniserregende Mindestanforderungen an die Zellen-
größe stellen. So stehen einem Häftling in Estland und der Ukraine nur 2,5 qm zu.
Auch Lettland (3 qm), Litauen (5 qm), Russland, Slowakei (jeweils 4 qm) und
Finnland (5,5 qm) haben diesbezüglich inakzeptable Mindeststandards. Bereits
die Haftkosten lassen darauf schließen inwieweit der Vollzug menschenrechtlichen bzw. fortschrittlichen Standards entspricht. So variierten die Haftkosten pro
Tag nach einer Umfrage von *Dünkel/Pruin* im Jahr 2006 pro Tag zwischen 0,90 €
(Ukraine) und 133-400 € (Schweiz), was sicherlich auch mit dem unterschiedlichen Lebensstandard zu erklären ist.[1190] Auch die skandinavischen Länder und
die Niederlande (300 €) investieren erheblich mehr in die Unterbringung und personelle Ausstattung. In Deutschland liegen die Kosten bei durchschnittlich 100 €
pro Hafttag.

In Ländern wie Österreich, Belgien, Frankreich, Irland, Portugal, Slowenien
und Deutschland ist der Untersuchungshaftvollzug nach dem Gesetz erzieherisch
auszugestalten. Da auch ein jugendlicher Untersuchungshäftling als unschuldig
zu gelten hat, muss der Erziehungsauftrag im Vollzug dahingehend verstanden
werden, dass eventuelle erzieherische Defizite, die mit der Inhaftierung einherge-
hen auszugleichen sind. In der Praxis kommt es aber nicht selten vor, dass die
Jugendlichen 23 Stunden in ihrer Zelle verbringen müssen, was einer Isolationshaft gleichkommt (z. B. Österreich, Bulgarien, Estland Rumänien, Slowenien,
Lettland).

1190 Fraglich ist auch, ob in den sehr niedrigen Zahlen sämtliche Kosten umfasst sind (Personal, Energiekosten etc.), vgl. i. E. *Dünkel/Pruin* 2009, S. 179 f.

Die rechtlichen Regelungen zu den Besuchszeiten variieren ebenfalls erheblich. Angesichts der rechtlichen Stellung eines Untersuchungshaftgefangenen darf das Besuchsrecht nicht limitiert werden. Bei Jugendlichen kommt hinzu, dass diese sich noch in einem Entwicklungsstadium befinden und daher familiären und sozialen Kontakten eine besondere Bedeutung zukommt. In Dänemark, Finnland und Österreich kann somit auch im Rahmen der organisatorischen Möglichkeiten jederzeit Besuch empfangen werden. In England/Wales und Portugal darf täglich Besuch empfangen werden. Diese großzügigen Regelungen stehen jedoch unter dem Vorbehalt der organisatorischen Möglichkeiten und sind somit zu relativieren. Dennoch können diese Regelungen in Europa als *good practice* bezeichnet werden.

Andere Länder dagegen sind weit von den Mindeststandards entfernt. So erlauben Estland, Irland, Lettland, die Niederlande, Slowakei und die Tschechische Republik lediglich einmal im Monat einen Besuch Ähnlich ist die gesetzliche Situation in Deutschland, wo je nach Bundesland lediglich zwei bis vier Stunden im Monat Besuch gewährt wird. In einigen Ländern finden sich dagegen keine verbindlichen gesetzlichen Regelungen in Bezug auf die Besuchsrechte, was die Rechte des Untersuchungshäftlings erheblich einschränkt (z. B. Litauen, Bulgarien).

11.2.6 Praxis der Untersuchungshaft

Ein Vergleich der europäischen Daten zur Untersuchungshaftpopulation ist aufgrund des unterschiedlichen normativen Verständnisses von Untersuchungshaft sehr schwierig. So wird zwar überwiegend der gesamte Zeitraum bis zu einem rechtskräftigen Urteil in der letzten Instanz von den Ländern als „Untersuchungshaftzeitraum" verstanden. Die *Common-law*-Länder verstehen jedoch lediglich den Zeitraum bis zum Abschluss der ersten Instanz als den maßgeblichen Zeitraum.[1191]

Untersuchungshaft wird im europäischen Vergleich offensichtlich in unterschiedlichem Umfang eingesetzt. So liegen die Untersuchungshaftraten pro 100.000 der Altersgruppe in Estland (46), Lettland (60), Litauen (45), Ungarn (46) und Russland (55) weit über dem EU-Durchschnitt (ca. 30). Dagegen liegen die Untersuchungshaftraten in Zypern (12), Irland (12), Rumänien (13), Schweden (16) und auch Deutschland (14) weit unter dem Durchschnitt. Auch der stichtagsbezogene Anteil von Untersuchungshaftgefangenen variierte 2016 erheblich. So lag der Anteil der Untersuchungshaftgefangenen in Polen bei niedrigen 7%. Niedrige Untersuchungshaftanteile finden sich auch in der Tschechischen Repub-

---

1191 Dies liegt daran, dass diese Länder einen zweistufigen Strafprozess haben. Zunächst erfolgt der Schuldspruch und dann einige Zeit später die Strafzumessung. Somit gehört nach dem Verständnis dieser Länder das Rechtsmittelverfahren nicht mehr zum Untersuchungshaftzeitraum.

lik (9%) und Rumänien (7%). Auch der Anteil in England/Wales ist vergleichs-weise gering. In England/Wales muss jedoch beachtet werden, dass lediglich Häftlinge bis zum Ende der ersten Instanz in diese Zahl einfließen. In einigen Ländern machen die Untersuchungshäftlinge fast die Hälfte aller Inhaftierten aus (z. B. Italien, Schweiz, die Niederlande und Dänemark nahezu 40%). Der prozentuale Anteil von Untersuchungshaftgefangenen an allen Gefange-nen liegt im europäischen Durchschnitt bei ca. 24%.

Auch kann beobachtet werden, dass häufig ein Austausch von Untersu-chungsgefangenen und Strafgefangenen stattfindet. Länder mit einer hohen Straf-gefangenenrate weisen häufig einen geringen prozentualen Anteil von Untersu-chungsgefangenen auf (Bulgarien, die Tschechische Republik, Lettland, Litauen, Polen, England/Wales). Allerdings lassen sich auch Länder beobachten, bei denen einer eher geringen Strafgefangenenrate ein hoher Anteil von Untersuchungshaft-gefangenen gegenübersteht (Belgien, Dänemark, Italien, Schweiz, Slowenien). Auch ein Längsschnittvergleich in einigen Ländern kann die These eines Aus-tauschs von Untersuchungs- und Strafgefangenen stützen. Dies lässt sich z. B. in der Tschechischen Republik erkennen.

Was die Untersuchungshaft bei Jugendlichen angeht, lässt sich feststellen, dass in vielen Ländern der prozentuale Anteil von jugendlichen Untersuchungs-haftgefangenen an allen jungen Inhaftierten sehr hoch ist. So liegt dieser Wert nicht selten bei 40-70% (z. B. Österreich, Finnland, Litauen, Frankreich).[1192] Es ist häufig so, dass die Jugendlichen Freiheitsentzug nur in der Untersuchungshaft und damit in der problematischsten Form erleben, so zum Beispiel in Deutsch-land, Österreich, Frankreich, Rumänien und Italien. Dort ist der Untersuchungs-haftvollzug der häufigste Freiheitsentzug bei Jugendlichen. Besorgniserregend und kaum nachzuvollziehen ist der Anteil der jugendlichen Untersuchungshäft-linge an allen inhaftierten Jugendlichen in Italien. Mit einem Prozentsatz von 80-90% nimmt Italien insoweit einen europäischen „Spitzenplatz" ein. Auch wenn dafür die unbedingte Jugendstrafe kaum Bedeutung hat, ist dieser Zustand ange-sichts der Unschuldsvermutung und der negativen Einflüsse im Untersuchungs-haftvollzug nicht akzeptabel.

In einigen wenigen osteuropäischen Ländern hat die Untersuchungshaft da-gegen eine vergleichsweise geringe Bedeutung. So wird z. B. in Serbien und Slo-wenien, die Untersuchungshaft in nur wenigen Ausnahmefällen angeordnet. In Serbien nutzen Richter die Untersuchungshaft bei Jugendlichen in den allermeis-ten Fällen nur bei schweren Kapitalverbrechen. In Slowenien wurden im Jahr 1999 auch für Jugendliche besondere Haftalternativen ins Gesetz aufgenommen, die möglicherweise Einfluss auf die Praxis der Untersuchungshaft hatten.

Es kann zwar in einigen Ländern auch festgestellt werden, dass die Zahlen der Untersuchungshäftlinge rückläufig sind (z. B. Deutschland, Tschechische Re-

---

1192 Vgl. *Tab. 21.*

publik, Ukraine). Allerdings wird auch deutlich, dass der vom Europarat geforderten restriktiven Anwendung der Untersuchungshaft nicht immer entsprochen wird. Obwohl in nahezu allen Ländern die Untersuchungshaft nicht angeordnet werden darf, wenn sie außer Verhältnis zu der Bedeutung der Tat oder zur angedrohten Strafe steht, hat die Untersuchungshaft bei jungen Menschen eine überaus bedeutende Rolle. Bei Jugendlichen kommt in einigen Ländern sogar einschränkend hinzu, dass bei der Prüfung der Verhältnismäßigkeit auch die besonderen Belastungen des Vollzuges berücksichtigt werden müssen (z. B. Österreich, Deutschland, Spanien). Umso erstaunlicher ist also, dass der prozentuale Anteil von jugendlichen Untersuchungshäftlingen in einigen Ländern sehr hoch ist und lediglich die Hälfte der jugendlichen Untersuchungsgefangenen später eine unbedingte Jugendstrafe erhalten.

Auch die Anlassgründe unterscheiden sich aufgrund nationaler rechtlicher Besonderheiten und Traditionen: In Deutschland werden nahezu 95% der Haftbefehle wegen Fluchtgefahr, in Belgien 90% wegen Wiederholungsgefahr erlassen. Untersuchungshaft bleibt auch vielfach praktisch der einschneidendste Eingriff in die Rechte der Betroffenen, indem als spätere Sanktion lediglich eine Bewährungsstrafe oder andere ambulante Sanktion verhängt wird (in Deutschland ca. 50% der Fälle). Die Idee des *short sharp shock* und andere „*apokryphe*" Haftgründe sind dementsprechend nach wie vor weit verbreitet.

Eine traurige Übereinstimmung besteht darin, dass in praktisch allen europäischen Ländern die Lebensbedingungen in der Untersuchungshaft schlechter sind als im Strafvollzug. Das bedeutet: Weniger Freizeit- und Arbeitsangebote, oft sehr eingeschränkte Möglichkeiten der Kommunikation mit Verwandten und Freunden. Die Regel ist vielmehr, dass Untersuchungsgefangene häufig 23 Stunden am Tag in der Zelle eingeschlossen sind. Dabei muss gerade der als unschuldig angesehene Untersuchungsgefangene in den Genuss weitreichender Vollzugsangebote kommen. Dementsprechend sind auch die Untersuchungshaftanstalten zu konzipieren.

11.2.7 *Praxis der Untersuchungshaftvermeidung*

Wie bereits erwähnt, stellt die Untersuchungshaft bei Jugendlichen in vielen Ländern das „letzte Mittel" zur Verfahrenssicherung dar. Diese Länder verfügen dann auch über spezielle Haftalternativen bei jugendlichen Beschuldigten. Bis auf Estland, Finnland und Rumänien sehen alle Länder zumindest theoretisch speziell auf jugendliche Beschuldigte ausgerichtete Haftalternativen vor. Bei diesen speziellen Maßnahmen handelt es sich meist um erzieherisch ausgerichtete Maßnahmen oder um die Aufsicht durch eine „vertrauenswürdige" Person bzw. durch die Bewährungshilfe. Auch die (Heim-)Unterbringung in einer kommunalen Einrichtung der Jugendhilfe ist eine mögliche Alternative. Damit kommen diese Länder zumindest der Forderung der ERJOSSM nach, die den *ultima ratio*-Gedanken deutlich hervorheben und explizit fordern, dass besondere Anstrengungen unternommen werden müssen, um eine Untersuchungshaft zu vermeiden.[1193]

In der Praxis ist es jedoch häufig so, dass nicht in ausreichendem Maße von den Haftalternativen für Jugendliche Gebrauch gemacht wird. Lediglich in Portugal und Dänemark kann festgestellt werden, dass ein Großteil der Jugendlichen während des Strafverfahrens in einer Erziehungseinrichtung bzw. in einer offenen Einrichtung untergebracht werden. In Bulgarien spielen Haftalternativen zumindest bei Jugendlichen eine große Rolle, so wurde im Untersuchungszeitraum (2004) bei 16% der jugendlichen Verdächtigen unter 18 Jahren, bei denen die Voraussetzung einer Untersuchungshaftanordnung vorlagen, auch tatsächlich eine Inhaftierung angeordnet. Bei 79% wurden spezielle alternative Maßnahmen verhängt. Dabei handelte es sich überwiegend um Aufsichtsmaßnahmen. Bei den heranwachsenden Tatverdächtigen wurden 28,4% in Untersuchungshaft genommen. Ein wenig überraschend ist dabei angesichts der besonderen Alternativmöglichkeiten, dass der Anteil der inhaftierten Jugendlichen nahezu identisch mit dem Anteil der über 35-Jährigen ist. Dieser liegt bei ca. 15-16%

In den meisten Ländern wird bei Jugendlichen von den Haftalternativen zu wenig Gebrauch gemacht. Eine wirksame Praxis der Untersuchungshaftvermeidung setzt mitunter auch die Existenz von speziellen Programmen und Institutionen voraus. Nur durch eine gut vernetzte Zusammenarbeit zwischen den jeweiligen Stellen der Jugendhilfe oder Jugendämtern einerseits und den Gerichten und der Staatsanwaltschaft andererseits kann eine effektive Praxis der Untersuchungshaftvermeidung erreicht werden. Eine weitere Erklärung für das Schattendasein könnten die für zu hoch gehaltenen Kosten für eine alternative Unterbringung sein. Auch erachten Richter häufig die stationäre Untersuchungshaft als einzig sichere und vor allem auch für sie praktikable Maßnahme zur Verfahrenssicherung.

11.3 Schlussfolgerungen und Ausblick

Die Untersuchungshaft und insbesondere der Untersuchungshaftvollzug können im Allgemeinen europaweit als eine vernachlässigte Materie in der Strafjustiz bezeichnet werden. Ein staatlicher Freiheitsentzug muss jedoch besonders hohen Hürden unterliegen. Dies gilt umso mehr, wenn es sich – wie vorliegend der Fall – um Freiheitsentzug an noch als unschuldig zu geltenden (jungen) Personen handelt.

Dies ist auch der Grund, warum viele Länder über einschränkende gesetzliche Normen verfügen, die das Ziel haben, die Untersuchungshaft gerade bei jungen Menschen als „letztes Mittel" auszugestalten und somit den Subsidiaritätsgrundsatz besonders hervorheben. Länder wie Zypern, Estland, Litauen, Kosovo und Slowenien verfügen dagegen über keine besonderen Restriktionen bezüglich der

---

1193 Nr. 10 der ERJOSSM.

Anordnung von Untersuchungshaft bei Jugendlichen.[1194] Zu fordern ist jedoch, dass der Ausnahmecharakter der Untersuchungshaft bei Jugendlichen besonders hervorgehoben wird. Dazu bedarf es jedoch expliziter Subsidiaritätsklauseln. Zwar ist in allen Ländern der Verhältnismäßigkeitsgrundsatz zu beachten. So setzen Länder wie Kroatien, Österreich und auch Deutschland voraus, dass die Untersuchungshaft nicht außer Verhältnis zu der erwarteten Strafe stehen darf. Andere Länder wie z. B. die Türkei, Finnland, Ukraine, Italien, Belgien, Griechenland setzen voraus, dass die in Verdacht stehende Tat mit einem bestimmten Mindeststrafmaß bedroht ist. Wiederum andere Länder verlangen lediglich, dass die Tat mit einer Freiheitsstrafe bedroht ist (Bulgarien, Rumänien, Niederlande).

Zu fordern ist, dass Untersuchungshaft bei Jugendlichen nur dann angeordnet werden darf, wenn eine unbedingte Freiheitsstrafe sehr wahrscheinlich ist (unabhängig vom angedrohten Strafmaß). Nur so kann dem Verhältnismäßigkeitsgrundsatz wirklich Rechnung getragen werden. In Anbetracht der Tatsache, dass ein beachtlicher Anteil, manchmal die Hälfte der Jugendlichen (oder mehr), nach Verbüßung einer Untersuchungshaft zu einer bedingten Jugendstrafe verurteilt werden, scheint eine solche Regelung dringend notwendig.

Der deutsche Gesetzgeber ist aufgerufen den § 72 Abs. 1 JGG dahingehend zu ergänzen, dass die Verhängung von Untersuchungshaft lediglich bei einer zu erwartenden (unbedingten) Jugendstrafe angemessen ist.[1195] Die Untersuchungshaft darf nämlich ausschließlich nur die Funktion der Verfahrenssicherung haben und einen Rechtsgüterschutz nicht vorwegnehmen. Sie darf auf keinen Fall als Strafmaßnahme Anwendung finden oder einer solchen gleichkommen. So darf die Untersuchungshaft nicht deswegen angeordnet werden, weil im späteren Hauptverfahren ein Freiheitsentzug offensichtlich nicht verhängt werden kann oder in der Praxis, z. B. wegen Überfüllung der Gefängnisse, de facto nicht mehr verhängt werden wird.

Polen kommt dem schon sehr nahe und kann als Beispiel einer *good practice* genannt werden. So darf in Polen Untersuchungshaft nicht angeordnet werden, wenn eine sehr kurze Freiheitsstrafe zu erwarten ist. Vergleichbar ist auch die Situation in Slowenien. Es ist zwar zu kritisieren, dass dort keine Sonderregelungen in Bezug auf die Anordnung von Untersuchungshaft bei Jugendlichen existieren. Jedoch wird die Untersuchungshaft in Slowenien allgemein überwiegend nur bei Kapitalverbrechen angeordnet.

In der Praxis sind jugendliche Untersuchungshäftlinge in den meisten europäischen Ländern schlechteren Haftbedingungen ausgesetzt als verurteilte Straftäter. Das ist angesichts der Unschuldsvermutung ein untragbarer Zustand. Dies gilt umso mehr, wenn – wie z. B. in Bulgarien, Lettland oder der Ukraine der Fall – in den Untersuchungshaftanstalten eine chronische Überbelegung herrscht,

---

1194   In Bezug auf Slowenien siehe *Kap. 11.2.6.*

1195   Siehe zu dieser Forderung die *2. Jugendstrafrechtsreform-Kommission der DVJJ* 2002, S. 107; *Ostendorf* 2016a, § 72, Rn. 8.

die auch mit hygienischen Defiziten einhergeht. Aber auch in anderen Ländern, in denen bessere hygienische Zustände herrschen, verbringen die Jugendlichen die meiste Zeit in ihrem Haftraum, was ebenfalls eine Schlechterstellung gegenüber Strafgefangenen bedeutet. Somit muss auch einer versteckten erzieherischen bzw. abschreckenden Anordnung der Untersuchungshaft nach dem Motto „eine kurze Haft schadet dem Jugendlichen nicht" entschieden entgegengetreten werden. Sinnvoll erscheint ein Wohngruppenvollzug. Dieser sollte bei jungen Untersuchungshaftgefangenen die Regel darstellen. So kann der Gefahr einer Isolationshaft entgegengetreten werden. Es ist unbestritten, dass die Untersuchungshaft besonders schädliche Auswirkungen auf junge Personen hat. So ist es auch erfreulich, dass Länder wie England/Wales, Finnland, Dänemark, Österreich und Portugal über großzügige Besuchsregeln verfügen. Besuche müssen auch jederzeit möglich sein, soweit der Untersuchungshaftzweck nicht gefährdet wird. Dies dürfte gerade bei Besuchen aus dem familiären Umfeld selten der Fall sein, weshalb in diesem Bereich ein uneingeschränktes Besuchsrecht zu fordern ist.

Zusammenfassend gesehen zeigt sich, dass sowohl die gesetzlichen Voraussetzungen der Untersuchungshaft als auch ihre Alternativen dazu nicht ausreichend sind, um die Untersuchungshaft bei jungen Menschen als absolute Ausnahmemaßnahme im Ermittlungsverfahren zu regeln. Auch die Praxis des Untersuchungshaftvollzuges ist weit von den Empfehlungen des Europarates entfernt.

Um dieser Tatsache entgegenzuwirken, sollten *folgende Forderungen* von den Mitgliedsländern des Europarats beachtet werden:

Der Freiheitsentzug bzw. die Untersuchungshaft ist auf der Grundlage von Menschenrechtsgarantien zu gestalten, wie sie sich in den Empfehlungen des Europarates widerspiegeln.

In Anbetracht der Tatsache, dass gerade bei jungen Jugendlichen eine Inhaftierung und insbesondere die Untersuchungshaft zu besonderen Belastungen führen können, sollte bei unter 16-Jährigen eine Untersuchungshaft ausgeschlossen werden. Bei dieser Altersgruppe bieten Maßnahmen auf dem Gebiet der Jugendhilfe bzw. sozialpädagogische Alternativen eine bessere Möglichkeit. So sollten Gerichte, Staatsanwaltschaften, Jugendgerichtshilfe und Jugendhilfeeinrichtungen eng miteinander kooperieren. Die Jugendhilfeträger sollten dann über die geeigneten Unterbringungs- bzw. Betreuungsformen entscheiden, die sodann von einem Jugendrichter angeordnet werden. Ein mögliches Entweichen der untergebrachten Jugendlichen sollte mit pädagogischen Maßnahmen verhindert werden. Eine geschlossene Unterbringung ist also zu vermeiden.

Bei der Frage der Anordnung der Untersuchungshaft ist jugendtypischen Umständen Rechnung zu tragen. So sind die Haftgründe in diesem Zusammenhang restriktiv auszulegen. Alternative Maßnahmen, welche die Untersuchungshaft ersetzen können, sind immer in erster Linie in Erwägung zu ziehen.

Wo eine Untersuchungshaft unumgänglich ist, muss sie jugendadäquat und unter strenger Berücksichtigung der Unschuldsvermutung vollzogen werden, wenngleich erzieherischen Bemühungen wegen der Unschuldsvermutung Grenzen gesetzt sind. Erfreulich ist in diesem Zusammenhang, dass nahezu alle Länder eine Trennung von Straf- und Untersuchungshaftgefangenen vorsehen. Auch die Trennung von Erwachsenen und Jugendlichen ist in allen Ländern (zumindest gesetzlich) vorgesehen.

Zu einem an der Unschuldsvermutung ausgerichteten und menschenwürdigen Vollzug gehört es aber auch, dass Einzelhafträume über mindestens 7 m² verfügen. Auch dies muss gesetzlich festgeschrieben werden. Hier herrschen in einigen Ländern besorgniserregende Zustände. Gerade die osteuropäischen Länder wie Lettland, Litauen, Ukraine, Estland und die Tschechische Republik sind als Negativbeispiele zu nennen. Mit Haftraumgrößen von 2,5m² bis 5m² herrschen dort inakzeptable und menschenunwürdige Zustände.

Auch müssen den jungen Menschen schulische und freizeitorientierte Angebote gemacht werden. Zum anderen ist ein ungehinderter Kontakt zu den Erziehungsberechtigten zu gewährleisten, soweit dies im Interesse des Jugendlichen liegt. Der Wohngruppenvollzug sollte als Regelvollzug vorgesehen werden.

Der Vollzug der Untersuchungshaft muss – nicht nur bei Jugendlichen – haftgrundbezogen ausgestaltet werden. Folglich ist u. a. ein großzügiges Besuchsrecht zu fordern. Der Untersuchungshaftvollzug hat in erster Linie eine dienende Funktion, wenngleich der Vollzug bei Jugendlichen erzieherisch ausgestaltet werden muss. Dabei geht es aber in erster Linie darum, die negativen Wirkungen des Untersuchungshaftvollzuges zu beseitigen. Ein weitergehender Behandlungsauftrag – wie im Strafvollzug – verbietet sich.

Die Behandlung von Straftätern und insbesondere von noch nicht rechtskräftig verurteilten Beschuldigten ist ein wichtiges Indiz für die Rechtsstaatlichkeit und den zivilisatorischen Entwicklungsstand eines Landes. Dies gilt im besonderen Maße für den Umgang mit jungen Verdächtigen, zu deren Wohlergehen der Staat besonders verpflichtet ist.[1196] Somit sind die Länder nicht nur aufgerufen, die klaren Vorgaben der ERJOSSM umzusetzen, sondern darüber hinaus auch die Untersuchungshaft bei jungen Menschen in erheblichem Maße einzugrenzen und für Alternativen zu sorgen.

1196 Vgl. Art. 3 der UN-Kinderechtskonvention.

Literatur

Aebersold, P. (2007): Schweizerisches Jugendstrafrecht. Bern.

Aebi, M., Delgrande, N. (2011): Council of Europe Annual Penal Statistics (Space I). Survey 2009 (PC-CP [2011]3). Strasbourg; www3unil.ch/wpmu/-space/space-i/annual-reports.

Albrecht, H.-J. (2002): Der elektronische Hausarrest. Das Potential für Freiheitsstrafenvermeidung, Rückfallverhütung und Rehabilitation. MschrKrim 85, S. 85-104.

Ambos, K. (2003): Europarechtliche Vorgaben für das (deutsche) Strafverfahren-Teil II. Zur Rechtsprechung des EGMR von 2000-2002. NStZ 23, S. 14-20.

Amendt, W. (1986): Die Verfassungsmäßigkeit der strafprozessualen Sicherheitsleistungsvorschriften. Berlin.

Amnesty International (2013): Report 2013. Zur weltweiten Lage der Menschenrechte. Frankfurt a. M.

Arbeitskreis Strafprozeßreform (1983): Die Untersuchungshaft. Gesetzentwurf mit Begründung. Heidelberg.

Bahtiyar, Z. (2009): Greece. In: van Kalmthout, A., Knapen, M., Morgenstern, C. (Hrsg.): Pre-trial Detention in the European Union. Nijmegen, S. 435-464.

Bahtiyar, Z. (2009): Slovenia. In: van Kalmthout, A., Knapen, M., Morgenstern, C. (Hrsg.): Pre-trial Detention in the European Union. Nijmegen, S. 841-864.

Bahtiyar, Z., Lambertina, P. (2009): Bulgaria. In: van Kalmthout, A., Knapen, M., Morgenstern, C. (Hrsg.): Pre-trial Detention in the European Union. Nijmegen, S. 865-898.

Bantzer, J., Scherzberg, T. (2009): Elektronische Fußfessel als Alternative? ZRP 42, S. 31.

Baumann, J. (1981): Entwurf eines Untersuchungshaftvollzugsgesetzes. Tübingen.

Bethke, R. (1996): Das Übereinkommen der Vereinten Nationen über die Rechte des Kindes und seine Umsetzung in der Bundesrepublik Deutschland. München.

Bindel-Kögel, G., Heßler, M. (1999): Vermeidung von Untersuchungshaft bei Jugendlichen im Spannungsfeld zwischen Jugendhilfe und Justiz. Das Berliner Modell. Pfaffenweiler.

Blumenberg, F.-J., von Kutzschenbach-Braun, R., Wetzstein, H. (1987): Jugendhilfe für junge Straffällige. Freiburg i. Br.

Boetticher, A. (2005): Einwilligung und Aufklärung in der Strafvollzugsmedizin. In: Hillenkamp, T., Tag, B. (Hrsg.): Intramurale Medizin – Gesundheitsfürsorge zwischen Heilauftrag und Strafvollzug. Berlin, Heidelberg, S. 61-81.

Böhm, A., Feuerhelm, W. (2004): Einführung in das Jugendstrafrecht. 4. Aufl., München.

Bojanić, I. (2011): Croatia. In: Dünkel, F., Grzywa, J., Horsfield, P., Pruin, I. (Hrsg.): Juvenile Justice Systems in Europe. 2. Aufl., Mönchengladbach, S. 187-222.

Boone, M. (2007): Selective rehabilitation. In: Boone, M., Moerings, M. (Hrsg.): Dutch Prisons. Den Haag, S. 231-245.

Boone, M., Moerings, M. (2010): Niederlande. In: Dünkel, F., Lappi-Seppälä, T., Morgenstern, C., van Zyl Smit, D. (Hrsg.): Kriminalität, Kriminalpolitik, strafrechtliche Sanktionspraxis und Gefangenenraten im europäischen Vergleich. Mönchengladbach, S. 621-648.

Bruckmüller, K., Pilgram, A., Stummvoll, G. (2011): Austria. In: Dünkel, F., Grzywa, J., Horsfield, P., Pruin, I. (Hrsg.): Juvenile Justice Systems in Europe. 2. Aufl., Mönchengladbach, S. 41-99.

Burman, M., Bradshaw, P., Hutton, N., McNeill, F., Munro, M. (2006): The End of an Era? – Youth Justice in Scotland. In: Junger-Tas, J., Decker, S. H. (Hrsg.): International Handbook of Juvenile Justice. Dordrecht, S. 173-186.

Burman, M., Johnstone, J., Fraser, A., McNeill, F. (2011): Scotland. In: Dünkel, F., Grzywa, J., Horsfield, P., Pruin, I. (Hrsg.): Juvenile Justice Systems in Europe. 2. Aufl., Mönchengladbach, S. 1149-1194.

Busse, U. (2008): Frühe Strafverteidigung und Untersuchungshaft. Göttingen.

Bussmann, K.-D., England, P. (2004): Vermeidung von U-Haft an Jugendlichen und Heranwachsenden. Eine kriminologische Analyse unter besonderer Berücksichtigung der Situation in Sachsen-Anhalt. ZJJ 15, S. 280-289.

Castaignède, J., Pignoux, N. (2011): France. In: Dünkel, F., Grzywa, J., Horsfield, P., Pruin, I. (Hrsg.): Juvenile Justice Systems in Europe. 2. Aufl., Mönchengladbach, S. 483-546.

Cavadino, M., Dignan, J. (2006): Penal Systems. A Comparative Approach. London, Thousand Oaks, New Delhi.

Chaidou, A. (1994): Griechenland. In: Dünkel, F., Vagg, J. (Hrsg.): Untersuchungshaft und Untersuchungshaftvollzug, International vergleichende Perspektiven zur Untersuchungshaft sowie zu den Rechten und Lebensbedingungen von Untersuchungsgefangenen. Freiburg i. Br., S. 251-269.

Christiaens, J., Dumortier, E. (2006): De hervorming van de jeugdbescherming: tussen pendal en schijnbeweging? Brüssel, S. 77-98.

Christiaens, J., Dumortier, E., Nuytiens, A. (2011): Belgium. In: Dünkel, F., Grzywa, J., Horsfield, P., Pruin, I. (Hrsg.): Juvenile Justice Systems in Europe. 2. Aufl., Mönchengladbach, S. 99-131.

Cid, J., Laurrauri, E. (2010): Spanien. In: Dünkel, F., Lappi-Seppälä, T., Morgenstern, C., van Zyl Smit, D. (Hrsg.): Kriminalität, Kriminalpolitik, strafrechtliche Sanktionspraxis und Gefangenenraten im europäischen Vergleich. Mönchengladbach, S. 779-812.

Cornils, K. (2002). Dänemark. In: Albrecht, H.-J., Kilchling, M. (Hrsg.): Jugendstrafrecht in Europa. Freiburg i. Br., S. 27-50.

Council of Europe (2003): New ways of dealing with juvenile delinquency and the role of juvenile justice. Recommendation (2003) 20. Strasbourg: Council of Europe Publishing.

Council of Europe (2009): European Rules for Juvenile Offenders Subject to Sanctions or Measures. Recommendation (2008) 11. Strasbourg: Council of Europe Publishing.

CPT (2006): Report to the Polish Government on the visit to Poland carried out by the European Committee for the Prevention of Torture an Inhuman or Degrading Treatment or Punishment (CPT) from 4 to 15 October 2004. Strasbourg: Council of Europe. www.cpt.coe.int. (Letzter Zugriff: 5.1.2014)

Creifelds, C. (2013): Rechtswörterbuch. 21. Aufl., München.

Czerner, F. (2008): Vorläufige Freiheitsentziehung bei delinquenten Jugendlichen zwischen Repression und Prävention. Baden-Baden.

Dahs, H. (1982): Apokryphe Haftgründe – Erwartung einer hohen Strafe = Fluchtgefahr, Charakter der Straftat = Verdunkelungsgefahr. In: Hanack, E.-W., Rieß, P., Wendisch, G. (Hrsg.): Festschrift für Hanns Dünnebier zum 75. Geburtstag. Berlin, S. 227-238.

Dahs, H. (2005): Handbuch des Strafverteidigers. 7. Aufl., Köln.

de la Cuesta, J. L. (2002): Spanien: In: Albrecht, H.-J., Kilchling, M. (Hrsg.): Jugendstrafrecht in Europa. Freiburg i. Br., S. 415-436.

de la Cuesta, J. L., Blanco Cordero, I. (2009): The Juvenile Justice System in Spain. Lex ET Scientia International Journal (LESIJ) (XVI-1/2009), S. 9-31.

de la Cuesta, J. L., Giménez-Salinas, E., Castany, B., Blanco, I. (2011): Spain. In: Dünkel, F., Grzywa, J., Horsfield, P., Pruin, I. (Hrsg.): Juvenile Justice Systems in Europe. 2. Aufl., Mönchengladbach, S. 1313-1354.

Deutsche Vereinigung für Jugendgerichte und Jugendgerichtshilfen (Hrsg.) (2002): Vorschläge für eine Reform des Jugendstrafrechts – Abschlussbericht. Hannover.

Diemer, H., Schoreit, A., Sonnen, B.-R. (2008): Jugendgerichtsgesetz. 5. Aufl., Heidelberg.

Diemer, H., Schatz, H., Sonnen, B.-R. (2015): Jugendgerichtsgesetz mit Jugendstrafvollzugsgesetzen. Kommentar. 7. Aufl., Heidelberg u. a. (Zitiert: Diemer/Schatz/Sonnen-*Bearbeiter*, § Rn.)

Dignan, J. (2011): England/Wales. In: Dünkel, F., Grzywa, J., Horsfield, P., Pruin, I. (Hrsg.): Juvenile Justice Systems in Europe. 2. Aufl., Mönchengladbach, S. 357- 398.

Dignan, J., Cavadino, M. (2010): England und Wales. In: Dünkel, F., Lappi-Seppälä, T., Morgenstern, C., van Zyl Smit, D. (Hrsg.): Kriminalität, Kriminalpolitik, strafrechtliche Sanktionspraxis und Gefangenenraten im europäischen Vergleich. Mönchengladbach, S. 235-262.

Dillenburg, C. (2003): Jugendstrafrecht in Deutschland und Frankreich: Eine vergleichende Untersuchung. Köln.

Dörr, O. (2006): Freiheit der Person. In: Grothe, R., Marauhn, T. (Hrsg.): EMRK/GG. Konkordanzkommentar. Tübingen, S. 558-641.

Dorsch, G. (1994). Die Konvention der Vereinten Nationen über die Rechte des Kindes. Berlin.

Dünkel, F. (1988). Zur Entwicklung von Mindestgrundsätzen der Vereinten Nationen zum Schutz inhaftierter Jugendlicher. ZStW 100, S. 361-384.

Dünkel, F. (1990): Freiheitsentzug für junge Rechtsbrecher: Situation und Reform von Jugendstrafe, Jugendstrafvollzug, Jugendarrest und Untersuchungshaft in der Bundesrepublik Deutschland und im internationalen Vergleich. Bonn.

Dünkel, F. (1994): Deutschland. In Dünkel, F., Vagg J. (Hrsg.): Untersuchungshaft und Untersuchungshaftvollzug. International vergleichende Perspektiven zur Untersuchungshaft und zu den Rechten und Lebensbedingungen von Untersuchungshaftgefangenen. Freiburg i. Br., S. 67-130.

Dünkel, F. (1994a): Praxis der Untersuchungshaft in den 90er Jahren – Instrumentalisierung strafprozessualer Zwangsmittel für kriminal- und ausländerpolitische Zwecke? Strafverteidiger 14, S. 610-621.

Dünkel, F. (1994b): Untersuchungshaft als Krisenmanagement? Neue Kriminalpolitik 7, S. 19-21.

Dünkel, F. (1995): Untersuchungshaft bei Jugendlichen und Heranwachsenden in: Busch, M., Müller-Dietz, H., Wetzstein, H. (Hrsg.): Zwischen Erziehung und Strafe, Festschrift für Karl Härringer. Pfaffenweiler, S. 93-129.

Dünkel, F. (1998). Propositions for the further Development of Juvenile Justice Systems. In: DVJJ/IAJFCM (Hrsg.): Young Offenders and their Families – The Human Rights Issue. Mönchengladbach, S. 101-109.

Dünkel, F. (2003): Heranwachsende im Jugendstrafrecht in Deutschland und im europäischen Vergleich. DVJJ-Journal 14, S. 19-27.

Dünkel, F. (2004): Entwicklung der Jugendkriminalität und des Jugendstrafrechts in Europa – ein Vergleich. Internet-Publikation http://jura.uni-greifswald.de/duenkel.

Dünkel, F., Morgenstern, C., Zolondek, J. (2006): Europäische Strafvollzugsgrundsätze verabschiedet! Neue Kriminalpolitik 18, S. 86-89.

Dünkel, F. (2008): Jugendstrafrecht im europäischen Vergleich im Licht aktueller Empfehlungen des Europarates. Neue Kriminalpolitik 30, S. 102-114.

Dünkel, F. (2008a): Die Europäische Empfehlung für inhaftierte und ambulant sanktionierte jugendliche Straftäter („European Rules for Juvenile Offenders Subject to Sanctions or Measures", ERJOSSM) und ihre Bedeutung für die deutsche Gesetzgebung. RdJB 56, S. 376-404.

Dünkel, F. (2009): International vergleichende Strafvollzugsforschung. In: Schneider, H.-J. (Hrsg.): Internationales Handbuch der Kriminologie. Besondere Probleme der Kriminologie. Berlin, S. 145-226.

Dünkel, F. (2009a): Rechtliche, rechtspolitische und programmatische Entwicklung einer sozialen Strafrechtspflege in Deutschland. In: DBH-Fachverband für Soziale Arbeit, Strafrecht und Kriminalpolitik/Justizministerium Mecklenburg-Vorpommern (Hrsg.): Kriminalpolitische Herausforderungen. Bewährungs- und Straffälligenhilfe auf neuen Wegen. Zinnowitz 2008. Norderstedt, S. 20-60.

Dünkel, F. (2011): Die Europäischen Grundsätze für die von Sanktionen oder Maßnahmen betroffenen jugendlichen Straftäter und Straftäterinnen („European Rules for Juvenile Offenders Subject to Sanctions or Measures", ERJOSSM). Zeitschrift für Jugendkriminalrecht und Jugendhilfe 22, S. 140-154.

Dünkel, F. (2015): Jugendkriminalpolitik in Europa und den USA: Von Erziehung zu Strafe und zurück? In: DVJJ (Hrsg.): Jugend ohne Rettungsschirm? Herausforderungen annehmen! Mönchengladbach, S. 527-565.

Dünkel, F. (2017): Juvenile Justice and Human Rights: European Perspectives. In: Kury, H., Redo, S., Shea, E. (Hrsg.): Women and Children as Victims and Offenders: Background , Prevention, Reintegration. Zürich, S. 681-719.

Dünkel, F., Baechthold, A., van Zyl Smit, D. (2009): Die Europäischen Empfehlungen für inhaftierte und ambulant sanktionierte jugendliche Straftäter („European Rules for juvenile Offenders Subject to Sanctions or Measures"). In: Bundesministerium für Justiz (Hrsg.): Das Jugendkriminalrecht vor neuen Herausforderungen? Jenaer Symposium. Mönchengladbach, S. 297-316.

Dünkel, F., Dorenburg, B., Grzywa, J. (2011): Juvenile offenders in preliminary or pre-trial detention. In: Dünkel, F., Grzywa, J., Horsfield, P., Pruin, I. (Hrsg.): Juvenile Justice Systems in Europe. 2. Aufl., Mönchengladbach, S. 1747-1788.

Dünkel, F., Geng, B. (2007): Rechtstatsächliche Befunde zum Jugendstrafvollzug in Deutschland. FS 56, S. 65-80.

Dünkel, F., Geng, B. (2013): Neue entwicklungsbezogene Erkenntnisse des Jugendalters. Argumente für ein Jungtäterrecht? In: Boers, K., u. a. (Hrsg.): Kriminologie – Kriminalpolitik – Strafrecht. Festschrift für Hans-Jürgen Kerner zum 70. Geburtstag. Tübingen, S. 562-575.

Dünkel, F., Geng, B. (2014): Neuere Erkenntnisse der Neurowissenschaften zur Gehirnentwicklung („brain maturation") und Implikationen für ein Jungtäterstrafrecht. MschrKrim 97, S. 387-397.

Dünkel F., Geng, B., Harrendorf, S. (2016): Gefangenenraten im internationalen und nationalen Vergleich. Bewährungshilfe 63, S. 178-200.

Dünkel, F., Geng, B., von der Wense, M. (2015): Entwicklungsdaten zur Belegung, Öffnung und Lockerungen im Jugendstrafvollzug. Zeitschrift für Jugendkriminalrecht und Jugendhilfe 26, S. 232-241.

Dünkel, F., Geng, B., Pruin, I., von der Wense, M. (2016): Entwicklungsdaten zur Belegung, Öffnung und Lockerungspraxis im Jugendstrafvollzug. Recht der Jugend und des Bildungswesens 64, S. 437-456.

Dünkel, F., Grzywa, J., Horsfield, P., Pruin, I. (2011) (Hrsg.): Juvenile Justice in Europe. 2. Aufl., Mönchengladbach.

Dünkel, F., Pruin, I. (2009): Summary analysis of the national replies to the questionnaire related to the treatment of juvenile offenders. In: Council of Europe (Hrsg.): European Rules for Juvenile Offenders Subject to Sanctions or Measures – Recommendation (2008) 11. Strasbourg: Council of Europe Publishing, S. 109-213.

Dünkel, F., Morgenstern, C. (2010): Deutschland. In: Dünkel, F., Lappi-Seppälä, T., Morgenstern, C., van Zyl Smit, D. (Hrsg.): Kriminalität, Kriminalpolitik, strafrechtliche Sanktionspraxis und Gefangenenraten im europäischen Vergleich. Mönchengladbach, S. 97-204.

Dünkel, F., Lappi-Sepällä, T., Morgenstern, C., van Zyl Smit, D. (2010) (Hrsg.): Kriminalität, Kriminalpolitik, strafrechtliche Sanktionspraxis und Gefangenenraten im europäischen Vergleich. Mönchengladbach.

Dünkel, F., Pruin, I. (2011): Young adult offenders in the criminal justice systems of European countries. In: Dünkel, F., Grzywa, J., Horsfield, P., Pruin, I. (Hrsg.): Juvenile Justice Systems in Europe. 2. Aufl., Mönchengladbach, S. 1583-1606.

Dünkel, F., Stańdo-Kawecka, B. (2011). Juvenile imprisonment and placement in institutions for deprivation of liberty – Comparative aspects. In: Dünkel, F., Grzywa, J., Horsfield, P., Pruin, I. (Hrsg.): Juvenile Justice Systems in Europe. 2. Aufl., Mönchengladbach, S. 1789-1838.

Dünkel, F., Thiele, C., Treig, J. (2017) (Hrsg.): Elektronische Überwachung von Straffälligen im europäischen Vergleich – Bestandsaufnahme und Perspektiven. Mönchengladbach.

Eberitzsch, S. (2011): Jugendhilfeangebote zur Vermeidung von Untersuchungshaft. Zeitschrift für Jugendkriminalrecht und Jugendhilfe 22, S. 259-263.

Eberitzsch, S. (2013): Die Abwendung von Untersuchungshaft bei Jugendlichen im Fokus der Jugendhilfeforschung – Eine empirische Analyse in NRW. Internet-Publikation, http://hdl.handle.net/2003/30571

Eisenberg, U. (2009): Jugendgerichtsgesetz. 13. Aufl., München.

Eisenberg, U. (2015): Jugendgerichtsgesetz. 18. Aufl., München.

El Zaher, R., Friedrich, J., Klawe, W., Pleiger, D. (2004): Menschen statt Mauern – Evaluation der Jugendhilfeeinrichtung zur Abwendung von U-Haft in Frostenwalde. Baden-Baden.

Ernesti, G., Lorenzen, H. (1981): Schleswig-Holsteinische Anzeigen, S. 93.

Fabrizy, E. E. (2008): StPO und wichtige Nebengesetze. 10. Aufl., Wien.

Filipčič, K. (2006): Welfare versus neo-liberalism: Juvenile justice in Slovenia. In: Junger-Tas, J. ,Decker, S. H. (Hrsg.): International Handbook on juvenile justice. Dordrecht, S. 397-414.

Filipčič, K. (2011): Slovenia. In: Dünkel, F, Grzywa, J., Horsfield, P., Pruin, I. (Hrsg.): Juvenile Justice Systems in Europe. 2. Aufl., Mönchengladbach. S. 1289-1312.

Frenz, W. (2010): Handbuch Europarecht. Wirkungen und Rechtsschutz. Heidelberg, Berlin.

Freund, G. (1995): Der Zweckgedanke im Strafrecht? GA 142, S. 4-22.

Frowein, J., Peukert, W. (2009): Europäische Menschenrechtskonvention. EMRK-Kommentar. 3. Aufl., Kehl.

Fuchs, H., Ratz, E. (2009) (Hrsg.): Wiener Kommentar zur Strafprozessordnung. Wien. (Zitiert: WK-*Verfasser*, § Rn.)

Gaberle A. (2002). Polen. In: Albrecht H.-J., Kilchling, M. (Hrsg.): Jugendstrafrecht in Europa. Freiburg i. Br., S. 303-316.

Gärditz, K., F. (2003): Strafprozess und Prävention: Entwurf einer verfassungsrechtlichen Zuständigkeits- und Funktionenordnung. Tübingen.

Gatti, U., Verde, A. (1997): Comparative Juvenile Justice: An Overview of Italy. In: Winterdyck, J. A. (Hrsg.): Juvenile Justice Systems. International Perspectives. Toronto.

Gebauer, M. (1987): Die Rechtswirklichkeit der Untersuchungshaft in der Bundesrepublik Deutschland: Eine empirische Untersuchung zur Praxis der Haftanordnung und des Haftverfahrens. München.

Gensing, A. (2011): Jurisdiction and characteristics of juvenile criminal procedure in Europe. In: Dünkel, F., Grzywa, J., Horsfield, P., Pruin, I. (Hrsg.): Juvenile Justice Systems in Europe. 2. Aufl., Mönchengladbach, S. 1607-1648.

Gensing, A. (2014): Jugendgerichtsbarkeit und Jugendstrafverfahren im europäischen Vergleich. Mönchengladbach.

Ginter, J., Sootak, J. (2011): Estonia. In: Dünkel, F., Grzywa, J., Horsfield, P., Pruin, I. (Hrsg.): Juvenile Justice Systems in Europe. 2. Aufl., Mönchengladbach, S. 399-422.

Gollwitzer, W. (2005): Menschenrechte im Strafverfahren. MRK und IPbpR. Kommentar. Berlin.

Grabenwarter, C. (2009): Die Europäische Menschenrechtskonvention. 4. Aufl., Wien.

Graham, J. (1997): England/Wales. In: Dünkel, F, van Kalmthout, A., Schüler-Springorum, H. (Hrsg.): Entwicklungstendenzen und Reformstrategien im Jugendstrafrecht im europäischen Vergleich. Mönchengladbach, S. 101-128.

Grebing, G. (1974): Die Untersuchungshaft in Frankreich. Entwicklung, Praxis und Reformen. Bonn.

Habermas, J. (1985): Die neue Unübersichtlichkeit. Frankfurt a. M.

Hannich, R. (Hrsg.) (2008.): Karlsruher Kommentar zur Strafprozessordung und zum Gerichtsverfassungsgesetz. 6. Aufl., München. (Zitiert: KK-V*erfasser*, § Rn.).

Harders, I. (2014): Die elektronische Überwachung von Straffälligen. Entwicklung, Anwendungsbereiche und Erfahrungen in Deutschland und im europäischen Vergleich. Mönchengladbach.

314

Hassemer, W. (1984): Die Voraussetzungen der Untersuchungshaft. Strafverteidiger 4, S. 38-42.

Hauser, R., Schweri, E., Kartmann, K. (2005): Schweizerisches Strafprozessrecht. 6. Aufl., Basel.

Haverkamp, R. (2002): Schweden. In: Albrecht H.-J., Kilchling, M. (Hrsg.). Jugendstrafrecht in Europa. Freiburg i. Br., S. 337-360.

Haverkamp, R. (2011): Sweden. In: Dünkel, F., Grzywa, J., Horsfield, P., Pruin, I. (Hrsg.): Juvenile Justice Systems in Europe. 2. Aufl., Mönchengladbach, S. 1355-1389.

Hebeisen, D. (2007): Das neue Jugendstrafrecht in der Schweiz – Ein Überblick über die wichtigsten Änderungen. ZJJ 18, S. 135-139.

Hebeisen, D. (2011): Switzerland. In: Dünkel, F., Grzywa, J., Horsfield, P., Pruin, I. (Hrsg.): Juvenile Justice Systems in Europe. 2. Aufl., Mönchengladbach, S. 1389-1440.

Heckmann, W. (2004) (Hrsg.): Erziehung und Hilfe statt Schloss und Riegel. Erfolge der Maßnahmen zur U-Haftvermeidung bei Minderjährigen in Sachsen-Anhalt. Magdeburg.

Heghmanns, M., Scheffler, U. (2008): Handbuch des Strafverfahrens. München.

Heidelberger Kommentar zur Strafprozessordnung (2012). 5. Aufl., Heidelberg. (Zitiert: HK-*Verfasser*, § Rn.)

Heinz, W. (1997): Deutschland. In Dünkel, F., van Kalmthout, A., Schüler-Springorum, H. (Hrsg.): Entwicklungstendenzen und Reformstrategien im Jugendstrafrecht im europäischen Vergleich. Mönchengladbach, S. 3-66.

Heinz, W. (2006): Das strafrechtliche Sanktionensystem und die Sanktionierungspraxis in Deutschland 1882-2004. Stand: Berichtsjahr 2004. Version: 1/2006. Originalpublikation im Konstanzer Inventar Sanktionsforschung; http://www.uni-konstanz.de/rtf/kis/sanks04.htm

Heinz, W. (2009): Defizite des bestehenden kriminalstatistischen Systems in Deutschland: Ein Überblick. In: Dessecker, A., Egg, R. (Hrsg.): Kriminalstatistiken im Lichte internationaler Erfahrungen. Wiesbaden, S. 17-72.

Heinz, W. (2010): Das strafrechtliche Sanktionensystem und die Sanktionierungspraxis in Deutschland bis 2008. Stand: Berichtsjahr 2008 Version: 1/2010. Originalpublikation im Konstanzer Inventar Sanktionsforschung; http://www.ki.uni-konstanz.de/kis/.

Heinz, W. (2014): Das strafrechtliche Sanktionensystem und die Sanktionierungspraxis in Deutschland 1882 – 2012. http://www.uni-konstanz.de/rtf/kis/Sanktionierungspraxis-in-Deutschland-Stand-2012. pdf>Version 1/2014.

Helmken, D. (2011). Kosovo. In: Dünkel, F., Grzywa, J., Horsfield, P., Pruin, I. (Hrsg.): Juvenile Justice Systems in Europe. 2. Aufl., Mönchengladbach, S. 803-832.

Herz, A. (2002): England. In: Albrecht, H.-J., Kilchling, M. (Hrsg.): Jugendstrafrecht in Europa. Freiburg i. Br., S. 81-136.

Heßler, M. (2001): Vermeidung von Untersuchungshaft bei Jugendlichen: Die einstweilige Unterbringung in einem Heim der Jugendhilfe gemäß §§ 71, 72 JGG im Spannungsfeld zwischen jugendstrafrechtlichen und jugendhilferechtlichen Ansprüchen und Zielsetzungen. Mönchengladbach.

Hinrichs, K., Urbahn, G. (1990): Haftvermeidung bei Heranwachsenden in der Jugendarrestanstalt Hamburg-Wandsbek. DVJJ-Journal 1, S. 84-85.

Hintz, S. (2004): Untersuchungshaft und Erziehung. Herbolzheim.

Hobe, S. (2006): Europarecht. 3. Aufl., Köln.

Hofinger, V., Neumann, A., Pilgram, A., Stangl, W. (2008): Pilotbericht über den Strafvollzug in Österreich. http://strafvollzug.justiz.gv.at/_downloads/Pilotbericht2008.pdf. (Letzter Zugriff: 05.02.2014)

Horsfield, P. (2006): Jugendkriminalpolitik in England und Wales: Zwischen neuer Bestrafungslust und präventiven Interventionsrecht. Neue Kriminalpolitik 18, S. 42-45.

Horsfield, P. (2015): Jugendkriminalpolitik in England und Wales – Entwicklungsgeschichte, aktuelle Rechtslage und jüngste Reformen. Mönchengladbach.

Hotter, I. (2004): Untersuchungshaftvermeidung für Jugendliche und Heranwachsende in Baden-Württemberg: Eine Bestandsaufnahme der Umsetzung in der Praxis. Freiburg i. Br.

Huber, B. (1985): Jugendstrafe und Jugendstrafvollzug im Umbruch, Stationäre Maßnahmen in der Jugendkriminalrechtspflege in England und Wales. In: Dünkel, F., Meyer, K. (Hrsg.): Jugendstrafe und Jugendstrafvollzug, Teilband 1: Bundesrepublik Deutschland, Skandinavien und westeuropäische Länder. Freiburg i. Br., S. 669-754.

Ipsen, K. (1999). Völkerecht. Ein Studienbuch. 4. Aufl., München.

Jarass, H. D., Pieroth, B. (2011): Grundgesetz für die Bundesrepublik Deutschland. Kommentar. 11. Aufl., München.

Jehle, J.-M. (1995): Entwicklung der Untersuchungshaft bei Jugendlichen und Heranwachsenden vor und nach der Wiedervereinigung. Bonn.

Jehle, J.-M. (1999): Strafrechtspflege in Deutschland. Fakten und Zahlen. Mönchengladbach.

Jescheck, H.-H., Krümpelmann, J. (1971): Die Untersuchungshaft im deutschen, ausländischen und internationalen Recht. Freiburg i. Br.

Jesionek, U. (2001): Das österreichische Jugendgerichtsgesetz. 2. Aufl., Wien.

Judins, A. (2011): Latvia. In: Dünkel, F., Grzywa, J., Horsfield, P., Pruin, I. (Hrsg.): Juvenile Justice Systems in Europe. 2. Aufl., Mönchengladbach, S. 833-871.

Jung-Pätzold, U., Pruin, I., Jetter-Schröder, M. (2010a): Heranwachsende, Untersuchungshaft und Baden-Württemberg. ZJJ 21, S. 301-308.

Kaiser, W. (2007): Zeitgutschriften im internationalen Vergleich und Konsequenzen für das deutsche Vollzugsrecht. Leipzig.

Kanev, K., Furtunova, D., Roussinova, P., Bekirska, Y. (2011): Bulgaria. In: Dünkel, F., Grzywa, J., Horsfield, P., Pruin, I. (Hrsg.): Juvenile Justice Systems in Europe. 2. Aufl., Mönchengladbach, S. 131-186.

Kindler, H., Permien, H., Hoops, S. (2007): Geschlossene Formen der Heimunterbringung als Maßnahme der Kinder- und Jugendhilfe. Eine empirische Forschungsübersicht zu Wirkungen, Alternativen und Indikationen. ZJJ 14, S. 296-299.

Knapen, M. (2009): Denmark. In: van Kalmthout, A., Knapen, M., Morgenstern, C. (Hrsg.): Pre-trial Detention in the European Union. Nijmegen, S. 257-286.

Knapen, M. (2009): Ireland. In: van Kalmthout, A., Knapen, M., Morgenstern, C. (Hrsg.): Pre-trial Detention in the European Union. Nijmegen, S. 499-528.

Knapen, M. (2009): Hungary. In: van Kalmthout, A., Knapen, M., Morgenstern, C. (Hrsg.): Pre-trial Detention in the European Union. Nijmegen, S. 456-498.

Knapen, M., van der Linden, W. A. M. (2009): France. In: van Kalmthout, A., Knapen, M., Morgenstern, C. (Hrsg.): Pre-trial Detention in the European Union. Nijmegen, S. 357-386.

König, S. (2010): Zur Neuregelung der haftrichterlichen Zuständigkeiten in § 119 StPO. NStZ 30, S. 185-190.

König, S. (2011) (Hrsg.): Anwaltskommentar Untersuchungshaft. Berlin. (Zitiert: AnwK U-Haft-*Bearbeiter*, § Rn.).

Kowalczyck, M. (2002): Geschlossene Unterbringung als Alternative der Untersuchungshaftvermeidung bei Jugendlichen. Das Beispiel Mecklenburg-Vorpommern. DVJJ-Journal 13, S. 300-309.

Kowalczyck, M. (2008): Untersuchungshaft, Untersuchungshaftvermeidung und geschlossene Unterbringung bei Jugendlichen und Heranwachsenden in Mecklenburg-Vorpommern. Mönchengladbach.

Krajewski, K. (2006): The Juvenile Justice System in Poland. In: Jensen, E. L., Jepsen, J. (Hrsg.): Juvenile Law Violators, Human Rights, and the Development of New Juvenile Justice Systems. Oxford, Portland, S. 155-186.

Kreuzer, A. (1978): Untersuchungshaft bei Jugendlichen und Heranwachsenden. RdJB 26, S. 337-356.

Kühne, H.-H. (2007): Strafprozessrecht. Ein Lehrbuch zum deutschen und europäischen Strafverfahrensrecht. 7. Aufl., Heidelberg.

Kurzberg, B. (2009): Jugendstrafe aufgrund schwerer Kriminalität. Berlin.

Kyprianou, D. (2011): Cyprus. In: Dünkel, F., Grzywa, J., Horsfield, P., Pruin, I. (Hrsg.): Juvenile Justice Systems in Europe. 2. Aufl., Mönchengladbach. S. 223-254.

Kyvsgaard, B. (2004): Youth Justice in Denmark. In: Tonry, M., Doob, A. N. (Hrsg.): Youth Crime and Youth Justice. Comparative and Cross-National Perspectives. Chicago, S. 349-390.

Lambertina, P. (2009): Italy. In: van Kalmthout, A., Knapen, M., Morgenstern, C. (2009) (Hrsg.): Pre-trial Detention in the European Union. Nijmegen, S. 529-568.

Lambertina, P. (2009): Spain. In: van Kalmthout, A., Knapen, M., Morgenstern, C. (2009) (Hrsg.): Pre-trial Detention in the European Union. Nijmegen, S. 865-898.

Lambertina, P. (2009): Portugal. In: *van Kalmthout, A., Knapen, M., Morgenstern, C.* (2009) (Hrsg.): Pre-trial Detention in the European Union. Nijmegen, S. 753-789.

Lappi-Seppälä, T. (1996): Finnland. In: Eser, A., Walther, S. (Hrsg.): Wiedergutmachung im Kriminalrecht. Internationale Perspektiven. Freiburg i. Br., S. 317-420.

Lappi-Seppälä, T. (2011): Finland. In: Dünkel, F., Grzywa, J., Horsfield, P., Pruin, I. (Hrsg.): Juvenile Justice Systems in Europe. 2. Aufl., Mönchengladbach, S. 423-482.

Laubenthal, K. (1993): Jugendgerichtshilfe im Strafverfahren. Köln, Berlin.

Lösel, F., Pomplun, O. (1998): Jugendhilfe statt Untersuchungshaft: eine Evaluationsstudie zur Heimunterbringung. Pfaffenweiler.

Löwe-Rosenberg (1997): Die Strafprozessordnung und das Gerichtsverfassungsgesetz. Großkommentar. Hrsg. von Rieß, P., 25. Aufl., Berlin, New York. (Zitiert: LR-Verfasser, § Rn.)

Maguer, A., Müller, S. (2002): Frankreich. In: Albrecht, H.-J., Kilchling, M. (Hrsg.): Jugendstrafrecht in Europa. Freiburg i. Br., S. 157-190.

Margaritova, S. (1997): Bulgarien. In: Dünkel, F., van Kalmthout, A, Schüler-Springorum, H. (Hrsg.): Entwicklungstendenzen und Reformstrategien des Jugendstrafrechts im europäischen Vergleich. Bonn, S. 355-374.

Maleczky, O. (2008): Österreichisches Jugendstrafrecht. 4. Aufl., Wien.

Mayer, M. (2004): Modellprojekt Elektronische Fußfessel: Studien zur Erprobung einer umstrittenen Maßnahme. Freiburg i. Br.

Meinen, G. (2008): Strafverfahrensrecht. In: Heghmanns, M., Scheffler, U. (Hrsg.): Handbuch des Strafverfahrens. München.

Mérigeau, M. (1994): Frankreich. In Dünkel, F., Vagg J. (Hrsg.): Untersuchungshaft und Untersuchungshaftvollzug. International vergleichende Perspektiven zur Untersuchungshaft und zu den Rechten und Lebensbedingungen von Untersuchungshaftgefangenen. Freiburg i. Br., S. 225-250.

Meyer-Goßner, L. (2016): Strafprozessordung. Gerichtsverfassungsgesetz, Nebengesetze und ergänzende Bestimmungen. Kommentar. 59. Aufl., München.

Morgan, R., Evans, M. (2003): Bekämpfung der Folter in Europa – Die Tätigkeit und Standards des Europäischen Ausschusses zur Verhütung von Folter. Berlin.

Morgan, P., Henderson, P. (1998): Remand Decisions and Offending on Bail: Evaluation of the Bail Process Project. London.

Morgante, G. (2002): Italien. In: Albrecht, H.-J., Kilchling, M. (Hrsg.): Jugendstrafrecht in Europa. Freiburg i. Br., S. 205-224.

Morgenstern, C. (2009): Germany. In: van Kalmthout, A., Knapen, M., Morgenstern, C. (2009) (Hrsg.): Pre-trial Detention in the European Union. Nijmegen, S. 387-434.

Morgenstern, C. (2009): Austria. In: van Kalmthout, A., Knapen, M., Morgenstern, C. (2009) (Hrsg.): Pre-trial Detention in the European Union. Nijmegen, S. 113-148.

Morgenstern, C. (2009): Latvia. In: van Kalmthout, A., Knapen, M., Morgenstern, C. (2009) (Hrsg.): Pre-trial Detention in the European Union. Nijmegen, S. 569-600.

Morgenstern, C. (2009): Lithuania. In: van Kalmthout, A., Knapen, M., Morgenstern, C. (2009) (Hrsg.): Pre-trial Detention in the European Union. Nijmegen, S. 601-638.

Morgenstern, C. (2009): Poland. In: van Kalmthout, A., Knapen, M., Morgenstern, C. (2009) (Hrsg.): Pre-trial Detention in the European Union. Nijmegen, S. 717-752.

Morgenstern, C. (2009): Estonia. In: van Kalmthout, A., Knapen, M., Morgenstern, C. (2009) (Hrsg.): Pre-trial Detention in the European Union. Nijmegen, S. 287-324.

Morgenstern, C. (2011): Untersuchungshaft in Europa: Probleme im Rechts(tatsachen)vergleich. MschrKrim 94, S. 452-473.

Morgenstern, C. (2017): Die Untersuchungshaft. Eine Untersuchung unter rechtsdogmatischen, kriminologischen, rechtsvergleichenden und europarechtlichen Aspekten. Baden-Baden.

Müller-Dietz, H. (1984): Problematik und Reform des Vollzugs der Untersuchungshaft. Strafverteidiger 4, S. 79-87.

Müller, C., Schulz, F., Thien, U. (2010): Auf dem Weg zum Jugendintegrationskonzept: Grundlagen und Herausforderungen angesichts veränderter Lebenslagen junger Menschen. Berlin.

Nemitz, J. (2002): Finnland. In: Albrecht, H.-J., Kilchling, M. (Hrsg.): Jugendstrafrecht in Europa. Freiburg i. Br., S. 137-156.

Neubacher, F. (2001): Internationale Standards der Vereinten Nationen und des Europarates zum Jugendkriminalrecht. In DVJJ (Hrsg.): Jugend, Gesellschaft und Recht im neuen Jahrtausend: Blick zurück und nach vorne. Mönchengladbach, S. 536-564.

Neubacher, F. (2009): Internationale Menschenrechtsstandards zum Jugendkriminalrecht – Quellen, Inhalte, Relevanz. In: Bundesministerium für Justiz (Hrsg.): Das Jugendkriminalrecht vor neuen Herausforderungen? Mönchengladbach, S. 275-296.

O'Mahony, D. (2011): Northern Ireland. In: Dünkel, F., Grzywa, J., Horsfield, P., Pruin, I. (Hrsg.): Juvenile Justice Systems in Europe. 2. Aufl., Mönchengladbach, S. 957-991.

Ostendorf, H. (1991): Jugendgerichtshilfe in der Rolle der „Doppelagentin" – Chance oder programmiertes Versagen? In: Jugendgerichtshilfe – Quo Vadis? Status und Perspektive der öffentlichen Jugendhilfe gegenüber dem Jugendgericht. Symposium vom 2. bis 5. Juli 1990 in Frankfurt. Bonn, S. 59-66.

Ostendorf, H. (2009): Neuregelung des Untersuchungshaftrechts. ZJJ 20, S. 341-345.

Ostendorf, H. (2015): Jugendstrafrecht. 8. Aufl., Baden-Baden.

Ostendorf, H. (2016): Jugendstrafvollzugsrecht. 3. Aufl., Baden-Baden.

Ostendorf, H. (2016a): Jugendgerichtsgesetz. Kommentar. 10. Aufl., Köln.

Padovani, A., Brutto, S., Ciappi, S. (2011): Italy. In: Dünkel, F., Grzywa, J., Horsfield, P., Pruin, I. (Hrsg.): Juvenile Justice Systems in Europe. 2. Aufl., Mönchengladbach, S. 765-802.

320

Paeffgen, H.-U. (1986): Vorüberlegung zu einer Dogmatik des Untersuchungshaftrechts. Köln, Berlin, Bonn.

Pǎroşanu, A. (2011): Romania. In: Dünkel, F., Grzywa, J., Horsfield, P., Pruin, I. (Hrsg.): Juvenile Justice Systems in Europe. 2. Aufl., Mönchengladbach, S. 1077-1114.

Pǎroşanu, A. (2016): Jugendstrafrecht in Rumänien. Historische, kriminologische, rechtliche und rechtspolitische Aspekte. Mönchengladbach.

Pergataia, A. (2001): Jugendstrafrecht in Russland und den baltischen Staaten. Mönchengladbach.

Peterich, P., Fischer, H. (2003): Weimarer Qualitätsstandards zur U-Haftvermeidung bzw. -verkürzung. ZJJ 14, S. 191-192.

Pfeiffer, C. (1988): Die Anordnung von Untersuchungshaft gegenüber 14- und 15-Jährigen bzw. 14-21-Jährigen in den 93 Landgerichtsbezirken der Bundesrepublik Deutschland. Hannover.

Pfeiffer, C., Delzer, I., Enzmann, D., Wetzels, P. (1998): Ausgrenzung, Gewalt und Kriminalität im Leben junger Menschen. In: DVJJ-Journal Sonderdruck: Kinder und Jugendliche als Opfer und Täter. Hannover.

Pfeiffer, G. (2005): Strafprozessordnung und Gerichtsverfassungsgesetz. Kommentar. 5. Aufl., München.

Picotti, L., Merzagora, I. (1997): In: Dünkel, F., van Kalmthout, A., Schüler-Springorum, H. (Hrsg.): Entwicklungstendenzen und Reformstrategien im Jugendstrafrecht im europäischen Vergleich. Mönchengladbach, S. 193-226.

Picotti, L, Di Nicola, A., Mattevi, E., Vettori, B. (2010): Italien. In: Dünkel, F., Lappi-Seppälä, T., Morgenstern, C., van Zyl Smit, D. (Hrsg.): Kriminalität, Kriminalpolitik, strafrechtliche Sanktionspraxis und Gefangenenraten im europäischen Vergleich. Mönchengladbach, S. 469-528.

Pilgram, A., Bruckmüller, K., Stummvoll, G. (2011): Austria. In: Dünkel, F., Grzywa, J., Horsfield, P., Pruin, I. (Hrsg.): Juvenile Justice Systems in Europe. 2. Aufl., Mönchengladbach, S. 41-98.

Pitsela, A. (1997): Griechenland. In: Dünkel, F., van Kalmthout, A., Schüler-Springorum, H. (Hrsg.): Entwicklungstendenzen und Reformstrategien im Jugendstrafrecht im europäischen Vergleich. Mönchengladbach, S. 155-191.

Pitsela, A. (2004): Greece. Criminal Responsibility of Minors in the National and International Legal Orders. Revue Internationale de Droit Penal 75, S. 355-378.

Pitsela, A. (2011): Greece. In: Dünkel, F., Grzywa, J., Horsfield, P., Pruin, I. (Hrsg.): Juvenile Justice Systems in Europe. 2. Aufl., Mönchengladbach, S. 623-670.

Pruin, I (2007): Die Heranwachsendenregelung im deutschen Jugendstrafrecht. Jugendkriminologische, entwicklungspsychologische, jugendsoziologische und rechtsvergleichende Aspekte. Mönchengladbach.

Pruin, I. (2011): The scope of juvenile justice systems in Europe. In: Dünkel, F., Grzywa, J., Horsfield, P., Pruin, I. (Hrsg.): Juvenile Justice Systems in Europe. 2. Aufl., Mönchengladbach, S. 1539-1582.

Pruin, I., Dünkel, F. (2015): Better in Europe? European responses to young adult offending. London.

Put, J. (2002): Belgien. In: Albrecht, H. J.- Kilchling, M. (Hrsg.): Jugendstrafrecht in Europa. Freiburg i. Br., S. 1-26.

Radbruch, G. (1911): Die Psychologie der Gefangenschaft. ZStW 32, S. 339-355.

Recha Alberola, C., Fernández Molina, E. (2006): Continuity and Change in the Spanish Juvenile Justice System. In: Junger-Tas, J., Decker, S. H. (Hrsg.): International Handbook of Juvenile Justice. Dordrecht, S. 325-350.

Robert, P., Zaubermann, R. (1982): La détention provisoire des mineurs de seize ans: des textes et des pratiques. Revue de science criminelle et de droit pénal comparé 1, S. 83-103.

Rodrigues, A. M., Duarte-Fonseca, A. (2011): Portugal. In Dünkel, F., Grzywa, J., Horsfield, P., Pruin, I. (Hrsg.): Juvenile Justice Systems in Europe. 2. Aufl., Mönchengladbach, S. 1027-1076.

Rotthaus, K. (1994): Anmerkung zu BVerfG, Beschluss vom 25.7.1994. NStZ 14, S. 606.

Roxin, C. (1998): Strafverfahrensrecht: Ein Studienbuch. 25. Aufl., München.

Rozel, M. (2009): United Kingdom. In: van Kalmthout, A., Knapen, M., Morgenstern, C. (Hrsg.): Pre-trial Detention in the European Union. Nijmegen, S. 931-992.

Sakalauskas, G. (2011): Lithuania. In: In Dünkel, F., Grzywa, J., Horsfield, P., Pruin, I. (Hrsg.): Juvenile Justice Systems in Europe. 2. Aufl., Mönchengladbach, S. 871-911.

Sarnecki, J., Estrada, F. (2006): Keeping the Balance between Humanism and Penal Punitivism: Recent Trends in Juvenile Delinquency and Juvenile Justice in Sweden. In: Junger-Tas, J., Decker, S. H. (Hrsg.): International Handbook of Juvenile Justice. Dordrecht, S. 473-502.

Schäfer, H. (2002): Die Untersuchungshaftvermeidung in Deutschland. Positionen, Probleme, Perspektiven. DVJJ-Journal 13, S. 313-320.

322

Schellhorn, W., Schellhorn, H., Hohm, K.-H. (2010): SGB XII – Sozialhilfe. Ein Kommentar. 18. Aufl., Köln.

Schlink, B. (1991): Jugendgerichtshilfe zwischen Jugend- und Gerichtshilfe – Verfassungsrechtliche Bemerkungen zu § 38 JGG. In: Jugendgerichtshilfe – Quo Vadis? Status und Perspektive der öffentlichen Jugendhilfe gegenüber dem Jugendgericht. Symposium vom 2. bis 5. Juli 1990 in Frankfurt. Bonn, S. 51-58.

Schloth, S. (1999): Die Haftgründe der Wiederholungsgefahr und der Schwere der Tat: Die §§ 112a, 112 Abs.3 StPO unter besonderer Berücksichtigung neuerer Gesetzesänderungen und aktueller Entwicklungen im Bereich der Untersuchungshaft. Baden-Baden.

Schlothauer, R., Weider, H.-J. (2001): Untersuchungshaft. 3. Aufl., Heidelberg.

Schlothauer, R., Weider, H.-J. (2010): Untersuchungshaft. 4. Aufl., Heidelberg.

Schroeder, F.-C., Bednarz, T. (1998) (Übers.): Strafgesetzbuch der Russischen Föderation. Freiburg i. Br.

Schüler-Springorum, H. (1987): Die Mindestgrundsätze der Vereinten Nationen für die Jugendgerichtsbarkeit. ZStW 99, S. 253-287.

Schwarze, J. (2011): Soft Law im Recht der Europäischen Union. Europarecht 46, S. 3-18.

Schwind, H.-D., Böhm, A., Jehle, J.-M., Laubenthal, K. (2009): Strafvollzugsgesetz – Bund und Länder. Kommentar. 5. Aufl., Berlin.

Seebode, M. (1985). Der Vollzug der Untersuchungshaft. Berlin.

Seebode, M. (2008): Das Recht des Untersuchungshaftvollzuges im Sinne des Art. 74 GG. HRRS 9, S. 236-241.

Seymour, M. (2006): Transition and Reform: Juvenile Justice in the Republic of Ireland. In: Junger-Tas, J., Decker, S. H. (Hrsg.): International Handbook of Juvenile Justice. Dordrecht, S. 117-144.

Shchedrin, N. (2011): Russia. In: Dünkel, F., Grzywa, J., Horsfield, P., Pruin, I. (Hrsg.): Juvenile Justice Systems in Europe. 2. Aufl., Mönchengladbach, S. 1115-1148.

Škulić, M. (2011): Serbia. In Dünkel, F., Grzywa, J., Horsfield, P., Pruin, I. (Hrsg.): Juvenile Justice Systems in Europe. 2. Aufl., Mönchengladbach, S. 1197-1246.

Smith, E. (1994): Dänemark. In Dünkel, F., Vagg, J. (Hrsg.): Untersuchungshaft und Untersuchungshaftvollzug. International vergleichende Perspektiven zur Untersuchungshaft und zu den Rechten und Lebensbedingungen von Untersuchungsgefangenen. Freiburg i. Br., S. 41-66.

Sokullu-Akinci, F. (2011): Turkey. In: Dünkel, F., Grzywa, J., Horsfield, P., Pruin, I. (Hrsg.): Juvenile Justice Systems in Europe. 2. Aufl., Mönchengladbach, S. 1441-1480.

Snacken, S. (2010): Belgien. In: Dünkel, F., Lappi-Seppälä, T., Morgenstern, C., van Zyl Smit, D. (Hrsg.): Kriminalität, Kriminalpolitik, strafrechtliche Sanktionspraxis und Gefangenenraten im europäischen Vergleich. Mönchengladbach, S. 53-96.

Sonnen, B.-R., (1997): Ohne Urteil hinter Gitter. In: DVJJ (Hrsg.): Sozialer Wandel und Jugendkriminalität. Bonn.

Sootak, J., Markina, A. (2010): Estland. In: Dünkel, F., Lappi-Seppälä, T., Morgenstern, C., van Zyl Smit, D. (Hrsg.): Kriminalität, Kriminalpolitik, strafrechtliche Sanktionspraxis und Gefangenenraten im europäischen Vergleich. Mönchengladbach, S. 263-298.

Spiess, G. (1982): Probleme praxisbezogener Forschung und ihrer Umsetzung am Beispiel der Bewährungsprognose. In: Kury, H. (Hrsg.): Prävention abweichenden Verhaltens – Maßnahmen der Vorbeugung und Nachbetreuung. Köln, Berlin, Bonn, S. 571 - 604.

Stańdo-Kawecka, B., Dünkel, F. (1999). Strafverantwortlichkeit Jugendlicher in Polen. DVJJ-Journal 4, S. 409-418.

Stańdo-Kawecka, B. (2011): Poland. In: Dünkel, F., Grzywa, J., Horsfield, P., Pruin, I. (Hrsg.): Juvenile Justice Systems in Europe. 2. Aufl., Mönchengladbach, S. 991-1027.

Storgaard, A. (2007): Denmark. In: van Kalmthout, A., Hofstee-van der Meulen, Dünkel, F. (Hrsg.): Foreigners in European Prisons. Nijmegen, S. 209-245.

Storgaard, A. (2011): Denmark. In: Dünkel, F., Grzywa, J., Horsfield, P., Pruin, I. (Hrsg.): Juvenile Justice Systems in Europe. 2. Aufl., Mönchengladbach, S. 305-357.

Swientek, C. (1982): Autoaggressivität bei Gefangenen aus pädagogischer Sicht. Ergebnisse sozialpädagogischer Arbeit mit suizidgefährdeten Gefangenen und Vorschläge zur Prophylaxe und Krisenintervention. Göttingen.

Trenczek, T. (1999). Kinder haben Rechte. Kinderrechte und Kinderrechtshäuser. In DVJJ (Hrsg.): Kinder und Jugendliche als Opfer und Täter. Prävention und Reaktion. Mönchengladbach, S. 694-702.

Toon, J. (2003): Electronic Monitoring in England and Wales. In: Mayer, M., Haverkamp, R., Levy, R., Albrecht, H.-J., Kaiser, G. (Hrsg.): Will Electronic Monitoring have a Future in Europe? Freiburg i. Br., S. 51-57.

UNICEF (2005): Practices and Standards in the System of Juvenile Justice in Romania. www.unicef.org/romania/justitie_juvenila_engleza.pdf. (Letzter Zugriff: 06.02.2014)

Válková, H. (2006): Restorative Approaches and Alternative Methods: Juvenile Justice Reform in the Czech Republic. In: Junger-Tas, J., Decker, S. H. (Hrsg.): International Handbook of Juvenile Justice. Dordrecht, S. 377-395.

Válková, H., Hulmáková, J. (2011): Czech Republic. In: Dünkel, F., Grzywa, J., Horsfield, P., Pruin, I. (Hrsg.): Juvenile Justice Systems in Europe. 2. Aufl., Mönchengladbach, S. 253-304.

Válková, H., Hulmáková, J., Vráblova, M. (2011): Slovakia. In: Dünkel, F., Grzywa, J., Horsfield, P., Pruin, I. (Hrsg.): Juvenile Justice Systems in Europe. 2. Aufl., Mönchengladbach, S. 1247-1288.

van Dijk, C., Dumortier, E., Eliaerts, C. (2006): Survival of the Protection Model? Competing Goals in Belgian Juvenile Justice. In: Junger-Tas, J., Decker, S. H. (Hrsg.): International Handbook of Juvenile Justice. Dordrecht, S. 187-224.

van Kalmthout, A. M. (2009): Belgium. In: van Kalmthout, A., Knapen, M., Morgenstern, C. (Hrsg.): Pre-trial Detention in the European Union. Nijmegen, S. 149-182.

van Kalmthout, A. M. (2009): The Netherlands. In: van Kalmthout, A., Knapen, M., Morgenstern, C. (Hrsg.): Pre-trial Detention in the European Union. Nijmegen, S. 687-716.

van Kalmthout, A., Bahtiyar, Z. (2011): The Netherlands. In: Dünkel, F., Grzywa, J., Horsfield, P., Pruin, I. (Hrsg.): Juvenile Justice Systems in Europe. 2. Aufl., Mönchengladbach, S. 911-956.

van Kalmthout, A. M., Bahtiyar, Z., Knapen, M., Lambertina, P., Morgenstern, C. (2009): Introductory Summary. In: van Kalmthout, A., Knapen, M., Morgenstern, C. (Hrsg.): Pre-trial Detention in the European Union. Nijmegen, S. 1-112.

van Kalmthout, A. M., Knapen, M., Morgenstern, C (2009) (Hrsg.): Pre-trial Detention in the European Union. Nijmegen.

van Zyl Smit, D., Dünkel, F. (2001) (Hrsg.): Imprisonment today and tomorrow – International perspectives on prisoners' rights and prison conditions. Deventer, Boston.

Váradi-Csema, E. (2011): Hungary. In: Dünkel, F., Grzywa, J., Horsfield, P., Pruin, I. (Hrsg.): Juvenile Justice Systems in Europe. 2. Aufl., Mönchengladbach, S. 671-721.

Villinger, M. E. (1999): Handbuch der Europäischen Menschenrechtskonvention. 2. Aufl., Zürich.

Villmow, B., Robertz, F. J. (2004): Untersuchungshaftvermeidung bei Jugendlichen. Hamburger Konzepte und Erfahrungen. Münster.

Villmow, B., Savinsky, A. (2013): 14-/15-jährige Beschuldigte zwischen Jugenduntersuchungshaft und Untersuchungshaftvermeidung bzw. -verkürzung. Wie wirksam sind die §§ 71-72a JGG? Zeitschrift für Jugendkriminalrecht und Jugendhilfe 24, S. 388-397.

Villmow, B., Savinsky, A., Woldmann, C. (2011): Praxis des Vollzugs der Jugenduntersuchungshaft. Eine erste Bestandsaufnahme. Zeitschrift für Jugendkriminalrecht und Jugendhilfe 22, S. 240-250.

von Heintschel-Heinegg, B., Stöckel, H. (2008) (Hrsg.): Kommentar zur Strafprozessordnung. Loseblattausgabe. Bonn. (Zitiert: KMR-*Verfasser* § Rn.).

Wagler, K. M. (1988): Probleme der Verteidigung im Jugendstrafverfahren. München.

Walmsley, R. (2008): World Pre-trial/Remand Imprisonment List. Pre-trial detainees and other remand prisoners in all five continents. London.

Walsh, D. P. J (2005): Juvenile Justice. Dublin.

Walsh, D .P. J (2011): Ireland. In: Dünkel, F., Grzywa, J., Horsfield, P., Pruin, I. (Hrsg.): Juvenile Justice Systems in Europe. 2. Aufl., Mönchengladbach, S. 721-764.

Walter, J. (2010): Erziehung – Reformnotwendigkeit des Jugendstrafvollzugs. In: Preusker, H., Maelicke, B., Flügge, C. (Hrsg.): Das Gefängnis als Risiko-Unternehmen. Baden-Baden, S. 89-104.

Ward, R. (2001): Young Offenders, Law, Practice and Procedure. Bristol.

Weber, V. (1999): Geschlossene Unterbringung im Jugendstrafverfahren. RdJB 47, S. 305-319.

Weijers, I., Liefaard, T. (2007): Youngsters. In: Boone, M., Moerings, M. (Hrsg.): Dutch Prisons. Den Haag, S. 127-165.

Weiß, M. (2011): Erziehungshilfe statt Untersuchungshaft im Heinrich von Wetzlar Haus der Jugendeinrichtung Schloss Stutensee. ZJJ 22, S. 263-267.

Wiesneth, C. (2010): Die Untersuchungshaft. Haftanordnung und landesrechtlicher Vollzug nach neuem Recht. Stuttgart.

Will, H.-D. (1999): U-Haftvermeidung in Thüringen. Evaluation einer Vereinbarung zwischen Jugendhilfe und Justiz. DVJJ-Journal 10, S. 49-64.

Wolffersdorff, C. v. (1994): Rückkehr zu geschlossenen Heimerziehung. Probelauf für eine andere Jugend- und Straffälligenhilfe? Neue Kriminalpolitik 6, S. 30-36.

Wolter, J. (1981): Untersuchungshaft, Vorbeugungshaft und vorläufige Sanktionen. ZStW 93, S. 452-506.

Wolter, J. (2011) (Hrsg.): Systematischer Kommentar zur Strafprozessordnung und zum Gerichtsverfassungsgesetz. (Zitiert: SK-*Verfasser*, § Rn.).

Wyvekens, A. (2006): The French Juvenile Justice System. In: Junger-Tas, J., Decker, S. H. (Hrsg.): International Handbook of Juvenile Justice. Dordrecht, S. 173-186.

Zaikina, M. (2011): Ukraine: In: Dünkel, F., Grzywa, J., Horsfield, P., Pruin, I. (Hrsg.): Juvenile Justice Systems in Europe. 2. Aufl., Mönchengladbach, S. 1481-1535.

Zaikina, M. (2012): Jugendkriminalrechtspflege in der Ukraine. Mönchengladbach.

Zender, A. (1998): Untersuchungshaft an weiblichen und männlichen Jugendlichen und Heranwachsenden: Eine vergleichende Darstellung auf empirischer Grundlage. Bonn.

Zieger, M. (1998): Verteidigung in Jugendstrafsachen. Heidelberg.

Reihenübersicht

Schriften zum Strafvollzug, Jugendstrafrecht und zur Kriminologie

Hrsg. von Prof. Dr. Frieder Dünkel, Lehrstuhl für Kriminologie an der Ernst-Moritz-Arndt-Universität Greifswald

Bisher erschienen:

Band 1
Dünkel, Frieder: Empirische Forschung im Strafvollzug. Bestandsaufnahme und Perspektiven.
Bonn 1996. ISBN 978-3-927066-96-0.

Band 2
Dünkel, Frieder; van Kalmthout, Anton; Schüler-Springorum, Horst (Hrsg.): Entwicklungstendenzen und Reformstrategien im Jugendstrafrecht im europäischen Vergleich.
Mönchengladbach 1997. ISBN 978-3-930982-20-2.

Band 3
Gescher, Norbert: Boot Camp-Programme in den USA. Ein Fallbeispiel zum Formenwandel in der amerikanischen Kriminalpolitik.
Mönchengladbach 1998. ISBN 978-3-930982-30-1.

Band 4
Steffens, Rainer: Wiedergutmachung und Täter-Opfer-Ausgleich im Jugend- und Erwachsenenstrafrecht in den neuen Bundesländern.
Mönchengladbach 1999. ISBN 978-3-930982-34-9.

Band 5
Koeppel, Thordis: Kontrolle des Strafvollzuges. Individueller Rechtsschutz und generelle Aufsicht. Ein Rechtsvergleich.
Mönchengladbach 1999. ISBN 978-3-930982-35-6.

Band 6
Dünkel, Frieder; Geng, Bernd (Hrsg.): Rechtsextremismus und Fremdenfeindlichkeit. Bestandsaufnahme und Interventionsstrategien.
Mönchengladbach 1999. ISBN 978-3-930982-49-3.

Band 7
Tiffer-Sotomayor, Carlos: Jugendstrafrecht in Lateinamerika unter besonderer Berücksichtigung von Costa Rica.
Mönchengladbach 2000. ISBN 978-3-930982-36-3.

Band 8
Skepenat, Marcus: Jugendliche und Heranwachsende als Tatverdächtige und Opfer von Gewalt. Eine vergleichende Analyse jugendlicher Gewaltkriminalität in Mecklenburg-Vorpommern anhand der Polizeilichen Kriminalstatistik unter besonderer Berücksichtigung tatsituativer Aspekte.
Mönchengladbach 2000. ISBN 978-3-930982-56-1.

Band 9
Pergataia, Anna: Jugendstrafrecht in Russland und den baltischen Staaten.
Mönchengladbach 2001. ISBN 978-3-930982-50-1.

Band 10
Kröplin, Mathias: Die Sanktionspraxis im Jugendstrafrecht in Deutschland im Jahr 1997. Ein Bundesländervergleich.
Mönchengladbach 2002. ISBN 978-3-930982-74-5.

Band 11
Morgenstern, Christine: Internationale Mindeststandards für ambulante Strafen und Maßnahmen.
Mönchengladbach 2002. ISBN 978-3-930982-76-9.

Band 12
Kunkat, Angela: Junge Mehrfachauffällige und Mehrfachtäter in Mecklenburg-Vorpommern. Eine empirische Analyse.
Mönchengladbach 2002. ISBN 978-3-930982-79-0.

Band 13
Schwerin-Witkowski, Kathleen: Entwicklung der ambulanten Maßnahmen nach dem JGG in Mecklenburg-Vorpommern.
Mönchengladbach 2003. ISBN 978-3-930982-75-2.

Band 14
Dünkel, Frieder; Geng, Bernd (Hrsg.): Jugendgewalt und Kriminalprävention. Empirische Befunde zu Gewalterfahrungen von Jugendlichen in Greifswald und Usedom/Vorpommern und ihre Auswirkungen für die Kriminalprävention.
Mönchengladbach 2003. ISBN 978-3-930982-95-0.

Band 15
Dünkel, Frieder; Drenkhahn, Kirstin (Hrsg.): Youth violence: new patterns and local responses – Experiences in East and West. Conference of the International Association for Research into Juvenile Criminology. Violence juvénile: nouvelles formes et stratégies locales – Expériences à l'Est et à l'Ouest. Conférence de l'Association Internationale pour la Recherche en Criminologie Juvénile. Mönchengladbach 2003. ISBN 978-3-930982-81-3.

Band 16
Kunz, Christoph: Auswirkungen von Freiheitsentzug in einer Zeit des Umbruchs. Zugleich eine Bestandsaufnahme des Männererwachsenenvollzugs in Mecklenburg-Vorpommern und in der JVA Brandenburg/Havel in den ersten Jahren nach der Wiedervereinigung. Mönchengladbach 2003. ISBN 978-3-930982-89-9.

Band 17
Glitsch, Edzard: Alkoholkonsum und Straßenverkehrsdelinquenz. Eine Anwendung der Theorie des geplanten Verhaltens auf das Problem des Fahrens unter Alkohol unter besonderer Berücksichtigung des Einflusses von verminderter Selbstkontrolle. Mönchengladbach 2003. ISBN 978-3-930982-97-4.

Band 18
Stump, Brigitte: „Adult time for adult crime" – Jugendliche zwischen Jugend- und Erwachsenenstrafrecht. Eine rechtshistorische und rechtsvergleichende Untersuchung zur Sanktionierung junger Straftäter. Mönchengladbach 2003. ISBN 978-3-930982-98-1.

Band 19
Wenzel, Frank: Die Anrechnung vorläufiger Freiheitsentziehungen auf strafrechtliche Rechtsfolgen. Mönchengladbach 2004. ISBN 978-3-930982-99-8.

Band 20
Fleck, Volker: Neue Verwaltungssteuerung und gesetzliche Regelung des Jugendstrafvollzuges. Mönchengladbach 2004. ISBN 978-3-936999-00-6.

Band 21
Ludwig, Heike; Kräupl, Günther: Viktimisierung, Sanktionen und Strafverfolgung. Jenaer Kriminalitätsbefragung über ein Jahrzehnt gesellschaftlicher Transformation. Mönchengladbach 2005. ISBN 978-3-936999-08-2.

Band 22
Fritsche, Mareike: Vollzugslockerungen und bedingte Entlassung im deutschen und französischen Strafvollzug.
Mönchengladbach 2005. ISBN 978-3-936999-11-2.

Band 23
Dünkel, Frieder; Scheel, Jens: Vermeidung von Ersatzfreiheitsstrafen durch gemeinnützige Arbeit: das Projekt „Ausweg" in Mecklenburg-Vorpommern.
Mönchengladbach 2006. ISBN 978-3-936999-10-5.

Band 24
Sakalauskas, Gintautas: Strafvollzug in Litauen. Kriminalpolitische Hintergründe, rechtliche Regelungen, Reformen, Praxis und Perspektiven.
Mönchengladbach 2006. ISBN 978-3-936999-19-8.

Band 25
Drenkhahn, Kirstin: Sozialtherapeutischer Strafvollzug in Deutschland.
Mönchengladbach 2007. ISBN 978-3-936999-18-1.

Band 26
Pruin, Ineke Regina: Die Heranwachsendenregelung im deutschen Jugendstrafrecht. Jugendkriminologische, entwicklungspsychologische, jugendsoziologische und rechtsvergleichende Aspekte.
Mönchengladbach 2007. ISBN 978-3-936999-31-0.

Band 27
Lang, Sabine: Die Entwicklung des Jugendstrafvollzugs in Mecklenburg-Vorpommern in den 90er Jahren. Eine Dokumentation der Aufbausituation des Jugendstrafvollzugs sowie eine Rückfallanalyse nach Entlassung aus dem Jugendstrafvollzug.
Mönchengladbach 2007. ISBN 978-3-936999-34-1.

Band 28
Zolondek, Juliane: Lebens- und Haftbedingungen im deutschen und europäischen Frauenstrafvollzug.
Mönchengladbach 2007. ISBN 978-3-936999-36-5.

Band 29
Dünkel, Frieder; Gebauer, Dirk; Geng, Bernd; Kestermann, Claudia: Mare-Balticum-Youth-Survey – Gewalterfahrungen von Jugendlichen im Ostseeraum.
Mönchengladbach 2007. ISBN 978-3-936999-38-9.

Band 30
Kowalzyck, Markus: Untersuchungshaft, Untersuchungshaftvermeidung und geschlossene Unterbringung bei Jugendlichen und Heranwachsenden in Mecklenburg-Vorpommern.
Mönchengladbach 2008. ISBN 978-3-936999-41-9.

Band 31
Dünkel, Frieder; Gebauer, Dirk; Geng, Bernd: Jugendgewalt und Möglichkeiten der Prävention. Gewalterfahrungen, Risikofaktoren und gesellschaftliche Orientierungen von Jugendlichen in der Hansestadt Greifswald und auf der Insel Usedom. Ergebnisse einer Langzeitstudie 1998 bis 2006.
Mönchengladbach 2008. ISBN 978-3-936999-48-8.

Band 32
Rieckhof, Susanne: Strafvollzug in Russland. Vom GULag zum rechtsstaatlichen Resozialisierungsvollzug?
Mönchengladbach 2008. ISBN 978-3-936999-55-6.

Band 33
Dünkel, Frieder; Drenkhahn, Kirstin; Morgenstern, Christine (Hrsg.): Humanisierung des Strafvollzugs – Konzepte und Praxismodelle.
Mönchengladbach 2008. ISBN 978-3-936999-59-4.

Band 34
Hillebrand, Johannes: Organisation und Ausgestaltung der Gefangenenarbeit in Deutschland.
Mönchengladbach 2009. ISBN 978-3-936999-58-7.

Band 35
Hannuschka, Elke: Kommunale Kriminalprävention in Mecklenburg-Vorpommern. Eine empirische Untersuchung der Präventionsgremien.
Mönchengladbach 2009. ISBN 978-3-936999-68-6.

Band 36/1 bis 4 (nur als Gesamtwerk erhältlich)
Dünkel, Frieder; Grzywa, Joanna; Horsfield, Philip; Pruin, Ineke (Eds.): Juvenile Justice Systems in Europe – Current Situation and Reform Developments. Vol. 1-4.
2nd revised edition.
Mönchengladbach 2011. ISBN 978-3-936999-96-9.

Band 37/1 bis 2 (Gesamtwerk)
Dünkel, Frieder; Lappi-Seppälä, Tapio; Morgenstern, Christine; van Zyl Smit, Dirk (Hrsg.): Kriminalität, Kriminalpolitik, strafrechtliche Sanktionspraxis und Gefangenenraten im europäischen Vergleich. Bd.1 bis 2.
Mönchengladbach 2010. ISBN 978-3-936999-73-0.

Band 37/1 (Einzelband)
Dünkel, Frieder; Lappi-Seppälä, Tapio; Morgenstern, Christine; van Zyl Smit, Dirk (Hrsg.): Kriminalität, Kriminalpolitik, strafrechtliche Sanktionspraxis und Gefangenenraten im europäischen Vergleich. Bd.1.
Mönchengladbach 2010. ISBN 978-3-936999-76-1.

Band 37/2 (Einzelband)
Dünkel, Frieder; Lappi-Seppälä, Tapio; Morgenstern, Christine; van Zyl Smit, Dirk (Hrsg.): Kriminalität, Kriminalpolitik, strafrechtliche Sanktionspraxis und Gefangenenraten im europäischen Vergleich. Bd.2.
Mönchengladbach 2010. ISBN 978-3-936999-77-8.

Band 38
Krüger, Maik: Frühprävention dissozialen Verhaltens. Entwicklungen in der Kinder- und Jugendhilfe.
Mönchengladbach 2010. ISBN 978-3-936999-82-2.

Band 39
Hess, Ariane: Erscheinungsformen und Strafverfolgung von Tötungsdelikten in Mecklenburg-Vorpommern.
Mönchengladbach 2010. ISBN 978-3-936999-83-9.

Band 40
Gutbrodt, Tobias: Jugendstrafrecht in Kolumbien. Eine rechtshistorische und rechtsvergleichende Untersuchung zum Jugendstrafrecht in Kolumbien, Bolivien, Costa Rica und der Bundesrepublik Deutschland unter Berücksichtigung internationaler Menschenrechtsstandards.
Mönchengladbach 2010. ISBN 978-3-936999-86-0.

Band 41
Stelly, Wolfgang; Thomas, Jürgen (Hrsg.): Erziehung und Strafe. Symposium zum 35-jährigen Bestehen der JVA Adelsheim.
Mönchengladbach 2011. ISBN 978-3-936999-95-2.

Band 42
Yngborn, Annalena: Strafvollzug und Strafvollzugspolitik in Schweden: vom Resozialisierungs- zum Sicherungsvollzug? Eine Bestandsaufnahme der Entwicklung in den letzten 35 Jahren. Mönchengladbach 2011. ISBN 978-3-936999-84-6.

Band 43
Kühl, Johannes: Die gesetzliche Reform des Jugendstrafvollzugs in Deutschland im Licht der European Rules for Juvenile Offenders Subject to Sanctions or Measures (ERJOSSM). Mönchengladbach 2012. ISBN 978-3-942865-06-7.

Band 44
Zaikina, Maryna: Jugendkriminalrechtspflege in der Ukraine. Mönchengladbach 2012. ISBN 978-3-942865-08-1.

Band 45
Schollbach, Stefanie: Personalentwicklung, Arbeitsqualität und betriebliche Gesundheitsför- derung im Justizvollzug in Mecklenburg-Vorpommern. Mönchengladbach 2013. ISBN 978-3-942865-14-2.

Band 46
Harders, Immo: Die elektronische Überwachung von Straffälligen. Entwicklung, Anwendungs- bereiche und Erfahrungen in Deutschland und im europäischen Vergleich. Mönchengladbach 2014. ISBN 978-3-942865-24-1.

Band 47
Faber, Mirko: Länderspezifische Unterschiede bezüglich Disziplinarmaßnahmen und der Auf- rechterhaltung von Sicherheit und Ordnung im Jugendstrafvollzug. Mönchengladbach 2014. ISBN 978-3-942865-25-8.

Band 48
Gensing, Andrea: Jugendgerichtsbarkeit und Jugendstrafverfahren im europäischen Vergleich. Mönchengladbach 2014. ISBN 978-3-942865-34-0.

Band 49
Rohrbach, Moritz Philipp: Die Entwicklung der Führungsaufsicht unter besonderer Berück- sichtigung der Praxis in Mecklenburg-Vorpommern. Mönchengladbach 2014. ISBN 978-3-942865-35-7.

Band 50/1 bis 2 (nur als Gesamtwerk erhältlich)
Dünkel, Frieder; Grzywa-Holten, Joanna; Horsfield, Philip (Eds.): Restorative Justice and Medi- ation in Penal Matters. A stock-taking of legal issues, implementation strategies and outcomes in 36 European countries. Vol. 1 bis 2. Mönchengladbach 2015. ISBN 978-3-942865-31-9.

Band 51
Horsfield, Philip: Jugendkriminalpolitik in England und Wales – Entwicklungsgeschichte, aktuelle Rechtslage und jüngste Reformen. Mönchengladbach 2015. ISBN 978-3-942865-42-5.

Band 52
Grzywa-Holten, Joanna: Strafvollzug in Polen – Historische, rechtliche, rechtstatsächliche, menschenrechtliche und international vergleichende Aspekte. Mönchengladbach 2015. ISBN 978-3-942865-43-2.

Band 53
Khakzad, Dennis: Kriminologische Aspekte völkerrechtlicher Verbrechen. Eine vergleichende Untersuchung der Situationsländer des Internationalen Strafgerichtshofs. Mönchengladbach 2015. ISBN 978-3-942865-50-0.

Band 54
Blanck, Thes Johann: Die Ausbildung von Strafvollzugsbediensteten in Deutschland. Mönchengladbach 2015. ISBN 978-3-942865-51-7.

Band 55
Castro Morales, Álvaro: Jugendstrafvollzug und Jugendstrafrecht in Chile, Peru und Bolivien unter besonderer Berücksichtigung von nationalen und internationalen Kontrollmechanismen. Rechtliche Regelungen, Praxis, Reformen und Perspektiven. Mönchengladbach 2016. ISBN 978-3-942865-57-9.

Band 56
Dünkel, Frieder; Jesse, Jörg; Pruin, Ineke; von der Wense, Moritz (Eds.): European Treament, Transition Management, and Re-Integration of High-Risk Offenders. Results of the Final Conference at Rostock-Warnemünde, 3-5 September 2014, and Final Evaluation Report of the Justice-Cooperation-Network (JCN)-Project "European treatment and transition management of high-risk offenders". Mönchengladbach 2016. ISBN 978-3-942865-58-6.

Band 57
Kratochvil-Hörr, Regine: Der Beschlussarrest: Dogmatische Probleme und Anwendungspraxis im Land Berlin. Mönchengladbach 2016. ISBN 978-3-942865-60-9.

Band 58
Thiele, Christoph Wilhelm: Ehe- und Familienschutz im Strafvollzug. Strafvollzugsrechtliche und -praktische Maßnahmen und Rahmenbedingungen zur Aufrechterhaltung familiärer Beziehungen von Strafgefangenen. Mönchengladbach 2016. ISBN 978-3-942865-61-6.

Band 59
Pǎroşanu, Andrea: Jugendstrafrecht in Rumänien. Historische, kriminologische, rechtliche und rechtspolitische Aspekte. Mönchengladbach 2016. ISBN 978-3-942865-64-7.

Band 60
Schmidt, Katrin: Städtebau und Kriminalität: Untersuchung des Einflusses von kriminalpräventiven Erkenntnissen im Rahmen städtebaulicher Projekte in Mecklenburg-Vorpommern. Mönchengladbach 2016. ISBN 978-3-942865-67-8.

Band 61
Dünkel, Frieder; Jesse, Jörg; Pruin, Ineke; von der Wense, Moritz (Hrsg.): Die Wiedereingliederung von Hochrisikotätern in Europa – Behandlungskonzepte, Entlassungsvorbereitung und Übergangsmanagement. Ergebnisse der Abschlusskonferenz in Rostock-Warnemünde, 3.-5. September 2014, und Evaluation des Justice-Cooperation-Netzwerk-(JCN)-Projekts „Behandlung und Übergangsmanagement bei Hochrisikotätern in Europa". Mönchengladbach 2016. ISBN 978-3-942865-68-5.

Band 62
Kromrey, Hans: Haftbedingungen als Auslieferungshindernis. Ein Beitrag zur Verwirklichung der Menschenrechte. Mönchengladbach 2017. ISBN 978-3-942865-75-3.

Band 63
Dünkel, Frieder; Thiele, Christoph; Treig, Judith (Hrsg.): Elektronische Überwachung von Straffälligen im europäischen Vergleich – Bestandsaufnahme und Perspektiven. Mönchengladbach 2017. ISBN 978-3-942865-78-4.

Band 64
Dorenburg, Bastian: Untersuchungshaft und Untersuchungshaftvermeidung bei Jugendlichen und Heranwachsenden in Deutschland und Europa. Mönchengladbach 2017. ISBN 978-3-942865-79-1.